D1718260

Christoph Becker-Schaum / Philipp Gassert / Martin Klimke /
Wilfried Mausbach / Marianne Zepp (Hg.)

»ENTRÜSTET EUCH!«

CHRISTOPH BECKER-SCHAUM /
PHILIPP GASSERT / MARTIN KLIMKE /
WILFRIED MAUSBACH / MARIANNE ZEPP
(Hg.)

# »ENTRÜSTET EUCH!«

## NUKLEARKRISE, NATO-DOPPELBESCHLUSS UND FRIEDENSBEWEGUNG

unter Mitarbeit von Laura Stapane

FERDINAND SCHÖNINGH
PADERBORN · MÜNCHEN · WIEN · ZÜRICH

*Gedruckt mit freundlicher Unterstützung*

*Umschlagabbildung:*
Demonstration vor einem US-amerikanischen Militärgelände in Frankfurt/Main
am 24. Oktober 1983.

Bibliografische Information der Deutschen Nationalbibliothek

Die Deutsche Nationalbibliothek verzeichnet diese Publikation in der Deutschen
Nationalbibliografie; detaillierte bibliografische Daten sind im Internet über
http://dnb.d-nb.de abrufbar.

© 2012 Ferdinand Schöningh, Paderborn
(Verlag Ferdinand Schöningh GmbH & Co. KG, Jühenplatz 1, D-33098 Paderborn)

Internet: www.schoeningh.de

Einbandgestaltung: Evelyn Ziegler, München
Printed in Germany.
Herstellung: Ferdinand Schöningh GmbH & Co. KG, Paderborn

ISBN 978-3-506-77385-2

# Inhaltsverzeichnis

# Einleitung

## Die Nuklearkrise der 1980er Jahre
## NATO-Doppelbeschluss und Friedensbewegung

CHRISTOPH BECKER-SCHAUM, PHILIPP GASSERT, MARTIN KLIMKE,
WILFRIED MAUSBACH UND MARIANNE ZEPP

Unter dem Motto »Nein zur Nachrüstung« kamen im Herbst 1983 im gesamten Bundesgebiet mehr als eine Million Menschen zusammen, um gegen die Umsetzung des NATO-Doppelbeschlusses vom 12. Dezember 1979 und der damit einhergehenden Stationierung von Cruise Missiles und Pershing II-Raketen in der Bundesrepublik und anderen europäischen Ländern zu demonstrieren.[1] Menschenketten, Sitzblockaden und Großdemonstrationen bestimmten die Pressebilder jener Tage. In einer Fülle von Protestveranstaltungen, die vom kleinräumigen Straßentheater, lokalen Umzügen, Blockaden vor Raketendepots bis hin zu zentralen Großveranstaltungen mit Hunderttausenden von Teilnehmerinnen wie der abschließenden Kundgebung der »Aktionswoche Herbst '83« in Bonn am 22. Oktober 1983 und der »Menschenkette« von Ulm nach Stuttgart reichten, wurde »Frieden« zum bestimmenden Thema.[2]

Doch trotz dieser Vielzahl von Aktionen, setzte der Bundestag am 22. November 1983 den Stationierungsbeschluss der NATO mit den Stimmen von Union und FDP endgültig um.[3] Damit ging eine der längsten Debatten in der Geschichte des Bonner Parlaments zu Ende. Kurz darauf wurden in Mutlangen bei Stuttgart und in Comiso auf Sizilien die ersten Raketen aufgestellt.[4] Die Friedensbewegung war in ihrem kurzfristigen politischen Anliegen gescheitert. Indes konnte sie nach einer »Denkpause« in den folgenden Jahren immer wieder Menschen für friedenspolitische Themen mobilisieren. War die Regierung auch gestärkt aus der »Raketenkontroverse« hervorgegangen, so schien eine neuerliche Debatte über atomare Rüstung auch aus Sicht der Bundesregierung nicht mehr führbar zu sein, als in der zweiten Hälfte der 1980er Jahre die Modernisierung der NATO-Kurzstreckenwaffen drohte. Offensichtlich hatte der »Streit um den Frieden« tiefe Spuren in der politischen Kultur der Bundesrepublik hinterlassen.[5]

Die Nachrüstungskontroverse war das beherrschende politische Thema der frühen 1980er Jahre. Wer dies auf eine Auseinandersetzung zwischen *dem* politischem Establishment und *der* Friedensbewegung reduziert, unterschätzt die Heterogenität beider Seiten. Nicht nur war die Friedensbewegung ein sowohl schillerndes als auch komplexes Phänomen, mit einem Spektrum von kommunistischen Gruppen bis zu konservativen Christen.[6] Auch die etablierten politischen Kräfte waren tief gespalten. So leistete die Nachrüstungsdebatte einen entscheidenden Beitrag zum zweiten Machtwechsel in Bonn 1982 mit dem Ende der sozialliberalen Koalition unter Helmut Schmidt und der Wahl von Helmut Kohl zum Kanzler einer christlich-liberalen Regierung.[7] Unser Band zeichnet die Phasen dieser Entwicklung nach, stellt die Positionen beider Lager dar, verweist auf einzelne Protagonisten und stellt die Frage, welche Folgen diese Kontroverse auf die bundesdeutsche Gesellschaft und im Hinblick auf das Ende des Kalten Kriegs hatte.

Wir sprechen von »Nuklearkrise«, weil es unabhängig von dem konkreten politischen Anlass in der Kontroverse um den NATO-Doppelbeschluss um sehr viel mehr als rein außen- und sicherheitspolitische Fragen ging. In der Nuklearkrise der 1980er Jahre verständigte sich die bundesdeutsche Gesellschaft, wie übrigens auch andere westliche Gesellschaften, über ihre Vergangenheit, Gegenwart und Zukunft. Im Streit um die Raketenstationierung manifestierten sich der rapide soziokulturelle Wandel seit den 1960er Jahren und die wirtschaftlichen Umbrüche seit den 1970er Jahren.[8] Die Friedensbewegung sei daher »eine von mehreren Ausdrucksformen eines Bewusstseinswandels, einer elementaren Veränderung von Wertvorstellungen, die gegen Ende der sechziger Jahre bei jungen Menschen begann, sich im Lauf der siebziger Jahre beschleunigte und immer breitere Schichten erreichte, eines Wandels, der sich in den achtziger Jahren erkennbar fortsetzt«, so resümierte es schon 1982 einer der prominentesten Nachrüstungskritiker, der SPD-Politiker Erhard Eppler.[9]

## Der Gegenstand der Auseinandersetzung

Worum ging es in dem großen Streit der 1980er Jahre? Im Rückblick sind aus Sicht der damaligen Befürworter des NATO-Doppelbeschlusses Ursachen und Wirkungen offenkundig: Für Hans-Dietrich Genscher, den Außenminister der sozialliberalen wie auch der christlich-liberalen Koalition, war der Auslöser der westlichen *Nach*rüstung – ein Begriff, den er ganz bewusst prägte – die »sowjetische Herausforderung«. Die »Indienststellung der SS-20-Mittelstreckenraketen« habe eine neue Bedrohung »aller benachbarten Gebiete«, insbesondere Westeuropas, mit sich gebracht.[10] Für Bundeskanzler Kohl hatte der Warschauer Pakt durch die SS-20 »ein erhebliches Rüstungsübergewicht in Europa erlangt«. Die NATO-Doktrin einer gestuften Antwort (*flexible response*) auf einen eventuellen sowjetischen Angriff drohe unterlaufen zu werden. Das stelle den amerikanischen Präsidenten vor ein Dilemma: Im Ernstfall werde er entscheiden müssen, ob er den Verbündeten mit Interkontinentalraketen zur Seite spränge oder aber eine Abkopplung Europas akzeptiere, um das eigene Land vor einem sowjetischen interkontinentalen Gegenschlag zu retten.[11]

Dass der NATO-Doppelbeschluss auf einen einseitigen atomaren Rüstungsschub der östlichen Seite antwortete, ist jedoch nur die halbe Wahrheit. Wer seine Ursprünge verstehen will, muss tiefer in die Geschichte zurück. *Erstens* war der NATO-Doppelbeschluss, das zeigt *Tim Geiger* in seinem Beitrag zur Vorgeschichte, eine paradoxe Folge der Entspannung der 1960er und 1970er Jahre. Bundeskanzler Schmidt hatte in seiner Rede vor dem Londoner International Institute for Strategic Studies im Oktober 1977, die rückblickend als Startschuss der Nachrüstung verklärt worden ist, verhalten darauf aufmerksam gemacht, dass in den Verhandlungen der Supermächte über Interkontinentalraketen (im Rahmen der SALT-Verträge) die weit reichenden Mittelstreckenwaffen »vergessen« worden waren.[12] Die SS-20 fielen damit in eine »Grauzone«, weil sie mit ihrer Reichweite von 5.000 km allein Europa und Ostasien bedrohten und nicht als Interkontinentalwaffen zählten. Dies war ein Problem für die NATO, weil sie aufgrund der 1967/68 offiziell verabschiedeten Doktrin der flexible response abgestuft auf militärische Aggressionen reagieren wollte. Da die NATO keine der SS-20 vergleichbaren Waffen besaß, tat sich eine Lücke im Eskalationskontinuum auf.[13]

Schon damals gab es – gerade auch innerhalb der strategischen Community – erhebliche Zweifel an der These, die westliche Abschreckung sei durch die SS-20 in zwei Sphären geteilt worden und somit unglaubwürdig. Immerhin verfügten Briten und Franzosen über beträchtliche eigene Nuklearkapazitäten. Planer wie Sir Michael Quinlan, der Chefstratege der Londoner Regierung, glaubten nicht an eine potentielle Regionalisierung eines Nuklearkriegs in Europa, wie sie die deutschen Kanzler Schmidt und Kohl befürchteten. Ihrer Ansicht nach hatten Nuklearwaffen politische Signalfunktion. Sie dienten zur Abschreckung, das heißt zur Kriegsverhinderung oder, falls die Abschreckung versage, zur raschen Beendigung eines Konflikts.[14] Dazu würde, wie es das NATO-Grundsatzpapier MC 14/3 von 1967/68 als Option auch vorsah, unter Umständen die gezielte (»demonstrative«) Zündung einer einzigen Atombombe genügen oder wenige präzise Atomschläge gegen strategische Ziele. Den Franzosen ging es ihrerseits vor allem darum, die *Force de Frappe* aus Verhandlungen heraus und die BRD fest im Bündnis integriert zu halten. Für sie war die deutsche Frage wichtiger als die sowjetische Bedrohung. Um aber die deutschen

Ängste zu beschwichtigen, unterstützten sie den NATO-Doppelbeschluss, ohne sich selbst zu beteiligen.[15]

*Zweitens* war der Doppelbeschluss ein Ergebnis der technischen Entwicklungssprünge, die sich in der zweiten Hälfte der 1960er Jahre ereignet hatten bzw. ankündigten und auf die beide Seiten – NATO und Warschauer Pakt – reagieren mussten. Die NATO setzte gemäß dem *Harmel*-Bericht von 1967 auf Entspannung *und* Verteidigung durch Abschreckung. Man wollte durch einen diplomatischen Modus Vivendi mit dem Osten zu mehr Sicherheit durch Entspannung gelangen, zugleich aber die eigene Verteidigung nicht vernachlässigen, sondern modernisieren. Traditionell hatten die USA, aber auch die NATO als Ganzes, auf technologische Lösungen und nukleare Abschreckung gesetzt, weil diese kostengünstiger und so politisch akzeptabler waren (»more bang for the buck«).[16] Der Preis war eine relative konventionelle Unterlegenheit der NATO. Für die offenen Gesellschaften des Westens waren Atomwaffen besser, da billiger. Dieses Kalkül durchkreuzte Moskau, als es seit den 1960er Jahren zunehmend nukleare Parität erreichte.

Auf die politischen Folgen des technologischen Fortschritts geht *Oliver Bange* in seinem Überblick zu den Waffensystemen ein. Lange bevor die SS-20 zum militärischen und politischen Problem für den Westen wurden, waren bei der NATO neue konventionelle und atomare Waffensysteme in Planung. An den Pershing II und den Cruise Missiles wurde seit 1969 bzw. 1970 gearbeitet, der Bau der Neutronenbombe wurde 1972 wieder aufgenommen, nachdem er 1958 eingestellt worden war. Beide Bündnisse entwickelten neue, die Kriegsführung revolutionierende Flugzeuge, wie den MRCA Tornado, der mit leistungsfähiger Elektronik glänzte und im Tiefflug atomare und konventionelle Waffen hinter die gegnerischen Linien befördern konnte, oder den sogenannten *Backfire*-Bomber der Sowjets, der als potentieller Interkontinentalbomber die Amerikaner beunruhigte. Hinzu kam eine neue Generation von Artillerie und Kampfpanzern wie der Leopard 2. Diese neuen Waffen bewirkten, so *Bange*, dass das bestehende, aus dem Zweiten Weltkrieg stammende Kriegsbild »der großen und entscheidenden Panzerschlachten« ins Wanken kam.

Wechselseitige Wahrnehmungen und Bedrohungsperzeptionen sind für das Verständnis des Kalten Krieges von zentraler Bedeutung.[17] Hierbei stehen, trotz der inzwischen möglichen Einblicke in das Kalkül der östlichen Seite, verschiedene Thesen im Raum. *Bange* zufolge war die Sowjetunion über die Planungen und Beratungen der NATO stets gut informiert. Sie scheint der erwarteten Modernisierung aufgrund der »revolution in military affairs« mit ihren SS-20 teilweise zuvor gekommen zu sein. Ideologisch überzeugt, dass der Westen inhärent aggressive Ziele hege[18], habe sie die Einführung der seit 1970 in der Planung befindlichen Cruise Missiles und Pershing II antizipiert und ihnen ihre eigenen neuen Waffen prophylaktisch entgegengesetzt. Aus Moskauer Sicht war die SS-20 lediglich das Resultat einer regulären Modernisierung. Andere Autoren vertreten die Auffassung, dass der »militärisch-industrielle Komplex« in der UdSSR in der Dekadenzphase der späten Ära Breshnew letztlich unabhängig von politischen Vorgaben handelte, während die orthodoxe Interpretation der UdSSR aggressive Motive unterstellt.[19]

*Drittens* diente der NATO-Doppelbeschluss der inneren Geschlossenheit des westlichen Bündnisses. Er war auch Ergebnis einer tiefen Krise im deutsch-amerikanischen Verhältnis und den transatlantischen Beziehungen. Hierzu trug das gewachsene Selbstbewusstsein der politischen Eliten der beiden deutschen Staaten bei, die sich dreißig Jahre nach dem Ende des Zweiten Weltkrieges ihre Gedanken dazu machten, dass Ost- und Westdeutschland zum Schlachtfeld zu werden drohten. Es entstand eine gewisse Interessenkonvergenz zwischen BRD und DDR, die den deutsch-deutschen Gesprächsfaden trotz der Wiederbelebung des Kalten Krieges nach dem sowjetischen Einmarsch in Afghanistan 1979 nicht abtrennen wollten, wie aus dem Beitrag von *Hermann Wentker* deutlich wird. War auch die DDR in ihren Einflussmöglichkeiten innerhalb ihres Bündnisses deutlich eingeschränkter als die Bundesrepublik, auf deren Initiative der Doppelbeschluss wesentlich zustande gekommen war, so waren auch westdeutsche christdemokratische Politiker eindeutig weniger gewillt, die Wende zu scharfer antikommunistischer Rhetorik im Sinne der amerikanischen Neokonservativen um Ronald Reagan zu vollziehen.[20] *Anja Hanisch* verweist darauf, dass die an der Demarkationslinie des Ost-West-Konflikts lebenden Europäer die Détente prinzipiell höher bewerteten als amerikanische Entscheidungsträger und daher eher zu (z.T. rhetorischen) Zugeständnissen gegenüber dem Osten bereit waren.

Schmidts selbstbewusste Mahnungen an die amerikanische Adresse sowie die divergierenden Sichtweisen von KSZE und Entspannung sind Teil einer innerwestlichen Konfliktlinie, die als ein dritter Strang zum NATO-Doppelbeschluss führt. Wie Helga Haftendorn bereits frühzeitig argumentiert hat, beruhte der Doppelbeschluss zum Teil auf einem deutsch-amerikanischen Missverständnis. In der Tradition seiner Vorgänger Adenauer und Kiesinger wurde Schmidt vom Albtraum der Supermächte-Komplizenschaft auf Kosten Deutschlands geplagt. Diese erzielten im Rahmen der SALT-Verhandlungen Entspannungsfortschritte, die vor allem den Deutschen wenig nützten. Schmidts Auslassungen in London 1977 erinnerten die Amerikaner nachdrücklich daran, dass SALT potentiell Ungleichgewichte und damit mehr Unsicherheit in Europa schaffe.

Abb. 1. Treffen der Außen- und Verteidigungsminister der NATO-Mitgliedsstaaten am 12. Dezember 1979 in Brüssel, Belgien.

Seitens der Carter-Administration wurde dies als Ruf nach mehr Waffen interpretiert.[21] Damit hatte sich aber die Bundesregierung in ein Dilemma manövriert, woraus der NATO-Doppelbeschluss, so *Geiger*, einen probaten Ausweg zu bieten schien: Eine Nachrüstungsandrohung im Mittelstreckenbereich (sprich Pershing II und Cruise Missiles) mit dem Angebot zu Abrüstungsverhandlungen zu koppeln.

Der Doppelbeschluss war daher auch ein Vehikel, um Interessendivergenzen innerhalb der NATO zu überbrücken und transatlantische Kohäsionskräfte zu stärken. Die westliche Allianz hatte massiv unter den Verwerfungen aufgrund des Vietnam-Krieges gelitten.[22] Europäer und Amerikaner zogen zudem unterschiedliche Schlussfolgerungen aus der Entspannung.[23] Nach dem Amtsantritt von Carter und aufgrund von dessen – aus der Sicht von Schmidt jedenfalls – laienhafter Politik bestand wenig Hoffnung auf eine Verbesserung der deutsch-amerikanischen Beziehungen.[24] Mit dem Doppelbeschluss demonstrierte die NATO Geschlossenheit. Sie unternahm viel, um den Anschein einer deutschen nuklearen Isolierung zu verhindern. Daher sollten die atomar bestückten Cruise Missiles nicht nur in der Bundesrepublik, sondern auch in Großbritannien, den Niederlanden, Belgien und Italien stationiert werden (die

Pershing II standen aufgrund ihrer begrenzteren Reichweite nur auf deutschem Boden). Auch für Schmidts Nachfolger Kohl hatte die Durchsetzung der Stationierung ganz überragend bündnispolitische Bedeutung. Daher warf er der Friedensbewegung Antiamerikanismus vor und beschwor das Schreckbild transatlantischer Entfremdung aufgrund amerikanischer Enttäuschung über undankbare Deutsche.[25] Für Kohl war der Raketenstreit auch ein Kampf um die Seele des Bündnisses.

## Die Protagonisten der Auseinandersetzung

Wer waren die Protagonisten? Der »Frontverlauf« war weniger geradlinig als es rückblickend erscheint. Sicher, auf dem Höhepunkt der Nachrüstungskontroverse im Herbst 1983 standen sich zwei relativ klar identifizierbare Lager scheinbar unversöhnlich gegenüber: Die seit dem 1. Oktober 1982 von der Union unter Helmut Kohl geführte Bundesregierung und ihre Anhänger auf der einen Seite, und die Friedensbewegung unter Einschluss der parlamentarischen Opposition (zu der seit der Bundestagswahl vom 6. März 1983 auch die Grünen gehörten) auf der anderen Seite. Indes mussten sich diese Lager noch formieren, nachdem die NATO im Dezember 1979 ihren Grundsatzbeschluss gefasst hatte. Dass es den gemäßigt linken bzw. sozialdemokratischen Vätern des Doppelbeschlusses – Schmidt in Deutschland, Callaghan im Vereinigten Königreich, Carter in den USA, plus dem konservativen Franzosen Giscard d'Estaing – nicht leicht fallen würde, die eigene Seite von der Sinnhaftigkeit der Nachrüstung zu überzeugen, war schon in der Neutronenbombenkontroverse 1977 deutlich geworden. Diese gilt daher auch als eine Art Testlauf der späteren Nachrüstungskontroverse.[26]

Der Beitrag von *Jan Hansen* über die Parteien in der Bundesrepublik arbeitet heraus, dass es nicht allein in der SPD, sondern auch in der FDP und in der CDU (kaum in der CSU) Politiker gab, die dem Anliegen der Friedensbewegung Verständnis, wenn auch nicht unbedingt Sympathie entgegen brachten. Der damals 22-jährige spätere Bundespräsident Christian Wulff machte auf dem Bundesparteitag der CDU 1981 in Hamburg zum ersten Mal national auf sich aufmerksam, als er forderte, man solle »berücksichtigen, dass viele Menschen in diesem Lande, jüngere wie ältere, Angst haben«.[27] Am tiefsten reichte die innere Spaltung zweifellos in der SPD, deren Nachrüstungsbefürworter um Schmidt, der auf einer strikten Abgrenzung von den Positionen der Friedensbewegung beharrte, sich zunehmend in der Minderheit sahen. Innenpolitisch ging es in der SPD in dieser scheinbar außenpolitischen Kontroverse vor allem darum,

die Neuen Sozialen Bewegungen zu reintegrieren, die aus den Studenten-
protesten der späten 1960er Jahre hervor gegangen waren. Der Parteivor-
sitzende Willy Brandt und Generalsekretär Egon Bahr, der schon in der
Kontroverse um die Neutronenbombe eine scharfe friedenspolitische
Attacke geritten hatte, suchten auf außenpolitischem Gebiet Brücken zur
Neuen Linken zu bauen.[28]

Eine ähnliche Konfliktlinie findet sich bei den Gewerkschaften, wie
*Dietmar Süß* zeigt. Dort gab es vergleichbare generationelle und habituelle Lagerungen pro und contra Friedensbewegung. Auch dort war die
Frage, wie man es mit den Neuen Sozialen Bewegungen halte, eine zentrale Achse der politischen Selbstverständigung.[29] Ähnlich wie Schmidt
und pragmatisch und konsensliberal orientierte Sozialdemokraten hatten
»konservative« Gewerkschafter, wie der Vorsitzende der IG-Chemie Hermann Rappe, trotz der antimilitaristischen Traditionen der Gewerkschaften wenig Verständnis für die Organisations- und Protestformen und die
basisdemokratische politische Orientierung der Friedensbewegung. Hinzu kamen alte, antikommunistische Reflexe der gemäßigten Linken. Als
etablierte, mächtige Institutionen hatten die Gewerkschaften, darin vergleichbar den Kirchen und den politischen Parteien, zunächst einmal
wenig Anlass, sich auf die bunten und organisatorisch wenig greifbaren
Netzwerke des grün-alternativ-friedensbewegten Spektrums einzulassen.

Auch die Kirchen waren, so *Sebastian Kalden* und *Jan Ole Wiechmann*,
durchaus gespalten in der »Friedensfrage«, boten aber »einen der wichtigsten Resonanzräume für die friedens- und sicherheitspolitischen Debatten in der Bundesrepublik Deutschland um 1980«. Die gesellschaftlichen
Umbrüche der 1960er und 1970er Jahre waren an den Kirchen ebenfalls
nicht spurlos vorüber gegangen.[30] Obwohl nur eine Minderheit des Kir-
chenvolkes der Friedensbewegung nahe stand, wurden die großen Massen-
versammlungen der evangelischen Kirchen, die Kirchentage 1981 in
Hamburg und 1983 in Hannover, zu zentralen Ereignisorten der Debatte,
weil die Nachrüstungsgegner dort medial wirksam agieren konnten.[31]
Wichtiger Transmissionsriemen waren im kirchlichen Bereich national
übergreifende Kommunikationswege zum Thema Frieden. Zum einen gab
es vor allem auf reformiert-protestantischer Seite (weniger bei Lutheranern) einen engen Austausch z.B. mit der Niederländischen Reformierten
Kirche. Katholischerseits gehörten die Hirtenbriefe der US-Bischofskonferenz, die sich 1982 offiziell gegen die Strategie der nuklearen Abschreckung wandte, zu Schlüsseldokumenten der deutschen kirchlichen
Diskussion. Die Äußerungen der amerikanischen Bischöfe wurden auch
von nicht-christlichen und nicht-katholischen Mitgliedern der Friedensbewegung vielfach rezipiert.

Trotz dieser inneren Spaltungen dienten dem Staat und seinen Institutionen nahestehende, etablierte Organisationen wie Parteien, Gewerkschaften und Kirchen zugleich als zentrale institutionalisierte Foren für die Debatte. Ebenso dürfte die bisher nicht umfassend untersuchte öffentliche Meinung, so wie sie sich in Umfragen widerspiegelt, ein ähnlich facettenreiches Bild bieten. Die Nachrüstungsgegner führten für sich ins Feld, dass die Bundesbürger bei aller Unterstützung für das atlantische Bündnis einer Verteidigung nur zustimmten, wenn dies nicht den Einsatz von Nuklearwaffen einschloss.[32] Mit der Frage der nuklearen Verteidigung konfrontiert, votierten die Westdeutschen mehrheitlich »lieber rot als tot«. Umgekehrt wird der Wahlsieg von Helmut Kohl 1983 auch als ein Sieg der Unterstützer des NATO-Doppelbeschlusses interpretiert. Allerdings dürften hier noch andere Faktoren eine Rolle gespielt haben. Schon zeitgenössisch hat der Journalist Josef Joffe argumentiert, dass einer der Gründe des politischen Scheiterns der Friedensbewegung die nachrangige Bedeutung außenpolitischer gegenüber wirtschafts- und sozialpolitischen Themen war und Szenarien eines nuklearen Weltuntergangs offensichtlich nicht wahlentscheidend waren.[33]

## Die Friedensbewegung

Zu den Besonderheiten der Friedensbewegung der 1980er Jahre gehört, dass sie als eine Protestbewegung durch ein Miteinander und eine partielle Konkurrenz von etablierten gesellschaftlichen Akteuren und starken Organisationen wie Parteien, Kirchen, Gewerkschaften auf der einen Seite und sozialen Bewegungen auf der anderen Seite geprägt war. Das bedeutete, wie *Christoph Becker-Schaum* argumentiert, »einen Zuwachs an Ressourcen und Mobilisierungsfähigkeit«, zugleich aber auch »die Gefahr der Abhängigkeit«, was insbesondere wegen der Mitarbeit von Kommunisten schon zeitgenössisch für kontroverse Diskussionen sorgte.[34] Um diese divergierenden Interessen und auch politischen Traditionen auszubalancieren, gab sich die Friedensbewegung mit dem von einer Geschäftsführung geleiteten *Koordinationsausschuss* (KA) und verschiedenen zentralen und regionalen Aktionskonferenzen eine eigene Struktur. Dadurch wirkte nun umgekehrt die Dynamik der Friedensbewegung auch auf traditionelle Organisationen zurück. Impulse der »Neuen Sozialen Bewegungen«[35] und der Alternativkultur der 1970er Jahre aufgreifend, konnte die Friedensbewegung zur größten Protestbewegung in der Geschichte der Bundesrepublik werden. Mit dem Ende der Proteste gegen den NATO-Doppelbeschluss verlor sie aber auch weitgehend ihre institutionelle Struktur.

Die Friedensbewegung schöpfte aus verschiedenen Quellen und Erfahrungsräumen: In erster Linie ist hier die Ökologie- und Umweltbewegung der 1970er Jahre zu nennen. Der Kampf gegen die zivile Nutzung der Kernkraft »stellte bedeutende personelle wie institutionelle Ressourcen« für die Friedensbewegung bereit, worauf *Silke Mende* und *Birgit Metzger* verweisen. Auch die Umweltbewegung hatte bereits stark in bestehende Institutionen wie Kirchen und Parteien ausgestrahlt. In der Friedensbewegung manifestierte sich also eine umfassende »Krisenwahrnehmung und Gesellschaftskritik«, die in der Folge zur intellektuellen Basis einer Grundsatzkritik an den »bestehenden Verhältnissen« und der perzipierten mangelnden Problemlösungskompetenz des etablierten »Parteienstaates« werden konnte. Zu den intellektuellen Grundlagen und Vorläufern gehören neben dem Ökopazifismus auch die Ansätze der akademischen Friedensforschung, wie *Marianne Zepp* aufzeigt. In der Ära der sozialliberalen Koalition institutionalisiert, verklammerte die Friedensforschung die Bewegung mit institutionellen Trägern, hier Forschungsinstitutionen und Universitäten.[36] Aufgrund der systematischen und wissenschaftlich fundierten Kritik an der »Abschreckung« konnte die Friedensbewegung zu Beginn der Debatte über den NATO-Doppelbeschluss einen erheblichen Informationsvorsprung geltend machen. Vielfach schienen ihre Mitglieder besser über die politischen, militärischen und moralischen Implikationen bestimmter Waffensysteme informiert zu sein als die Befürworter der Nachrüstung.[37]

Wer gehörte nun zur Friedensbewegung der 1980er Jahre? Neben den traditionellen Trägergruppen von den Kirchen über die Gewerkschaften bis kommunistischen Parteien und Splittergruppen sind dazu auch althergebrachte Friedensorganisationen zu zählen, die zum Teil über eine lange Tradition verfügten (wie die *Deutsche Friedensgesellschaft-Vereinigte Kriegsdienstgegner* (DFG-VK), deren Vorläufer bis ins Kaiserreich zurückgingen, oder die in den 1960er Jahren nach dem Vorbild der englischen *Campaign for Nuclear Disarmament* entstandene *Ostermarschbewegung*), bis hin zu Mitgliedern sozialer Bewegungen wie der Hausbesetzer-Szene und dem hinzu tretenden ökologischen Spektrum. *Becker-Schaum* erinnert in seinem Beitrag daran, dass die Friedensbewegung unverkennbar auch eine Jugendbewegung war. Aber sie war dies weniger eindeutig als die studentische Bewegung der 1960er Jahre; auch waren es etwas ältere (»post-adoleszente«) junge Erwachsene in ihrem dritten Lebensjahrzehnt und z.T. noch Anfang dreißig, zu deren prägenden – oft deprimierenden – Erfahrungen die Krisen und Umbrüche der 1970er Jahre gehörten (»No Future«). In ihrem aktiven Kern standen sie der Alternativkultur nahe.[38] Sie bildeten die numerische Basis der Bewegung und ihren aktiven Kern.

Insgesamt waren sie jünger als die Alt-68er, sahen sich von den Grünen repräsentiert und hielten Distanz zur Alten Linken einschließlich der Kommunisten.

Indes repräsentierte die Friedensbewegung der 1980er Jahre nicht nur institutionell, sondern auch personell ein erstaunlich breites Spektrum. Ungeachtet des hohen Anteils an jungen Erwachsenen war sie generationell übergreifender und weniger eindeutig zuzuordnen als die Bewegung der »68er«; auch waren ihre Milieugrenzen weniger ausgeprägt als beispielsweise die der überwiegend von der klassischen Arbeiterbewegung (Gewerkschaften und SPD) getragenen *Ohne Mich*-Bewegung der 1950er Jahre oder der protestantisch grundierten *Kampf dem Atomtod*-Kampagne. Der Beitrag von *Reinhild Kreis* unterstreicht, dass insbesondere Frauen eine völlig andere und zentrale Rolle in der Friedensbewegung spielen konnten – im scharfen Kontrast zu der sehr männlich dominierten 68er-Bewegung oder den ebenfalls maskulinen Kampagnen gegen die Wiederbewaffnung der 1950er Jahre.[39] Daher zielten die medialen Strategien der Frauen, aber auch der Männer, in der Friedensbewegung oftmals darauf ab, den Anteil von Frauen sichtbar zu machen. Wie ungemein facettenreich das personelle Spektrum war, arbeitet *Saskia Richter* heraus. Es reichte von Willy Brandt und einem Kreis ehrgeiziger SPD-»Enkel« wie Oskar Lafontaine über den ehemaligen Bundeswehr-General Gert Bastian und wertkonservative Journalisten wie Franz Alt bis hin zu den Gründerinnen der Frauenfriedensbewegung, darunter prominent Eva Quistorp. Innerhalb des ebenfalls enorm breiten weiblichen Spektrums wiederum repräsentierte Petra Kelly als charismatische Transatlantikerin einen völlig anderen Politik- und Organisationsstil.

So wenig wie die Befürworter des NATO-Doppelbeschlusses, die auf Gipfeltreffen und bei Staatsbesuchen ihre Form der internationalen Solidarität praktizierten und inszenierten, agierten die Gegner der Nachrüstung national isoliert. *Holger Nehring* illustriert dementsprechend den grenzüberschreitenden Charakter der Friedensbewegungen. Ihre Akteure standen oft in einem gedachten Spannungsfeld von lokaler und transnationaler Vernetzung, auch wenn sich die Zielprojektionen der jeweiligen nationalen Bewegungen erheblich unterschieden.[40] Im Rahmen transnationaler Netzwerke wurde auch die europäische Demarkationslinie des »Eisernen Vorhanges« gedanklich oder tatsächlich regelmäßig überschritten. Neben vielfältigen transatlantischen Begegnungen und solchen innerhalb des westlichen Europas waren die Kontakte zu Dissidenten im östlichen Europa von hoher symbolischer Bedeutung, wie der Auftritt der Bonner Grünen in der DDR 1983 illustriert. Die unabhängige Friedensbewegung der DDR konnte, so *Rainer Eckert*, dabei nur selten in diese transnationalen Netzwerke vorstoßen, sah sich aber wie ihre westlichen Partner als Teil europaweiter und globaler Zusammenhänge. Sie teilten mit polnischen und tschechischen Dissidenten die Auffassung, dass Frieden nicht ohne Freiheit und Demokratisierung im Inneren zu haben sei.

## Die Formen der Auseinandersetzung

Wie kommunizierte die Friedensbewegung ihren Protest? *Kathrin Fahlenbrach* und *Laura Stapane* machen darauf aufmerksam, dass zeitgenössische Bilder der Friedensbewegung bestimmte Muster aufweisen. Stets wird ein Querschnitt der Gesellschaft erkennbar: Erwachsene, Kinder, Jugendliche und Großeltern beiderlei Geschlechts demonstrierten. So wie Poster und Flugblätter *Nehring* zufolge den globalen Impetus der Bewegung hervor hoben, sollte sie ebenso als verschiedene Generationen, soziale und konfessionelle Gruppen und auch Milieus übergreifende Einheit vorgestellt werden. Habituell und von ihrer Ästhetik her stand die Friedensbewegung deutlich in der Tradition der Protestbewegungen um 1968 und der sozialen Bewegungen der 1970er Jahre.[41] Man griff die »Plakatästhetik« der Studentenbewegung auf und schuf laut *Fahlenbrach* und *Stapane* eine symbolische Distanz zum althergebrachten Politikbetrieb durch legere Kleidung und expressive Formen der Kommunikation wie Tanz und Bewegung. Umgekehrt war es wohl auch diese provokant »unbürgerliche« Ästhetik, die Befürworter des Doppelbeschlusses auf Distanz zur Friedensbewegung gehen ließ. So kopierte die Union mit ihren »10.000 Friedenstagen« zwar das Format der Protestveranstaltung, gab ihr aber bewusst eine andere ästhetische Qualität.[42]

Raum und Standort des Protests waren zentral für die Kommunikationsstrategie der Friedensbewegung, agierten doch die Gegner der Nachrüstung bevorzugt »vor Ort« und bezogen das persönliche Umfeld im »Nahraum«, so der von *Susanne Schregel* geprägte Begriff, in den Streit um den Frieden mit ein. Großen zentralen Demonstrationen standen viele kleine lokale Protestereignisse gegenüber. Es gab besondere Punkte der lokalen medialen Orientierung von Protest, die überregionale Bedeutung erlangten, wie vor allem die Stationierungsorte in Mutlangen bei Stuttgart oder auf der »Waldheide« bei Heilbronn sowie die entsprechenden Pendants in den anderen europäischen Ländern. Die dortigen Blockaden mit ihrer »Körperpolitik« machten besonders auf die räumliche und lokale Dimension der Nachrüstung und ihrer perzipierten Folgen aufmerksam. Dabei wurden mit atomwaffenfreien Zonen bewusst Orte geschaffen, die als »Orte des Friedens« den »Orten des Militärischen« kommunikativ entgegen gesetzt werden konnten. Diese lokalen Konzentrationspunkte standen wiederum nicht im Gegensatz zu internationalen Partnerschaften. Vielmehr wurde in Vorwegnahme der späteren globalisierungskritischen Bewegung das Lokale mit dem Globalen in Beziehung gesetzt.

Diese starke lokale Verörtlichung und die gleichzeitige Verknüpfung des Regionalen und Lokalen mit dem Internationalen und Globalen sind auch ein charakteristisches Merkmal nuklearer Untergangsszenarien in Kunst und Kultur der 1980er Jahre. Filme wie »Der Tag danach (The Day After, 1983)« wählten als Schauplatz der nuklearen Apokalypse eine scheinbar beliebige Stadt des amerikanischen Mittleren Westens aus, Romane wie Gudrun Pausewangs »Die letzten Kinder von Schewenborn« (1983) verorten den Atomkrieg ebenfalls in kleinräumigen Kontexten. Nicht nur aufgrund ihrer bewussten Fokussierung auf lokale Räume unterschied sich die nukleare Populärkultur der 1980er Jahre deutlich von der früherer Jahrzehnte, so *Philipp Baur*. Auch machte sie Ernst in dem Sinn, dass meist nicht eskapistisch ein letzter Ausweg eröffnet wurde (wie z.B. in dem Film »War Games«, 1983), sondern die Katastrophe in Filmen wie »Der Tag danach« oder »Wenn der Wind weht (When the Wind Blows, 1986)« in Echtzeit eintritt. Auch die populäre Musik, mit dem Aufstieg des »nuclear pop« zum Modephänomen in den frühen 1980er Jahren, wurde zum Medium der Kommunikation von Ängsten, ja hatte Sprachrohrfunktion für der Friedensbewegung nahestehende Künstler und kann daher auch als ein gesellschaftliches Bewältigungsmedium der »Nuklearkrise« verstanden werden.[43]

Neben den von *Zepp* analysierten Expertennetzwerken der sozialwissenschaftlichen Friedens- und Konfliktforschung, die über eine hohe kommunikative Kompetenz verfügten und privilegierten Zugang zu Print- und Rundfunkmedien besaßen – wie im Falle etwa von Horst-Eberhard Richter oder Robert Jungk – und daher auch häufig zu Wort kamen, spielten Naturwissenschaftler eine herausragende Rolle in der öffentlichen und medial breit kommunizierten Debatte über nukleare Bedrohung. Auch hier überlappten sich Befürworter und Gegner: *Claudia Kemper* zufolge wurde Fachwissen, d.h. die Prinzipien und Erfahrungen des Zivilschutzes und die damit einher gehenden Katastrophenszenarien, die zum großen Teil aus den militärischen Planungsstäben stammten, pro und contra NATO-Nachrüstung angeführt. Die Wissenschaft war eine zentrale Konfliktarena der medialen Geschichte der Nuklearkrise, weil sich in den Expertendiskursen und deren Rezeption die gesellschaftliche Auseinandersetzung über den drohenden »nuklearen Holocaust« widerspiegelte. Nicht selten wurden von Zivilschutzexperten entwickelte Szenarien in fiktionalen Texte verarbeitet (wie z.B. in Guhas »Tagebuch aus dem 3. Weltkrieg« (1983) und »Wenn der Wind weht«). Und schließlich waren diese nationalen Expertennetzwerke auch Teil internationaler bzw. transnationaler kommunikativer Zusammenhänge.

Neben der direkten Ansprache der Medien durch Demonstrationen oder Bundestagsdebatten, durch Blockaden oder auf Parteitagen, durch Publikationen und populäre Kultur sind die z.T. bewusst gesuchten Konflikte mit Polizei und Justiz Teil der kommunikativen Strategie der Bewegungen und integraler Bestandteil der Debatte über die Nuklearkrise und den NATO-Doppelbeschluss. Die Prozesse über die Sitzblockaden von Mutlangen oder über den »Rüstungs-Steuerboykott« zogen sich bis zum Bundesverfassungsgericht, wobei sich die Gerichte die Abschreckungslogik und die Argumentation der Befürworter des NATO-Doppelbeschlusses weitgehend zu eigen machten, wenn auch die Versammlungsfreiheit insgesamt gestärkt wurde. Während auf der einen Seite Sicherheitsgesetze verschärft wurden und die Gewerkschaft der Polizei intern über die Legalität von Blockaden debattierte, fand innerhalb der Polizei *Michael Sturm* zufolge ein allmähliches Umdenken und ein umfassender Lernprozess statt; mit mehr »Bürgerorientierung« und einer umfassenden Liberalisierung, die zur Entwicklung neuer Techniken (*protest policing*) führten, um sich auf diese neuen Formen des Protests einzustellen.

## Folgen und Wirkungsgeschichte

Die Folgen der Nuklearkrise sind historisch wenig erforscht. Schon die Zeitgenossen stritten intensiv darüber, worin die Auswirkungen der sozialen Bewegungen der 1980er Jahre auf die Sicherheitspolitik lagen, ob die große sicherheitspolitische Debatte über den NATO-Doppelbeschluss Anfang der 1980er Jahre nachhaltige Auswirkungen auf die strategische Kultur der Bundesrepublik Deutschland hatte, und was ihre bleibenden Effekte waren.[44] Zeitgenössische Befürchtungen u.a. von dem Politikwissenschaftler und Adenauer-Biographen Hans-Peter Schwarz aufgreifend – die den Deutschen nach der Machtbesessenheit der ersten Hälfte des 20. Jahrhunderts eine »Machtvergessenheit« attestierten und ein Abdriften der Deutschen in weltpolitische Verantwortungslosigkeit befürchteten[45] – haben Historiker wie z.B. Peter Graf Kielmansegg, Heinrich August Winkler, Jeffrey Herf und Eckart Conze argumentiert, dass mit der Ablehnung des NATO-Doppelbeschlusses seitens der Friedensbewegung der sicherheitspolitische Konsens zerbrochen sei, »der zwei Jahrzehnte lang gehalten hatte«.[46]

In Bezug auf die Auswirkungen der Nachrüstungsdebatte erscheinen vor allem vier Fragenkomplexe besonders wichtig:

*Erstens* die zeitgenössisch von konservativer Seite vehement aufgeworfene Frage nach der »Wehrhaftigkeit der Demokratie« und den Widerstandskräften demokratischer Systeme gegenüber totalitären Herausforderungen. Dies war geschichtspolitisch vermintes Terrain: Es wurden Vergleiche zwischen dem *Appeasement* der 1930er Jahre und einer scheinbaren Ohnmacht demokratisch gewählter Regierungen gegenüber der sowjetischen Herausforderung gezogen. Dem steht die These gegenüber, die Debatte habe zur weiteren Einwurzelung einer demokratischen Kultur in der Bundesrepublik geführt,[47] sei mit der Festigung eines post-nationalsozialistischen erinnerungskulturellen Konsenses und dem Selbstverständnis der Bundesrepublik als einer friedensorientierten Gesellschaft eng verwoben und mithin als eine weitere Phase der Liberalisierung zu werten.[48]

*Zweitens*, und damit eng zusammenhängend, der ebenso kontrovers diskutierte Streitpunkt, ob es durch die Kritik an der Nachrüstung zu einem Rückzug auf nationale Positionen und damit einer Entfremdung der Bundesrepublik gegenüber den westlichen Demokratien gekommen sei und ob sich die Friedensbewegung einen vorurteilsbeladenen Antiamerikanismus zu Schulden habe kommen lassen. Hier vertraten die Nachrüstungsgegner ebenfalls die Auffassung, dass – im Gegenteil – aufgrund der vielfachen innereuropäischen und transatlantischen Kontakte die Friedensbewegung der weiteren Westintegration der Bundesrepublik Vorschub geleistet habe und Protest hier erneut – wie schon einmal in den 1960er Jahren[49] – zum Einfallstor westlichen Gedankenguts wurde und zur »Verwestlichung« (Anselm Doering-Manteuffel) beigetragen habe.

*Drittens* die parteipolitischen Auswirkungen und die Möglichkeiten sozialer Bewegungen, die politischen Entscheidungsprozesse innerhalb und außerhalb des Parlaments zu beeinflussen. Oft herrscht ja die Auffassung vor, dass die Friedensbewegung aufgrund ihres Scheiterns an der selbst gestellten Aufgabe, den NATO-Doppelbeschluss zu verhindern, kaum Spuren in der westdeutschen Demokratie hinterlassen habe. Indes kam es mit der Parlamentarisierung der Grünen zur Institutionalisierung der Protestbewegung, was erhebliche Auswirkungen auf das Parteienspektrum und die Herstellung von Regierungsfähigkeit hatte.

*Viertens* schließlich das komplexe Problem, inwiefern die sicherheitspolitische Debatte der 1980er Jahre im Allgemeinen und über den NATO-Doppelbeschluss im Besonderen mit dem Ende des Kalten Krieges zu tun hat. Auch hier stehen sich die Auffassungen gegenüber, dass vor allem die kompromisslose Haltung westlicher Regierungen die Sowjetunion zu einem Einlenken in Bezug auf die Nachrüstung gezwungen habe, während die Gegenthese lautet, dass die Ächtung von Nuklearwaffen und die Verbreitung eines Friedenskonsenses den Boden für die dem Zusammenbruch des Kommunismus vorausgehende Entspannung in der zweiten Hälfte der 1980er Jahre eröffnet habe und somit einen signifikanten Beitrag zur Überwindung des Kalten Krieges geleistet habe.

*1)* *Erinnerungspolitische Dimensionen*

*Zum ersten Punkt,* der Frage der »Wehrhaftigkeit der Demokratie« und der darin fest integrierten Auseinandersetzung mit dem braunen Totalitarismus der NS-Zeit: Helmut Kohl begründete sein Eintreten für den Doppelbeschluss mit der »verantwortungsethischen« Position, dass »wir alle […] die Lektion der Geschichte in zwei schrecklichen Kriegen gelernt [haben], die Vertriebenen und die Flüchtlinge, die Hinterbliebenen und die Gefallenen zweier Weltkriege.« Politik müsse durch »geschichtliche Erfahrung und praktische Vernunft der Apokalypse vorbauen, muss die Erpressung verhindern, die in der Möglichkeit der Entfesselung des Infernos liegt«.[50] In einem heftigen parlamentarischen Schlagabtausch im Juni 1983 warf CDU-Generalsekretär Heiner Geißler dem Grünen-Politiker Joschka Fischer sogar vor, dass der gesinnungsethische Pazifismus der 1980er Jahre dem der 1930er Jahre gleiche, »der Auschwitz erst möglich gemacht habe«. Der Tod von Millionen Menschen wäre nicht erfolgt, so Geißler weiter, »wenn es die damalige Schwäche […] der freiheitlichen Demokratien dem Diktator des nationalsozialistischen Regimes nicht leichtgemacht hätte, den Krieg zu beginnen. Das ist die Wahrheit.«[51]

Traten die Befürworter des NATO-Doppelbeschlusses mit historischen Analogien für eine »feste Haltung« gegenüber der Sowjetunion ein, so hatte der von Geißler angesprochene Fischer seinerseits wenige Tage zuvor in einem *Spiegel*-Interview gesagt, es sei doch »moralisch erschreckend, dass es offensichtlich in der Systemlogik der Moderne auch nach Auschwitz noch nicht tabu ist, weiter Massenvernichtung vorzubereiten«.[52] Zwar hatte er vor »schnellen Analogieschlüssen« zwischen NS-Verbrechen und dem Ost-West-Konflikt gewarnt, doch waren seine Ausführungen insofern repräsentativ, als seitens der Friedensbewegung die Parole »Nie wieder Krieg« und die Erinnerung an den deutschen Judenmord der 1940er Jahre als Motivation für gegenwärtiges politisches Handeln sehr weit verbreitet war. Immer wieder wurde mit Erinnerungen an den Zweiten Weltkrieg zum »Widerstand gegen Atomraketen« geworben und öffentlich gepunktet. Die Gedenktage zum 8. Mai, zum »Antikriegstag« am

Abb. 2. Demonstranten mit Transparent am 10. Juni 1982 vor der Gedächtniskir-
che bei einer Kundgebung auf dem Kurfürstendamm gegen den Besuch des
US-amerikanischen Präsidenten Ronald Reagan in West-Berlin.

1. September, oder das Andenken an anti-nationalsozialistische Widerstandskämpfer boten Anknüpfungspunkte, um das Publikum über die Vergegenwärtigung des Vergangenen zu einer pazifistischen Haltung zu mobilisieren.[53]

Die Gegner der Nachrüstung sahen sich der demokratischen Wehrhaftigkeit durch »Widerstand« gegen die Nachrüstung verpflichtet – und sie verwendeten dazu auch ganz bewusst diesen historisch vorbelasteten Begriff. Der Schriftsteller und spätere Literaturnobelpreisträger Günter Grass sah hinter der Logik der atomaren Rüstung jene »zynische Abwendung von den Grundwerten menschlicher Ethik […], »die damals die Wannsee-Konferenz, den Beschluss der Endlösung zur Folge gehabt hat und die in unseren Tagen militärische Planspiele produziert, deren Ernstfallverläufe hier fünfzig und anderswo achtzig Millionen Tote als unvermeidbaren Ausfall verbuchen«.[54] Hunderte und tausende Male wurde durch Worte, entsprechende Visualisierungen, aber auch durch symbolische Handlungen (Demonstrieren in Häftlingskleidern oder mit auf Plakate geschriebenen Parolen wie »Pershing macht frei«[55]) eine Parallele von »nuklearem Holocaust« – der Begriff hatte Hochkonjunktur – und der Shoah gezogen.

Angesichts der Bedeutung, die dem Holocaust in der westlichen Erinnerungskultur in den 1980er Jahren als zentraler moralischer Referenz zuwuchs, stellten beide Seiten – in aus heutiger Sicht geradezu befremdlicher Schärfe – heraus, dass es hier um sehr viel mehr als Sicherheitspolitik ging. Die »Wende« von 1982/83 verschärfte noch einmal die Polemik darüber, »wohin die Bundesrepublik trieb«, in welche Richtung sich Politik und politische Kultur entwickelten, ob eine »linksliberale politische Hegemonie« erfolgreich gegen eine »neokonservative Tendenzwende« würde verteidigt werden können. Es war das Jahrzehnt des sich anbahnenden »Historikerstreits« und es konnte keinen Konsens darüber geben, wozu nun die Vergangenheit mahnte. Die in New York lehrende deutsche Theologin Dorothee Sölle bezeichnete in Mutlangen die Pershing II-Raketen als »fliegende Verbrennungsöfen«,[56] ein im Rückblick vielleicht nicht ganz so schockierendes Verdikt, wenn man sich vor Augen hält, dass Mitglieder der amerikanischen *Ploughshares*-Bewegung sich auf vergleichbar drastische Weise historischer Methapern bedienten.[57]

»Wir wollen aus der Geschichte lernen. Wir wollen nie wieder die Fehler machen, die zur Nazibarbarei geführt haben«,[58] so Kohl im November 1981. Diese klare, sicher auch Untiefen verbergende Ansage, hätte es von christdemokratischer oder konservativer Seite in dieser Form in den 1950er Jahren noch nicht geben können.[59] So wenig die Kontrahenten in ihren politischen Folgerungen auch darin übereinstimmten, wozu »Hitler« jetzt »mahnte«, welcher politische und moralische Imperativ aus dem Holocaust im Hier und Jetzt abgeleitet werden konnte, so sehr schien doch darüber ein Konsens erzielt worden zu sein, dass das Selbstverständnis der Bundesrepublik nun einmal auf der Akzeptanz der »von deutschem Boden« ausgegangenen Verbrechen und deren rückhaltloser Ablehnung basierte, wie es Bundespräsident Richard von Weizsäcker 1985 in seiner bekannten Rede aus Anlass des 40. Jahrestages des Kriegsendes verbindlich formulierte.

2) *Westbindungen und Antiamerikanismus*

*Zum zweiten Punkt,* der Frage nach der Festigung oder Lockerung der »Westbindungen«[60] und darin eingeschlossen der Frage nach »Deutschlands Ort in der Welt«: Auch hier erstaunt zunächst einmal die bittere Schärfe, mit der die Meinungen aufeinander prallten. Unter dem Strich dürfte beiderseits gerade auch der physische Austausch über den Atlantik hinweg und innerhalb Europas, der nun verstärkt stattfand, die Selbstintegration in den Westen weiter voran getrieben haben. Den Nachrüstungskritikern wurde eine »Entfremdung von den Demokratien des Westens« attestiert,[61] obwohl sich viele auf Henry David Thoreau, Martin Luther King, Mahatma Ghandi und andere von der US-Friedensbewegung verehrte Protagonisten des gewaltfreien Widerstandes beriefen und in diesem Sinne durchaus als Agenten der »Verwestlichung« und Verbreiterung einer, auch für Kohl unstrittigen demokratischen Protestkultur gesehen werden können.[62] Daher stellte die Friedensbewegung sicher, dass auf ihren großen Massenveranstaltungen und Demonstrationen prominente Teilnehmer aus den USA, Großbritannien und den Niederlanden nicht nur sprachen, sondern gut sichtbar auf dem Podium platziert wurden und dieser Internationalismus entsprechend visualisiert wurde.[63]

Mitglieder der Friedensbewegung in Deutschland setzten sich vehement gegen den Vorwurf zur Wehr, sie seien »antiamerikanisch«. Nicht wenige fanden indes in dem amerikanischen Präsidenten Ronald Reagan ein Feindbild und sahen sich, gemeinsam mit ihren Freunden in den USA, als Teil einer Anti-Reagan-Bewegung.[64] Reagan und Vertreter seiner Administration ihrerseits verwendeten eine ausgeprägte Feindbild-Rhetorik, die sich im inneramerikanischen Kontext freilich weniger präzedenzlos und scharf ausnimmt als in der deutschen Übersetzung.[65] Diese sprachlichen Missverständnisse innerhalb transatlantischer Kommunikation dürften wesentlich zur Verschärfung der Auseinandersetzung um den Doppelbeschluss beigetragen haben. Nicht nur im *Krefelder Appell*, sondern auch im *Bielefelder Appell* des Bundesvorstandes der Jungsozialisten wurde die Nachrüstung abgelehnt, weil Deutschland nicht »einer amerikanischen Entscheidung« ausgeliefert werden dürfe, »die beinhaltete, dass ein auf Europa begrenzter Atomkrieg führbar ist«.[66] Genau dies, den amerikanischen »Alleingang« zu verhindern, war übrigens auch das Motiv von Schmidt und den Befürwortern des Doppelbeschlusses. Interviews hochrangiger amerikanischer Politiker und Überlegungen amerikanischer Militärplaner, nach denen ein Atomkrieg nicht nur führ- sondern auch gewinnbar war, waren daher Wasser auf die Mühlen der Nachrüstungskritiker und fanden kritischen Eingang in Flugblätter und Reden auf den Friedensdemonstrationen.[67]

Die sicherheitspolitischen Pläne der Reagan-Administration lösten unter den intellektuellen Vordenkern der Friedensbewegung, aber auch in den zahlreichen lokalen und regionalen Initiativen, eine nachhaltige Diskussion darüber aus, wie gut deutsche Interessen noch im atlantischen Bündnis aufgehoben waren und ob die deutsch-amerikanischen Beziehungen auch weiter das »zweite Grundgesetz« der Bundesrepublik bilden dürften. Dabei wurde – Ironie der Geschichte – der ursprünglich unter federführender Beteiligung der Bundesregierung und Helmut Schmidts angestoßene NATO-Doppelbeschluss allmählich zum amerikanischen Oktroi umgedeutet.[68] Das von Pastor Heinrich Albertz (SPD), dem ehemaligen Regierenden Bürgermeister von Berlin, geprägte Diktum, dass Deutschland nach wie vor ein »besetztes Land« sei,[69] machte die Runde und war ein Hinweis auf die mit gesamtdeutscher Betroffenheit begründete nationalpolitische Verve, mit der einige Vertreter der Friedensbewegung argumentierten. Zugleich erhofften sich manche Gegner des Doppelbeschlusses eine Reformulierung der deutschen Frage und mehr nationalpolitische Autonomie, nach dem Motto »Die BRD ist El Salvador«.[70]

So wurde angesichts der atomaren Rüstung und der strategischen Wiederausrichtung der US-Politik auf einen harten antisowjetischen Konfrontationskurs die Frage des nationalen Interesses neu gestellt: »Wer sind wir eigentlich, in welcher Lage befinden wir uns als Deutsche mitten in Europa gegenüber den die Welt beherrschenden Supermächten, wie groß oder klein ist der Spielraum für eigene Entscheidungen, wie dicht das Netz der Abhängigkeiten, wie unvergleichbar unsere Lage sogar zu der unserer europäischen Nachbarn im Westen wie im Osten?«[71] Graphisch aufgearbeitet und drastisch visualisiert wurde dieser »besetzte Zustand« der Bundesrepublik durch entsprechende Titelbilder von einschlägigen Publikationen, die Raketen oder Atomwaffenexplosionen auf westdeutschem Territorium symbolisierten, oder dem umfangreichen Kartenmaterial, das man etwa dem »Militarisierungsatlas der Bundesrepublik« entnehmen konnte. Ein Kapitel dieses von dem Friedensforscher Alfred Mechtersheimer herausgegebenen Buches wurde ausdrücklich überschrieben: »Ein besetztes Land.«[72]

Das argumentative Grundmuster, in dem Deutschland als Opfer des Supermächte-Konflikts, aber insbesondere des durch Reagan verschärften »amerikanischen Imperialismus« gesehen wurde, durchzieht wie ein Leitmotiv zahlreiche Publikationen der Friedensbewegung und ihr nahestehender Intellektueller in den 1980er Jahren. Nicht nur der von kommunistischer Seite lancierte Krefelder Appell, der kurz nach der Wahl Reagans verabschiedet worden war, appellierte einseitig an die Bundesregierung, »eine Aufrüstung Mitteleuropas zur nuklearen Waffenplattform der USA« nicht zuzulassen.[73] Auch andere, stärker auf Kritik auch an der Sowjetunion achtende Aufrufe und Dokumente verliehen dieser Wahrnehmung Europas als quasi-kolonialem Protektorat der imperialen Supermächte Ausdruck. Albertz und Eppler machten beispielsweise deutlich, dass sie die sowjetische Hochrüstung für ein ebenso großes Problem hielten wie die des Westens, aber sie bezogen sich in ihren kritischen Formulierungen in aller Regel stärker auf westliche Positionen, da Moskau von Westeuropa aus nicht beeinflussbar sei.[74]

Angesichts der harschen Kritik an den Plänen der US-Administration seitens vieler Mitglieder der Friedensbewegung wurde regelmäßig der polemisch zugespitzte Vorwurf ins Feld geführt, die Friedensbewegung huldige einem undifferenzierten, vorurteilsbeladenen Antiamerikanismus.[75] Das traf einen Nerv. Als Reaktion darauf verwahrten sich führende Köpfe der Friedensbewegung dagegen auf das schärfste. Heinrich Böll meinte auf der Bonner Demonstration am 10. Oktober 1981, als Schriftsteller sei er wie seine Kollegen 1945 »von der amerikanischen Literatur befreit worden«. Er sei pro-amerikanischer als die CDU/CSU, in der die amerikanische Politik »weniger umstritten« sei »als in Amerika selbst«.[76] »Nein, es ist *kein* Anti-Amerikanismus«, so der Tübinger Rhetorik-Professor Walter Jens, in »Übereinstimmung mit den Proklamationen der Bürgerrechts-Bewegung die Hybris des Reagan-Regimes beim Namen zu nennen« sowie Divergenzen zwischen deutschen und amerikanischen Überlebensplänen auszudeuten; es sei kein Antiamerikanismus, sich in die Lage der Sowjetunion zu versetzen, die vom Westen her aus allen Richtungen eingekreist sei.[77]

Umgekehrt war für die Unionsparteien die massive, oft haltlose Kritik an Reagan und den USA eine willkommene Chance, bündnistreu und pro-amerikanisch aufzutreten. Wie schon Konrad Adenauer warnte der CDU-Vorsitzende und spätere Bundeskanzler Helmut Kohl vor der »Illusion eines dritten Weges«, einer »deutschen Sonderrolle« zwischen Ost und West.[78] Die SPD betreibe »den bösen Geist des Antiamerikanismus«.[79] Der sicherheitspolitische Streit erzeuge »schlechte Stimmung« im deutsch-amerikanischen Verhältnis und fördere in den USA isolationistische Trends. Lafontaine und Eppler seien »sowjetischer als die Sowjets«, Ausführungen des SPD-Fraktionsvorsitzenden Herbert Wehner nannte Kohl eine »glatte Hilfsaktion« für die UdSSR.[80] Die Kritiker des Doppelbeschlusses schürten Kriegsangst, doch die Union sei ebenso »für den Frieden«.[81] Nicht die Moral der Abschreckung stehe zur Debatte, sondern die Verteidigung westlicher Werte und der Grundlagen der Demokratie, wie Freiheit, Gerechtigkeit und Menschenrechte. Es gelte auch künftig, »in der Gemeinschaft freier Völker gemeinsam mit unseren Freunden unser Schicksal in Friede und Freiheit« gestalten zu können.[82]

Es dürfte in die Irre führen, in Bezug auf die Nachrüstungsdebatte von einer »Entfremdung von den Demokratien des Westens« zu sprechen. Die Tatsache, dass darüber gestritten wurde, als »wie westlich« sich die Deutschen verstanden, dürfte in der Summe die kulturelle und politische Westbindung befestigt haben. Dafür spricht, dass sich Gegner und Befürworter des Doppelbeschlusses als Teil einer transatlantischen politischen Gemeinschaft sahen, innerhalb derer unterschiedliche Antworten darauf gegeben wurden, wie mit Fragen der Sicherheit im Zeitalter der atomaren Abschreckung und des Ost-West-Konfliktes umgegangen werden sollte. So wenig in den USA Einigkeit über den außenpolitischen Kurs der Regierung Reagan bestand, so wenig konnte dies in der Bundesrepublik der Fall sein. Helmut Kohl bedauerte, dass er bei seinen Besuchen in den USA gegenüber *seinen* amerikanischen Freunden »bohrende Fragen« beantworten musste, »wohin der Weg der Bundesrepublik führt«.[83] Petra Kelly hob hervor, dass sie mit *ihren* amerikanischen Freunden um »Hoffnung kämpfte«.[84] Willy Brandt machte *seinen* Freunden in den USA klar, dass die Ablehnung neuer Raketen nicht Antiamerikanismus sei, sondern den Forderungen des amerikanischen *Freeze-Movement* entspreche.[85]

## 3) *Parteipolitische Folgen*

Am leichtesten scheint *zum Dritten* die Frage nach den parteipolitischen Folgen und nach den Folgen für das politische System der Bundesrepublik beantwortbar zu sein, da die Regierung Schmidt ja 1982 auf dem Höhepunkt der »Raketendebatte« abgelöst wurde. Aber man muss sich davor hüten, hier nach dem Motto »cum hoc ergo propter hoc« einen kurzschlüssigen Zusammenhang zwischen Ursache und Wirkung anzunehmen. Tatsächlich zerbrach die sozialliberale Koalition keineswegs in erster

Linie an der »Nuklearkrise«, sondern an tiefgreifenden Meinungsverschiedenheiten in der Wirtschafts- und Sozialpolitik. Wichtiger dürfte die Raketenfrage für den Einzug der Grünen in den Bundestag im März 1983 gewesen sein. Aber auch hier war die Nachrüstungskontroverse nur ein Faktor unter mehreren, und wie hoch ihr Anteil tatsächlich war, bleibt in der Forschung umstritten.[86] Da dieses Thema jedoch deutlich anschlussfähiger war als die Ziele etwa der Anti-AKW- und Umweltbewegung, wie *Mende* und *Metzger* in diesem Band argumentieren, dürfte die Kontroverse um den NATO-Doppelbeschluss einen, wenn auch sozialwissenschaftlich natürlich nicht exakt messbaren Einfluss auf die wichtigste Modifikation des Parteiensystems der Bundesrepublik seit den 1950er Jahren gehabt haben, nämlich dessen dauerhafte Erweiterung auf vier Parteien.

Wurden also die Grundkoordinaten der politischen Kultur der Bundesrepublik in Hinblick auf die Westorientierung und den post-nationalsozialistischen Konsens nicht nachhaltig verschoben, sondern im Grunde gefestigt, so ging die Nuklearkrise nicht spurlos an der »ganz gewöhnlichen« Parteipolitik und der Ausgestaltung der Machtverhältnisse im Parlament vorbei. Ebenso war das Zerbrechen der sozial-liberalen Koalition unter Schmidt und Genscher mit der »Raketen-Kontroverse« verknüpft, wenn diese auch nicht der einzige Grund für den neuerlichen koalitionären Schwenk der Freidemokraten war.[87] Aber auch umgekehrt, nachdem 1982 der Kanzlerwechsel erfolgt war, dienten der Doppelbeschluss und die Beschwörung der Bündnissolidarität als ein einigendes Band für die christlich-liberale Koalition, die in sich ein durchaus heterogenes Spektrum vereinigte. Und während für die SPD zwar aufgrund der Parlamentarisierung der Grünen die erhoffte vollständige Reintegration des linksalternativen Spektrums scheiterte, so war doch auch eine innerparteiliche Beruhigung und Konsolidierung zu verzeichnen, die, wenn nicht 1989/90 die deutsch-deutsche Vereinigung dazwischen gekommen wäre, schon 1990 zu einem neuerlichen Machtwechsel hätte führen können.[88]

Wie schon mehrfach zuvor stellte sich insofern eine alte Konstante der westdeutschen Politik wieder ein, dass eine relativ hohe innen- und sozialpolitische Übereinstimmung gerade der beiden großen Volksparteien durch außenpolitischen Richtungsstreit überdeckt wurde, was den Machtwechsel, wie schon einmal 1969, zu legitimieren und abzusichern half. Als Stück bundesrepublikanischer Normalität stellte sich wieder ein, dass sich die politischen Lager – anders als beispielsweise in Großbritannien und den USA – weniger über innenpolitische Gegensätze ausdifferenzierten als über den außenpolitischen Dissens. So dauerte der Streit um die atomare Abschreckung auch deshalb über das Jahr 1983 hinweg an, weil er eine antagonistische Positionierung der Lager erlaubte, ohne den großen demokratischen – und vor allem sozialpolitischen – Konsens insgesamt zu beeinträchtigen. Auch vor diesem Hintergrund wird man davon sprechen können, dass die Nuklearkrise am Ende eher konsensbildend als konsenssprengend wirkte.[89]

## 4) Das Ende des Kalten Krieges

*Abschließend zur vierten Frage:* Was hat der Nachrüstungsstreit mit dem Ende des Kalten Krieges zu tun? HistorikerInnen sind zögerlich, historische Ereignisse monokausal aus einem einzigen Faktor oder einem einzigen Ereignis heraus zu erklären. Die gestellte Frage lässt sich in dieser Zuspitzung nicht beantworten. *Florian Pressler* betont im vorliegenden Band, dass der »Sieg der Rüstungskontrolle« in der zweiten Hälfte der 1980er Jahre viele Väter und Mütter hatte. Einerseits lässt sich anknüpfend an den Doyen der Geschichte der weltweiten Friedensbewegung seit 1945, Lawrence S. Wittner, argumentieren, dass die Proteste Druck auf die US-Administration und die europäischen Verbündeten ausübten; dass Ronald Reagan eine tief sitzende Abneigung gegen Nuklearwaffen hatte (was seine Begeisterung für SDI, *Strategic Defense Initiative* erklärt) und dass er sich ab 1983/84 zunehmend als radikaler nuklearer Abolitionist entpuppte.[90] Umgekehrt haben in ihrem Selbstverständnis meist eher konservative Anhänger eines »Cold War Triumphalism« – aber nicht nur diese – vermutlich nicht Unrecht mit ihrer Auffassung, dass Gorbatschow darauf reagierte, wie er selbst schrieb, dass die UdSSR »in ein aufreibendes Wettrüsten eingespannt [war] und durch dieses an den Rande des Ruins getrieben« wurde.[91]

Die Sowjetunion hat auf den Doppelbeschluss, wie *Oliver Bange* darstellt, mit verschiedenen diplomatischen und sicherheitspolitischen Maßnahmen reagiert. Dazu gehörte auch, verdeckt und zum Teil indirekt über die »Friedenspolitik« der Verbündeten wie der DDR, aber zum Teil auch ganz offen, die westliche Friedensbewegung logistisch und finanziell zu unterstützen. Mit dieser »Unterwanderung« lässt sich die Friedensbewegung in ihrer ganzen Heterogenität gewiss nicht erklären, musste diese doch letztlich Resonanz in einer offenen, pluralistischen Gesellschaft finden und sich auf dem freien Markt des westlichen medialen Systems durchsetzen.[92] Darüber hinaus aber stellten die UdSSR und der Warschauer Pakt frühzeitig ihre militärischen Planungen um und passten sich an die neuen strategischen Gegebenheiten an, die aufgrund der Stationierung der Cruise Missiles und Pershing II in Europa geschaffen wurden. Die neuere Forschung sieht hier einen Übergang zu einer in wachsendem

Maße defensiven Orientierung des Warschauer Paktes, die in der Berliner Erklärung vom Mai 1987 zu einer vollständigen Umstellung auf Defensivplanung führte.[93]

Die enorme erneuerte Verschärfung des Ost-West-Gegensatzes ab Ende der 1970er Jahre – mit dem Einmarsch der Sowjetunion in Afghanistan als einem wichtigen Datum – war eine der Wurzeln des Wiederaufstiegs der Friedensbewegung in den frühen 1980er Jahren. Nachrichten über mehrfache Beinah-Ernstfälle, die erst in letzter Minute verhindert werden konnten, bewirkten sowohl auf Seiten der UdSSR als auch der USA ein Umdenken.[94] Hier hatten sich die Europäer in Ost und West, anders als in den 1950er Jahren, ohnehin schon nicht mehr in der gleichen Weise auf eine konfrontative Rhetorik eingelassen. Vor dem Hintergrund des Schocks über die Rückkehr der schon verschwunden geglaubten atomaren Bedrohung – wozu die Populärkultur einen Beitrag leistete – waren sowohl der amerikanische Präsident Ronald Reagan als auch dessen Gegenüber Michail Gorbatschow zu einem Einlenken bereit, was nach einem ersten Treffen in Genf 1985 schon in Reykjavik 1986 fast zu einem sensationellen Abrüstungserfolg geführt hätte.

Es ist schwer vorstellbar, dass der Ost-West-Konflikt 1989/90 mit dem Fall der Mauer ein so dramatisches und friedliches Ende gefunden hätte, wenn dem nicht eine Phase entscheidender Fortschritte bei der Entspannung voraus gegangen wäre. Der INF-Vertrag von 1987 – der Mittelstreckenraketen auf beiden Seiten wieder abschaffte und damit als die Verwirklichung des Abrüstungsteils des NATO-Doppelbeschlusses gilt – stellte auch einen psychologisch wichtigen Durchbruch dar. Er war jedoch eingebettet in zahlreiche weitere Schritte hin zur Entspannung innerhalb und außerhalb Europas, einschließlich des sowjetischen Rückzugs aus Afghanistan. Wie Reagan so ergriff auch Gorbatschow seine Initiativen mit Rücksicht auf die innere Situation des jeweiligen Landes – so dass die dramatischen Schritte der beiden Supermächte bei den jeweiligen Verbündeten durchaus Skepsis hervorriefen.[95] Denen schien dies auf einmal viel zu schnell zu gehen. Daher kamen 1987/88, d.h. kurz vor dem Ende des Kalten Krieges, sogar noch Zweifel der amerikanischen Regierung an der bündnispolitischen Solidarität der Bundesregierung auf.[96]

Gedanklich vorbereitet hat – in sicher nicht quantifizierbarer und nicht immer konkret kausal zurechenbarer Weise – die Debatte über die Nachrüstung die Wiedervereinigung Europas seit 1989/90. Auf die wachsende Unabhängigkeit der Europäer in Ost und West von den beiden Hegemonialmächten wurde schon hingewiesen. Aber noch etwas anderes ist hier gemeint. Friedensorganisationen wie das von England ausgehende *Euro-*

*pean Nuclear Disarmament* (END) setzten frühzeitig auf einen Dialog über die Demarkationslinien des Kalten Krieges hinweg. Sie suchten konsequent das Gespräch nicht nur mit der offiziellen, d.h. staatlich gelenkten Friedensbewegung des Ostens, sondern auch mit den Mitgliedern von Menschenrechtsgruppen, die aufgrund des Helsinki-Prozesses in Ländern wie der ČSSR, Polen und Ungarn entstanden waren. Hierbei gab es anfangs erhebliche Konflikte, da die westlichen Protagonisten der Friedensbewegung auf einer Thematisierung der Abrüstung beharrten, während ihre östlichen Partner, ganz klar den äußeren Frieden nicht vom inneren Frieden, der ohne Freiheit nicht zu haben sei, abtrennen wollten. Für sie war die Garantie der Menschen- und Bürgerrechte in ihren Ländern letztlich Voraussetzung und Garant der Entspannung. Damit wurde aber eines der wichtigsten Themen der heutigen Gegenwart im Kontext der Nuklearkrise zum ersten Mal blockübergreifend breit thematisiert.

Durch diese keinesfalls konfliktfreien, aber in ihrem Umfang wachsenden Kontakte nicht nur der jeweiligen politischen »Führer«, sondern auch gesellschaftlicher Kräfte und den Dialog zwischen der westlichen Friedensbewegung und den östlichen Bürgerrechtlern im Kontext der Nuklearkrise der 1980er Jahre wurde die große Wende von 1989/90 und vor allem das Wieder-Zusammenwachsen Europas danach mit vorbereitet. Das kommunikative Wiederanknüpfen aufgrund der transnationalen Verflechtungen und Kontakte der Friedensbewegungen in Ost und West, die nun zunehmend erforscht werden,[97] war auch eine Arbeit an einem gesamteuropäischen Bewusstsein, bzw. im deutschen Falle auch an einem gesamtdeutschen Bewusstsein. Hierzu war die Nuklearkrise auch eine Wegbereiterin, so wie sie im Inneren den demokratischen Konsens stärken half.

*Anmerkungen*

[1]  Text des Kommuniqués der Außen- und Verteidigungsminister der NATO vom 12.12.1979, abgedruckt in: Archiv der Gegenwart (fortan AdG), 14.12.1979, S. 23112-23117.
[2]  Rundbrief des Koordinationsausschusses für die Herbstaktion vom 15.-22.10.1983, Nr. 1, Juli 1983, Archiv Grünes Gedächtnis (fortan AGG), Berlin ZS 8389.
[3]  Verhandlungen des Deutschen Bundestages, Stenographische Berichte, 10. Wahlperiode, 36. Sitzung, S. 2590.
[4]  AdG, 26.11.1983, S. 27213.
[5]  Tim Matthias Weber: Zwischen Nachrüstung und Abrüstung. Die Nuklearwaffenpolitik der Christlich Demokratischen Union Deutschlands zwischen 1977 und 1989. Baden-Baden 1994, S. 330-398; Eckart Conze: Die Suche nach Sicherheit. Eine Geschichte der Bundesrepublik Deutschland von 1949 bis in die Gegenwart. München 2009, S. 623-633.
[6]  Thomas Leif: Die strategische (Ohn-)Macht der Friedensbewegung. Kommunikations- und Entscheidungsstrukturen in den achtziger Jahren. Opladen 1990, S. 32-55.

[7] Die Bedeutung des Doppelbeschlusses für das Ende der Regierung Schmidt-Genscher ist umstritten, vgl. vor allem Andreas Wirsching: Abschied vom Provisorium. Geschichte der Bundesrepublik Deutschland, 1982-1990. München 2006, S. 19f.; Friedhelm Boll/Jan Hansen: Doppelbeschluss und Nachrüstung als innerparteiliches Problem der SPD. In: Philipp Gassert/Tim Geiger/Hermann Wentker (Hg.): Zweiter Kalter Krieg und Friedensbewegung. Der Nato-Doppelbeschluss in deutsch-deutscher und internationaler Perspektive. München 2011, S. 203-228, hier S. 222-224.

[8] Anselm Doering-Manteuffel/Lutz Raphael: Nach dem Boom. Perspektiven auf die Zeitgeschichte seit 1970. Göttingen 2008; Konrad Jarausch: Das Ende der Zuversicht? Die siebziger Jahre als Geschichte. Göttingen 2008; Thomas Raithel/Andreas Rödder/Andreas Wirsching (Hg.): Auf dem Weg in eine neue Moderne? Die Bundesrepublik Deutschland in den siebziger und achtziger Jahren. München 2009.

[9] Erhard Eppler: Friedensbewegung. In: Walter Jens (Hg.): In letzter Stunde. Aufruf zum Frieden. München 1982, S. 143-166, hier S. 152.

[10] Hans-Dietrich Genscher: Erinnerungen. München 1997, S. 414.

[11] Helmut Kohl: Erinnerungen 1982-1990. München 2005, S. 140.

[12] Politische und wirtschaftliche Aspekte der westlichen Sicherheit. Vortrag von Helmut Schmidt vor dem International Institute for Strategic Studies in London am 28.10.1977. In: Bulletin, 112 (1977), S. 1013-1020.

[13] Die Idee der »flexible response« geht schon auf die späten 1950er Jahre zurück, durch das Dokument MC 14/3 wurde sie im Dezember 1967 zur offiziellen Politik, vgl. den Bericht des Military Committee der NATO, 16.1.1968, URL: http://www.nato.int/docu/stratdoc/eng/a680116a.pdf.

[14] Beatrice Heuser/Kristan Stoddart: Großbritannien zwischen Doppelbeschluss und Anti-Kernwaffen-Protestbewegungen. In: Gassert/Geiger/Wentker: Zweiter Kalter Krieg, S. 316f.

[15] Georges-Henri Soutou: Mitläufer der Allianz? Frankreich und der NATO-Doppelbeschluss. In: Gassert/Geiger/Wentker (Hg.): Zweiter Kalter Krieg, S. 363-376.

[16] Dies war die politische Rationale des »New Look« in der Administration Eisenhower, vgl. Klaus Schwabe: Weltmacht und Weltordnung. Amerikanische Außenpolitik von 1898 bis zur Gegenwart. Paderborn 2006, S. 296.

[17] Gottfried Niedhart: Selektive Wahrnehmung und politisches Handeln. Internationale Beziehungen im Perzeptionsparadigma. In: Winfried Loth/Jürgen Osterhammel (Hg): Internationale Geschichte. Themen – Ergebnisse – Aussichten. München 2000, S. 141-157.

[18] Hierzu auch Gerhard Wettig: Sowjetische Euroraketenrüstung und Auseinandersetzung mit den Reaktionen des Westens. Motivationen und Entscheidungen. In: Gassert/Geiger/Wentker: Zweiter Kalter Krieg, S. 49-64.

[19] Jeffrey Herf: War by Other Means. Soviet Power, West German Resistance, and the Battle of the Euromissiles. New York, NY 1991.

[20] Neben dem Beitrag von Wentker in diesem Band u.a. Heinrich Potthoff: Die »Koalition der Vernunft«. Deutschlandpolitik in den 80er Jahren. München 1995.

[21] Helga Haftendorn: Das doppelte Mißverständnis. Zur Vorgeschichte des NATO-Doppelbeschlusses. In: Vierteljahreshefte für Zeitgeschichte, 35 (1985), S. 244-287.

[22] Andreas W. Daum/Wilfried Mausbach/Lloyd C. Gardner (Hg.): America, the Vietnam War, and the World. Comparative and International Perspectives. New York, NY 2003.

[23] Leopoldo Nuti (Hg.): The Crisis of Détente in Europe. From Helsinki to Gorbachev, 1975-1985. London/New York 2009; Matthias Schulz/Thomas A. Schwartz (Hg.): The Strained Alliance. U.S.-European Relations from Nixon to Carter. New York, NY 2010.

[24] Klaus Wiegrefe: Das Zerwürfnis. Helmut Schmidt, Jimmy Carter und die Krise der deutsch-amerikanischen Beziehungen. Berlin 2005.

[25] »Bericht des Parteivorsitzenden Dr. Helmut Kohl«, 29. Bundesparteitag der Christlich Demokratischen Union Deutschlands (Niederschrift), Mannheim, 9.-10.3.1981, Ms. Bonn 1981. In: Archiv für Christlich-Demokratische Politik (fortan ACDP) S. 34f.

[26] Tim Geiger: Die Regierung Schmidt-Genscher und der NATO-Doppelbeschluss. In: Gassert/Geiger/Wentker: Zweiter Kalter Krieg, S. 95-122, hier 100-105; Philipp Gassert: Viel

Lärm um Nichts? Der NATO-Doppelbeschluss als Katalysator gesellschaftlicher Selbstverständigung in der Bundesrepublik. In: Gassert/Geiger/Wentker: Zweiter Kalter Krieg, S. 175-202.

[27] Protokoll des CDU-Bundesparteitages 1981 in Hamburg, S. 60, zit. nach Hansen, in diesem Band.

[28] So Boll/Hansen; siehe jetzt auch Bernd Faulenbach: Das sozialdemokratische Jahrzehnt. Von der Reformeuphorie zur neuen Unübersichtlichkeit. Die SPD 1969-1982. Bonn 2012.

[29] Auch Wolfgang Schröder: Gewerkschaft als soziale Bewegung. Soziale Bewegung in den Gewerkschaften in den Siebzigerjahren. In: Archiv für Sozialgeschichte (fortan AfS), 44 (2004), S. 243-257.

[30] Bernd Hey: 1968 und die Kirchen. Gütersloh 2008.

[31] Hans-Jochen Luhmann/Gundel Neveling: Deutscher Evangelischer Kirchentag Hamburg 1981. Dokumente. Stuttgart 1981; Susanne Schregel: Konjunktur der Angst. »Politik der Subjektivität« und »neue Friedensbewegung«, 1979-1983. In: Bernd Greiner/Christian Th. Müller/Dierk Walter: Angst im Kalten Krieg. Hamburg 2009, S. 495-520.

[32] Ralf Zoll: Sicherheitspolitik und Streitkräfte im Spiegel öffentlicher Meinung in den Vereinigten Staaten von Amerika und der Bundesrepublik Deutschland. In: Ders. (Hg.): Genese, Struktur und Wandel von Meinungsbildern in Militär und Gesellschaft. Ergebnisse und Analyseansätze im internationalen Vergleich. Opladen 1982, S. 33-65; Risse-Kappen: Krise der Sicherheitspolitik, S. 194.

[33] Josef Joffe: Peace and Populism. Why the European Anti-Nuclear Movement Failed. In: International Security, 11 (1987), S. 3-40. Eine ähnliche Debatte gibt es für die Adenauerzeit in den 1950er Jahren. Siehe dazu die aufschlußreiche Analyse von Michael Geyer: Der Kalte Krieg, die Deutschen und die Angst. Die westdeutsche Opposition gegen Wiederbewaffnung und Kernwaffen. In: Klaus Naumann (Hg.): Nachkrieg in Deutschland. Hamburg 2001, S. 267-318.

[34] Zur »unterwanderten Friedensbewegung« siehe: Udo Baron: Kalter Krieg und heißer Frieden. Der Einfluß der SED und ihrer westdeutschen Verbündeten auf die Partei »Die Grünen«. Münster 2003; Michael Ploetz/Hans-Peter Müller: Ferngelenkte Friedensbewegung? DDR und UdSSR im Kampf gegen den NATO-Doppelbeschluss. Münster 2004.

[35] Ein Begriff, der in Deutschland erst im Fahrwasser der großen Mobilisierung gebräuchlich wurde; vgl. Wilfried Mausbach: The Present's Past. Recent Perspectives on Peace and Protest in Germany, 1945-1973. In: Mitteilungsblatt des Instituts für Soziale Bewegungen, 32 (2004), S. 67-98, bes. S. 68; Roland Roth/Dieter Rucht (Hg.): Die sozialen Bewegungen in Deutschland seit 1945. Ein Handbuch. Frankfurt/Main 2008, S. 640-641.

[36] Ulrike Wasmuht: Friedensbewegungen der 80er Jahre. Zur Analyse ihrer strukturellen und aktuellen Entstehungsbedingungen in der Bundesrepublik Deutschland und den Vereinigten Staaten von Amerika nach 1945. Gießen 1987; siehe auch Benjamin Ziemann: Perspektiven der historischen Friedensforschung. In: Ders. (Hg.): Perspektiven der historischen Friedensforschung. Essen 2002, S. 13-39, hier S. 14f.

[37] Andreas Rödder: Bündnissolidarität und Rüstungskontrollpolitik. Die Regierung Kohl-Genscher, der NATO-Doppelbeschluss und die Innenseite der Außenpolitik. In: Gassert/Geiger/Wentker: Zweiter Kalter Krieg, S. 123-136, hier S. 125.

[38] Siehe dazu Sven Reichardt/Detlef Siegfried (Hg.): Das Alternative Milieu. Antibürgerlicher Lebensstil und linke Politik in der Bundesrepublik Deutschland und Europa 1968-1983. Göttingen 2010; Hanno Balz/Jan-Henrik Friederichs (Hg.): »All We Ever Wanted …« Eine Kulturgeschichte europäischer Protestbewegungen der 1980er Jahre. Berlin 2012.

[39] Zur Frauenbewegung und 1968 siehe Kristina Schulz: Der lange Atem der Provokation. Die Frauenbewegung in Frankreich und der Bundesrepublik, 1968-1976. Frankfurt/Main 2002.

[40] Zu den transatlantischen Unterschieden Wilfried Mausbach: Vereint marschieren, getrennt schlagen? Die amerikanische Friedensbewegung und der Widerstand gegen den NATO-Doppelbeschluss. In: Gassert/Geiger/Wentker: Zweiter Kalter Krieg, S. 283-304.

[41] Zu Protestformen der Friedensbewegung Tim Warneke: Aktionsformen und Politikverständnis der Friedensbewegung. Radikaler Humanismus und die Pathosformel des Menschlichen. In: Reichardt/Siegfried: Das Alternative Milieu, S. 445-472.

[42] Aktionszeitung: 5. Juni, Hofgarten in Bonn – Großdemonstration Gemeinsam für Frieden und Freiheit, ACDP, CDU, Bundespartei, Ordner 2/20, 2/207 Broschüren und Flugblätter Jan.'82-Aug.'83; eine Übersicht zur Kampagne 10.000 Friedenstage. In: Union in Deutschland (UiD), 26 (1983), 1.9.1983; Deutsches Monatsblatt, 7/8 (1983).

[43] Zur Emotionspolitik Schregel: Konjunktur der Angst.

[44] Zusammenfassend Thomas Risse-Kappen: Die Krise der Sicherheitspolitik. Neuorientierung der Entscheidungsprozesse im politischen System der Bundesrepublik Deutschland. Mainz 1988.

[45] Hans-Peter Schwarz: Die gezähmten Deutschen. Von der Machtbesessenheit zur Machtvergessenheit. Stuttgart 1985.

[46] Peter Graf Kielmansegg: Nach der Katastrophe. Eine Geschichte des geteilten Deutschland. Berlin 2000, S. 234; Eckart Conze: Suche, S. 544; Heinrich August Winkler: Der lange Weg nach Westen. Deutsche Geschichte vom »Dritten Reich« bis zur Wiedervereinigung. Band 2. München 2000, S. 370f.; Herf: War By Other Means, S. 27, sieht nicht nur den außenpolitischen, sondern den demokratischen Konsens insgesamt in Frage gestellt.

[47] Siehe den Beitrag von Marianne Zepp in diesem Band.

[48] Gassert: Viel Lärm um Nichts? Hierauf stützen sich die Ausführungen im Folgenden zu erstens bis drittens.

[49] Zur transatlantischen Dimension von Protest Martin Klimke: The Other Alliance. Student Protest in West Germany & the U.S. in the Global Sixties. Princeton, NJ 2010.

[50] Grundsatzrede des Vorsitzenden der CDU Deutschlands, Helmut Kohl, auf dem 30. CDU-Bundesparteitag, Hamburg, 2.-5.11.1981. In: ACDP S. 28-51, hier S. 33f.

[51] Deutscher Bundestag, Stenographische Berichte, 10. WP, 13. Sitzung, 15.6.1983, S. 755.

[52] »Wir sind ein schöner Unkrautgarten«, Spiegel-Gespräch mit Joschka Fischer und Otto Schily. In: Der Spiegel, 24, 13.6.1983, S. 23-27, hier S. 26.

[53] Z.B. das Flugblatt der Friedensinitiative Wilmersdorf. In: Fritz Teppich (Hg.): Flugblätter und Dokumente der Westberliner Friedensbewegung. 1980-1985. Berlin 1985, S. 25.

[54] Günter Grass: Vom Recht auf Widerstand. Rede auf der Gedenkveranstaltung der SPD zum 50. Jahrestag der Machtergreifung Hitlers in Frankfurt. In: Günter Grass: Essays und Reden III, 1980-1997. Göttingen 1997, S. 63-70.

[55] Die Illustrationen in Volker Nick/Volker Scheub/Christof Then: Mutlangen 1983-1987. Die Stationierung der Pershing II und die Kampagne Ziviler Ungehorsam bis zur Abrüstung. Mutlangen 1993. Siehe dazu auch Eckart Conze: Modernitätsskepsis und die Utopie der Sicherheit. NATO-Nachrüstung und Friedensbewegung in der Geschichte der Bundesrepublik. In: Zeithistorische Forschungen/Studies in Contemporary History, Online-Ausgabe, 7 (2010), H. 2, URL: http://www.zeithistorische-forschungen.de/16126041-Conze-2-2010.

[56] Nick/Scheub/Then: Mutlangen 1983-1987, S. 6.

[57] Mausbach: Vereint marschieren, getrennt schlagen.

[58] Helmut Kohl auf dem 30. Bundesparteitag der CDU in Hamburg, 2.-5.11.1981. In: ACDP. 30.

[59] Philipp Gassert: Zwischen »Beschweigen« und »Bewältigen«. Die Auseinandersetzung mit dem Nationalsozialismus in der Ära Adenauer. In: Michael Hochgeschwender (Hg.): Epoche im Widerspruch. Ideelle und kulturelle Umbrüche der Adenauerzeit (25. Rhöndorfer Gespräch). Bonn 2011, S.183-205.

[60] Heinz Bude/Bernd Greiner (Hg.): Westbindungen. Amerika in der Bundesrepublik. Hamburg 1999.

[61] Winkler: Der lange Weg nach Westen, S. 373 setzt seine damalige innerparteiliche Kritik innerhalb der SPD rückblickend in den Stand einer historisch abgesicherten Aussage, vgl. die zeitgenössischen Beiträge von Winkler, Gesine Schwan u.a. in Jürgen Maruhn und Manfred Wilke (Hg.): Wohin treibt die SPD? Wende oder Kontinuität sozialdemokratischer

Sicherheitspolitik. München 1984. Ähnlich die inadäquate Darstellung in Hans-Ulrich Wehler: Deutsche Gesellschaftsgeschichte, Bd. 5, München 2008, S. 250.

[62] So hob Kohl mehrfach darauf ab, dass es den Amerikanern nun »wahrlich nicht an demokratischem Verständnis etwa für Demonstrationen freier Bürger für Ziele [mangelt], die von denen der Regierung abweichen«, CDU-Bundesparteitag Hamburg 1981, S. 33.

[63] Siehe Fotos in Aktion Sühnezeichen, Bonn 10.10.1981; sowie die entsprechende Presseberichterstattung.

[64] Siehe etwa Petra Kelly: »Sie sollen sich Sorgen machen«. Rede auf dem zweiten Forum der Krefelder Initiative, Dortmund, 21.11.1981, abgedruckt in: Dies.: Um Hoffnung kämpfen. Gewaltfrei in eine grüne Zukunft. Köln 1983, S. 69-71.

[65] So wird die Kreuzzugsmetapher in Deutschland meist missverstanden, denn in den USA sind »crusades« oder »wars« traditionelle, aus der christlichen Sozialreformbewegung des 19. Jahrhunderts überlieferte Termini für »Kampagnen« (so die den gemeinten Sinn besser treffende Übersetzung) gegen Armut, Rassendiskriminierung, Alkoholkonsum usw. Auch die religiöse Färbung der »evil empire«-Rhetorik Reagans wurde in Deutschland für bare Münze genommen und in ihrer Bedeutung als Integrationsangebot an das mit Reagan unzufriedene christlich-evangelikale Spektrum falsch eingeschätzt, denn Reagan hatte gerade nicht die von konservativen Christen erhoffte innenpolitische Kehrtwende eingeleitet. Vgl. Philipp Gassert/Mark Häberlein/Michael Wala: Kleine Geschichte der USA. Stuttgart 2007, S. 491; Werner Schmidt: Die außenpolitische Rhetorik Ronald Reagans und die politische Kultur der USA. In: Helga Haftendorn/Jakob Schissler (Hg.): Rekonstruktion amerikanischer Stärke. Sicherheits- und Rüstungskontrollpolitik der USA während der Reagan-Administration. Berlin 1988, S. 87-100.

[66] »Bielefelder Appell« (Dezember 1980), abgedruckt in Vorwärts, 14.5.1981, online verfügbar unter, URL: http://germanhistorydocs.ghi-dc.org/pdf/deu/Chapter12Doc7KM.pdf.

[67] Etwa Mechtersheimer/Barth (Hg.): Atomkrieg, S. 59, 73, 79, mit entsprechenden Erklärungen von Mitgliedern und Mitarbeitern der Reagan-Administration. Siehe auch Robert Scheer: Und brennend stürzen die Vögel vom Himmel. Reagan und der ›begrenzte‹ Atomkrieg. München 1983.

[68] Detailliert, Herf: War by Other Means, S. 119f.

[69] Albertz während des Podiumsgesprächs »Wie christlich kann Politik sein?«, am 19.6.1981 in der Sporthalle Alsterdorf. In: Luhmann/Nevelin: Kirchentag 1981, S. 692.

[70] Philipp Gassert: Anti-Amerikaner? Die deutsche Neue Linke und die USA. In: Jan C. Behrends/Árpád von Klimo/Patrice G. Poutrus (Hg.): Anti-Amerikanismus im 20. Jahrhundert. Studien zu Ost- und Westeuropa. Bonn 2005, S. 250-267.

[71] Heinrich Albertz: Von der Nation und von Wichtigerem. In: Jens (Hg.): In letzter Stunde, S. 135-142, hier S. 135.

[72] Alfred Mechtersheimer/Peter Barth (Hg.): Militarisierungsatlas der Bundesrepublik. Streitkräfte, Waffen und Standorte. Kosten und Risiken. Darmstadt 1986, S. 13.

[73] »Krefelder Appell«. In: Mechtersheimer (Hg.): Nachrüsten?, S. 249-250, hier S. 250; online verfügbar Michael Schmid: Der Krefelder Appell. In: 100(0) Schlüsseldokumente, URL: http://mdzx.bib-bvb.de/cocoon/de1000dok/dok_0023_kre.pdf?lang=de.

[74] Diese Stilisierung zum Opfer klang vernehmlich in Artikelserien des Mainstreams der linksliberalen Hamburger medialen Trias Spiegel-Stern-Zeit an, wo z. B. Der Spiegel im Juli 1981 titelte: »Deutschland – Schießplatz der Supermächte« und damit eine Formulierung aus Albertz' Diskussionsbeitrag auf dem Kirchentag übernahm. Die Serie wurde publiziert als Wilhelm Bittorf (Hg.): Nachrüstung. Der Atomkrieg rückt näher. Reinbek bei Hamburg 1982.

[75] Als zeitgenössischer Reflex dieser Vorwürfe vgl. die Studie von Emil-Peter Müller: Antiamerikanismus in Deutschland. Zwischen Care-Paket und Cruise Missile. Köln 1986; vgl. jetzt Reinhild Kreis: »Eine Welt, ein Kampf, ein Feind«? Amerikakritik in den Protesten der 1980er Jahre. In: Balz/Friedrichs (Hg.): »All We Ever Wanted«, S. 136-155.

[76] Heinrich Böll: Dieser Tag ist eine große Ermutigung. In: Bonn 10.10.1981, S. 159-162, hier S. 159.

[77] Jens: Appell in letzter Stunde. In: Ders.: In letzter Stunde, S. 7-26, hier S. 13.

[78] »Bericht des Parteivorsitzenden Dr. Helmut Kohl«, 29. Bundesparteitag der Christlich Demokratischen Union Deutschlands (Niederschrift), Mannheim, 9.-10.3.1981, Ms. Bonn 1981. In: ACDP, S. 34f.

[79] Ebenda.

[80] Kohl nennt Äußerungen Herbert Wehners eine »glatte Hilfsaktion für die Sowjetunion«. In: Frankfurter Allgemeine Zeitung, 9.2.1979, die weiteren Zitate bei Weber: Zwischen Nachrüstung und Abrüstung, S. 132.

[81] So Kohl auf dem 30. Bundesparteitag der CDU: »Wir gehören zur deutschen Friedensbewegung«, Protokoll des 30. Bundesparteitags in Hamburg, 2-5.11.1981, S. 33.

[82] »Frieden und Freiheit. Resolution zur aktuellen Friedensdiskussion. Verabschiedet vom Bundesausschuss der CDU am 15.6.1981«, abgedruckt in: Mechtersheimer (Hg.): Nachrüsten?, S. 182-189, die Zitate S. 186, 189.

[83] Helmut Kohl auf dem 30. Bundesparteitag der CDU in Hamburg, 2.-5.11.1981. In: ACDP, S. 33.

[84] Siehe den Titel ihres Buches, Petra Kelly: Um Hoffnung kämpfen. Gewaltfrei in eine grüne Zukunft. Bornheim-Merten 1983.

[85] Offener Brief des Vorsitzenden der SPD, Brandt, auf Fragen amerikanischer Freunde, 7.8.1983. In: Willy Brandt: Gemeinsame Sicherheit. Internationale Beziehungen und deutsche Frage 1982-1992. Bearb. von Uwe Mai/Bernd Rother/Wolfgang Schmidt. Bonn 2009, Dok. 6, S. 142-146.

[86] Dazu Silke Mende: Nicht rechts, nicht links, sondern vorn. Eine Geschichte der Gründungsgrünen. München 2011 sowie Andrei S. Markovits/Philip S. Gorski: Grün schlägt Rot. Die deutsche Linke nach 1945. Hamburg 1997, S. 168-170.

[87] Genscher: Erinnerungen, S. 447f., der von den »zwingenden innen- und außenpolitischen Ursachen« spricht, wobei »alles andere« zunehmend vom Doppelbeschluss »überdeckt« worden sei.

[88] So Boll/Hansen: Doppelbeschluss und Nachrüstung. In: Gassert/Geiger/Wentker: Zweiter Kalter Krieg, S. 203-228.

[89] Dazu Philipp Gassert: Arbeit am Konsens. Die Debatte um den NATO-Doppelbeschluss als Aspekt gesellschaftlicher Selbstverständigung in der Nuklearkrise der 1980er Jahre. In: AfS 52 (2012) (im Druck).

[90] Wilfried Mausbach: Vereint marschieren, getrennt schlagen. Zum generellen Einfluss siehe auch Matthew Evangelista: Unarmed Forces. The Transnational Movement to End the Cold War. Ithaca, NY 1999. Zu Reagan: Beth A. Fischer: The Reagan Reversal. Foreign Policy and the End of the Cold War. Columbia, MO 1997, S. 102-143; Paul Lettow: Ronald Reagan and His Quest to Abolish Nuclear Weapons. New York, NY 2005.

[91] Michail Gorbatschow: Gipfelgespräche. Geheime Protokoll aus meiner Amtszeit. Berlin 1993, S. 9 (zit. nach Pressler). Zusammenfassend zur These, die UdSSR sei amerikanischerseits »zu Tode« gerüstet worden, Richard Pipes: Misinterpreting the Cold War. The Hardliners Had It Right. In: Foreign Affairs, 74 (1995), S. 154-160.

[92] Helge Heidemeyer: NATO-Doppelbeschluss, westdeutsche Friedensbewegung und der Einfluss der DDR. In: Gassert/Geiger/Wentker: Zweiter Kalter Krieg, S. 247-268; Holger Nehring und Benjamin Ziemann: Führen alle Wege nach Moskau? Der NATO-Doppelbeschluss und die Friedensbewegung. Eine Kritik. In: VfZ, 59 (2010), S. 81-100.

[93] Siehe dazu den Beitrag von Oliver Bange in diesem Band.

[94] Vojtech Mastny: »Able Archer«. An der Schwelle zum Atomkrieg? In: Bernd Greiner/Christian Th. Müller/Dierk Walter (Hg.): Krisen im Kalten Krieg. Hamburg 2008, S. 505-522; Eckart Conze/Martin Klimke/Jeremy Varon (Hg.): Accidental Armageddons: The Nuclear Crisis and the Culture of the Cold War in the 1980s (i.V.).

[95] Hermann Wentker: Außenpolitik in engen Grenzen. Die DDR im internationalen System 1949-1989. München 2007.

[96] Weber: Zwischen Nachrüstung und Abrüstung.

[97] Kacper Szulecki: ›Hijacked Ideas‹. Human Rights, Peace and Environmentalism in Czechoslovak and Polish Dissident Discourses. In: East European Politics and Societies, 25, 2 (2011), S. 272-295.

# 1. Von Helsinki nach Madrid

Der KSZE-Prozess und der Beginn des Zweiten Kalten Krieges

Anja Hanisch

Im Sommer 1975 erlebte die finnische Hauptstadt eine Zusammenkunft, wie sie in Europa seit dem Wiener Kongress 1815 nicht mehr stattgefunden hatte. Diplomaten aus 35 Staaten, ranghohe Repräsentanten sowie Journalisten aus ganz Europa und aller Welt waren nach Helsinki gereist, um der Unterzeichnung der Schlussakte der *Konferenz über Sicherheit und Zusammenarbeit in Europa* (KSZE) am 1. August 1975 beizuwohnen. Das Dokument setzte einerseits einen feierlichen Schlusspunkt unter langjährige, zähe Verhandlungen. Ebenso stellte es einen Anfang dar.

Der KSZE-Prozess ist in einzigartiger Weise mit der Geschichte des Kalten Krieges verbunden. Er spiegelt die komplizierten Interdependenzen wider, die für die Weltordnung der Nachkriegszeit charakteristisch waren. Ein komplexes Geflecht aus bi- und multilateralen Beziehungen und Entwicklungen spielte für die einzelnen Treffen der KSZE ebenso eine Rolle, wie auch transnationale Akteure und oppositionelle Gruppen im Rahmen des Helsinki-Prozesses zum Zuge kamen. Gesellschaftliche Transformationsprozesse vor allem in Osteuropa waren eine wichtige Folge der internationalen Konferenzdiplomatie.

In den turbulenten 1970er und 1980er Jahren bot der KSZE-Prozess, trotz der dramatischen Verschlechterung der Ost-West-Beziehungen nach dem sowjetischen Einmarsch in Afghanistan, eine konstante Gesprächsplattform, als andere Foren der internationalen Verständigung wie die SALT- (*Strategic Arms Limitation Talks*) oder MBFR-Gespräche (*Mutual and Balanced Force Reductions*) zunehmend versagten. Die in der KSZE angelegten Themen gingen über rein militärische hinaus und verklammerten Sicherheits- und humanitäre Belange. Gerade diese Verbindung trug besonders in den 1980er Jahren dazu bei, die internationalen Beziehungen nachhaltig zu verändern.

Ebenso nachhaltig waren die Veränderungen, die vor allem in den osteuropäischen Gesellschaften durch den KSZE-Prozess inspiriert wurden. Gleich, ob diese Veränderungen offensichtlicher Natur waren oder einer subtilen Sensibilisierung für humanitäre und menschenrechtliche Belange entsprachen – wegzudenken waren sie bis zum Ende des Kalten Krieges nicht mehr. Im Westen verstärkte die KSZE ebenfalls die Aufmerksamkeit für humanitäre Belange. Sie diente dort jedoch nicht als Argumentationsgrundlage, um Fehlverhalten der eigenen Regierungen anzuprangern, sondern führte eher zu einem stärkeren Interesse an der Einhaltung der Bestimmungen in Osteuropa.

## Die Konferenz über Sicherheit und Zusammenarbeit in Europa

Bereits in den 1950er Jahren hatte die UdSSR eine europäische Sicherheitskonferenz aufs politische Tableau der internationalen Beziehungen gebracht. Lange Zeit vermutete der Westen jedoch, zu Recht, die UdSSR bezwecke mit dem Vorschlag vor allem, die Westintegration der Bundesrepublik Deutschland aufzuhalten.

Bevor es zu einer solchen Konferenz kommen konnte, galt es daher aus westlicher, insbesondere aus westdeutscher Sicht, zunächst einige elementare Fragen hinsichtlich der politischen Situation in Europa zu klären. Dies geschah in den deutschen Ostverträgen und durch den Abschluss des Viermächteabkommens über Berlin. Zudem bestanden die westlichen Staaten auf einer Ausweitung der Tagesordnung auf humanitäre Anliegen wie eine größere Freizügigkeit für Menschen, Ideen und Informationen. Desweiteren wollten die westeuropäischen Staaten nur unter der Voraussetzung an einer Sicherheitskonferenz teilnehmen, dass eine Teilnahme der USA und Kanadas außer Frage stand.[1]

Durch die Annahme bzw. Erfüllung dieser Bedingungen seitens der UdSSR war der Weg für eine europäische Sicherheitskonferenz frei. Ab dem 22. November 1972 fanden sich diplomatische Vertreter der 33 europäischen Staaten (außer Albanien), der USA und Kanadas im finnischen Dipoli bei Helsinki zu multilateralen Vorbereitungsgesprächen ein. Ein erstes wichtiges Ergebnis der Gespräche war, dass außerhalb der Blöcke verhandelt werden und Beschlüsse nur im Konsensverfahren gefasst werden sollten. Die Gespräche in Dipoli gingen jedoch bald über diese rein organisatorischen Fragen hinaus.

Bis Januar 1973 hatten sich für Tagesordnung einer europäischen Sicherheitskonferenz vier Vorschläge herausgebildet, die bald als »Körbe« bezeichnet wurden. In Korb I sollten prinzipielle Fragen der wechselseitigen Beziehungen und der Sicherheit verhandelt werden. In Korb II ging es um die Kooperation in wirtschaftlichen, ökologischen, technologischen und wissenschaftlichen Belangen. Korb III kristallisierte sich erst Anfang 1973 als eigenständiger Tagesordnungspunkt heraus. Er beinhaltete Aspekte der Zusammenarbeit in humanitären Fragen wie z. B. Informationsaustausch und Familienzusammenführung. Korb IV warf die Frage der Nachbereitung und der Folgekonferenzen auf. Die Vorgespräche schlossen im Sommer 1973 mit dem »Blauen Buch« ab, dessen Empfehlungen von den Außenministern feierlich angenommen wurden.[2]

Damit konnten die eigentlichen Verhandlungen zur KSZE beginnen. Sie sollte in drei Phasen stattfinden: Der feierlichen Eröffnung der Konferenz durch die Außenminister der Teilnehmerstaaten in Helsinki sollte sich eine Verhandlungsphase in Genf anschließen. Diese würde in einer feierlichen dritten Phase abgeschlossen werden.

Mit dem Beginn der Genfer Verhandlungen am 18. September 1973 traten schnell die strittigen Bereiche zutage. Über die Ausgestaltung und Platzierung der in Korb I beratenen Prinzipien der multilateralen Beziehungen wie der souveränen Gleichheit und der Achtung der Menschenrechte und Grundfreiheiten entbrannten heftige Diskussionen. So war fast bis zum Ende der Verhandlungen unklar, welchem Prinzip der von der Bundesrepublik und ihren Verbündeten geforderte Satz über die Möglichkeit von friedlichen Grenzänderungen beigeordnet werden sollte: dem der Unverletzlichkeit der Grenzen oder dem der staatlichen Souveränität? Für die Bundesrepublik war eine Aufnahme dieses Zusatzes unerlässlich, um die Möglichkeit einer deutsch-deutschen Vereinigung offen zu halten.[3]

Zusätzliche Komplikationen ergaben sich aus der taktischen Verhandlungsführung der Delegationen. Die östlichen Delegationen, unter Führung der UdSSR, drängten auf ein schnelles Vorankommen in Korb I, die westlichen hingegen wollten eine Einigung im Prinzipienkatalog von Korb I so lange hinauszögern, bis auch in Korb III Fortschritte erreicht worden wären.[4] Konnte über die kulturelle Zusammenarbeit und die bildungspolitische Kooperation relativ schnell Einigkeit erzielt werden, so gestalteten sich die Gespräche in den für den Osten sensiblen Bereichen des Informationsaustauschs und der menschlichen Kontakte besonders zäh.

Vergleichsweise unkompliziert verliefen die Verhandlungen in Korb II zur wirtschaftlichen, wissenschaftlichen, technischen und ökologischen Kooperation. In Korb IV (Folgen der Konferenz) wurde vom Osten zunächst das ehrgeizige Ziel verfolgt, ein ständiges Organ einzurichten. Im Gegensatz dazu zeigten die westlichen Staaten anfangs eher geringes Interesse an Korb IV und standen einer Institutionalisierung der KSZE ablehnend gegenüber. Angesichts der Entwicklungen in Korb III ließ der Osten den Gedanken eines ständigen Organs jedoch bald fallen. Durch den Vierten Korb solle keine »Beschwerdeinstanz für Korb III«[5] geschaffen werden, lautete die nun wesentlich defensivere Linie.

Nach fast zweijähriger Verhandlungsdauer wurde die KSZE-Schlussakte feierlich unterzeichnet.

Abb. 3. Mit der Konferenz über Sicherheit und Zusammenarbeit in Europa (KSZE) in Helsinki im Sommer 1975 versuchen die Staaten West- und Osteuropas erstmals unter Einbeziehung der USA und Kanada die Entspannung in Europa durch multilaterale Zusammenarbeit zu sichern. Hier im Bild: Der erste Sekretär des Zentralkomitees der SED, Erich Honecker (vorne links) und Bundeskanzler Helmut Schmidt (vorne rechts) vor Beginn der Feierlichkeiten zur Unterzeichnung der KSZE-Schlussakte am 30. Juli 1975.

Die schon in Dipoli hervorgetretenen vier Körbe waren mit Inhalt gefüllt worden. So umfasste Korb I nun zehn Prinzipien zur Gestaltung der multilateralen Beziehungen der KSZE-Staaten, darunter souveräne Gleichheit, Unverletzlichkeit der Grenzen, Territoriale Integrität der Staaten, Nichteinmischung in die inneren Angelegenheiten, Achtung der Menschenrechte und Grundfreiheiten. In Korb III hatte man sich auf weit auslegbare Formulierungen wie die »wohlwollend[e]« Prüfung von Reiseanträgen und die Behandlung von Anträgen auf Familienzusammenführung in »positivem und humanitärem Geist« geeinigt.[6]

Völkerrechtlich betrachtet stellte die Schlussakte zwar keinen bindenden Vertrag dar, besaß jedoch durch die öffentliche Zustimmung der 35 ranghohen Staatenvertreter, unter ihnen der amerikanische Präsident Gerald Ford und der sowjetische Generalsekretär Leonid Breschnew, eine hohe politische Verbindlichkeit. Aus östlicher Perspektive zementierte das

Dokument endgültig den Status quo der Nachkriegsordnung in Europa. Es beinhaltete jedoch auch dynamische Elemente: Zum einen wurde durch die Schlussakte der KSZE-Prozess strukturell verankert, denn die Teilnehmerstaaten waren übereingekommen, sich 1977 in Belgrad zu einem ersten Folgetreffen einzufinden. Zum anderen stellte der Korb III zum ersten Mal einen detaillierten Plan zur Umsetzung der im Ersten Korb verbrieften Menschenrechte und Grundfreiheiten dar.[7]

Die Frage, ob sich die östlichen Staaten des Risikos bewusst waren, das sie mit ihrer Unterschrift unter die Schlussakte von Helsinki eingingen, ist inzwischen beantwortet. Weder die UdSSR noch die DDR standen den Empfehlungen des Dritten Korbs oder dem Menschenrechtsprinzip in Korb I vollkommen naiv gegenüber. Dies hatten schon die zähen Verhandlungen deutlich gemacht. Auch unmittelbar nach der Unterzeichnung der Schlussakte wurde die Schlussakte in Moskau und Ost-Berlin hinsichtlich ihrer möglichen innenpolitischen Folgen argwöhnisch beäugt.[8]

Im Westen wurde die Schlussakte vielerorts zunächst nicht als diplomatische Errungenschaft, sondern vielmehr als ungeheures Zugeständnis an den Hegemonialanspruch der UdSSR gewertet.[9] Das *Wall Street Journal* beschwor Präsident Gerald Ford unter der Titelüberschrift »Jerry, Don't Go«, nicht zur Unterzeichnung der Schlussakte nach Helsinki zu reisen.[10]

## Gesellschaftliche Folgen der Schlussakte von Helsinki

Die Delegierten der Teilnehmerstaaten, die ranghohen Staatsvertreter und die Journalisten waren kaum aus Finnland abgereist, als eine Debatte um die Interpretationshoheit der Schlussakte von Helsinki entbrannte. Die Teilnehmerstaaten hatten sich darauf geeinigt, den Text der Schlussakte öffentlich zugänglich zu machen. Die DDR und die UdSSR veröffentlichten den Text in großen Tageszeitungen wie *Neues Deutschland* und *Prawda*.[11] Der Westen stellte angesichts der vermeintlich gemachten Konzessionen an den territorialen Machtanspruch der UdSSR und die Ordnung von Jalta den Korb III als besonders wichtig heraus. Dagegen betonten die östlichen Staaten die Ergebnisse des Ersten Korbs, und hier vor allem die Prinzipien zur »Unverletzlichkeit der Grenzen«, zur »staatlichen Souveränität« und zur »Nichteinmischung in die inneren Angelegenheiten«. Das sollte den humanitären Empfehlungen in Korb III die Spitze abbrechen.

Die östliche Propagandaoffensive konnte jedoch nicht verhindern, dass viele Menschen in Ostmittel- und Osteuropa Hoffnungen verschiedenster Art auf die Schlussakte bauten[12]. Während sich Gruppen in den baltischen

Republiken selbstbewusst auf das Prinzip des »Selbstbestimmungsrechts der Völker« aus Korb I beriefen[13], zeigte unter den Bürgern der UdSSR, Polens, der ČSSR und der DDR vor allem der Dritte Korb Resonanz. In Moskau gründeten einige bekannte Oppositionelle um den Kernphysiker Juri Orlow im Mai 1976 die Moskauer Helsinki-Gruppe. Sie wollte die Öffentlichkeit und die Regierungen der KSZE-Teilnehmerstaaten über Verstöße gegen die Empfehlungen der KSZE-Schlussakte in der UdSSR informieren und diese Verstöße dokumentarisch erfassen.

Der Kreml reagierte zunächst verhältnismäßig milde. Er versuchte die Gruppe öffentlich zu kompromittieren. Anfang 1977 verschärfte sich jedoch die Repression. So wurden mehrere Mitglieder der Helsinki-Gruppe verhaftet und zu mehrjährigen Haftstrafen und Verbannung verurteilt. Der KSZE-Prozess beeinflusste die Haltung des Kremls daher in doppelter Hinsicht: Direkt nach dem Gipfeltreffen in Helsinki wollte die KPdSU-Spitze keine Anlässe für westliche Kritik schaffen, was die anfänglich milde Reaktion erklärt. Das näher rückende Belgrader Folgetreffen barg jedoch die Gefahr, der Helsinki-Gruppe ein internationales öffentliches Forum zu bieten, was aus Moskauer Sicht unbedingt zu verhindern war.[14]

In der ČSSR proklamierten einige Bürger zu Beginn des Jahres 1977 die sogenannte *Charta 77*, einen auf der Schlussakte von Helsinki basierenden Aufruf zur Achtung der Menschen- und Bürgerrechte. Bis April 1979 unterzeichneten fast 1.000 Menschen den Appell. Wie bei der Moskauer Helsinki-Gruppe sollte auf individuelle Fälle von Menschen- und Bürgerrechtsverletzungen aufmerksam gemacht werden. Ausgehend von der KSZE-Schlussakte bekannten sich die Unterzeichner der Charta 77 zur »Unteilbarkeit des Friedens«. Demnach könne es Frieden zwischen Staaten nur geben, wenn die Staaten in ihrem Binnenverhältnis zu ihren Bürgern ebenfalls den Frieden hochhielten, indem sie deren Rechte respektierten. Obwohl sich die Charta 77 in ihrer Gründungserklärung dezidiert als nicht oppositionell bezeichnete und den Machtanspruch der Kommunistischen Partei anerkannte, stellte sie schon allein aufgrund ihrer Existenz eine Bedrohung für das Regime dar.[15]

Auch in der DDR gab es 1977 Versuche, die KSZE-Schlussakte in Anlehnung an die Charta 77 zu nutzen. Sie wurden jedoch relativ schnell unterdrückt.[16] Hingegen entdeckten ausreisewillige DDR-Bürger die Schlussakte für sich, denn seit dem Bau der Berliner Mauer im Jahr 1961 gab es kaum eine Möglichkeit, die DDR auf legalem Weg zu verlassen. Die Zahl derer, die in ihren Ausreiseanträgen auf der Grundlage des Dritten Korbs ihr Recht auf Ausreise einforderten, schnellte in die Höhe. Die DDR bekam die wachsende Ausreisebewegung bis 1989 nicht in den Griff. Hierbei ähnelte die Reaktion der SED der des Kremls: Zunächst

Abb. 4. Liedermacher und Bürgerrechtler Wolf Biermann bei einer Veranstaltung für die Charta 77 im Frankfurter Gewerkschaftshaus am 26. März 1977. Im Hintergrund zu sehen (von links): Rudi Dutschke, Jiří Pelikán und Adam Michnik.

wollte man nach Helsinki Anlass zu öffentlicher Kritik vermeiden und ließ, auch um innenpolitisch Ruhe zu schaffen, einige Tausend Antragsteller ausreisen. Angesichts des bevorstehenden Belgrader Folgetreffens stieg jedoch die Nervosität. Parallel wurden repressive Strukturen gegen die Ausreiseantragsteller ausgebaut.[17]

Auch in Polen diente die Schlussakte als Bezugspunkt im oppositionellen Milieu. Zunächst stützten sich vor allem Intellektuelle darauf. So protestierten sie unter Bezugnahme auf die KSZE gegen die Verfassungsänderung von 1975, die die führende Rolle der kommunistischen *Polnischen Vereinigten Arbeiterpartei* (PVAP) konstitutionell verankern sollte. In der Folgezeit drang die Schlussakte auch ins Bewusstsein der Arbeiterschaft ein, die sich angesichts von drastischen Preissteigerungen bei Lebensmitteln im Jahr 1976 mit der Gründung des *Komitees zur Verteidigung der Arbeiter* (KOR) einen oppositionellen organisatorischen Rahmen gab. Organisatorisch und was die Methoden anging, war KOR von der Moskauer

Helsinki-Gruppe inspiriert und stellte einen wichtigen Schritt in der Entwicklung zur Gründung der Gewerkschaftsbewegung *Solidarność* im August 1980 dar. Auch in Polen wirkte der KSZE-Prozess zähmend auf die Machthaber.[18]

Im Westen weckte der KSZE-Prozess zunehmend Verständnis für die Wirkkraft von Menschen- und Bürgerrechten. Waren die USA dem KSZE-Prozess in der Regierungszeit Gerald Fords und Henry Kissingers noch weitgehend skeptisch gegenüber gestanden[19], so begann sich diese Haltung allmählich zu verändern. Mit dem Amtsantritt von US-Präsident Jimmy Carter im Januar 1977, der durch seinen ursprünglich aus Polen stammenden Sicherheitsberater Zbigniew Brzeziński beeinflusst war, begannen die USA eine aktive Menschenrechtspolitik gegenüber den östlichen Staaten zu verfolgen.[20] Mit der Bildung der *Commission on Security and Cooperation in Europe* durch den amerikanischen Kongress 1975 fand das Interesse am KSZE-Prozess in den USA eine parlamentarische Basis.[21] Auch in Westeuropa wurden Helsinki-Gruppen gegründet, die die Einhaltung der Empfehlungen der KSZE beobachten wollten und als Ansprechpartner für Oppositionelle dienten.[22]

## Von der Entspannung zur Konfrontation
## Das KSZE-Folgetreffen in Belgrad 1977/78

Dass die internationale Entspannung nach Helsinki ihren Zenit überschritten hatte, zeigte sich besonders an den sich verschlechternden sowjetisch-amerikanischen Beziehungen. So gerieten die SALT-II- und MBFR-Gespräche ins Stocken. Als der neue US-Außenminister Cyrus Vance im März 1977 in Moskau entgegen allen Gepflogenheiten im diplomatischen Umgang der beiden Großmächte Menschenrechtsfragen anschnitt, trug dies zur Verstimmung des durch die SALT-Verhandlungen ohnehin misstrauisch gewordenen Kreml zusätzlich bei. Umgekehrt beobachtete die NATO die Stationierung moderner SS-20-Raketen durch die UdSSR kritisch.[23]

Die Ausgangsbedingungen für das erste KSZE-Folgetreffen, das am 4. Oktober 1977 in Belgrad begann, hatten sich vor diesem Hintergrund deutlich verschlechtert. In der NATO hatte man sich darauf geeinigt, den Entspannungsprozess nicht gefährden und keine konfrontative Stimmung produzieren zu wollen. Allerdings war der Spagat zwischen diesem Ziel und dem Wunsch, durch einen moderaten Druck auf den Osten dauerhaft menschliche Erleichterungen im Sinne von Korb III zu erzielen, nicht einfach zu meistern.[24] Zur Verunsicherung in der Allianz trug zudem die Ernennung des ehemaligen Richters am Obersten Bundesgericht und Botschafters der USA bei den Vereinten Nationen, Arthur Goldberg, zum US-Delegationsleiter bei. Präsident Carter erwartete von Goldberg, dass er Menschenrechtsfragen mit Nachdruck verfolge.[25] Goldberg prangerte u.a. Fälle von Menschenrechtsverletzungen unter Nennung einzelner Namen wie z.B. Alexander Ginsburg und Juri Orlow an. Der Osten reagierte erwartungsgemäß defensiv-aggressiv, aber auch innerhalb der NATO besaß Goldbergs Strategie zunächst keinen Rückhalt. Erst im Laufe des Belgrader Treffens schwenkten die anderen NATO-Partner auf die amerikanische Linie ein, indes mehr aus Sorge um den innerwestlichen Schulterschluss als aus Überzeugung.[26]

Die östliche Haltung wurde durch die vehemente amerikanische Menschenrechtskritik nicht maßgeblich beeinflusst. Schon vor Belgrad hatten sich die Warschauer-Pakt-Staaten darauf verständigt, keine weiteren Zugeständnisse zu machen. Lediglich ein kurzes Abschlussdokument erschien ihnen akzeptabel. Sie waren jedoch auch bereit, das Treffen ohne jegliches Abschlussdokument zu beenden. Desweiteren wollten sie die vorgesehene Debatte über die Umsetzung der Helsinki-Schlussakte so kurz wie möglich halten, da sie mit westlicher Kritik an der Menschenrechtssituation in Osteuropa und der Umsetzung der Empfehlungen von Korb III rechneten.[27]

Vor diesem Hintergrund erzielte das Belgrader Treffen kaum Fortschritte. Während der Ostblock vor allem Vorschläge zu Korb II unterbreitete, konzentrierte sich der Westen auf Fragen der humanitären Zusammenarbeit.[28] Einige Vorschläge von Staaten der Warschauer Vertragsorganisation (*WVO-Staaten*) in Korb I und Korb III verfolgten dabei lediglich das Ziel, ihnen unangenehme westliche Vorschläge auszuschalten.[29] Da jegliche Versuche, ein substantielles Abschlussdokument zu erarbeiten, an der östlichen Blockadehaltung scheiterten, konzentrierten sich die westlichen und neutralen Staaten ab Februar 1978 darauf, einen dünnen Entwurf für ein abschließendes Dokument konsensfähig zu gestalten. Sie wollten damit verdeutlichen, dass es in Belgrad keine wesentlichen Fortschritte im Entspannungsprozess gegeben hatte.[30] Anfang März wurde der magere Entwurf angenommen. Das Dokument hielt fest, dass es über die Umsetzung der KSZE-Schlussakte divergierende Meinungen gebe. Über weiterführende Empfehlungen sei keine Einigung erzielt worden.[31]

Obwohl das Abschlussdokument des ersten KSZE-Folgetreffens im Vergleich zu Helsinki enttäuschte, wurde es von der westlichen zeitgenössischen Bewertung nicht als vollkommener Fehlschlag interpretiert.[32] Zwei wichtige Ziele hatte das Treffen erreicht: Es bekräftigte erstens die Verbindlichkeit der Helsinki-Schlussakte als Rahmen der multilateralen Kooperation und verabredete zweitens, dass es im Herbst 1980 in Madrid zu einem weiteren KSZE-Folgetreffen kommen würde. Die Kontinuität des KSZE-Prozesses war somit gewährleistet.

Auch aus östlicher Perspektive war man mit dem Ergebnis von Belgrad zufrieden, wenn auch teils aus anderen Gründen. Die UdSSR und ihre Verbündeten waren wenig erfreut über die Kritik in Menschenrechts- und Fragen der humanitären Zusammenarbeit. Wie der Westen befürwortete die UdSSR die Kontinuität des KSZE-Prozesses. Außerdem hatten die östlichen Staaten ihr Ziel erreicht, durch ein kurzes Dokument weitere Zugeständnisse im humanitären Bereich zu verhindern.[33]

## Zwischen Krise und Kompromiss
### Das KSZE-Folgetreffen 1980 in Madrid

Ungeachtet der verhältnismäßig positiv ausfallenden Bewertungen des Belgrader KSZE-Folgetreffens stand das zweite Folgetreffen in Madrid im Zeichen sich dramatisch verschlechternder Ost-West-Beziehungen. Von der einstigen Entspannungseuphorie war kaum etwas geblieben. Der Ton verschärfte sich angesichts der sowjetischen nuklearen Aufrüstung, des Einmarsches der Roten Armee in Afghanistan, aber auch des in den USA wiederbelebten Antikommunismus. Die Zeichen für das zweite KSZE-Folgetreffen, das am 11. November 1980 beginnen sollte, standen daher denkbar schlecht. Jedoch trug gerade die internationale Entwicklung am Ende der 1970er Jahre dazu bei, dass das Treffen mit einem substantiellen Dokument beendet werden konnte: Die durch den NATO-Doppelbeschluss unter Druck geratene UdSSR verfolgte nun das Ziel, den KSZE-Prozess für ihre militärischen Entspannungsbemühungen zu instrumentalisieren. Ihr Hauptinteresse galt einem zu vereinbarenden Mandat über eine Abrüstungskonferenz. Dafür war sie auch zu Zugeständnissen im humanitären Bereich bereit.

Schon 1978 hatte Frankreich eine europäische Abrüstungskonferenz vorgeschlagen, die einen Teil über vertrauensbildende Maßnahmen und einen zweiten Teil über Abrüstungsmaßnahmen beinhalten sollte. Die Verhandlungen sollten in alter gaullistischer Tradition Europa »vom Atlantik bis zum Ural« betreffen und umfassten somit ein deutlich größeres Gebiet als die Schlussakte von Helsinki. Frankreich verknüpfte seinen ursprünglich außerhalb des KSZE-Prozesses eingebrachten Vorschlag 1979 mit dem Madrider Folgetreffen.[34] Die NATO unterstützte den französischen Vorschlag, machte jedoch schon vor dem Folgetreffen deutlich, dass ein Beschluss über eine Abrüstungskonferenz nur als Teil eines »ausgewogenen Ergebnisses« gefasst werden könnte, sprich im Gegenzug für humanitäre Zugeständnisse.[35]

Die französischen und die sowjetischen Vorstellungen unterschieden sich vor allem hinsichtlich des geografischen Rahmens, da aus Moskauer Sicht lediglich das in der Schlussakte genannte Gebiet einbezogen werden sollte. Moskau plante humanitäre Zugeständnisse vor allem bei Familienzusammenführungen und Eheschließungen ein, den Fristen für solche Anträge und den anfallenden Gebühren sowie bei den Arbeitsbedingungen zeitweilig akkreditierter ausländischer Journalisten. Die von der UdSSR vorgesehenen Konzessionen widersprachen vor allem den Interessen Ost-Berlins, das seine Sicherheit durch eine Ausweitung der humanitären KSZE-Empfehlungen gefährdet sah.[36]

Obwohl diese Ausgangslage ertragreiche Verhandlungen versprach, gestalteten sich die Gespräche des Madrider Folgetreffens zwischen Herbst 1980 und Sommer 1983 zäh. Der erste Teil der Tagesordnung für Madrid, die Debatte über die bisherige Umsetzung der Schlussakte, konnte erst nach ungefähr vier Wochen, Mitte Dezember 1980, abgearbeitet werden. Besonders die ČSSR, die UdSSR und die DDR wurden von den westlichen Staaten scharf kritisiert. Der Debatte schloss sich die Diskussion über den zweiten Tagesordnungspunkt des Madrider Treffens, der Vertiefung der gegenseitigen Beziehungen, an. Sowohl Frankreich als auch die UdSSR – über ihren Verbündeten Polen – brachten früh ihre jeweiligen Vorschläge für eine Abrüstungskonferenz in Stellung.

Nach der Weihnachtspause kamen die Gespräche zunächst gut voran. Die UdSSR zeigte sich, zum äußersten Missfallen der DDR, in humanitären Fragen kompromissbereit und deutete ebenso ihr Entgegenkommen beim geografischen Gültigkeitsbereich einer Abrüstungskonferenz an. Ende März 1981 legte die Gruppe der neutralen und nichtpaktgebundenen (N+N) Staaten einen ersten Gesamtentwurf für ein Abschlussdokument vor, auf dessen Grundlage die Gespräche weiter voranschritten.[37] Offen waren zu diesem Zeitpunkt der Geltungsbereich der Vertrauensbildenden Maßnahmen, Formulierungen zum Prinzip der Menschenrechte, der Religionsausübung, der Kontakte und der Information.[38] Die USA fassten den Verhandlungsstand im Juni 1981 in einem Gesamtvorschlag an die UdSSR zusammen. Sie forderten darin jedoch noch weitergehende Zugeständnisse von der UdSSR, wie ein Expertentreffen zu Fragen der Familienzusammenführung, die Einstellung von Radio-Störsendern sowie die Zulassung der Helsinki-Gruppen, die staatlich unabhängig die Umsetzung der KSZE-Empfehlungen verfolgen und dokumentieren dürfen sollten. Die UdSSR lehnte das amerikanische Papier umgehend ab.[39] Trotz eines guten Starts waren die Madrider Verhandlungen im Sommer 1981 festgefahren, da beiden Seiten der Preis für den Tausch »Abrüstungskonferenz – humanitäre Erleichterungen« jeweils zu groß erschien.

Nach der Sommerpause 1981 kreisten die Gespräche um dasselbe Problem. Nun beeinflussten jedoch externe Faktoren den Verhandlungsverlauf: Im Winter 1981 holten die Entwicklungen in Polen die Madrider Gespräche ein, nachdem General Wojciech Jaruzelski am 13. Dezember 1981 das Kriegsrecht ausgerufen hatte, um die Gewerkschaftsbewegung Solidarność zu bekämpfen. Dennoch schien die UdSSR zu Zugeständnissen bereit.[40] Als die westlichen Staaten allerdings die Situation in Polen zur Sprache brachten, lehnte die UdSSR am 17. Dezember aber ein vorliegendes Kompromisspapier ab.[41] Die Entwicklungen in Polen brachten die Verhandlungen in erhebliche Schwierigkeiten. Auch nach der Weihnachtspause 1981 verliefen die Gespräche so schleppend, dass eine Vertagung unausweichlich wurde. Am 12. März gingen die Delegationen auseinander, eine Fortsetzung der Gespräche war aber für den 9. November 1982 vereinbart worden.[42]

Erst im Frühjahr 1983 gewannen die Verhandlungen aus drei Gründen an Fahrt: Die westlichen Staaten deuteten nach der Weihnachtspause an, sie würden eine flexible Position einnehmen, was die sprachliche Gestaltung ihrer Vorschläge anging; die N+N-Staaten wollten als Vermittler zwischen Ost und West fungieren – allerdings nur für höchstens fünf weitere Wochen; auf Seiten der UdSSR wuchs das Interesse an einem zügigen Abschluss der Verhandlungen. Mitte März legten die neutralen Staaten eine Kompromissfassung ihres ursprünglichen Vorschlags für ein Abschlussdokument vor und ebneten dadurch ein Stück des Weges zu einem ergebnisreichen Ende.[43] Die UdSSR akzeptierte den Entwurf als Verhandlungsgrundlage. Er sah als Geltungsbereich der Vertrauensbildenden Maßnahmen ganz Europa und das angrenzende Seegebiet vor.[44]

Trotzdem geriet das Treffen erneut in eine Sackgasse, weil die UdSSR Änderungswünsche der westlichen Staaten kategorisch ablehnte: Sie war nach wie vor nicht bereit, ein Verbot von Radiostörsendern und ein Mandat zu einem Expertentreffen über menschliche Kontakte aufzunehmen.[45] Acht Wochen lang ging es weder vorwärts noch rückwärts. Nur durch einen Kompromissvorschlag des spanischen Ministerpräsidenten Felipe Gonzáles vom 17. Juni 1983 konnte die Situation aufgelöst werden. Danach sollte der Westen auf die Forderung nach einem Verbot von Radiostörsendern verzichten. Im Gegenzug sollte der Osten einem Expertentreffen über menschliche Kontakte zustimmen.[46]

Bis zum 15. Juli stimmten alle Teilnehmerstaaten der KSZE diesem Kompromissvorschlag zu. Das Madrider Treffen endete mit der Unterzeichnung eines substantiellen Schlussdokuments vom 7. bis zum 9. Sep-

tember 1983 und baute mit der vereinbarten Konferenz über Sicherheits-
und Vertrauensbildende Maßnahmen und Abrüstung in Europa, die von
1984 bis 1986 in Stockholm tagte, eine Brücke zur Rückkehr zu entspann-
teren internationalen Beziehungen in den 1980er Jahren.

## Fazit

Der KSZE-Prozess stellte seit Mitte der 1970er Jahre ein kontinuierliches
Diskussionsforum zwischen Ost und West dar. Er war den wechselhaften
internationalen Stimmungen zwischen Entspannungseuphorie und kaltem Misstrauen ausgesetzt, brach jedoch niemals ab. Während andere
Verhandlungen, die sich auf militärische Fragen konzentrierten, ins Stocken gerieten, bot der KSZE-Prozess durch seine Verbindung von sicherheitspolitischen und humanitären Fragen neue Verhandlungsperspekti-
ven. Nicht nur auf internationaler, sondern auch auf gesellschaftlicher
Ebene war die KSZE von Bedeutung. Insbesondere in Osteuropa verbreiteten sich ihre Ideen und trugen zu gesellschaftlichen Wandlungsprozessen bei, die in den einzelnen Ländern sehr unterschiedlich ausfielen.
Diese Verknüpfung von internationalen Verhandlungen/Konfliktlagen
mit unmittelbar gesellschaftlichen Themen ist eine Besonderheit des
KSZE-Prozesses. Kaum jemand ahnte indes zur Zeit des Madrider Folgetreffens, dass die KSZE-Teilnehmerstaaten im November 1990 in der französischen Hauptstadt die *Charta von Paris* unterzeichnen würden, die den
Kalten Krieg für beendet erklärte.

*Literatur*

Zahlreiche Analysen, die den KSZE-Prozess bis in die Mitte der 1980er
Jahre beleuchten, sind in jüngeren Sammelbänden erschienen. Grundlegend für die Anfänge des Prozesses sind dabei Bange/Niedhart und Sou-
tou/Loth. Nuti nimmt die sich anschließenden Jahre in den Blick, wobei
der Fokus auf militärisch-sicherheitspolitischen Fragen und weniger auf
dem KSZE-Prozess selbst liegt. Neueste Forschungen, auch zu den gesellschaftlichen Folgen in Osteuropa, werden konzise vorgestellt bei Altrich-
ter/Wentker.

Altrichter, Helmut/Wentker, Hermann (Hg.): Der KSZE-Prozess. Vom Kalten
    Krieg zu einem neuen Europa 1975 bis 1990. München 2011.
Bange, Oliver/Niedhart, Gottfried (Hg.): Helsinki 1975 and the Transformation
    of Europe. New York, NY u. a. 2008.

Nuti, Leopoldo (Hg.): The Crisis of Détente in Europe. From Helsinki to Gorbachev, 1975-1985. London 2009.
Soutou, Georges-Henri/Loth, Wilfried (Hg.): The Making of Détente. Eastern and Western Europe in the Cold War, 1965-75. London 2008.

*Anmerkungen*

[1] Petri Hakkarainen: From Linkage to Freer Movement. The FRG and the Nexus between CSCE Preparations and Deutschlandpolitik, 1969-1972. In: Andreas Wenger/Vojtech Mastny/Christian Nuenlist (Hg.): Origins of the European Security System. The Helsinki Process Revisited 1965-75. Abingdon u. a. 2008, S. 164-182.

[2] Das »Blaue Buch« ist abgedruckt bei Hermann Volle/Wolfgang Wagner (Hg.): KSZE. Konferenz über Sicherheit in Europa in Beiträgen und Dokumenten aus dem Europa-Archiv. Bonn 1976, S. 153-164.

[3] Gottfried Niedhart: Peaceful Change of Frontiers as a Crucial Element in the West German Strategy of Transformation. In: Oliver Bange/Ders. (Hg.): Helsinki 1975 and the Transformation of Europe. New York, NY u. a. 2008, S. 39-52.

[4] Thomas Fischer: Neutral Power in the CSCE. The N+N States and the Making of the Helsinki Accords 1975. Baden-Baden 2009, S. 228f.

[5] Ministerialdirigent Brunner, z. Z. Genf, an das Auswärtige Amt, 16.1.1974. In: Akten zur Auswärtigen Politik der Bundesrepublik Deutschland (fortan AAPD), 1974/I, Dok. Nr. 12, S. 51f., hier S. 52.

[6] Schlussakte der Konferenz über Sicherheit und Zusammenarbeit in Europa vom 1.8.1975. In: Volle/Wagner (Hg.): KSZE, S. 237-284, hier S. 239-244, die Zitate S. 268 u. 269.

[7] Ebenda, S. 237-284.

[8] Anja Hanisch: Die DDR im KSZE-Prozess 1972-1985. Zwischen Ostabhängigkeit, Westabgrenzung und Ausreisebewegung. München 2012, S. 88-119 sowie Svetlana Savranskaya: USSR and CSCE. From Inviolability of Borders to Inalienable Rights. In: Vladimir Bilandžić/Milan Kosanović (Hg.): From Helsinki to Belgrade. The First CSCE Follow-up Meeting in Belgrade 1977/78. Belgrad 2008, S. 231-255.

[9] Daniel Thomas: The Helsinki Effect. International Norms, Human Rights, and the Demise of Communism. Princeton, NJ 2001, S. 97.

[10] Sarah Snyder: »Jerry, Don't Go«. Domestic Opposition to the 1975 Helsinki Final Act. In: Journal of American Studies, 44 (2010) 1, S. 67-79, hier S. 70.

[11] Neues Deutschland, 2./3.8.1975, S. 5-10; Prawda 2.8.1975, S. 2-6.

[12] Für einen ersten Überblick Thomas: The Helsinki Effect und Wolfgang Eichwede: Helsinki and the Civil Rights Movement in Eastern Europe. In: Bilandžić/Kosanović (Hg.): From Helsinki to Belgrad, S. 141-150.

[13] Silke Berndsen: Nationalitätenbewegungen in der Sowjetunion (Manuskript).

[14] Ernst Wawra: Die Tätigkeit der Moskauer Helsinki-Gruppe (Manuskript), S. 3-7.

[15] Benjamin Müller: Von der Konfrontation zum Dialog. In: Helmut Altrichter/Hermann Wentker (Hg.): Der KSZE-Prozess. Vom Kalten Krieg zu einem neuen Europa. München 2011, S. 100f. u. 104.

[16] Hanisch: Die DDR im KSZE-Prozess, S. 137-143.

[17] Ebenda, S. 144-165 sowie Bernd Eisenfeld: Die Ausreisebewegung. Eine Erscheinungsform widerständigen Verhaltens. In: Ulrike Poppe/Rainer Eckert/Ilko-Sascha Kowalczuk (Hg.): Zwischen Selbstbehauptung und Anpassung. Formen des Widerstandes und der Opposition in der DDR. Berlin 1995, S. 192-223.

[18] Gunter Dehnert: »Eine neue Beschaffenheit der Lage«. Die Rolle des KSZE-Prozesses in der Formierung der polnischen Opposition und ihrem Durchbruch zur Massenbewegung (1975-1989). In: Altrichter/Wentker (Hg.): Der KSZE-Prozess, S. 87-98.

19 Jussi Hanhimäki: »They Can Write It in Swahili«. Kissinger, the Soviets, and the Helsinki Accords 1973-75. In: Journal of Transatlantic Studies, 1 (2003), S. 37-58.
20 Patrick Vaughn: Brzezinski and the Helsinki Final Act. In: Leopoldo Nuti (Hg.): The Crisis of Détente in Europe. From Helsinki to Gorbachev, 1975-1985. London 2009, S. 11-25, hier S. 11f. u. 14.
21 Sarah Snyder: Human Rights Activism and The End of the Cold War. A Transnational History of the Helsinki Network (= Human Rights in History). Cambridge 2011, S. 38-51.
22 Sylvia Rohde-Liebenau: Menschenrechte und internationaler Wandel. Der Einfluss des KSZE-Menschenrechtsregimes auf den Wandel des internationalen Systems in Europa. Baden-Baden 1996, S. 67-70.
23 Siehe den Beitrag von Tim Geiger in diesem Band.
24 Botschafter Pauls, Brüssel (NATO), an das Auswärtige Amt vom 1.7.1977. In: AAPD, 1977/II, Dok. Nr. 170, S. 876-880.
25 Breck Walker: »Neither Shy nor Demagogic«. The Carter Administration Goes to Belgrade. In: Bilandžić/Kosanović (Hg.): From Helsinki to Belgrad, S. 207-230, hier S. 225.
26 Snyder: Human Rights Activism, S. 81-114.
27 Hanisch: Die DDR im KSZE-Prozess, S. 188-197.
28 Aufzeichnung des Ministerialdirektors Blech vom 11.11.1977. In: AAPD, 1977/II, Dok. Nr. 320, S. 1537-1541, hier S. 1538f.
29 Hanisch: Die DDR im KSZE-Prozess, S. 204.
30 Benjamin Gilde: Keine neutralen Vermittler. Die Gruppe der neutralen und nicht-paktgebundenen Staaten und das Belgrader KSZE-Folgetreffen 1977/78. In: Vierteljahreshefte für Zeitgeschichte, 3 (2011) S. 413-444.
31 Abschließendes Dokument des Belgrader Treffens 1977. In: Hermann Volle/Wolfgang Wagner (Hg.): Das Belgrader KSZE-Folgetreffen. Der Fortgang des Entspannungsprozesses in Europa in Beiträgen und Dokumenten aus dem Europa-Archiv. Bonn 1978, S. 172-174.
32 Z. B. Per Fischer: Das Ergebnis von Belgrad Ergebnis von Belgrad. Das KSZE-Folgetreffen in seiner Bedeutung für den Entspannungsprozess. In: Volle/Wagner (Hg.): Das Belgrader KSZE-Folgetreffen, S. 23-32.
33 Hanisch: Die DDR im KSZE-Prozess, S. 207-213.
34 Veronika Heyde: Die Entdeckung von Abrüstung und Rüstungskontrolle durch die französische KSZE-Politik (Manuskript), S. 3-5.
35 Kommuniqué über die Ministertagung des Nordatlantikrats in Brüssel am 13./14.12.1979. In: Europa-Archiv, 2 (1980), S. D38-D43, hier S. D40, das Zitat ebenda.
36 Hanisch: Die DDR im KSZE-Prozess, S. 257-286.
37 Jörg Kastl: Das KSZE-Folgetreffen von Madrid. Verlauf und Schlußdokument aus der Sicht der Bundesrepublik Deutschland. In: Hermann Volle/Wolfgang Wagner (Hg.): Das Madrider KSZE-Folgetreffen. Der Fortgang des KSZE-Prozesses in Europa in Beiträgen und Dokumenten aus dem Europa-Archiv. Bonn 1984, S. 45-54, hier S. 47.
38 Harold Gordon Skilling: CSCE in Madrid. In: Problems of Communism, 30 (1981) 4, S. 1-16, hier S. 14f.
39 Douglas Selvage: The Superpowers and the Conference on Security and Cooperation in Europe, 1977-1983. Human Rights, Nuclear Weapons, and Western Europe (Manuskript), S. 23.
40 Kastl: Das KSZE-Folgetreffen von Madrid aus der Sicht der Bundesrepublik, S. 48.
41 Joachim Fesefeldt: Der Warschauer Pakt auf dem Madrider KSZE-Folgetreffen und auf der KVAE (ohne Rumänien). Köln 1984, S. 19 sowie Leo Mates: Von Helsinki nach Madrid und zurück. Der KSZE-Prozeß im Schatten der Ost-West-Beziehungen. In: Volle/Wagner (Hg.): Madrider Folgetreffen, S. 55-62, hier S. 60.
42 Kastl: Das KSZE-Folgetreffen von Madrid aus der Sicht der Bundesrepublik, S. 49.
43 Jan Sizoo/Rudolf Jurrjens: CSCE Decision-Making. The Madrid Experience. Den Haag 1984, S. 163f.

44  Stiftung Archiv der Parteien und Massenorganisationen der DDR im Bundesarchiv, DY30/J IV 2/2/1996, Bl. 11-17, Anlage zum Politbüroprotokoll Nr. 14/83 vom 19.4.1983: Bericht über die Tagung des Komitees der Minister für Auswärtige Angelegenheiten der Teilneh-merstaaten des Warschauer Vertrages am 6./7.4.1983 in Prag, hier Bl. 13.

45  Sizoo/Jurrjens: Madrid Experience, S. 165 u. S. 240f.

46  William Korey: Das KSZE-Folgetreffen in Madrid. Ein Beitrag aus amerikanischer Sicht. In: Volle/Wagner (Hg.): Madrider Folgetreffen, S. 85-92, hier S. 92 sowie Sizoo/Jurrjens: Madrid Experience, S. 242.

# 2. Der NATO-Doppelbeschluss

## Vorgeschichte und Implementierung

TIM GEIGER

Für den »Kanzler der deutschen Einheit«, Helmut Kohl, steht die historische Bedeutung des NATO-Doppelbeschlusses außer Frage:

> »Die Entscheidung aller Entscheidungen auf dem Weg zur deutschen Einheit war der NATO-Doppelbeschluss, den mein Vorgänger Helmut Schmidt gegen den Willen seiner Partei auf den Weg brachte und den ich mit meiner Regierung 1983 gegen alle Widerstände in unserem eigenen Land durchsetzte. […] Ich bin zutiefst überzeugt, dass ohne den NATO-Doppelbeschluss 1989 nicht die Mauer gefallen wäre und wir 1990 nicht die Wiedervereinigung erreicht hätten.«[1]

Das Urteil der zeithistorischen Forschung fällt längst nicht so eindeutig aus. Inwiefern die westliche »Nachrüstung« zur Auflösung des sowjetischen Imperiums, zum Niedergang der kommunistischen Diktaturen in Europa und zum welthistorischen Umbruch 1989/90 beitrug, bleibt Gegenstand kontroverser Deutungen. Anders als bei der sowjetischen Militärintervention in Afghanistan im Dezember 1979 war den Zeitgenossen der historische Zäsurcharakter der nur 14 Tage zuvor erfolgten Brüsseler NATO-Entscheidung kaum bewusst: Dem westdeutschen Nachrichtenmagazin *Der Spiegel* war der Doppelbeschluss keine Titelstory wert; er beschäftigte sich lieber mit möglichen Folgen des Privatfernsehens (»Sex auf allen Kanälen?«).[2]

## Der Abschied von der Entspannungsära

Der NATO-Doppelbeschluss und die sowjetische Afghanistan-Invasion markieren entscheidende Kulminationspunkte in jenem Prozess, der auch als »Zweiter Kalter Krieg« charakterisiert wird. Die schleichende Abkehr von der Détente-Ära begann bereits, bevor diese 1975 mit der KSZE-Gipfelkonferenz in Helsinki ihren Zenit erreichte.

In den 1970er Jahren schien das sozialistische Lager trotz zunehmender technologischer bzw. wirtschaftlich-industrieller Überlegenheit des Westens im Aufwind zu sein. In Südostasien (Vietnam, Kambodscha) mussten die USA demütigende Rückschläge verkraften. Auch in Afrika schienen

Moskaus Verbündete im Vormarsch (Mosambik, Angola, Äthiopien). Während die Europäer, allen voran die Deutschen, die Früchte der Entspannungspolitik in Form verbesserter Kontaktmöglichkeiten über den »Eisernen Vorhang« hinweg genossen und die traditionellen Feindbilder brüchiger wurden, verfestigte sich in den USA die Perzeption, vor allem die UdSSR habe von der Entspannungsära profitiert. Im Präsidentschaftswahlkampf verkündete Amtsinhaber Gerald Ford bereits 1976, den Begriff Détente künftig zu vermeiden.[3]

Aus westlicher Perspektive gab auch der Militärsektor Anlass zur Sorge: Die 1973 in Wien eröffneten Verhandlungen zwischen führenden NATO- und Warschauer-Pakt-Staaten zur ausgewogenen, beidseitigen Reduzierung konventioneller Truppen in Mitteleuropa (*Mutual and Balanced Force Reductions,* MBFR) gerieten früh in eine Sackgasse.[4] Die amerikanisch-sowjetischen Verhandlungen über strategische Nuklearwaffen (*Strategic Arms Limitation Talks,* SALT) stagnierten. Nach Abschluss einer Interimsvereinbarung 1972 (SALT I), bei der Washington im Vertrauen auf überlegenes Know-how bei der Raketenbestückung mit individuell steuerbaren Mehrfachsprengköpfen (*Multiple Independently Targetable Re-entry Vehicles,* MIRV) Moskau einseitig die Einführung überschwerer Interkontinentalraketen erlaubt hatte, hatte die UdSSR bei MIRV schneller gleichgezogen als erwartet – eine Erfahrung, die fortan die Verhandlungen zusätzlich erschwerte.[5] Als die Carter-Administration 1977 mit der Chuzpe des *Newcomers* ein Konzept präsentierte, das für radikale Reduzierungen der Nukleararsenale (*deep cuts*) die bisherigen Verhandlungsergebnisse in Frage stellte, desavouierte sie der Kreml mit Zurückweisung. Zurück blieb Misstrauen, da Washington nun erst recht am Abrüstungswillen der Gegenseite zweifelte, während aus Moskauer Sicht Jimmy Carters Menschenrechtskampagne den Paritätsanspruch der UdSSR als Supermacht streitig zu machen schien.[6] Der Aufbau einer sowjetischen Hochseeflotte erschien ebenso bedrohlich wie die verbesserte Flugabwehrfähigkeit des Warschauer Paktes. Durch letztere wurde die bisher primär auf Flugzeuge gestützte taktische Nuklearkomponente im NATO-Verteidigungskonzept zunehmend entwertet.

Gemäß dem *Harmel*-Bericht von 1967, dass Sicherheit auf Entspannung *und* Verteidigung beruhe, arbeitete die NATO kontinuierlich daran, die westliche Verteidigungsfähigkeit und damit die friedenssichernde Abschreckungswirkung zu erhöhen. Noch unter Ford begannen Planungen zur Verbesserung der konventionellen Kräfte und zur Modernisierung der taktischen Nuklearwaffen. Auf Initiative von Carter beauftragte der NATO-Rat der Staats- und Regierungschefs 1977 die Erarbeitung eines Langfristigen Verteidigungsprogramms (*Long-Term Defence Program,* LTDP), das die Militärpolitik der Allianz den Erfordernissen der 1980er Jahre anpassen sollte. Beschlossen wurde ferner eine, allerdings selten erreichte 3%ige Steigerung der nationalen Verteidigungsausgaben. Eine der zehn für das LTDP eingesetzten Arbeitsgruppen, die »Task Force 10«, die bald als *High Level Group* (HLG) firmierte, sollte die Überprüfung der taktischen Nuklearstreitkräfte vorantreiben.[7] Schließlich stammte der Großteil der über 6.000 in Westeuropa stationierten taktischen Nuklearwaffen aus den 1950er Jahren und überbrückte nur Distanzen unter 100 km. Im Kriegsfall wären diese nuklearen Gefechtsfeldwaffen (*Theater Nuclear Forces,* TNF) entweder der ersten Angriffswelle des Warschauer Pakts zum Opfer gefallen oder auf (bundes-)deutschem Boden explodiert. Mit anderen Worten: Die Allianz brauchte weniger, aber weiterreichende, zielgenauere Nuklearwaffen.[8]

Technologische Innovationen, vor allem die Entwicklung ferngelenkter Marschflugkörper (*Cruise Missiles*), die in Kombination mit moderner Satelliten- und Computertechnik den feindlichen Radar unterfliegen und ihr Ziel beweglich, aber punktgenau anpeilen konnten, ermöglichten diesen Modernisierungsschritt. Entgegen der weitverbreiteten Darstellung, wonach die TNF-Modernisierung der NATO ausschließlich eine Reaktion auf die sowjetischen SS-20-Raketen gewesen sei, sei betont, dass Überlegungen zur TNF-Modernisierung längst im Gange waren, bevor die Bedrohung durch eine neue sowjetische Raketengeneration auf die politische Bühne rückte. Der NATO-Doppelbeschluss ging insofern aus zwei, ursprünglich voneinander unabhängigen Entwicklungssträngen hervor.[9]

Die von westlichen Experten seit 1975 beobachtete massive sowjetische Rüstung im Mittelstreckenbereich wurde freilich zur entscheidenden, zweiten Triebfeder für den Doppelbeschluss. Neben einem neuen, nuklear bestückbaren Überschallbomber (*Backfire*) beunruhigte vor allem die rapide wachsende Zahl sowjetischer SS-20-Raketen.[10] Im Unterschied zu den mit einem einzigen Nuklearsprengkopf ausgerüsteten Vorgängermodellen SS-4 und SS-5 war die SS-20 eine treffsichere, mobile, damit nahezu »unverwundbare«, die Vorwarnzeit auf wenige Minuten verkürzende, bis 5.000 km reichende Waffe mit jeweils drei einzeln steuerbaren Atomsprengköpfen.

Die Motive der UdSSR für diese folgenschwere Rüstungsentscheidung bleiben strittig und klärungsbedürftig. Verfolgte der Kreml, wie die Bundesregierung befürchtete, politisch offensive Ziele, nämlich »Westeuropa militärisch wehrlos zu machen und politisch vom global-strategischen Abschreckungsschirm der USA abzukoppeln«?[11] Oder ging sie, wie vom Warschauer Pakt und der Friedensbewegung behauptet, schlicht von ei-

Abb. 5. »Auf zum letzten Gefecht?« (aus: *Der Spiegel*, 39, 26. September 1983, S. 173).

ner routinemäßigen Modernisierung aus? Dann hätte die Sowjetführung
verkannt, dass dieser Schritt in Westeuropa als qualitativ neue Bedrohung
wahrgenommen werden und Gegenreaktionen auslösen musste. Folgt
man den Rückblicken führender Sowjets, war das der Fall: Vom militä-
risch-industriellen Komplex als notwendig deklarierte Sachentscheidun-
gen seien im Politbüro der KPdSU nicht mehr kritisch hinterfragt worden.[12]

Zwar bestand ein Übergewicht der UdSSR bei weitreichenden Mittelstreckenwaffen schon seit Ende der 1950er Jahre. Doch der qualitative
und quantitative Sprung durch die SS-20-Raketen verschärfte die Bedrohungslage entscheidend. Vor allem deren Reichweite erwies sich als kritisch: Die SS-20 deckte selbst bei einer Stationierung jenseits des Urals
ganz Westeuropa ab, erreichte aber nicht das Territorium der USA. Das
zielte auf die fragilste Stelle der atlantischen Allianz: die Zuverlässigkeit
der amerikanischen Nukleargarantie für Westeuropa. Würden im Konfliktfall die USA mit ihrer strategischen Nuklearmacht eingreifen, wenn
erst dieser Eskalationsschritt die UdSSR zu atomaren Vergeltungsschlägen
gegen Amerika reizen würde? Würde die Sowjetunion gezielt versuchen,
den Krieg auf den europäischen Schauplatz zu lokalisieren? Mit den SS-20

drohte eine »Abkoppelung« des amerikanischen Nuklearschirms für Westeuropa, der aber für die NATO-Strategie der *flexible response* und damit für die Abschreckung jeder Aggression unverzichtbar war.[13] Die Gefahr der politischen Erpressbarkeit Westeuropas durch die Sowjetunion wuchs – zumal die SS-20 in eine rüstungskontrollpolitische »Grauzone« fiel und weder bei SALT noch MBFR erfasst wurde.

Die Bundesregierung, insbesondere Bundeskanzler Helmut Schmidt, wies frühzeitig auf diese Problematik hin.[14] Doch Washington negierte die Forderung nach Einbezug der sowjetischen Mittelstreckensysteme in die SALT-Verhandlungen. Die sich dort abzeichnende Einigung auf eine strategische Parität der Supermächte verstärkte das Dilemma für den Frontstaat Bundesrepublik, fiel doch das Übergewicht der UdSSR im konventionellen und Mittelstreckenbereich damit umso mehr ins Gewicht.

Auf dieses Problem machte Schmidt am 28. Oktober 1977 in einer Rede vor dem *International Institute for Strategic Studies* (IISS) in London erneut aufmerksam: Um die Glaubwürdigkeit der Abschreckung zu erhalten, dürfe die NATO in keinem Bereich der Triade (konventionelle, taktische und strategische Bewaffnung) die Entstehung von Disparitäten hinnehmen. Das derzeit gefährdete Gleichgewicht lasse sich entweder durch massive westliche Aufrüstung oder beiderseitige Abrüstung wiederherstellen; letztere bevorzugte der Kanzler klar.[15] Obwohl an keiner Stelle der vorrangig Fragen der Weltwirtschaft gewidmeten Rede SS-20, Cruise Missiles oder Pershings erwähnt wurden, gilt sie »als die eigentliche Geburtsstunde des sogenannten Doppelbeschlusses«.[16] Teilnehmer der Veranstaltung sorgten dafür, dass Schmidts Gravamina in Washington die Runde machten. Rückblickend wurde die IISS-Rede zum Manifest verklärt, in dem erstmals ein westlicher Regierungschef öffentlich auf das Problem der sowjetischen Mittelstreckenraketen hinwies und *in nuce* das spätere Zweigleisigkeitsprinzip vorformuliert habe.

## Der Weg zum NATO-Doppelbeschluss

In die NATO-Planungen für eine TNF-Modernisierung fiel 1977/78 die Kontroverse um die Neutronenwaffe, die viel von der späteren Auseinandersetzung um den Doppelbeschluss vorwegnahm. Die Neutronenwaffe (*Enhanced Radiation Weapon*, ERW) war eine Weiterentwicklung herkömmlicher taktischer Nuklearwaffen und besaß einen enger begrenzten Zerstörungsradius, was die Zahl der »Kollateralschäden« verringerte. Insofern galt sie militärisch als »Verbesserung« und gerade im dichtbesiedelten Mitteleuropa als effektive Waffe gegen die Panzerkeile des Warschauer

Pakts.[17] Andererseits konnte diese größere Präzision die nukleare Hemmschwelle absenken, weil ein regional lokalisierbarer ERW-Einsatz nicht automatisch jeden bewaffneten Konflikt zum weltzerstörenden Armageddon eskalieren lassen würde. Damit würde Kriegführung überhaupt erst wieder denkbar.

Aus diesem Grund schlug der außenpolitische Vordenker der SPD, Egon Bahr, Alarm: Er geißelte die Neutronenbombe als »Perversion des Denkens«, denn sie töte Menschen, lasse aber Sachen unbeschädigt.[18] In der Bundesrepublik trat dies eine Protestwelle gegen die Nuklearrüstung los. Auch in den Niederlanden, Großbritannien, Dänemark, Norwegen und den USA wurden Proteste gegen die Neutronenbombe zum Kristallisationspunkt der Anti-Nuklear- und Friedensbewegung.[19] Östliche Propagandakampagnen befeuerten diese Widerstände zusätzlich.[20]

Angesichts der Proteste ließ Carter die Bundesregierung im November wissen, die USA würden ERW nur produzieren, wenn die Westeuropäer, zu deren Schutz die Waffe diene, sie in ihrem Land stationieren würden. Schmidt wollte sich nicht die Verantwortung für diese gravierende Rüstungsentscheidung zuschieben lassen, zumal sich in seiner Partei massive Widerstände abzeichneten und negative Rückwirkungen auf Bonns Ost- und Deutschlandpolitik zu erwarten waren.

Am 20. Januar 1978 legte der Bundessicherheitsrat Eckpunkte zur Neutronenwaffe fest, die später für den NATO-Doppelbeschluss übernommen wurden: Eine Produktionsentscheidung müsse allein von amerikanischer Seite getroffen werden. Sofern die Neutronenwaffe hergestellt werde, solle sie als Verhandlungsmaterial in Rüstungskontrollverhandlungen mit dem Osten dienen. Um Zeit für Verhandlungen zu gewährleisten, sollte eine Stationierung frühestens in zwei Jahren erfolgen. Zur Haupthürde wurde das Postulat, die Neutronenwaffe in weiteren europäischen NATO-Staaten zu lagern, auch um eine Sonderstellung der vergangenheitspolitisch belasteten Bundesrepublik zu vermeiden. Die Bundesrepublik dürfe keine Quasi-Atommacht neben den USA, Großbritannien und Frankreich werden, ihr Nicht-Nuklearwaffen-Status, ihr Non-User-Status, müsse klar gewahrt bleiben.[21]

Die Bundesregierung bestand darauf, dass von ihrer so konditionierten Zusage öffentlich kein Gebrauch gemacht werde. Das nahm Carter das Argument, innenpolitisch die Durchsetzung der Rüstungsentscheidung mit entsprechenden Wünschen der europäischen Verbündeten zu rechtfertigen.[22] Auch die skandinavischen Länder, die Benelux-Staaten und Italien waren nicht zur Aufnahme von Neutronenbomben bereit. Gleichwohl wurde das Verfahren in der NATO weiter verfolgt. Als Carter schließlich ohne vorherige Rücksprache mit den Verbündeten im Frühjahr 1978

auf die Produktion der Neutronenwaffe verzichtete, sah sich die Bundesregierung, die das Projekt gegen erhebliche Widerstände in den eigenen
Reihen durchgesetzt hatte, düpiert. Das Vertrauen in die Führungskom-
petenz der US-Administration war schwer erschüttert, die Handlungsfä-
higkeit des Atlantischen Bündnisses schien zunehmend in Frage gestellt.

Um diesen Vorwürfen zu begegnen, entschloss sich die Carter-Administration, nun auf die Rufe der Europäer nach Marschflugkörpern als Ge-
gengewicht zu den SS-20 einzugehen. Denn deren Klagen über die unzu-
reichende Behandlung der »Grauzonenproblematik« war Wasser auf den
Mühlen jener neokonservativen Hardliner in den USA, die zunehmend
das sich abzeichnende SALT-II-Abkommen mit der UdSSR generell in
Frage stellten. Die Carter-Administration wollte primär das erschütterte
Vertrauen in ihre Führungsfähigkeit wiederherstellen. Die seit Sommer
1978 energisch vorangetriebene TNF-Modernisierung war insofern zual-
lererst ein politischer Akt, um die Kohäsion der Atlantischen Allianz wie-
derherzustellen. Militärisch hielt Washington (wie London oder Paris)
eine »Nachrüstung« im Mittelstreckenbereich noch immer nicht für notwendig. Da die Neutronenwaffen-Diskussion jedoch im Fiasko geendet
hatte, bestand bei der TNF-Modernisierung für die NATO nun ein Zwang
zum politischen Erfolg.

In der HLG hatte sich unterdessen Konsens darüber herauskristallisiert,
dass im TNF-Bereich ein »evolutionary upward adjustment« notwendig
sei. Damit sollte eine glaubwürdige Gegendrohung zu den SS-20 aufgebaut werden mit Systemen, die erstmals von Westeuropa aus sowjetisches
Territorium erreichten.[23] Anvisiert wurde ein Waffenmix aus Cruise Missiles, die für die gegnerische Flugabwehr schwer zu orten waren, aber
geringe Fluggeschwindigkeit besaßen, und Pershing II-Raketen, die durch
ihre ballistische Flugbahn leichter zu entdecken waren, aber eine kurze
Flugzeit von wenigen Minuten zwischen Start und Einschlag aufwiesen.[24]

Dieser Lösungsansatz drängte sich für die US-Regierung auf, die den
Ruf der Europäer nach einem Abbau der sowjetischen Überlegenheit im
Mittelstreckenbereich einseitig als Forderung nach mehr amerikanischen
Nuklearwaffen interpretierte. Zutreffend hat die Politikwissenschaftlerin
Helga Haftendorn ein transatlantisches »Missverständnis« diagnostiziert,
denn tatsächlich hatte die Bundesregierung, etwa beim Bonn-Besuch des
sowjetischen Generalsekretärs Leonid Breschnew 1978, immer ihre Prä-
ferenz für den Abrüstungsansatz betont, ohne die Aufrüstungsalternative
allerdings auszuschließen.[25]

Die Bundesregierung war mit einem selbstverschuldeten Dilemma konfrontiert: Nachdem sie beständig Handlungsbedarf bei der »Grauzone«
eingefordert hatte, konnte sie sich der Modernisierung ohne außenpoli-

tische Blamage nicht entziehen. Sofern sie jedoch die Nachrüstung mittrug, was militärisch sinnvoll und rüstungskontrollpolitisch opportun schien, um entsprechendes Verhandlungspotential gegenüber der UdSSR aufzubauen, riskierte sie andererseits angesichts der Widerstände in den Koalitionsparteien ihre eigene Basis.[26] Als Ausweg blieb nur die Koppelung von Modernisierung *und* Abrüstung – gleichzeitig und gleichgewichtig.

Dieser Ansatz nahm beim Treffen von Carter mit dem französischen Staatspräsidenten Valéry Giscard d'Estaing, dem britischen Premierminister James Callaghan und Schmidt auf der Karibikinsel Guadeloupe im Januar 1979 Gestalt an: ein Rüstungskontrollangebot an die UdSSR, das dadurch mehr Durchschlagskraft erhalten sollte, dass bei einem Scheitern von Abrüstungsverhandlungen die Modernisierung des NATO-Mittelstreckenarsenals drohte.[27] Doch innenpolitisch zeichneten sich in der Bundesrepublik wie in anderen westeuropäischen Ländern Zweifel an der Opportunität einer unwiderruflichen Festlegung zur TNF-Modernisierung ab. Hartnäckig brachten SPD-Politiker die Alternative einer seegestützten Cruise Missiles-Lösung ins Spiel.[28] Im Sinne einer breitmöglichsten Verteilung der Bündnislasten sollten zögernde Partner wie Belgien, die Niederlande, möglichst auch Norwegen und Dänemark beteiligt und damit die Zahl der in Deutschland zu stationierenden Systeme reduziert werden. Dieser Ansatz zerschlug sich wie die Hoffnung auf Einbezug der Türkei oder Griechenlands. Gegen die Seeoption ließen sich höhere Kosten, geringere Effektivität und vor allem der geringere Abschreckungseffekt als bei einer Landstationierung mitsamt ihrem Zwang zum Einsatz beim ersten östlichen Angriff ins Feld führen.[29]

Das Auswärtige Amt unter Hans-Dietrich Genscher akzeptierte das amerikanische Insistieren auf Festlandstationierung bereitwilliger als das Verteidigungsministerium und Kanzleramt. Wiederholt zeichnete sich die paradoxe Situation ab, dass das Außenministerium die militärische Notwendigkeit der TNF-Modernisierung zur Sicherung des nuklearen Eskalationskontinuums vertrat, während die Hardthöhe stärker auf Rüstungskontrolle und politische Verhandlungen setzte.[30] Letztlich war dies Ausdruck der unterschiedlichen Prioritäten der beiden Koalitionsparteien.

Vergeblich warnte die Bundesregierung die Sowjetunion und die Osteuropäer, falls der SS-20-Aufwuchs fortdauere, werde die NATO nachziehen; nur ein Umlenken der sowjetischen Rüstungspolitik könne dies noch verhindern. Als KPdSU-Generalsekretär Breschnew am 6. Oktober 1979 Maßnahmen der militärischen Vertrauensbildung ankündigte, darunter den Abzug von 20.000 Sowjetsoldaten und 1.000 Panzern aus der DDR

Abb. 6. Die Staatschefs Giscard d'Estaing (Frankreich), James Callaghan (Großbritannien), Jimmy Carter (USA) und Helmut Schmidt (BRD) bei ihrem Treffen im französischen Guadeloupe am 5./6. Januar 1979.

sowie eine Rückverlegung sowjetischer Mittelstreckenwaffen hinter den Ural (wo sie noch immer ganz Westeuropa erreicht hätten), bewirkte dies keine Kehrtwende mehr, da der Vorstoß als Propagandamanöver erschien.[31] Die Drohung des sowjetischen Außenministers Andrej Gromyko, ein NATO-Raketenbeschluss bedeute das Ende der Ost-West-Verhandlungen, steigerte wie die anrollende Propagandakampagne des Ostblocks nur die westliche Entschlossenheit.

Innerhalb der NATO bemühten sich die USA, Großbritannien und die Bundesrepublik, eine gemeinsame Bündnisentscheidung zu erreichen. Einigkeit sollte demonstriert und ein Auseinanderfallen in Ländergruppen mit unterschiedlichem verteidigungspolitischen Status verhindert werden, auch wenn die neuen Systeme nur bei einigen Partnern stationiert würden. Dem entsprach das Mantra der Bundesrepublik, aus allianz- wie entspannungspolitischen Gründen auf ihre Nichtsingularisierung und den Non-User-Status zu pochen. Letzteres war umso wichtiger, als die Pershing II aufgrund der bewussten Reichweitenbegrenzung bis maximal 2.000 km lediglich in der Bundesrepublik stationierbar war; Moskau blieb so knapp außerhalb der Reichweite, um sowjetische Ängste vor einem

»Enthauptungsschlag« zu zerstreuen. Diese technisch bedingte Ausnahme vom Nichtsingularisierungsprinzip, die sich zudem angesichts von bereits in Westdeutschland stationierten Pershing IA-Raketen als simples »Upgrading« darstellen ließ, sollte durch ostentative Betonung der amerikanischen Alleinverfügungsgewalt über Pershing II kompensiert werden.

Die Bereitschaft Italiens als weiterer Nichtnuklearmacht, bodengestützte Cruise Missiles (*Ground-launched Cruise Missiles,* GLCM) aufzunehmen, befreite Bonn von seinen Singularisierungsängsten. Nach Guadeloupe, wo Italien aus dem Kreis der westlichen Führungsmächte ausgeschlossen geblieben war, war Rom bestrebt, seine Bedeutung auf internationaler Ebene wiederzuerlangen.[32] Angesichts starker innenpolitischer Widerstände galten insbesondere Dänemark, Norwegen und die anvisierten GLCM-Stationierungsländer Belgien und die Niederlande als Wackelkandidaten.[33] Durch intensive Kontakte auf allen Ebenen versuchte Bonn, deren bündnissolidarische Haltung zu erwirken. Gegenüber Den Haag argumentierte die Bundesregierung beispielsweise, die UdSSR sei erst dann zur Abrüstung bereit, wenn der Westen ein reales Drohpotential in die Waagschale werfen könne. Statt eines von den Niederlanden geforderten Junktims an ein vorheriges Inkrafttreten des im Juni 1979 von den Supermächten unterzeichneten SALT-II-Abkommens werde vielmehr ein TNF-Modernisierungsbeschluss der NATO die ungewiss gewordene Ratifizierung des Abkommens im amerikanischen Senat erleichtern.[34] Umgekehrt ermöglichten die gesellschaftlichen Proteste und politischen Bedenken der europäischen Nachbarstaaten der Bundesregierung, die amerikanische Führungsmacht zum Ausbau des Rüstungskontrollteils im Doppelbeschluss zu drängen.

Am 12. Dezember 1979 verabschiedeten alle an der NATO-Militärintegration beteiligten Mitglieder den NATO-Doppelbeschluss: In den kommenden Jahren sollten 108 Pershing II die gleiche Zahl von Pershing IA-Raketen ersetzen und zusätzlich 464 amerikanische GLCM in »ausgewählten Ländern« stationiert werden. Damit waren die Bundesrepublik, Großbritannien, Italien, Belgien und die Niederlande gemeint. Um »die Bedeutung nuklearer Waffen für die NATO nicht [zu] erhöhen«, wurden gleichzeitig 1.000 amerikanische Atomwaffen meist kürzerer Reichweite abgezogen. Der Umfang der Modernisierung wurde explizit vom Erfolg vorheriger Rüstungskontrollverhandlungen zwischen den USA und der UdSSR abhängig gemacht.[35]

Trotz der nach außen einheitlichen Abstimmung hatten sich die Niederlande und Belgien ausbedungen, erst später endgültig über die Stationierung der für sie vorgesehenen je 48 Marschflugkörper zu entscheiden. Brüssel wollte dies nach sechs Monaten tun, verschob die Entscheidung aber mehrfach; 1985 erlaubte Belgien die Dislozierung von lediglich 16 GLCM. Angesichts der Stärke der Friedensproteste bestätigte Den Haag erst 1985, seinen Raketenanteil zu übernehmen. Dank des INF-Vertrags von 1987, der neben der Verschrottung der SS-20 auch die aller im Zuge des Doppelbeschlusses eingeführten US-Raketen vorsah, sollten die für 1988 vorgesehenen GLCM jedoch nie auf niederländischem Boden ankommen.

## Das Ringen um die Implementierung des Doppelbeschlusses

Trotz propagandistischer Drohgebärden des Ostblocks und einer spürbaren Eintrübung des Ost-West-Verhältnisses glaubten die Westeuropäer an die Fortsetzung der Entspannungspolitik. Die Bundesregierung versicherte östlichen Gesprächspartnern, wenn die drei bis vier Jahre, die es ohnehin brauche, um die US-Raketen zu produzieren, ernsthaft für Rüstungskontrollgespräche genutzt würden, sei im Idealfall denkbar, dass keine westlichen Systeme stationiert werden müssten.[36]

Die sowjetische Afghanistan-Invasion an Weihnachten 1979 sorgte indes für einen Klimasturz in den internationalen Beziehungen: Die ohnehin durch die Geiselnahme ihrer Botschaftsangehörigen in Iran gedemütigte Carter-Administration reagierte dezidiert mit Abkehr vom Entspannungskurs. Sie verhängte harsche Sanktionen gegen die UdSSR und setzte die SALT-II-Ratifizierung aus. Damit brach der Rahmen für die Verhandlungskomponente des Doppelbeschlusses weg: Nach Inkrafttreten von SALT II hätten sich als SALT III schließlich unmittelbar Rüstungskontrollgespräche auch über Mittelstreckensysteme anschließen sollen.

Die Bundesrepublik stand vor dem Dilemma, aufgrund ihrer sicherheitspolitischen Abhängigkeit von der westlichen Schutzmacht deren antisowjetische Wende teilweise mitvollziehen zu müssen, wenn auch wie beim Olympia-Boykott oft wider besseres Wissen. Anders als die USA wertete die sozial-liberale Regierung das zurückliegende Entspannungsjahrzehnt als Erfolg, der Bonns Handlungsspielraum erweitert und die Teilung der Nation im Alltag etwas erträglicher gestaltet hatte. Auf Schadensbegrenzung bedacht, versuchte die Bundesregierung daher, den Supermächtedialog wieder in Gang zu setzen. Dabei stand sie vor dem Problem, Abrüstungsgespräche herbeiführen zu wollen, an denen sie selbst nicht beteiligt war und auf die sie nur indirekt einwirken konnte. Beide Supermächte hatten an dieser Vermittlung zunächst wenig Interesse, zumal Moskau hoffte, die im Westen an Bedeutung gewinnende Friedensbewegung könne die Nachrüstung zu Fall bringen. Daher verweigerte die UdSSR Verhandlungen, wenn nicht SALT II ratifiziert und der Doppelbeschluss zurückgenommen werde.

Ermuntert aus Ost- wie Westeuropa, zum Erhalt der Détente beizutragen, regte Kanzler Schmidt im April 1980 einen temporären Stationierungsverzicht für Mittelstreckensysteme an. Die so gewonnene Zeit sollte für Verhandlungen über beiderseitige Begrenzung auf niedrigerem Niveau genutzt werden. Der Westen riskiere damit nichts, da eine sowjetische Überlegenheit in diesem Bereich bereits existiere und so wenigstens nicht weiter wachse.[37] Diese Forderung ließ sich als einseitiges Moratorium zulasten der sowjetischen Rüstung interpretieren, aber auch als ein beidseitiges Einfrieren (*Freeze*) des ungleichen Status quo. Jedenfalls gefährdete der unabgesprochene Vorstoß die im Doppelbeschluss fixierte Einheit von Stationierungs- und Rüstungskontrollentscheidung. Entsprechend irritiert reagierten die USA, Großbritannien, Belgien, aber auch der Koalitionspartner und die Opposition. Schmidt musste klarstellen, er habe nur an einen verifizierbaren Stationierungs-, nicht an einen Produktionsstopp gedacht. Betroffen seien daher nur sowjetische, nicht amerikanische Systeme.

Gleichwohl blieb die Carter-Administration misstrauisch, ob die Bundesregierung uneingeschränkt zum Doppelbeschluss stehe, zumal sie einen Besuch in Moskau ankündigte. Als Schmidt im Juni wahlkampftaktisch die Entspannungssehnsüchte seiner Partei bediente und die Moratoriumsidee wiederholte[38], sandte Carter ein rüdes, öffentlich lanciertes Schreiben, um klarzustellen, dass Washington jedes Aufweichen des Doppelbeschlusses ablehne. Der Kanzler empfand dies als Demütigung und als Beleg für den Verdacht, die USA würden einseitig die Nachrüstung akzentuieren.[39] Am Vorabend des Weltwirtschaftsgipfels in Venedig kam es zu einer konfrontativen Aussprache, die Carter als »the most unpleasant personal exchange I ever had with a foreign leader« beschrieben hat.[40]

Schmidts und Genschers Gespräche in Moskau ergaben, dass die UdSSR ihre Blockadehaltung aufgab und Verhandlungsbereitschaft über Mittelstreckensysteme erkennen ließ.[41] Allerdings bestand sie auf ihrer bei SALT vergeblich erhobenen Forderung nach Einbeziehung aller aus Moskauer Sicht strategischen Waffen, mithin auch der *Forward Based Systems* (FBS), also von bereits in Europa stationierten amerikanischen (und britischen) nuklearwaffenfähigen Mittelstreckenbombern. Die FBS-Problematik und der einsetzende amerikanische Präsidentschaftswahlkampf verzögerten eine Gesprächsaufnahme. Die Ende Oktober 1980 in Genf begonnenen Vorgespräche blieben substanzlos, zumal Carter kurz darauf abgewählt wurde.[42]

Der Übergang zu Ronald Reagan verschärfte für die Bundesregierung den Spagat zwischen einer entspannungsskeptischen US-Administration, die vor konfrontativer Rhetorik nur so strotzte und die Wiederaufnahme älterer Containment-Strategien gegen die Sowjetunion als »Reich des Bösen« betrieb[43], und dem steigenden gesellschaftlichen Druck durch die rasant wachsende Friedensbewegung. Zusehends zerbröckelte in den Regierungsparteien der sicherheitspolitische Konsens. Während aus der Friedensbewegung und den Reihen der SPD massive Kritik an der US-Regierung geäußert wurde, die eher auf Aufrüstung als auf Abrüstungsfortschritte setze, profilierten sich Außenminister Genscher, seine FDP und die CDU/CSU-Opposition als Gralshüter der atlantischen Bindung und ließen keinen Zweifel am Eintreten für *beide* Doppelbeschluss-Hälften aufkommen. Um die wachsenden Widerstände gegen die Nachrüstung zu bändigen, verknüpften im Mai 1981 Kanzler wie Vizekanzler ihr politisches Schicksal mit dem Doppelbeschluss: Sie drohten mit Rücktritt, falls Parteibeschlüsse die NATO-Entscheidung in Frage stellen würden.[44]

Mitte November 1981 machte sich die Reagan-Administration als Zielvorgabe für die beginnenden Genfer Verhandlungen über Mittelstreckenwaffen – nun *Intermediate-Range Nuclear Forces* (INF) genannt – die doppelte »Null-Lösung« zu eigen: Angeboten wurde der völlige Verzicht auf Pershing II und Cruise Missiles, falls die UdSSR ebenfalls alle Mittelstreckenraketen verschrotten würde.[45] Auf diese Option hatte Bonn lange vergeblich gedrängt.[46] Mit einer Realisierbarkeit der Null-Lösung rechnete kaum jemand – und für manchen *hardliner* in Washington war das der Grund, auf dieser radikalen Abrüstungsposition zu bestehen. Aber allein dass zwei Jahre nach Verabschiedung des Doppelbeschlusses endlich die dort anvisierten Rüstungskontrollgespräche begannen, war der Bundesregierung auch angesichts ständig wachsender Proteste der Friedensbewegung hochwillkommen. Bei Breschnews letztem Besuch 1981 drängte Bonn, die Sowjetunion möge das Null-Lösungsangebot ernst nehmen. Beim Ausbleiben einer Supermächtevereinbarung würden ab 1983 US-Raketen in Europa stationiert. An diesem Grundaxiom, so die vergebliche Mahnung, werde *jede* Bundesregierung festhalten.[47]

Mit Aufnahme der Genfer Verhandlungen – neben INF führten die Supermächte ab 1982 auch wieder Gespräche über strategische Waffen (*Strategic Arms Reduction Talks*, START) – war die katalytische Dolmetscherfunktion der Bundesregierung ausgeschöpft. Die inhaltliche Ausgestaltung der Gespräche blieb den Supermächten vorbehalten. Im Juli 1982 versuchten der amerikanische und der sowjetische INF-Unterhändler, Paul Nitze und Julij Kwizinskij, ohne vorherige Abstimmung mit ihren Hauptstädten bei einer Wanderung im Jura-Gebirge die Gesprächsblockade zu überwinden: Ihre »Waldspaziergang«-Formel sah vor, die Mittelstre-ckensysteme beider Supermächte in Europa auf je 75 festzulegen bzw. auf weitere 90 Systeme für die Sowjetunion in Asien. Das lief auf einen weit-gehenden Abbau bereits stationierter SS-20 auf sowjetischer und einen Verzicht auf alle Pershing II sowie eine deutlich geringere GLCM-Dislo-zierung auf amerikanischer Seite hinaus. Doch die Führungen in Moskau und Washington verwarfen diesen Kompromiss.[48] Die Verbündeten erfuh-ren vom »Waldspaziergang« erst, als dieser schon gescheitert war.

In Bonn zerbrach im Herbst 1982 die sozial-liberale Regierung, primär an unterschiedlichen Positionen in der Wirtschafts- und Finanz-, aber auch der Außen- und Sicherheitspolitik. Die wachsende Absetzbewegung weiter Teile der Kanzlerpartei vom Doppelbeschluss begünstigte die Bereitschaft der FDP für die »Wende« hin zu den Unionsparteien. Am 1. Oktober 1982 folgte der CDU-Vorsitzende Helmut Kohl dem durch ein konstruktives Misstrauensvotum gestürzten Helmut Schmidt im Kanzler-amt. In vorgezogenen Bundestagswahlen, die in der emotional aufgeheiz-ten Atmosphäre des Nachrüstungsstreits Züge eines »Raketenwahlkampfs« trugen, wurde 1983 die neue CDU/CSU-FDP-Koalition im Amt bestätigt. Aber auch Nachrüstungsgegner fühlten sich bestätigt, rückten doch erst-mals die mit der Friedens- und Protestbewegung eng verbundenen »Grü-nen« in den Bundestag ein.[49]

Die Regierung Kohl-Genscher betrachtete die konsequente Durchset-zung des NATO-Doppelbeschlusses als zentrale Bewährungsprobe und außen- wie bündnispolitische Notwendigkeit. Angesichts der Erfolglosig-keit der Rüstungskontrollgespräche der Supermächte hieß das in erster Linie Vollzug der für diesen Fall angedrohten Stationierung zusätzlicher Mittelstreckenraketen in einem Land, das ohnehin die höchste Verdich-tung atomarer Vernichtungswaffen weltweit aufwies. Davon ließ sich die christlich-liberale Koalition auch durch unzählige Massendemonstratio-nen, Sternmärsche und Menschenketten nicht abbringen.[50] Am 22. No-vember 1983 bestätigte der Bundestag nach hitziger 27-stündiger Debatte die Entscheidung zur Raketenstationierung.[51]

Anderntags trafen die ersten Pershing II-Raketen in ihren vorgesehenen Stationierungsstandorten ein, kurz darauf die für Italien vorgesehenen Cruise Missiles. Die GLCM für Großbritannien waren schon eine Woche vor der Entscheidung des Bundestags in Stellung gegangen. Die UdSSR reagier-te mit dem Abbruch der Genfer Verhandlungen und brachte 1984 als Gegen-gewicht zu den neuen NATO-Raketen zusätzlich atomare SS-22-Kurzstrecken-raketen in die DDR und ČSSR. Ein Rüstungswettlauf schien unvermeidlich, zumal Präsident Reagan im Frühjahr 1983 Pläne für ein Weltraum gestütztes Raketenabwehrsystem (*Strategic Defense Initiative*, SDI) verkündete.

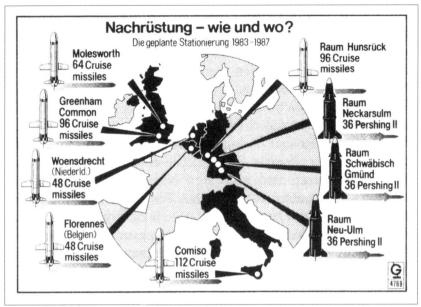

Abb. 7. »Nachrüsten – wie und wo?« Eine Globus-Grafik des Jahres 1984.

Zu diesem Zeitpunkt war keinesfalls absehbar, dass nur vier Jahre später ausgerechnet der stramme Antikommunist Reagan zusammen mit dem neuen, reformfreudigen Sowjetführer Michail Gorbatschow den ersten wirklichen Abrüstungsvertrag erzielen und damit das Ende des Kalten Krieges einläuten sollte. Durch die im INF-Abkommen besiegelte doppelte Null-Lösung wurden all jene amerikanischen und sowjetischen Mittelstreckenraketen verschrottet, um die in den Jahren davor so heftig gestritten worden war.

*Literatur*

Einen konzisen Überblick über die Entstehung des Doppelbeschlusses liefert Nuti. Unverzichtbar bleiben die politologischen Arbeiten von Haftendorn; Risse-Kappen und Rühl. Grundlegend, den derzeitigen Forschungsstandes abbildend und die oft vernachlässigten internationalen Dimensionen akzentuierend, ist der Aufsatzband von Gassert/Geiger/Wentker.

Gassert, Philipp/Geiger, Tim/Wentker, Hermann (Hg.): Zweiter Kalter Krieg und Friedensbewegung. Der NATO-Doppelbeschluss in deutsch-deutscher und internationaler Perspektive. München 2011.

Haftendorn, Helga: Das doppelte Mißverständnis. Zur Vorgeschichte des NATO-Doppelbeschlusses von 1979. In: Vierteljahreshefte für Zeitgeschichte, 33 (1985), S. 249-255.

Nuti, Leopoldo: The Origins of the 1979 Dual Track Decision. In: Ders. (Hg.): Crisis of Détente in Europe. From Helsinki to Gorbachev, 1975-1985. London 2009, S. 57-71.

Risse-Kappen, Thomas: Null-Lösung. Entscheidungsprozesse zu den Mittelstreckenwaffen 1970-1987. Frankfurt/Main 1988.

Rühl, Lothar: Mittelstreckenwaffen in Europa. Baden-Baden 1987.

## Anmerkungen

[1] Helmut Kohl: Mauerfall und Wiedervereinigung. In: Die Politische Meinung, 54 (2009), H. 479, S. 9.

[2] Der Spiegel, 51, 17.12.1979.

[3] Akten zur Auswärtigen Politik der Bundesrepublik Deutschland (fortan AAPD) 1976. München 2009, Dok. 80.

[4] Helga Haftendorn: Sicherheit und Entspannung. Zur Außenpolitik der Bundesrepublik 1955-1982. Baden-Baden 1983, S. 517-611.

[5] Michael Ploetz: Erosion der Abschreckung? Die Krise der amerikanischen Militärstrategie am Vorabend des NATO-Doppelbeschlusses. In: Philipp Gassert/Tim Geiger/Hermann Wentker (Hg.): Zweiter Kalter Krieg und Friedensbewegung. Der NATO-Doppelbeschluss in deutsch-deutscher und internationaler Perspektive. München 2011, S. 37f.

[6] Raymond L. Garthoff: Détente and Confrontation. American-Soviet Relations from Nixon to Reagan. Washington, DC 1985, S. 801-810.

[7] Helga Haftendorn: Das doppelte Mißverständnis. Zur Vorgeschichte des NATO-Doppelbeschlusses von 1979. In: Vierteljahreshefte für Zeitgeschichte (fortan VfZ), 33 (1985), S. 249-255; AAPD, 1977. München 2008, Dok. 121, 141; AAPD, 1978. München 2009, Dok. 152.

[8] Josef Joffe: Von der Nachrüstung zur Null-Lösung. In: Die Zeit, 27.11.1981, S. 17; Beatrice Heuser/Kristan Stoddart: Großbritannien zwischen Doppelbeschluss und Anti-Kernwaffen-Protestbewegungen. In: Gassert/Geiger/Wentker (Hg.): Zweiter Kalter Krieg, S. 309-316.

[9] Thomas Risse-Kappen: Null-Lösung. Entscheidungsprozesse zu den Mittelstreckenwaffen 1970-1987. Frankfurt/Main 1988, S. 18-29; Leopoldo Nuti: The Origins of the 1979 Dual Track Decision. In: Ders. (Hg.): Crisis of Détente. London 2009, S. 57-61.

[10] Bundesministerium der Verteidigung (Hg.): Weißbuch 1975/76. [Bonn] 1976, Ziff. 56.

[11] Gerhard Wettig: Die Sowjetunion in der Auseinandersetzung über den NATO-Doppelbeschluss 1979-1983. In: VfZ, 57 (2009), H. 2, S. 218.

[12] Michail Gorbatschow: Erinnerungen. Berlin 1995, S. 620; Anatoly Dobrynin: In Confidence. Moscow's Ambassador to America's six Cold War Presidents (1962-1986). New York, NY 1995, S. 430, 432.

[13] Siehe hierzu die Einleitung.

[14] Tim Geiger: Die Regierung Schmidt-Genscher und der NATO-Doppelbeschluss. In: Gassert/Geiger/Wentker: Zweiter Kalter Krieg, S. 97 ff.

[15] Bulletin der Bundesregierung (fortan Bulletin), 112 (1977), S. 1013-1020.

[16] Helmut Schmidt: Menschen und Mächte. Berlin 1987, S. 230.

[17] AAPD, 1977, Dok. 232 und 243.

[18] Kristina Spohr Readman: Germany and the Politics of the Neutron Bomb, 1975-79. In: Diplomacy and Statecraft, 21 (2010), S. 259-285.

[19] Lawrence S. Wittner: Toward Nuclear Abolition. A History of the World Nuclear Disarmament Movement 1971 to the Present. Stanford, CA 2003, S. 22-27.

[20] Michael Ploetz: Wie die Sowjetunion den Kalten Krieg verlor. Von der Nachrüstung zum Mauerfall. Berlin, München 2000, S. 132-134.

[21] Regierungserklärung, 13.4.1978. In: Bulletin, 34 (1978), S. 321-326; Risse-Kappen: Null-Lösung, S. 41.

[22] Klaus Wiegrefe: Das Zerwürfnis. Helmut Schmidt, Jimmy Carter und die Krise der deutsch-amerikanischen Beziehungen. Berlin 2005, S. 197.

[23] Haftendorn: Mißverständnis, S. 263-266; Nuti: Origins, S. 64f.

[24] AAPD, 1978, Dok. 61, 159.

[25] AAPD, 1978, Dok. 136.

[26] AAPD, 1978, Dok. 308.

[27] Werner Link: Außen- und Deutschlandpolitik in der Ära Schmidt 1974-1982. In: Wolfgang Jäger/Ders.: Republik im Wandel 1974-1982. Die Ära Schmidt. Stuttgart, Mannheim, S. 317 f.

[28] Hans Apel: Der Abstieg. Politisches Tagebuch eines Jahrzehnts 1978-1988. Stuttgart 1990, S. 77.

[29] Presse- und Informationsamt der Bundesregierung (Hg.): Aspekte der Friedenspolitik. Argumente zum Doppelbeschluß des Nordatlantischen Bündnisse. Bonn 1981, S. 60-62.

[30] Haftendorn: Mißverständnis, S. 271.

[31] Europa-Archiv, 1979, D 556-565.

[32] Lepoldo Nuti: Die Nukleardebatte in der italienischen Politik der späten 1970er und frühen 1980er Jahre. In: Gassert/Geiger/Wentker (Hg.): Zweiter Kalter Krieg, S. 325-343.

[33] Vincent Dujardin: From Helsinki to the Missiles Question. A Minor Role for Small Countries? The Case of Belgium (1973-1985). In: Nuti (Hg.): Crisis of Détente, S. 72-85; Coreline Boot/Beatrice de Graaf: »Hollanditis« oder die Niederlande als »schwaches Glied in der NATO-Kette«? Niederländische Proteste gegen den NATO-Doppelbeschluss 1979-1985. In: Gassert/Geiger/Wentker (Hg.): Zweiter Kalter Krieg, S. 345-362; Ruud van Dijk: Explaining Dutch Reservations about NATO's Dual Track Decision, URL: http://www.wilsoncenter.org/index.cfm?topic_id=1409&fuseaction=topics.publications&doc_id=606479&group_id=13349.

[34] Geiger: Regierung Schmidt, S. 113.

[35] Bulletin, 154 (1979), S. 1409 f.; URL: http://www.1000dokumente.de/index.html?c=dokument_de&dokument=0025_nat&object=translation&st=&l=de; vgl. AAPD 1979, Dok. 373, 375-376.

[36] AAPD, 1979, Dok. 353, 386, 388.

[37] Hartmut Soell: Helmut Schmidt. Bd. 2. München 2008, S. 751ff.

[38] AAPD, 1980, Dok. 175.

[39] Schmidt: Menschen, S. 254-256.

[40] Jimmy Carter: Keeping Faith. Memoirs of a President. New York, NY/London 1982, S. 537.

[41] AAPD, 1980, Dok. 192-195.

[42] Lothar Rühl: Mittelstreckenwaffen in Europa. Baden-Baden 1987, S. 242-247.

[43] Klaus Schwabe: Verhandlungen und Stationierung. Die USA und die Implementierung des NATO-Doppelbeschlusses 1981-1987. In: Gassert/Geiger/Wentker (Hg.): Zweiter Kalter Krieg, S. 65-93.

[44] Alfred Mechtersheimer (Hg.): Nachrüsten? Dokumente und Positionen zum NATO-Doppelbeschluss. Reinbek 1981, S. 133, 170.

[45] Josef Holik: Die Rüstungskontrolle, Rückblick auf eine kurze Ära. Berlin 2009, S. 51.

[46] Rühl: Mittelstreckenwaffen, S. 289-296.

[47] Hans-Dietrich Genscher: Erinnerungen, S. 424.

[48] Christian Tuschhoff: Der Genfer »Waldspaziergang« 1982. Paul Nitzes Initiative in den amerikanisch-sowjetischen Abrüstungsgesprächen. In: VfZ, 38 (1990), S. 289-328.

[49] Andreas Wirsching: Abschied vom Provisorium 1982-1990. München 2006, S. 17-26.

[50] Andreas Rödder: Bündnissolidarität und Rüstungskontrollpolitik. Die Regierung Kohl-Genscher, der NATO-Doppelbeschluss und die Innenseite der Außenpolitik. In: Gassert/Geiger/Wentker (Hg.): Zweiter Kalter Krieg, S. 123-136.

[51] URL: http://dip21.bundestag.de/dip21/btp/10/10036.pdf

# 3. SS 20 und Pershing II

## Waffensysteme und die Dynamisierung der Ost-West-Beziehungen

Oliver Bange

Am Beginn des NATO-Doppelbeschlusses stand die Entwicklung von neuen Waffentechnologien seit den frühen 1970er Jahren. SS-20, Pershing II und Cruise Missiles hatten – trotz ihrer sehr verschiedenen technischen Spezifika – vor allem eines gemeinsam: ihre Reichweite von bis zu 2.500 Kilometern. Damit erweiterten sie das bis dahin auf die beiden deutschen Staaten und angrenzende Gebiete beschränkte Kampfgebiet vom Atlantik bis nach Moskau, veränderten Kriegsbild und Militärstrategie vor allem aus der Sicht des Warschauer Pakts – und begründeten tief sitzende Ängste bei den kommunistischen Führern im Kreml. Von nun an wäre auch deren europäisches Territorium von einem Krieg in Zentraleuropa verwüstet worden – und nicht erst durch einen interkontinentalen nuklearen »Austausch« mit den USA. Für Michail Gorbatschow wurde dies zur wichtigsten Motivation für seine Abrüstungsinitiativen gegenüber der Reagan-Administration. Der daraus resultierende Vertrag über die Abschaffung der Mittelstreckenraketen (INF-Vertrag) betraf zwar nicht die abertausende Kurzstreckensysteme, die vor allem Deutschland in Ost und West vernichtet hätten. Aber er schuf die Art von Vertrauen in die gegenseitige Zuverlässigkeit, die die erfolgreichen Verhandlungen über eine weitreichende Abrüstung in Europa ab 1989 – und damit implizit auch den sicherheitspolitischen Rahmen für eine deutsche Wiedervereinigung – ermöglichte.

Ende der 1960er Jahre war zwischen den beiden Supermächten im Bereich der Interkontinentalraketen ein annäherndes Gleichgewicht erreicht worden. Bereits 1969 attestierten westliche Expertisen der Sowjetunion eine sichere Zweitschlagskraft (*assured second strike capability*) – also die Fähigkeit, auch nach einem Ersteinsatz nuklearer Waffen durch die USA und die NATO in ähnlicher Größenordnung auch im Westen, einschließlich Nordamerika, atomare Vernichtungen bewirken zu können.[1] Von nun an galt, dass ein amerikanischer Präsident, der den Einsatz von Nuklearwaffen vom begrenzten Schlachtfeld in Zentraleuropa auf die interkontinentale Ebene eskalierte, zugleich auch die Zerstörung der USA durch sowjetische Raketen in Kauf nehmen würde. Genau auf dieser Eskalationslogik aber hatte das bis dahin gültige westliche Abschreckungskonzept der *massiven Vergeltung* beruht: Verweigerte ein amerikanischer Präsident den Einsatz der Interkontinentalwaffen, würden – aufgrund der bis dahin existierenden Reichweitenlücke zwischen den Interkontinental- und Mittelstreckensystemen des Westens (die Pershing I besaß eine maximale Reichweite von 760 km) – die Territorien der Supermächte von einem konventionellen und nuklearen Krieg in Europa »abgekoppelt«. Damit stellte sich die Frage nach der Glaubwürdigkeit der amerikanischen »Nukleargarantie«.

Die amerikanischen Regierungen der 1960er/70er Jahre versuchten dieses Dilemma durch eine neue NATO-Strategie, die *flexible response*, zu lösen. Die »flexible Antwort« sollte zwischen dem atomaren Eskalationssprung vom Schlachtfeld zur interkontinentalen Ebene eine weitere, kontinentale Stufe einschieben, die wiederum dem US-Präsidenten möglichst viele Entscheidungsoptionen bieten sollte. Letztlich wurde damit eine Strategie zur Kriegsverhinderung mit einer zur Kriegsführung ersetzt.[2] Dafür wurde in den 1970er Jahren eine neue nukleare Waffenkategorie entwickelt und eingeführt, die *Theater Nuclear Forces* (TNFs).

## Die Entwicklung der Theater Nuclear Forces in den 1970er Jahren

Während der Entspannungs- oder Détente-Ära der 1970er Jahre wurde diese nuklearstrategische Neuausrichtung durch beide Supermächte sprichwörtlich festgeschrieben. Die Verträge über die Limitierung strategischer Waffen von 1972 und 1979 (SALT I und SALT II) behandelten ausschließlich interkontinentale Trägersysteme und atomare Gefechtsköpfe. Die in Europa einzusetzenden TNFs wurden ausgeklammert, so dass sich gerade in den 1970er Jahren die nuklearstrategischen Anstrengungen beider Seiten auf diese sogenannte »Grauzone« konzentrierten.[3] In den Vereinigten Staaten begann 1969 die Arbeit an der Pershing II Rakete und 1970 an den Cruise Missiles. Beide zeichnete eine deutlich verbesserte Treffgenauigkeit aus, aber insbesondere die neuartigen Marschflugkörper – im Jargon des Warschauer Paktes *Flügellenkraketen* – mit ihrer elektronischen Selbststeuerung und Bodenfolgeradar konnten vom Gegner so gut wie nicht abgefangen werden.

Konzipiert wurde die Cruise Missile zunächst als U-Boot-gestütztes System mit 800 Kilometer Reichweite, die für die – insbesondere von den europäischen Verbündeten geforderte – landgestützte Variante auf 2.500 km erhöht wurde. Im Gegensatz zur außeratmosphärischen ballistischen Flugkurve der TNF-Raketen (Pershing II, SS-20) wurde die BGM-109G

Gryphon als ein durch ein Jet-Aggregat (*Turbofan*) permanent angetriebener, steuerbarer und deshalb außerordentlich treffgenauer Flugkörper konzipiert. Bei ähnlicher Reichweite (2.500 km) war die Cruise Missile damit zwar deutlich langsamer als die neue Generation der Kontinentalraketen (etwa 880 km/h Marschgeschwindigkeit), war aber durch die sehr niedrige Flughöhe (in je nach Gelände zwischen 30 und 200 Metern Höhe), Richtungswechsel und geringe Infrarot-Strahlung kaum zu orten und vor allem – nach dem technischen Stand der späten 1970er Jahre – nicht abzufangen. Auch ein Start wäre von den Streitkräften des Warschauer Pakts nur schwer zu verhindern gewesen, da die Startvorrichtungen für jeweils vier Marschflugkörper auf modifizierte LKW-Fahrgestelle montiert und somit in Zeiten erhöhter Spannung mobil und nicht stationär waren.

Mit der Pershing II (MGM-31B) wurde nahezu zeitgleich ein weiteres völlig neues Waffensystem entwickelt: Die zweistufige Rakete konnte mit mehr als achtfacher Schallgeschwindigkeit und einer Reichweite von knapp 1.800 Kilometern (tausend Kilometer mehr als die Pershing IA) Moskau in ca. zehn Minuten erreichen. Da die Pershing II trotz des nahezu doppelten Startgewichts nicht größer als ihr Vorgänger war (bei zehn Meter Länge ein Meter Breite) und die Antriebsstufen durch den verwendeten Festtreibstoff lager- und transportfähig waren, konnte das Waffensystem auf mobilen, LKW-gezogenen Abschussplattformen einerseits ständig in Bewegung gehalten und so der Zielaufklärung des Gegners entzogen werden, blieb damit andererseits trotzdem ständig feuerbereit (*Quick Re-action Alert*). Dies reduzierte die Vorwarnzeit auf fünf kurze Minuten. Hinzu kam, dass durch das innovative Endphasen-Leitsystem des Sprengkopfes (*Maneuverable Re-Entry Vehicle*, MaRV) eine deutlich größere Zielgenauigkeit erreicht wurde, was im Vergleich zur Pershing IA wiederum die Verwendung eines kleineren nuklearen Sprengkopfes zur Erreichung gleicher militärischer Ziele ermöglichte.

Während die Produktion und Stationierung dieser Systeme in den späten 1970er und 1980er Jahren in westlichen Darstellungen nach wie vor als *Nach*rüstung beschrieben wird,[4] reklamieren ehemalige Militärs des Warschauer Pakts, dass das SS-20 Programm eine vorweggenommene Antwort auf den drohenden Technologiesprung im Westen gewesen wäre.[5] Tatsächlich basierte die SS-20 (RSD-10) auf Plänen zu einer neuen Interkontinentalrakete aus den späten 1960er Jahren, aus der unter Weglassen einer Antriebsstufe eine weitreichende Kontinentalwaffe entwickelt wurde – unter Beibehaltung von drei atomaren und unabhängig voneinander steuerbaren Mehrfachsprengköpfen (sogenannten MIRVs[6]) pro Rakete.[7] Aus der Ausstattung mit Feststofftriebwerken ergab sich nicht nur eine signifikant verkürzte Reaktionszeit (statt der eintägigen Vorbereitung

der SS-4 und SS-5 Raketen genügten jetzt 40 bis 60 Minuten, in vorberei-
teter Stellung sogar nur 6-8 Minuten), sondern auch die Option mobiler
und damit nur ungenügend ortbarer und auch nachladbarer Abschussrampen. Je nach Schätzung betrug die Reichweite zwischen 4.550 und
5.700 Kilometern und die Sprengkraft jedes Kopfes zwischen 150 kT und
0,5 Megatonnen. Zudem wurde die Treffergenauigkeit durch die MIRV-
Technologie bedeutend verbessert.[8] Im April 1973 – drei Jahre nach Beginn der Pentagon-Programme – wurde diese Entwicklung mit Druck
vorangetrieben und bereits 1976 mit der Stationierung der ersten SS-20
Systeme begonnen. Dabei wurden etwa zwei Drittel der neuen Systeme in
Reichweite Westeuropas aufgestellt.

Voraussetzung für diese neuen Raketensysteme, zu denen auch die
Kurzstreckenwaffen SS-21, SS-22, SS-23 sowie die Interkontinentalraketen
SS-16 und SS-18 zu rechnen sind, waren technologische Quantensprünge
in der Computertechnik in den späten sechziger Jahren. Erst diese ermöglichten das Bodenfolgeradar und in der Turbo-Fan-Technik den Bau deutlich kleinerer Düsenantriebsaggregate. Die land- oder seegestützten Ver-
sionen der Cruise Missiles, die Pershing II und die SS-20 wurden daher
nahezu parallel entwickelt. Selbst die Entscheidung zum Bau der Cruise
Missiles und über ihr Einsatzszenario wurden getroffen, bevor die Herausforderung durch die neuen sowjetischen SS-20 Mittelstreckenraketen
überhaupt in der politischen Debatte eine Rolle spielte.[9]

Technologische Entwicklungen benötigen immer einen längeren zeitlichen Vorlauf vor ihrer Produktions- und Einsatzreife. Die langen Lebens-
und Entwicklungszyklen machen es daher fraglich, ob die Cruise Missiles
und Pershing II-Raketen tatsächlich eine »Antwort« oder eine echte
»Nachrüstung« auf die SS-20 gewesen sind. Tatsächlich hat die zeithistorische Forschung der letzten Jahre auf nunmehr zugängliches Quellen-
material verwiesen, das vermuten lässt, dass Produktion und Stationierung der neuen NATO-Systeme wohl in jedem Falle im Rahmen einer
TNF-Modernisierung erfolgt wären.[10] So bewilligte der amerikanische
Senat bereits im Sommer 1976 Gelder, um die Pershing II in die Produk-
tionsreife und bis zum Sommer 1980 nach Europa bringen zu können.
Hingegen wurden die SS-20 erst ein halbes Jahr später auf dem NATO-
Ministerrat im Dezember 1976 überhaupt als Problem angesprochen. Aus
dem gleichen Grund wäre aber auch das Argument von der SS-20 als
vorweggenommener Antwort auf die Cruise Missiles zu hinterfragen.

Die späten 1970er und frühen 1980er Jahre sahen daher die Einführung
einer völlig neuen Kategorie atomarer und gegebenenfalls auch konventioneller Waffen. Deren Etikettierung hing vom Fokus des Betrachters ab:
Theater Nuclear Weapons, Euromissiles, Mittelstreckenwaffen/INFs,

Kontinentalraketen, Grauzonensysteme. Während strategische Nuklearwaffen zur Durchsetzung politischer Ziele konzipiert waren (und deshalb
auf einen interkontinentalen Einsatz und größt-mögliche politisch-psy-
chologische Wirkung ausgerichtet waren) und taktische Nuklearwaffen
vornehmlich den militärischen Zielen auf dem Schlachtfeld dienen sollten, verwischten die neuen Systeme diese seit Jahrzehnten geltenden
Unterscheidungen. Mit ihren unterschiedlichen Sprengköpfen und nuklearen Potentialen konnten sie genauso gut zur politischen Abschreckung
wie zum punktuellen Einsatz gegen einzelne Panzerverbände, Führungsstellen oder Schiffe verwandt werden.

Die Wirkung einer neuen Waffe wird in Friedenszeiten eben in mindestens dem gleichen Maße wie durch ihre technologische Entwicklung
durch die Bedeutung definiert, die ihr politisch-militärisch beigemessen
wird – und zwar nicht nur in der Antizipation dessen, der sie besitzen wird,
sondern auch der desjenigen, der sich ihr gegenüber sieht. Neben den
zeithistorischen politischen und gesellschaftlichen Zusammenhängen ist
daher auch der militärische und strategische Kontext zum Zeitpunkt der
Einführung der neuen Waffensysteme von zentraler Bedeutung, um die
daraus resultierenden Folgen und Konsequenzen – gerade auch für den
weiteren Verlauf des Ost-West Konflikts – herauszustellen.

## Die zeitgleiche Entwicklung neuer Militärtechniken
## Neutronenbombe, Flugzeugmuster, Panzer
## und Panzerabwehrmittel

Aus den gleichen politischen und strategischen Gründen, die Anfang der
70er Jahre die Entwicklung von Mittelstreckenraketen mit wirklich konti-
nentaler Reichweite forcierten, wurde zeitgleich in den USA und den
NATO-Gremien auch über die Entwicklung von sogenannten *tailor made
nuclear bombs* nachgedacht. Für bestimmte Einsatzszenarien »maßge-
schneiderte« Sprengköpfe sollten einen beschränkten oder auch erweiterten Nuklearkrieg in Europa führbar machen. Die »großen« Sprengköpfe, mit ihrer oft im Megatonnen-Bereich gemessenen Explosionskraft,
sollten durch Präzisionswaffen ersetzt werden. Die verschiedenen Formen
der Energiefreisetzung bei einer atomaren Kettenreaktion – Hitze, Druck,
Strahlung und elektromagnetische Wellen – sollten dem Ziel des Einsatzes
angepasst und so die befürchteten horrenden Verluste von Menschen und
Gütern begrenzt werden. Erst dies hätte, nach damaliger Meinung westlicher Nuklearexperten, den Einsatz von Nuklearwaffen im dicht besie-
delten Europa politisch hinnehmbar machen und dem amerikanischen

Präsidenten die wichtige zusätzliche atomare Eskalationsstufe zwischen dem Einsatz von Nuklearwaffen auf dem Gefechtsfeld und dem interkontinentalen Abtausch bieten können.

Daher wurden Gefechtsköpfe entwickelt, die größere Hitze- und Druckwellen erzeugen konnten und als sogenannte *bunker busters* gegen Führungsstellen des Warschauer Pakts oder zur Blockierung von Gebirgspässen außerhalb Europas (insbesondere im Himalaya) eingesetzt werden sollten. In Europa sollten die überdimensionierten Gefechtsköpfe mit ihren vor allem die Zivilbevölkerung treffenden riesigen Hitze- und Druckwellen von einer strahlungsintensiveren Bombe abgelöst werden. Bei dieser *Enhanced Radiation Weapon* (ERW) oder auch schlicht Neutronenbombe genannten Atomwaffe waren die Wirkungsradien von Strahlung, Hitze und Druck nahezu gleich. Verteidigungsexperten glaubten, so die atomare Sprengkraft bei gleicher militärisch-taktischer Wirkung um ein Zehnfaches reduzieren und damit zivile Kollateralschäden stark einschränken zu können.[11] 1972 griffen die Amerikaner daher ihre 1958 eingestellten Forschungen zur Neutronenbombe wieder auf.

Zwischen 1978 und 1983 – also nahezu zeitgleich mit der Auseinandersetzung über die Mittelstreckenraketen – wurden in beiden Bündnissen eine ganze Reihe neuer, technisch innovativer Flugzeugmuster eingeführt. Für die NATO bedeutete dies vor allem die Einführung einer neuen Generation mehrrollenfähiger Kampfflugzeuge – des MRCA (*Multi-Role Combat Aircraft*) Tornado, der General Dynamics F-16 Fighting Falcon und der McDonnel Douglas F-15 Eagle. Glänzen konnte der Tornado weniger durch seine Flugeigenschaften als durch seine modernen Elektronik- und Radarkomponenten, die ihn im Luftwaffenjargon »tiefstflugfähig« machten, und seine Nutzlast von etwa fünf Tonnen sowie der Reichweite von bis zu 2.500 Kilometern. Diese Nutzlast konnte aus Containern mit Streubomben oder Panzerabwehrwaffen oder auch der Atombombe B61 bestehen. Die F-16 hatte ähnliche technische Daten wie der Tornado, war aber noch mehr auf die Rolle als Kampfbomber und Atomwaffenträger ausgelegt, während die F-15 Eagle gleichermaßen als Jagdbomber und Luftüberlegenheitsjäger, nicht aber als Atomwaffenträger einsetzbar war.

Zum Zeitpunkt ihrer Einführung in den späten 1970er und frühen 1980er Jahren war allen drei Flugzeugmustern gemein, dass sie mit modernster leistungsfähiger Elektronik ausgestattet wurden und im Vergleich mit anderen Flugzeugtypen in Ost und West über eine deutlich vergrößerte Zuladekapazität verfügten. Das Zusammenspiel dieser Eigenschaften prädestinierte die neue Generation von NATO-Kampfflugzeugen für Einsätze nicht nur über dem Schlachtfeld Deutschland, sondern auch in der Tiefe des gegnerischen Territoriums.

Im Vergleich hierzu besaßen die bereits in der ersten Hälfte der 1970er Jahre im Warschauer Pakt eingeführten Flugzeugtypen MiG 23 (*Flogger*), MiG 27 (*Flogger D*) und Suchoi 22 (*Fitter*) eine deutlich geringere Reichweite, weniger Zuladung und eine einfachere und wohl auch störanfälligere Elektonik, waren aber durch ihre Aerodynamik teils agiler als Tornado und F-15, nicht aber als die F-16. Diese neueren sowjetischen Baumuster waren folglich weit weniger auf ein breites Einsatzspektrum ausgerichtet, sondern führten die auf Spezialisierung ausgerichtete Entwicklungs- und Einsatzdoktrin der 1960er Jahre auch in das letzte Jahrzehnt des Systemkonflikts zwischen Ost und West. So war die 1976 eingeführte Suchoi 22 als Jagdbomber auf hohe Geschwindigkeiten in Bodennähe ausgelegt und die 1983 eingeführte MiG 29 (*Fulcrum*) ein reiner Luftüberlegenheitsjäger mit kurzer Reichweite.

Von besonderer Bedeutung aus Sicht Washingtons waren hingegen Entwicklung und Produktion des TU-22M (*Backfire*) Bombers. Dieser Schwenkflügler machte seinen Erstflug 1971. Die Maschine war als strategischer Nuklearbomber auf eine Reichweite von bis zu 7.000 Kilometern ausgelegt und mit knapp 2.400 km/h Höchstgeschwindigkeit genauso schnell wie die neuen MRCA-Muster der NATO. Ende der 1970er Jahre befürchteten die Amerikaner, dass die sowjetischen Militärs ihren Backfire-Bomber auf Luftbetankung umrüsten würden und dieser so zu einer veritablen interkontinentalen Waffe mutieren könnte.

Auch die Panzerentwicklung war ein wichtiger Teil der *Revolution in Military Affairs* (RMA) der späten 1970er Jahre, zumal auf NATO-Seite. 1980 wurden sowohl der deutsche Leopard 2 als auch der amerikanische M1 Abrams eingeführt; 1983 und 1986 folgten der britische Challenger und der französische Leclerc. Auf Drängen der Westdeutschen – die durch ihre Kooperation mit dem israelischen Geheimdienst über aktuelle technische Informationen zur sowjetischen Panzerbewaffnung verfügten[12] – wurden Leopard 2 und Abrams mit einer 120mm Glattrohrkanone ausgerüstet, die die effektive Wirksamkeit auf nahezu 4 Kilometer verdoppelte. Bis auf das erste Baulos des Challenger waren alle neuen NATO-Panzer dank neuester, lasergesteuerter Systeme zur Waffenstabilisierung und -nachführung in der Lage, aus der Bewegung heraus zu feuern und zu treffen. Zusätzlich wurde die neue, zu Beginn der 1980er Jahre eingeführte Panzergeneration der NATO mit einer Kompositpanzerung aus verschiedensten Verbundstoffen ausgestattet und so die Besatzungen deutlich besser geschützt.

Der modernste Panzer des Warschauer Pakts war Ende der 1970er Jahre der T-72. Dieser besaß zwar eine 125mm Kanone, einen Ladeautomaten und ein lasergesteuertes Feuerleitsystem. Der Turm des T-72 war hingegen

Abb. 8. Verteidigungsminister Manfred Wörner (CDU) und der US-amerikanische Vizepräsident George Bush (links) bei einem Besuch der NATO Truppen am 5. Februar 1983 in Nürnberg.

zunächst noch aus Stahlguss und besaß keinerlei Keramik- oder Kompositpanzerung, die Waffenwirkung gegen die neuen Westpanzer war gering und im Inneren bestand eine nicht unerhebliche Brandgefahr bei Treffern der dort gelagerten Munition. Die Hauptlast in Kämpfen mit NATO-Panzern sollte hingegen der ab 1978 produzierte und ausschließlich von Garde-Panzereinheiten verwendete T-80 tragen. Auch der T-80 wurde erst in der zweiten Serienvariante mit einer Kompositpanzerung und einem modernen Waffenstabilisierungssystem ausgestattet. Die Reichweite war mit 335 km stark limitiert und die große Hitze der Gasturbine konnte – ähnlich wie beim amerikanischen Abrams-Panzer – auf Wärmebildgeräten auf weite Entfernung identifiziert werden.

Zwischen 1978 und 1981 wurden zudem hochwirksame neue Panzerabwehrmittel in beiden Bündnissen eingeführt – mit enormen Konsequenzen für das Bild des konventionellen Krieges in Europa. Auf beiden Seiten wurden mit der Mi-24, dem Apache AH-64A und der Bo-105 PAH-1 speziell für die Panzerjagd ausgelegte Helikoptermuster entwickelt und nahezu zeitgleich zwischen 1979 und 1981 eingeführt. Diese Hubschrauber besaßen ein enormes Bedrohungspotential für die bis dahin im konventionellen europäischen Kriegsbild dominierenden gepanzerten Verbände. So konnte ein Apache-Hubschrauber mit seinen sechzehn Hellfire-Raketen und der Laser-Markierung gleichzeitig sechzehn unabhängige Ziele bekämpfen. Auch die Panzerbekämpfung mit Mitteln der Artillerie wurde durch die Einführung von Bomblet-Munition wesentlich effektiviert. Diese speziell gegen gepanzerte Fahrzeuge einsetzbaren Streubomben konnten (und können) von konventioneller Rohrartillerie verschossen werden und wirkten entweder direkt auf die dünner gepanzerten Oberseiten der Fahrzeuge oder flächendeckend als Antipanzerminen.

Streumunition wurde auch in den Anfang der 1980er Jahre eingeführten Minenwerfer-Systemen Skorpion und LARS 1 auf NATO-Seite und BM-27 auf Warschauer-Pakt-Seite verwendet. So konnte ein einziger Minenwerfer vom Typ Skorpion in nur 5 Minuten mit 600 Panzerminen AT-2 eine Fläche von 1500x50 Metern für Panzerverbände unpassierbar machen.[13] Und eine Batterie des Raketenwerfersystem LARS 1 konnte 2.304 Panzerminen vom Typ AT-1 in zwanzig Sekunden auf bis zu 25 Kilometern Entfernung – also weit jenseits der Schussweite der Panzerkanonen – auf einer Fläche von 1500x500 Metern ausbreiten. Ein derartig eingefangenes Panzerbataillon hätte Tage gebraucht, um sich zu befreien, und dabei schätzungsweise knapp die Hälfte an Menschen und Material verloren. Mit Hilfe dieser zwar technisch komplexen, aber relativ leicht zu bedienenden Systeme war es selbst Reserveeinheiten fortan möglich, ohne größere eigene Verluste Elite-Panzerverbände des Gegners zu stoppen oder sogar zu vernichten.

Im Zusammenspiel ließen diese Entwicklungen das seit Jahrzehnten etablierte Kriegsbild der großen und entscheidenden Panzerschlachten in Zentraleuropa und den damit verbundenen Annahmen über die Vorteile des Angreifers zunehmend als zweifelhaft erscheinen.

## Die Folge
## Wandel von Kriegsbild und militärischer Planung

Die daraus resultierende Präferierung des Verteidigers musste insbesondere die Grundlagen von Kriegsbild und Planung im Warschauer Pakt in Frage stellen. Für diese war das ideologische Dogma vom »aggressiven« Kapitalismus und von der »revanchistischen« Bundesrepublik Deutschland nach wie vor von zentraler Bedeutung: Der Westen würde – geradezu gesetzmäßig – irgendwann angreifen; für den Warschauer Pakt galt es daher, diesen westlichen Angriff möglichst früh aufzuhalten und den Krieg schnellst möglich auf NATO-Territorium zurückzuführen. Damit würde ein Großteil der Zerstörung, gerade auch der nuklearen Verwüstungen – den Westen selbst treffen. Unabhängig vom Ausgang des Krieges hätte dies zu einer nachhaltigen Schwächung der kapitalistischen Industrie, der Ressourcen und der Gesellschaft des Westens geführt. Die DDR und die Volksrepublik Polen waren als Schlachtfeld und Auf- oder Durchmarschzone von zentraler Bedeutung – und zwar nicht erst zum Zeitpunkt des militärischen Konflikts, sondern gerade auch in der Vorbereitung auf diesen, also zu Friedenszeiten.[14]

Die Hauptangriffsrichtungen folgten den geographischen Bedingungen für einen Panzerangriff: durch die norddeutsche Tiefebene Richtung Dänemark, Nordseeküste und Ruhrgebiet, durch das im Westen sogenannte *Fulda-Gap* an den Mittelrhein und Richtung Luxemburg, und entlang des Bayerischen Waldes und der Donau Richtung Main und Oberrhein.[15] Kriegsentscheidend blieb – und hier verband sich zumindest bis in die späten 1970er Jahre das Kriegsbild im Warschauer Pakt mit dem der NATO – die Heranführung und der Angriff der sogenannten »zweiten Welle« von vornehmlich sowjetischen Panzerdivisionen aus Ost-Polen und der UdSSR.

Die politischen und militärischen Entscheidungsträger der Warschauer Pakt-Länder wurden durch ihre Aufklärungsdienste ständig über die neuesten politischen und technologischen Entwicklungen in der NATO unterrichtet und waren daher in der Lage, auch künftige Veränderungen recht präzise antizipieren zu können.[16] Es kann daher nicht überraschen, dass Politiker und Militärs des Warschauer Paktes bereits 1977/78 mit einer Kombination aus Cruise Missiles und ERW-Gefechtsköpfen (*Neutronenbombe*) rechneten. Ost und West spekulierten gleichermaßen, dass eine Cruise Missile mit einem ERW-Gefechtskopf von nur 1 kT in etwa die Fläche einer Panzerdivision verstrahlen konnte. Kombinierte man dieses Einsatzszenario mit der Reichweite der Cruise Missiles, ihrer Treffgenauigkeit, Kostengünstigkeit und der nur sehr begrenzten Mittel des Warschauer Pakts, fliegende Marschflugkörper abzufangen, ergaben sich schwerwiegende Folgen: Die Cruise Missiles hätten damit das Potential gehabt, alle Panzerdivisionen der sogenannten »zweiten Welle« zwischen Moskau und der DDR zu vernichten, bevor diese überhaupt auf dem Schlachtfeld Deutschland angekommen wären. Der den konventionellen Ost-West-Krieg entscheidende Faktor spielte – in der Antizipation des Osten – keine Rolle mehr. Verband man dieses Szenario mit den anstehenden Innovationen der NATO im konventionellen Bereich (neue Panzer-, Flugzeug-, Hubschrauber- und Panzerabwehr-Technik), dann würden die Divisionen der »ersten Welle«[17] qualitativ mindestens ebenbürtig ausgerüsteten und annähernd gleich großen NATO-Verbänden gegenüberstehen. Genau diese Einbeziehung des Hinterlandes in ein erweites Schlachtfeld verfolgten NATO-Planer dann auch in den 1980er Jahren mit ihren Konzepten der *Follow-on-Forces-Attack* und der *Air-Land-Battle*.[18]

Die weitgehende Unfähigkeit, Marschflugkörper und Pershing II abzufangen, resultierte in Ängsten vor einer »Enthauptung« der Führung der UdSSR und des Warschauer Paktes gleich zu Beginn eines bewaffneten Konflikts. Bereits im Mai 1979 – also ein halbes Jahr vor dem NATO-Doppelbeschluss – bildete ein offenbar für die Staats- und Parteiführung angefertigter polnischer Plan dieses neue, erschreckende Kriegsbild ab.[19] Statt, wie offiziell in Übungen des Bündnisses geübt und geplant wurde, in 5 bis 6 Tagen an den Rhein und in knapp 9 Tagen bis Paris vorzustoßen, wären polnische, ostdeutsche und sowjetische Truppen nach 18 Tagen gerade einmal bis Hamburg und Hannover vorgedrungen – während amerikanische und westdeutsche Verbände es bis Leipzig geschafft hätten. Westpolen bis Warschau war das Operationsgebiet von mit den neuesten Baumustern ausgerüsteten NATO-Fliegerverbänden. Über sämtlichen militärischen Stützpunkten einschließlich des Hauptquartiers des Warschauer Pakts in Legnica, den Oder-Neisse-Brücken, den Häfen, Verkehrsknoten und vor allem im südöstlichen Polen (wo die sowjetischen Panzerdivisionen aus der Ukraine herangeführt worden wären) wäre nach diesem Szenario ein Teppich aus mehreren hundert »Flügellenkraketen mit Neutronenbombenköpfen« niedergegangen.

Diese Waffen waren – genauso wie die modernen NATO-Flugzeuge – zu diesem Zeitpunkt eigentlich noch gar nicht existent. Die Folge wäre – so der Plan – eine weitgehende nukleare Verwüstung des Landes und große Überschwemmungen in den an Flüssen gelegenen Ballungszentren gewesen. Dass die sowjetische Führung offenbar mit großen Nuklearschlägen im Westen der Bundesrepublik und in den Benelux-Ländern geantwortet hätte, dürfte für die Polen kein Trost gewesen sein. Extrapoliert man dieses polnische Szenario auf ganz Europa – insbesondere unter Einbeziehung der britischen und französischen Häfen und der militärischen Verbände und Anlagen bis einschließlich Moskau –, dann wäre die Schlacht zwar weiterhin in Deutschland geschlagen, das (auch atomare) Kriegsgebiet jedoch vom Atlantik bis Moskau ausgeweitet worden.

## Reaktionen des Warschauer Paktes auf die drohende Einführung der TNFs

Das östliche Bündnis reagierte auf die bevorstehende Einführung neuer atomarer und konventioneller Waffensysteme in der NATO mit unterschiedlichen Ansätzen und Intentionen. Einen ersten probaten Hebel zur

Verhinderung der Stationierung von Euromissiles schien der direkte Austausch zwischen den Supermächten zu bieten, der sich vor allem über
inoffizielle Kanäle in der Nixon-Ford Ära auch bei durchaus sensiblen
Themen bewährt hatte. Um die eigenen Interessen zu schützen, appellierten sowjetische Unterhändler zwischen 1977 und 1979 daher direkt an
die nationalen Interessen der USA. Das von den Sowjets bereits im Oktober 1977 unterbreitete Angebot wäre auf einen echten »Superpower-Deal«
hinausgelaufen: Die UdSSR hätte auf Produktion und Stationierung der
neuen Generation ihrer Interkontinentalraketen (SS-18) genauso verzichtet wie auf eine luftbetankbare Version des Backfire-Bombers (TU-22M).
Im Gegenzug sollten die USA auf die Produktion der Neutronenbombe
und die Stationierung der Euromissiles verzichten und die Reichweite
ihrer Cruise Missiles auf 600 Kilometer begrenzen.[20] Damit hätten sich die
Hegemonialmächte gegenseitig den Schutz ihrer Territorien vor einer
nuklearen Eskalation auf dem prospektiven Schlachtfeld in Mitteleuropa
zugesichert.

Diese Lösung implizierte aber sowohl strategische als auch politische
Kontroversen mit den Verbündeten, insbesondere in der NATO, die wohl
deshalb über die sowjetische Offerte auch nicht informiert wurden. Während der deutsche Bundeskanzler Helmut Schmidt seine – offenbar nicht
unbegründete – Angst vor einer »Abkopplung« der westlichen Supermacht von Konflikten in Europa bereits Ende 1977 öffentlich machte,
ließen US-Präsident Jimmy Carter und der Generalsekretär der KPdSU
Leonid Breschnew diese heimliche Option bis zum Herbst 1979 tatsächlich offen. Entgegen der Forderung von Schmidt und vielen anderen
westeuropäischen Regierungen hielt Carter – vermutlich in Absprache
mit Breschnew – deshalb auch das neue Problem der SS-20 und der Cruise
Missiles aus den SALT II Verhandlungen heraus, deren letzte Runde im
Juni 1979 stattfand.

Ein zweiter Ansatz war die »Friedenspolitik« der DDR, die im politisch
linken und linksliberalen Spektrum der Bundesrepublik eine Massenbewegung gegen die neuen Mittelstreckensysteme der NATO zu schaffen
und zu steuern, mindestens aber zu unterstützen versuchte. In einer Art
umgekehrten Domino-Theorie wäre damit Druck über die SPD-Basis auf
den Kanzler ausgeübt worden, der wiederum zum innerparteilichen und
innenpolitischen Lavieren genötigt und so zu einem Wackelkandidaten
in Sachen TNF-Stationierung nicht nur in Deutschland, sondern – aufgrund der zentralen Bedeutung der Bonner Stationierungsentscheidung
– auch in Europa geworden wäre. Einerseits wurden Friedensgruppen in
der Bundesrepublik geheim und verdeckt – und oft von diesen selbst
unbemerkt – unterstützt. Andererseits gerierte sich die DDR bei allen sich

bietenden Anlässen auf der nationalen und internationalen Bühne als deutscher »Friedensstaat«. Dieses Vorgehen und die besondere Rolle der Ostdeutschen bei der Beeinflussung der westlichen und insbesondere der westdeutschen Gesellschaft war auf höchster Ebene mit der KPdSU und anderen kommunistischen Parteien des Warschauer Pakts abgesprochen.[21]

Drittens suchten zusätzlich und in zeitlicher Parallelität zu den beschriebenen Verhinderungsstrategien die Sowjetunion und ihre Verbündeten auch nach nuklear- und militärstrategischen Antworten auf zukünftige westliche Mittelstreckenraketen. Nuklearstrategisch bot sich an, die atomare Abschreckungsstrategie der NATO nahezu zu spiegeln: Sollte die NATO in einem Konfliktfall ihre nuklearbestückten Pershing II und Cruise Missiles gegen die »zweite Welle« einsetzen, drohte die UdSSR mit einem massierten Schlag ihrer SS-20-Raketen gegen westeuropäische Ballungsräume. Ziel der Drohung war es, den relativen konventionellen Vorteil der Armeen des Warschauer Paktes zu erhalten und sogenannte »Enthauptungsschläge« gegen die politische und militärische Führung des östlichen Bündnisses zu Beginn eines Konfliktes zu verhindern. Daher beschloss das Politbüro der KPdSU im Mai 1983 – im Vorgriff auf die Stationierungsentscheidung der NATO – zusätzlich 270 SS-20 im Westen der UdSSR zu stationieren.[22]

Die Führung der DDR musste nunmehr in einem Konfliktfall um die völlige Zerstörung des Landes fürchten, selbst wenn entsprechend der bis dahin gültigen Militärdoktrin der Warschauer Pakt einen westlichen Angriff bereits kurz nach der Grenze hätte zurückwerfen können.

Viertens entwickelte der Warschauer Pakt neue militärische Strategien. Die Militärdoktrin des Warschauer Paktes musste – und dies möglichst schnell – an die Einführung neuer Waffensysteme und die damit einhergehenden Veränderungen der Kräfteverhältnisse und Einsatzszenarien angepasst werden. Die Planungen der späten 1970er und frühen 1980er Jahre zielten zunächst auf die Aufrechterhaltung der etablierten Doktrin. Da eine Nachführung der »zweiten Welle« auf das zentraleuropäische Schlachtfeld zunehmend fragwürdig wurde, mussten die in der DDR, der ČSSR und Westpolen bereits stationierten Truppen notfalls den Krieg alleine entscheiden.

Das Ergebnis dieser Prämissen waren noch offensivere Operationskonzepte: Sogenannte Operative Manövergruppen[23] sollten nunmehr als Stoßkeile – notfalls auch unter massivem Kernwaffeneinsatz und bei Anzeichen eines NATO-Angriffs auch im Präventivschlag – durch die Verteidigungslinien des Westens durchbrechen und ohne weitere Unterstützung an den Rhein vorstoßen. Dazu mussten die betroffenen Truppen ständig in höchster Einsatzbereitschaft gehalten werden. Mit diesem politisch wie militärisch höchst riskanten Kniff gelang es Anfang der 1980er Jahre zumindest in der Theorie, das bisherige Kriegsbild aufrechtzuerhalten. Eine Übersichtskizze (»Grobidee«) der NVA zur Bündnis-Übung SOJUS 83 zeigt denn auf den ersten Blick auch kaum Unterschiede zum Kriegsbild der 1950er bis 1970er Jahre, schließlich scheinen die Truppen des Warschauer Pakts nach 9 Tagen wie zuvor den Rhein erreichen zu können. Ein zweiter Blick offenbart aber bereits die entscheidende Rolle der in der DDR und ČSSR stationierten Verbände und die Zuspitzung der Angriffskeile.

Vermutlich motiviert durch die sicherheitspolitische Volatilität der frühen 1980er Jahre begann, angeschoben durch den sowjetischen Generalstab, seit 1983 ein zunächst vorsichtiges, bald aber schon entschiedeneres Umsteuern auf Defensivkonzepte. So ließen bereits die Operationspläne der 5. Armee der NVA aus den Jahren 1983 und 1985 sowohl Angriffs- als auch Verteidigungsoperationen zu.[24] Zur vollständigen Defensivplanung – ohne offensive Optionen – kam es aber erst in Folge der Berliner Erklärung des Warschauer Pakts vom Mai 1987.[25] Bemerkenswert war, dass die Vorbereitungen für diesen Doktrinwechsel bereits ein halbes Jahr vor der Ernennung Michail Gorbatschows zum KPdSU-Generalsekretär durch das Moskauer Verteidigungsministerium eingeleitet wurden.[26]

## Fazit

Die Konsequenzen der in den frühen 1970er Jahren angekündigten, aber erst Ende der 1970er und zu Beginn der 1980er Jahre wirksam werdenden *Revolution in Military Affairs* (RMA) waren enorm. Es erscheint daher durchaus angebracht, die Jahre zwischen 1977 und 1983 nicht nur als eine Periode der Konfrontation sondern auch des Wandels in den internationalen Beziehungen zu begreifen. Aus der spezifisch militär-strategischen Perspektive bilden diese Jahre in der Tat einen Wendepunkt innerhalb der zweiten Hälfte des Ost-West Konflikts.[27]

Fragt man nach den Auswirkungen des NATO-Doppelbeschlusses oder etwas allgemeiner des Mittelstreckenproblems oder der RMA für den Zusammenbruch kommunistischer Systeme zehn Jahre später, so erscheinen zwei Wirkmechanismen von besonderer Bedeutung. Die – im Osten bereits Jahre zuvor antizipierte – Stationierung der NATO-Mittelstreckensysteme erweiterte den potentiellen Kriegsschauplatz von Zentraleuropa, insbesondere Deutschland, auf den gesamten Kontinent zwischen dem Atlantik und Moskau. Dies machte einen kaum zu überschätzenden Eindruck auf die Psyche der Führer des Warschauer Pakts. Zum ersten Mal in der Nachkriegsgeschichte schien die in der Vorstellung eines schnellen Zurückschlagens von angreifenden NATO-Truppen liegende Selbst-Beruhigung vom Schutz des eigenen Territoriums nicht mehr zu greifen.

Ohne diese Angst vor den Mittelstreckenraketen hätte Michail Gorbatschow wohl kaum die Initiative zum Gipfeltreffen von Reykjavik und den INF-Vertrag ergriffen oder die KSE-Verhandlungen befürwortet.[28] Ohne die ebenfalls aus diesen Befürchtungen resultierende »Friedenspolitik« der SED-Führung hätten die kleinen und meist unverbundenen Friedensgruppen in der DDR kaum jenen relativen Spielraum erhalten, der ihnen im März 1983 die Bildung eines informellen Netzwerkes erlaubte. Jenes Netz, über das im Herbst 1989 dann der Massenprotest der Ostdeutschen organisiert wurde. So gesehen konstituierten die in dieser Periode stattfindenden Verwerfungen auf der militär- und sicherheitspolitischen Ebene in der Tat einen wichtigen, langfristig wirkenden Faktor für die Epochenwende 1989/90.

*Literatur*

Neben der im Aufsatz angegebenen aktuellen Forschungsliteratur siehe auch die Übersicht zur westlichen und östlichen Militär- und Nukleartechnik von Zolga und Podvig. Nach wie vor unverzichtbar sind auch Haslam sowie Prados. In Ermangelung neuer historiographischer Arbeiten zu Entwicklung und Bedeutung westlicher Waffensysteme siehe weiterhin Rühl, die Weißbücher des Bundesministeriums für Verteidigung und Freedman. Jane's International Defence Review bietet Detailinformationen zu Waffensystemen und ist mittlerweile auch online verfügbar: http://jaa.janes.com.

Bundesministerium der Verteidigung (Hg.): Weißbücher 1970 bis 1983. Bonn 1971 bis 1983.

Freedman, Lawrence: The Evolution of Nuclear Strategy. Basingstoke/New York, NY 2003.

Haslam, Jonathan: The Soviet Union and the Politics of Nuclear Weapons in Europe, 1969-1987. The Problem of the SS-20. Basingstoke 1989.

Jane's International Defence Review: http://jaa.janes.com.

Podvig, Pavel (Hg.): Russian Strategic Nuclear Forces. Cambridge, MA 2004.

Prados, John: The Soviest Estimate. U.S. Intelligence Analysis und Soviet Strategic Forces. Princeton, NJ 1986.

Rühl, Lothar: Mittelstreckenwaffen in Europa. Ihre Bedeutung in Strategie, Rüstungskontrolle und Bündnispolitik, Baden-Baden 1987.

Zaloga, Stephen: The Kremlin's Nuclear Sword. The Rise and Fall of Russia's Strategic Nuclear Forces, 1945-2000. Washington, DC 2002.

*Anmerkungen*

[1] Information Nr. 714/69 (»Einschätzung der Militärpolitik der USA« durch die Bundeswehr) für die Staats- und Parteiführung der DDR, ohne Datum (Juli 1969). Beauftragter für Stasi-Unterlagen (BStU), Hauptverwaltung Aufklärung (HVA), 149.

[2] Siehe dazu Dieter Krüger: Schlachtfeld Bundesrepublik? Europa, die deutsche Luftwaffe und der Strategiewechsel der NATO 1958 bis 1968. In: Vierteljahrshefte für Zeitgeschichte, 56 (2008), S. 171-225.

[3] Zum Begriff »Grauzone« siehe die Rede von Helmut Schmidt vor dem International Institute for Strategic Studies am 28.10.1977 in London; abgedruckt in: Bulletin, Presse- und Informationsamt der Bundesregierung, Nr. 112, 8.11.1977. Siehe dazu auch den Beitrag von Tim Geiger in diesem Band.

[4] Der deutsche Außenminister und FDP-Vorsitzende wollte damit bewusst einen Gegenbegriff für die von Egon Bahr apostulierte »Aufrüstung« der NATO schaffen. Hans-Dietrich Genscher: Erinnerungen. München 1997, S. 415.

[5] Bernd Biermann: Offizier, Diplomat und Aufklärer der NVA. Streiflichter aus dem Kalten Krieg. Berlin 2008, S. 243.

[6] Multiple Independently Targetable Reentry Vehicle = MIRV.

[7] Stephen J. Zaloga: The Kremlin's Nuclear Sword. The Rise and Fall of Russia's Strategic Nuclear Forces. 1945-2000. Washington 2002. Pavel Podvig (Hg.): Russian Strategic Nuclear Forces, Boston, MA 2004.

[8] Für die von der einschlägigen Literatur abweichenden Angabe siehe insbesondere die Aufzeichnung »Information über die während der Manöver ›SAPAD 81' vorgeführten Komplexe der strategischen Angriffskräfte der UdSSR«, mit Paraphe Erich Honeckers. Bundesarchiv-Militärarchiv (BA-MA), DVW 1/114493.

[9] Leopoldi Nuti: The Origins of the 1979 Dual Track Decision. A Survey. In: Ders. (Hg.): The Crisis of Détente in Europe. From Helsinki to Gorbachev, 1975-1985. London/New York, NY 2009, S. 57-71.

[10] Neben Nuti: The Origins, S. 58; siehe vor allem Michael D. Yaffe: Origins of the Tactical Nuclear Weapons Modernization Program, 1969-1979. Diss. University of Pennsylvania 1991.

[11] Siehe beispielsweise das Memorandum »Enhanced Radiation Warheads«, 19.9.1977, das vom britischen Verteidigungsminister Frederick Mulley an Premierminister James Callaghan übermittelt wurde. The British National Archives (TBNA): PREM 16/1576. Aufzeichnungen des Auswärtigen Amtes über die militärischen und sicherheitspolitischen Implikationen der ERW von Pfeffer und Kühn vom 12.4. und 22.9.1977. Politisches Archiv des Auswärtigen Amtes (PA AA): B 150/365 und -/376. Vergleiche auch die vom amerikanischen Verteidigungsminister James Schlesinger am 3.4.1974 erlassene »NUWEP«-Direktive (»Nuclear Weapons Employment Policy«), die dem Präsidenten der USA spürbar mehr Optionen in seiner Entscheidung zum Einsatz nuklearer Waffen geben sollte. Die Direktive findet sich unter: URL: http://www.gwu.edu/~nsarchiv/NSAEBB/NSAEBB173/SIOP-25.pdf.

[12] Shlomo Shapiro: Know Your Enemy. West German-Israeli Intelligence Evaluation of Soviet Weapon Systems. In: The Journal of Intelligence History, 4 (Sommer 2004), S. 57-73, hier S. 65f.

[13] Die Wirkzeit der AT-2 Mine konnte zwischen 3 und 96 Stunden eingestellt werden. Danach folgte die Selbstvernichtung der Mine.

[14] Rüdiger Wenzke: Die NVA und die Polnische Armce als Koalitionsstreitkräfte auf dem europäischen Kriegsschauplatz in den 1980er Jahren. Operative Planungen, Konzepte und Entwicklungen. In: Ders. (Hg.): Die Streitkräfte der DDR und Polens in der Operationsplanung des Warschauer Paktes. Potsdam 2010, S. 97-125.

[15] Für eine aktuelle Diskussion über Operationsplanungen aus dem Warschauer Pakt siehe: Oliver Bange: Comments on and Contextualisation of Polish Documents related to SOYUZ 75 and SHCHIT 88. In: Woodrow-Wilson Center. Washington 2010, CWIHP E-Dossier no.

20, Roundtable Discussion on Warsaw Pact Exercises SOYUZ-75 and SHCHIT-88, URL: http://www.wilsoncenter.org/topics/docs/2010-01-25%20Bange%20Comments%20 on%20SOJUS%2075%20and%20TARCZA%20882.pdf.

[16] Oliver Bange: Zwischen Bedrohungsperzeption und sozialistischem Selbstverständnis. Die DDR-Staatssicherheit und westliche Transformationsstrategien 1966-1975. In: Torsten Diedrich und Walter Süß (Hg.): Militär und Staatssicherheit im Sicherheitskonzept der Warschauer-Pakt-Staaten. Berlin 2010, S. 253-296.

[17] »Erste« und »zweite Welle« sind Termini westlicher Publikationen und der NATO. Die »erste Welle« wurde in der NVA als »erste und zweite taktische Staffel« beschrieben.

[18] Ausgehend von den Kriegserfahrungen in Vietnam und vor allem im Nahen Osten begann das 1973 gegründete »Training and Doctrine Command« (TRADOC) der US Army Konzepte für eine neue Verteidigungsdoktrin des Westens zu entwerfen. Die Verbände der NATO sollten nicht nur Rückzugsgefechte liefern, sondern in flexiblen Operationen die gegnerischen Panzertruppen möglichst rasch eliminieren und umfassende Luftangriffen auf feindliche Reserven in Zentral- und Osteuropa (»extended battlefield«) durchführen. AirLand-Battle wurde 1982 offiziell angenommen und blieb NATO-Doktrin bis in die späten 1990er Jahre. Siehe dazu u.a. John Buckley: Air Power in the Age of Total War. London 1999.

[19] Sowohl die Verwendung von figurativen Symbolen (statt der üblichen militärischen Kürzel) als auch der gegen jede im Warschauer Pakt geltende Dogmatik verstoßende Inhalt deuten daraufhin, dass dieser Plan höchsten politischen Stellen vorgelegt wurde.

[20] Fred Halliday: The Making of the Second Cold War. London 1993, S. 61-62; Raymond Garthoff: Détente and Confrontation. American-Soviet Relations from Nixon to Reagan. Washington, DC 1985, S. 817-818.

[21] Vergleiche das Treffen der ZK-Sekretäre Hermann Axen und Boris Ponomarjow am 11.1.1978 in Moskau (Stiftung Archiv der Parteien und Massenorganisationen der DDR im Bundesarchiv (fortan SAPMO): DY 30/J IV 2/202/572 und DY 30/IV 2/2.035/56) sowie die Rede von Leonid Breschnew vor dem Politisch Beratenden Ausschuss des Warschauer Pakts in Moskau am 22.11.1978 (SAPMO: DY 30/J IV 2/2A/2190). Siehe dazu auch den Beitrag von Hermann Wentker in diesem Band.

[22] Julij A. Kwizinskij: Vor dem Sturm. Erinnerungen eines Diplomaten. Berlin 1993, S. 322 und 325

[23] Nach der unter Marschall Orgakov entwickelten Doktrin war eine Operative Manövergruppe (OMG) eine mit Panzerartillerie, Pioniergerät und Panzergrenadieren (Mot-Schützen) verstärkte Panzerdivision. Siehe Frank Umbach: Das rote Bündnis. Entwicklung und Zerfall des Warschauer Paktes 1955-1991. Berlin 2005, S. 242f.

[24] Rekonstruktion der eigenen Operationsplanungen von 1983 und 1985 durch Siegfried Lautsch: Zur operativen Einsatzplanung der 5. Armee der NVA im Rahmen einer Front der Vereinten Streitkräfte der Warschauer Vertragsorganisation in den 1980er Jahren. In: Wenzke (Hg.): Die Streitkräfte der DDR und Polens, S. 35-59.

[25] Öffentliche Erklärung des Politisch Beratenden Ausschusses zur Militärdoktrin des Warschauer Pakts, 29.5.1987, Kopie des auf Russisch verfassten Dokuments. BA-MA: VA 01/40373.

[26] Indirekt belegt wird diese Neuorientierung auch durch die vom sowjetischen Verteidigungsministerium vorgegebene Ausrichtung der gemeinsamen operativ-strategischen Übung »Granit 86« des Warschauer Pakts, die in eindeutiger Verteidungssituation die Abwehr von Fliegerverbänden und Cruise Missiles der NATO simulierte. Bericht und Schreiben von Verteidigungsminister Heinz Kessler an Erich Honecker, 8.4.1984. BA-MA: DVW1-114497.

[27] Zur Periodisierung und Begrifflichkeit: Gottfried Niedhart: Der Ost-West Konflikt. Konfrontation im Kalten Krieg und Stufen der Deeskalation. In: Archiv für Sozialgeschichte, 50 (2010), S. 557-594.

[28] Siehe dazu auch den Beitrag von Florian Pressler in diesem Band.

# 4. Der NATO-Doppelbeschluss und die deutsch-deutschen Beziehungen

HERMANN WENTKER

Der NATO-Doppelbeschluss von 1979 forderte beide deutsche Staaten in dreifacher Hinsicht heraus. Als Mitglieder von NATO bzw. Warschauer Pakt waren sie, erstens, genötigt, die Linie ihres jeweiligen Bündnisses mitzutragen, wobei sie an der Festlegung dieser Linie in höchst unterschiedlichem Maße beteiligt gewesen waren. Während die Bundesregierung unter Helmut Schmidt zur Beschlussfassung in der NATO wesentlich beigetragen hatte, konnte die DDR-Führung sich hier dem sowjetischen Kurs lediglich unterordnen. Zweitens sahen sich beide mit ähnlichen gesellschaftlichen Widerständen gegen den NATO-Doppelbeschluss konfrontiert, mit denen sie indes höchst unterschiedlich umgingen: Hier zeigte sich der elementare Gegensatz von Demokratie und Diktatur. Doch das wohl wichtigste Problem bestand für Bonn und Ost-Berlin in der Vereinbarkeit von Gefolgschaftstreue gegenüber Washington bzw. Moskau mit der Aufrechterhaltung der deutsch-deutschen Beziehungen. Beide deutsche Staaten bildeten mit ihren Gesellschaften trotz aller Gegensätze einen gemeinsamen Kommunikationsraum, der sowohl von den politischen Führungen als auch von gesellschaftlicher Seite zu wechselseitiger Einflussnahme genutzt werden konnte.

## Die Interessenlage der Bundesrepublik und der DDR

Oberste Priorität der Regierung Schmidt bestand in der Wahrung der eigenen Sicherheit im Rahmen des Bündnisses. Deshalb hatte sich der Bundeskanzler so nachdrücklich für den Doppelbeschluss mit seinen beiden Komponenten eingesetzt. Dabei hätte er freilich den Abbau der sowjetischen Überlegenheit bei den Mittelstreckenwaffen lieber durch deren Reduzierung als durch westliche Gegenrüstung erreicht.[1] Insgesamt war ihm daran gelegen, Sicherheit möglichst durch Entspannung herzustellen. Sein Zielhorizont war dabei freilich nicht mehr eine »europäische Friedensordnung«, wie sie Willy Brandt und Egon Bahr angestrebt hatten. Deren ursprüngliche Überlegung, durch eine Anerkennung des Status quo und die Vervielfältigung von Ost-West-Kontakten letztlich die kommunistischen Gesellschaften zu transformieren, teilte er wohl nicht mehr. Er verfolgte vielmehr eine Politik des Gleichgewichts, die den Vorteil hatte, dass sie mit den Erfordernissen militärischer Sicherheit kompatibel war.[2]

Helmut Schmidts Deutschlandpolitik fügte sich hier lückenlos ein. Geprägt von »nüchternem Realismus«, wollte er in einem Prozess des Gebens und Nehmens konkrete Fortschritte für die Menschen erreichen, insbesondere im Reiseverkehr. Trotz Anerkennung der Realitäten in Deutschland war die deutsche Frage für Schmidt noch offen; er sprach sich aber dafür aus, die »unüberbrückbaren Gegensätze beiseite [zu] lassen und praktische Regelungen zum beiderseitigen Nutzen [zu] treffen«.[3] Eine wesentliche Triebkraft seiner Deutschlandpolitik war, den Zusammenhalt der Nation auch in spannungsreichen Zeiten zu fördern, da er sich »mitverantwortlich fühl[t]e für das Schicksal der Deutschen in der DDR und Berlin«, selbst wenn dies, wie er bereits 1974 verkündet hatte, finanzielle Opfer erforderte.[4]

Waren die Motive Schmidts letztlich politischer Natur, ging es Erich Honecker vor allem um wirtschaftliche Vorteile. Die Staatsräson der DDR gebot einerseits Gefolgschaftstreue gegenüber der Sowjetunion, die dafür die Existenz der DDR militärisch absicherte und diese alimentierte, und andererseits Abgrenzung gegenüber der Bundesrepublik. Doch die Sowjetunion erwies sich seit den 1970er Jahren als unzuverlässiger Lieferant von Rohstoffen und Lebensmitteln und erhöhte die blockinternen Preise, insbesondere für Rohöl. Überdies konterkarierten die zunehmenden deutsch-deutschen Kontakte das Prinzip der Westabgrenzung. Diese wurden für die DDR immer wichtiger, zumal Honecker sein kostspieliges sozialpolitisches Programm finanzieren musste. Als die sowjetische Führung Ende 1981 mitteilte, dass sie ab dem folgenden Jahr die Rohöllieferungen um zwei Mio. Tonnen kürzen werde, wurde die DDR wirtschaftlich geradezu abhängig von der Bundesrepublik, wie die von Franz Josef Strauß vermittelten Milliardenkredite verdeutlichten.[5] Um sowohl ihre Beziehungen zur Sowjetunion als auch die zur Bundesrepublik unbeschadet zu erhalten, war die DDR auf eine Fortsetzung der Entspannungspolitik unbedingt angewiesen. Als der NATO-Doppelbeschluss und die sowjetische Afghanistan-Invasion die deutsch-deutschen Beziehungen in Mitleidenschaft zu ziehen drohten, war dies für Ost-Berlin kaum zu verkraften.

## Deutsch-deutsche Politik vor und nach dem NATO-Doppelbeschluss (1979-1981)

Daher versuchte Honecker den Doppelbeschluss zu verhindern, indem er unmittelbar vor der entscheidenden NATO-Tagung Kontakt zu Schmidt aufnahm. Ihm war völlig bewusst, dass er den Vorstellungen Leonid Breschnews zuwider handelte, der Anfang Oktober 1979 noch zur Geschlossenheit des Warschauer Pakts gemahnt und Honecker aufgefordert hatte, die Kanäle gegenüber der Bundesrepublik zu verengen. Am 28. November 1979 schlug er Schmidt vor, sich möglichst umgehend mit ihm zu treffen und plädierte, wie der dänische Außenminister Anker Jørgensen, für eine Verschiebung des Beschlusses um sechs Monate. Obwohl Schmidt diesen Vorschlag ablehnte, stimmte er einem Treffen am 2. Dezember zu. Doch die sowjetische Führung hielt Honecker zurück; ein deutsch-deutsches Gipfeltreffen durfte nicht stattfinden. Moskau ließ keine ostdeutschen Alleingänge in Richtung Bonn zu, da dies dem sowjetischen Konzept widersprach, mit Druck auf die Bundesrepublik zu reagieren; überdies war man dort angesichts von Ost-Berliner Sonderwegen gegenüber Bonn in der Vergangenheit misstrauisch geworden.[6]

Nach dem NATO-Doppelbeschluss und der sowjetischen Afghanistan-Invasion verengte sich der Handlungsspielraum beider deutscher Regierungen. Freilich versuchten beide, an der Entspannung festzuhalten, was Schmidt aufgrund des größeren bundesdeutschen Gewichts in der NATO leichter fiel als Honecker im Warschauer Pakt. Die politische Klasse in Bonn betonte trotz interner Kritik an der Regierung Carter »die Notwendigkeit der Bündnissolidarität mit den USA«. Gleichzeitig wollte Bonn so viel »Normalität« wie möglich gegenüber den sozialistischen Staaten, insbesondere der DDR, bewahren und sprach sich gegen den von den USA geforderten Wirtschaftsboykott aus.[7] Schmidt schloss sich zwar dem Boykott der Olympischen Spiele in Moskau 1980 an; gleichzeitig versuchte er jedoch, die Sowjetunion an den Verhandlungstisch zu holen. Dies gelang auf seiner Reise nach Moskau vom 30. Juni bis zum 1. Juli 1980.

Anders als Schmidt musste sich Honecker auf die Dauer der Optionsfrage zwischen Kooperation mit Bonn und Gefolgschaftstreue gegenüber Moskau stellen. Doch da über die Stationierung westlicher Raketen noch nicht endgültig entschieden war, versuchte Honecker, dem Optionszwang zu entgehen. Dazu bot sich ihm ein dreigleisiges Verfahren an. Erstens unterstützte er sowohl im Rahmen des Warschauer Pakts als auch in den deutsch-deutschen Gesprächen den sowjetischen Standpunkt, was ihm durch die Einwilligung Moskaus in Verhandlungen in Genf erleichtert wurde. Zweitens versuchte die ostdcutsche Führung, durchaus im Einklang mit der Sowjetunion, unter Ausnutzung ihrer besonderen Verbindungen auf die Friedensbewegung in der Bundesrepublik einzuwirken. Durch die anwachsende Friedensbewegung und den nachlassenden Rückhalt für den Doppelbeschluss in der SPD sah sie sich in diesem Vorgehen bestätigt. Drittens betonte Honecker gegenüber Schmidt wiederholt, alles

Abb. 9. US-Präsident Gerald Ford (rechts) im Gespräch mit dem ersten Sekretär des Zentralkomitees der SED der DDR, Erich Honecker, am 1. August 1975 auf der Konferenz über Sicherheit und Zusammenarbeit in Europa (KSZE) in Helsinki, Finnland.

tun zu wollen, »damit die internationale Krise nicht auf die Beziehungen zwischen ihren beiden Staaten durchschlage«.[8] Daher wurden auch weiterhin Vereinbarungen geschlossen und millionenschwere Projekte, insbesondere im Verkehrswesen, auf den Weg gebracht. Um zu erreichen, dass die Bundesrepublik auf die Nachrüstung verzichtete, mussten vor allem die Sozialdemokraten zwar vom Doppelbeschluss abrücken, gleichzeitig aber an der Regierung bleiben.[9]

Mit der Erhöhung der Zwangsumtauschsätze am 9. und den Geraer Forderungen Honeckers vom 13. Oktober 1980[10] schien sich die DDR vom deutsch-deutschen Verständigungskurs zu verabschieden. Diese Abgrenzungsversuche gingen jedoch auf die polnische Krise zurück, nicht auf Weisungen aus Moskau. Durch eine Reihe von Gesten im Winter 1980/81 machte Honecker deutlich, dass er den Gesprächsfaden mit Bonn nicht abreißen lassen wollte. Dies durchschauten auch seine Gegner im Politbüro und versuchten, ihn in Moskau anzuschwärzen. An dessen Absetzung dachte man dort zwar nicht; aber Breschnew warnte auch im August 1981 Honecker, sich nicht zu sehr mit der Bundesrepublik einzulassen.[11]

Auch Schmidt geriet 1981 zunehmend unter Druck, zum einen aus den Vereinigten Staaten, wo unter dem neuen Präsidenten Ronald Reagan gefordert wurde, den innerdeutschen Handel zugunsten der Unterstützung des amerikanischen Embargos gegen den Ostblock aufzugeben.[12] Zum anderen erhielt die Friedensbewegung immer mehr Zulauf, und die Unterstützung der SPD für den Doppelbeschluss ließ weiter nach. Überdies leiteten Brandt und Bahr mit Reisen nach Moskau bzw. Ost-Berlin eine »Nebenaußenpolitik« ein: Beide hielten zwar am Doppelbeschluss fest, brachten aber auch viel Verständnis für die sowjetische Seite auf, der sie einen ernsthaften Verhandlungswillen unterstellten.[13] Das erschwerte es Schmidt, am Doppelbeschluss *und* an der deutsch-deutschen Verständigungspolitik festzuhalten.

Schmidt und Honecker blieben darauf bedacht, weiterhin miteinander zu kooperieren. Begünstigt durch ein kleines Zwischenhoch in den sowjetisch-amerikanischen Beziehungen zu Beginn der förmlichen Genfer INF-Verhandlungen am 30. November 1981 und einen Breschnew-Besuch in Bonn, konnte das immer wieder verschobene deutsch-deutsche Gipfeltreffen stattfinden. Der Besuch Schmidts bei Honecker vom 11. bis zum 13. Dezember im Schloss Hubertusstock zeitigte jedoch kaum konkrete Ergebnisse. Beide machten sich etwas vor, als sie davon sprachen, die sowjetisch-amerikanischen Verhandlungen beeinflussen zu können.[14] Wenngleich sie positive Verhandlungsergebnisse anstrebten, war ihr Handlungsspielraum gegenüber den beiden Supermächten viel zu gering. Entscheidend war die Tatsache, dass dieses Treffen überhaupt stattfand, obwohl sich mit der Ausrufung des Kriegsrechts in Polen am 13. Dezember die weltpolitischen Spannungen erneut verschärften.

## Deutsch-deutsche Politik und NATO-Doppelbeschluss im Übergang von Schmidt zu Kohl (1982-1983)

Im August 1982 sprach sich Breschnew gegenüber Honecker für »eine härtere Sprache mit Schmidt« aus; ein neues deutsch-deutsches Treffen kam für ihn »nur bei gebührender Festigkcit« der DDR in Betracht. Honecker hingegen sah die Fragilität der Bonner Regierungskoalition, täuschte sich jedoch in der Annahme, dass diese noch bis zum festgesetzten Wahltermin 1984 erhalten bleiben werde. Alles sollte für deren Fortbestand und für die Fortsetzung der »abgestimmte[n] Linie [… getan werden], die BRD im Sinne der friedlichen Koexistenz, Rüstungsbegrenzung und Abrüstung sowie des Ausbaus gleichberechtigter, gegenseitig vorteilhafter Beziehungen zu beeinflussen«. Er war allerdings bereit, seinen für 1982 vorgesehenen Besuch um ein Jahr zu verschieben.[15] Damit, so sein vermutliches Kalkül, käme er immer noch rechtzeitig, um den für Herbst 1983 zu erwartenden Stationierungsbeschluss zu verhindern.

Doch bereits wenige Wochen später erfuhr Honecker, dass es um die Bundesregierung schlecht bestellt war. Am 13. September unterrichtete ihn Kanzleramtsminister Hans-Jürgen Wischnewski über die Zerwürfnisse in der sozial-liberalen Koalition, die einen Regierungswechsel wahrscheinlich machten. Der Kanzler, so Wischnewski, brauche »einige kurzfristige Erfolge. Es wäre gut, wenn sich die Beziehungen der beiden deutschen Staaten in diesem Sinne positiv auswirken würden.« Mit einem Entgegenkommen Honeckers beim Mindestumtausch würden sich Schmidts Chancen im Kampf um den Machterhalt verbessern. Honecker blieb hier intransigent, signalisierte aber auf anderen Gebieten Entgegenkommen. Falls Mittelstreckenwaffen in der Bundesrepublik stationiert würden, drohte er mit einer Verschlechterung der deutsch-deutschen Beziehungen.[16] Weder Honeckers noch Schmidts Kalkül gingen auf: Am 1. Oktober 1982 wählte der Deutsche Bundestag im Rahmen eines konstruktiven Misstrauensvotums den CDU-Vorsitzenden Helmut Kohl zum neuen Bundeskanzler, und die Bundestagswahlen vom 13. März 1983 bestätigten die christlich-liberale Koalition.

Kohls außen- und deutschlandpolitische Vorstellungen unterschieden sich nur wenig von denen seines Vorgängers. Auch für ihn war das Bündnis »Kernpunkt deutscher Staatsräson«. Noch stärker als Schmidt forderte er unverbrüchliche Loyalität zur NATO und zu den USA, da er »grundsätzlich von der Identität der deutschen und der amerikanischen bzw. atlantischen Sicherheitsinteressen überzeugt« war. Die bevorstehende Stationierung der Mittelstreckenwaffen bezeichnete er Anfang September 1983 als »bittere Pflicht«, um die Geschlossenheit des Westens zu verdeutlichen. Das Moment der Rüstungskontrollpolitik war für Kohl demgegenüber nachrangig, nicht aber für Hans-Dietrich Genscher und die FDP, die sich ausdrücklich zu *beiden* Teilen des Doppelbeschlusses bekannten.[17] Bei den deutsch-deutschen Beziehungen lag der Unterschied zu Schmidt eher im Deklaratorischen als in der Praxis. In seiner zweiten Regierungserklärung vom 4. Mai 1983 betonte Kohl deutlicher als seine Vorgänger den normativen Abstand zur DDR, etwa indem er »Mauer, Stacheldraht, Schießbefehl und Schikanen« als »einen Anschlag auf die Menschlichkeit« bezeichnete. Gleichwohl bekannte er sich zur Weiterentwicklung der innerdeutschen Beziehungen und forderte, wie Schmidt, eine Senkung des Mindestumtauschs. Die Einladung an Honecker hielt er ebenfalls aufrecht.[18]

Wenngleich die ostdeutsche Führung sowohl vor als auch nach der »Wende« in Bonn etliche Signale empfing, denen zufolge die neue Bundesregierung auf Kontinuität Wert legte, war ihr doch klar, dass sich »die Chancen für die Nichtstationierung neuer amerikanischer Mittelstreckenwaffen in der BRD […] mit dem Wahlsieg der CDU/CSU verschlechtert« hatten.[19] Gleichzeitig wurde die finanzielle Situation der DDR prekärer. Neben der Kürzung der Rohöllieferungen machte ihr seit Ende 1981 der westliche Kreditstopp zu schaffen: Ohne solche Kredite drohte die Zahlungsunfähigkeit. Nach entsprechenden Sondierungen seit Mitte 1982 wurde im Mai und Juni 1983 zwischen dem DDR-Unterhändler Alexander Schalck-Golodkowski und Franz Josef Strauß ein Milliardenkredit aus der Bundesrepublik vereinbart. Der Handlungsspielraum für die DDR verringerte sich folglich weiter, zumal auch der neue KPdSU-Generalsekretär Juri Andropow ostdeutsche Gefolgschaftstreue einforderte. Außenminister Oskar Fischer und Honecker bekundeten dementsprechend Übereinstimmung mit dem sowjetischen Kurs und priesen sich nochmals als diejenigen, die am ehesten mit Hilfe der Friedensbewegung Druck auf die Bundesregierung ausüben könnten.[20]

Doch die Solidaritätsbekundungen Honeckers mit der sowjetischen Linie waren, wie Politbüromitglied Werner Krolikowski Ende März nach Moskau meldete, nicht aufrichtig. Beim Rundgang über die Leipziger Frühjahrsmesse habe der Generalsekretär am Stand von Mannesmann »die Stirn gehabt, einfach die demagogische Losung von Kohl zu übernehmen: ›Frieden schaffen mit immer weniger Waffen.‹« Überdies habe er die geplante Nachrüstung gar nicht erwähnt, sondern sich lediglich zur Fortsetzung der deutsch-deutschen Verständigung bekannt und »seinen bevorstehenden Besuch in der BRD angekündigt«, den er offensichtlich noch vor der Stationierung der amerikanischen Mittelstreckenwaffen antreten wolle. Krolikowski resümierte, dass Honecker »sich ungenügend in unsere Front einreiht und noch ungenügender die Front des Feindes angreift und bekämpft«.[21]

Honecker sagte am 28. April 1983 seinen Besuch in der Bundesrepublik ab, nachdem er am Tag zuvor mit dem sowjetischen Botschafter Pjotr Abrassimow gesprochen hatte. Er setzte damit offensichtlich das von der sowjetische Führung erwartete Zeichen, ließ aber Bonn mitteilen: »Doch aufgeschoben ist nicht aufgehoben.«[22] Der Besuch Honeckers in Moskau vom 3. bis 7. Mai 1983 brachte den äußerlichen Schulterschluss zwischen der sowjetischen und der ostdeutschen Führung. Doch obwohl Andropow mahnte, den »Kampf gegen die Militarisierung« im Westen weiterzuführen, widersprach er nicht, als Honecker darlegte, dass »eine Konfliktsituation zwischen der DDR und der BRD der Bewegung gegen die Raketen nicht förderlich sei«.[23] Honecker konnte weiterhin im Einvernehmen mit Moskau die deutsch-deutschen Beziehungen als blockübergreifende Friedenskoalition präsentieren.

Bereits im April hatte er auf der Karl-Marx-Konferenz in Ost-Berlin versucht, die DDR als Friedensstaat zu profilieren: »Frieden und nochmals Frieden ist die oberste Maxime unserer Politik.« Alle friedenswilligen Kräfte müssten »ungeachtet unterschiedlicher politischer Programme, weltanschaulicher Positionen und religiöser Bekenntnisse über Klassenschranken, über Trennendes hinweg zusammenwirken, um die Völker vor der Katastrophe eines Nuklearkrieges zu bewahren.«[24] Später bezeichnete er insbesondere die deutsch-deutsche Kooperation als »Koalition der Vernunft«. Dies war gewiss kein Konzept für eine die Blöcke übergreifende alternative Sicherheits- und Gesellschaftspolitik, sondern ein taktisch motivierter Zusammenschluss aller friedliebenden Kräfte – allerdings ohne die unabhängigen Friedensgruppen in der DDR.[25]

Besonders gut eignete sich der Slogan der »Koalition der Vernunft« in der im Herbst 1983 verstärkten öffentlichen Kommunikation mit Kohl. Am 5. Oktober legte Honecker in einem wenig später veröffentlichten Schreiben an den Bundeskanzler dar, »dass sich alle, die das Abgleiten der Menschheit in eine nukleare Katastrophe verhindern wollen, zu einer Koalition der Vernunft zusammentun sollten.« Am Ende des Briefes schloss sich Honecker »im Namen des deutschen Volkes« der Forderung nach einem atomwaffenfreien Europa an, um an die auch in der Bundesrepublik zu findenden, auf »gemeinsame Sicherheit« ausgerichteten Stimmungen anzuknüpfen.[26] In seiner Antwort verteidigte Kohl zwar die NATO-Position, griff aber den von Honecker »gewählten Begriff einer notwendigen Koalition der Vernunft gerne auf« und fuhr fort: »Mein ganzes Bemühen und mein ganzer Einsatz sollen dieser Vernunft in allen Bereichen zum Durchbruch verhelfen.«[27] Wenngleich für Kohl Frieden nicht mit Stabilität gleichzusetzen und ohne die Gewährung von Grundfreiheiten und Menschenrechten unvollständig war, bekannte auch er sich in seiner Antwort zu einer »gemeinsamen Verantwortung« der beiden deutschen Staaten für den Frieden.

Die DDR-Führung setzte nach der »Wende« in Bonn nicht nur auf die Bundesregierung, sondern auch auf die oppositionelle SPD, zu der sie ab November 1982 förmliche Parteibeziehungen und zahlreiche Kontakte auf den unterschiedlichsten Ebenen pflegte.[28] Überdies knüpfte sie Beziehungen zu den Grünen, die im März 1983 in den Bundestag gewählt worden waren. Im Mai 1983 lud Honecker Petra Kelly und einige andere Grünen-Politiker nach Ost-Berlin ein, wobei es ihm um ein Ausloten von Gemeinsamkeiten und um deren Instrumentalisierung in der Bundesrepublik ging. Der Besuch von Kelly und ihren Gefährten am 31. Oktober 1983 ergab Übereinstimmung lediglich in der Ablehnung der westlichen Nachrüstung. In anderen Fragen musste sich Honecker heftige Kritik gefallen lassen, etwa am Umgang mit den unabhängigen Friedensgruppen in der DDR.[29]

Die Grünen ließen sich von Honecker letztlich nicht instrumentalisieren, sondern wirkten störend: zum einen aufgrund ihrer provokatorischen Auftritte in der DDR und zum anderen aufgrund ihres Einsatzes für die ostdeutschen Friedensgruppen, zu denen sie enge persönliche Kontakte unterhielten. So traf sich die Grünen-Delegation am Abend des 31. Oktober mit deren Protagonisten in der Wohnung von Pfarrer Rainer Eppelmann. Da das Treffen mit Honecker, über das die DDR-Medien berichteten, eine »regelrechte euphorische Aufbruchsstimmung« in der ostdeutschen Friedensbewegung erzeugt hatte, auf die mit zahlreichen Verhaftungen reagiert wurde,[30] unterband die DDR-Führung danach weitere spektakuläre Auftritte der Grünen im eigenen Land. Über die weiter bestehenden Kontakte zwischen Teilen der Grünen und Angehörigen der DDR-Friedensbewegung hielten letztere Verbindung mit der westlichen Protestbewegung, was zu partiellen Übernahmen auch der Protestkultur führte: Das galt etwa für provokative, symbolische Aktionen, aber auch für einzelne Inhalte. So prägte die äußerst kritische Sicht auf das politische System der Bundesrepublik auch die Überzeugungen der ostdeutschen Freunde von Kelly und Gert Bastian, womit die Distanz zum westdeutschen politischen System von Seiten großer Teile der Bürgerrechtler 1989/90 erklärt werden kann.

Diese Verbindungen – nicht nur zur westdeutschen, sondern auch zur internationalen Friedensbewegung – bedeuteten auch einen gewissen Schutz bei staatlichen Repressionen: So bewirkte ein offener Brief von Vertretern von Friedensorganisationen aus aller Welt an Honecker vom Januar 1984 die Freilassung der am 12. Dezember inhaftierten Bärbel Bohley und Ulrike Poppe aus der Untersuchungshaft.[31] Wenngleich das Ministerium für Staatssicherheit (MfS) mit Hilfe Informeller Mitarbeiter auch in der westdeutschen Friedensbewegung und bei den Grünen Fuß gefasst hatte und einen gewissen Einfluss, etwa auf deren deutschlandpolitische Positionen gewann, lässt sich die Eigendynamik der deutsch-deutschen Beziehungen auf dieser Ebene nicht übersehen. Der deutsch-deutsche Kommunikationsraum wurde damit auch gesellschaftlich relevant.

## Der Nachrüstungsbeschluss des Deutschen Bundestages in seinen Auswirkungen auf die deutsch-deutschen Beziehungen

Im Herbst 1983 zeichnete sich immer deutlicher ab, dass der Bundestag einer Raketenstationierung zustimmen würde. Das Politbüro der KPdSU hatte für diesen Fall die Verlegung von operativ-taktischen Raketen in die DDR und die ČSSR und von Marschflugkörpern in den europäischen Teil der Sowjetunion beschlossen.[32] Doch über den dann einzuschlagenden politischen Kurs bestand in der sowjetischen Führung keine Klarheit. Wadim Sagladin, der stellvertretende Leiter der Abteilung für Internationale Verbindungen beim ZK der KPdSU, warf gegenüber dem Leiter der SED-Westabteilung, Herbert Häber, am 5. Oktober 1983 in Moskau die Frage auf: »Was müssen wir tun, wenn Genf ohne Ergebnisse zu Ende geht und mit der Raketenstationierung begonnen wird? Soll alles so fortgesetzt werden wie bisher – wenn nicht, was soll sich ändern? Er befasste sich mit dieser Frage und sagte: Wir haben noch keine genauen Vorstellungen, was dann politisch geschehen soll.«[33] Honecker konnte also von der völligen Konzeptionslosigkeit Moskaus ausgehen.

Kurz danach unternahm Häber eine Reise in die Bundesrepublik. Die Gespräche mit zahlreichen Regierungs- und Oppositionspolitikern bestätigten, was in Ost-Berlin schon lange vermutet wurde: Die SPD werde auf ihrem Parteitag im November die Stationierung mehrheitlich ablehnen, die Vertreter der Regierungsparteien gingen indes von einer Raketenstationierung ab Ende November aus. Darüber hinaus erfuhr Honecker aus dem Bericht Häbers: »Überall stößt man bei den Gesprächen auf den Begriff der ›Schadensbegrenzung‹, um die es jetzt gehe.« Während Vertreter der Regierungsparteien keine Beeinträchtigung der innerdeutschen Beziehungen befürchteten, waren führende SPD-Mitglieder von deren Verschlechterung überzeugt und warfen der Kohl-Regierung Illusionismus vor.[34]

Diese Informationen waren aller Wahrscheinlichkeit zentral für Honeckers Reaktion auf den Nachrüstungsbeschluss des Bundestages vom 22. November 1983. Er glaubte, hier ungestraft einen Sonderweg einschlagen zu können, der sich seit Ende Oktober abzeichnete. Indem das *Neue Deutschland* damals den Brief einer ostdeutschen evangelischen Kirchengemeinde abdruckte, in dem Honecker unter anderem zu einseitiger Abrüstung aufgefordert wurde, demonstrierte dieser die Bereitschaft, auch die friedensbewegten Menschen in der DDR stärker einzubinden. In einem Interview mit der Zeitschrift *Stern* am 3. November erklärte er sich zur Stationierung von Raketen in der DDR als Gegenmaßnahme

Abb. 10. Plakat gegen den NATO-Doppelbeschluss vor einem zerstörten Haus an der Fehrbelliner Strasse – Ecke Schönhauser Allee in Ost-Berlin, 9. Juni 1985.

bereit, ohne davon »begeistert« zu sein; überdies trat er für die weitere Normalisierung der deutsch-deutschen Beziehungen ein.[35]

Das war auch seine Linie auf der Sitzung des ZK der SED am 25. November 1983, als er sich zur Gegenstationierung operativ-taktischer Raketen in der DDR bekannte, aber hinzufügte: »Selbstverständlich lösen diese Maßnahmen, die unumgänglich waren, um eine militärstrategische Überlegenheit der USA zu vereiteln, in unserem Lande keinen Jubel aus.« Anders als die sowjetische Führung sprach er sich ausdrücklich für die Fortsetzung der internationalen Abrüstungsbemühungen aus, und im deutsch-deutschen Verhältnis war er darauf bedacht, »den Schaden möglichst zu begrenzen.«[36] Es war kein Zufall, dass Honecker mit »Schadensbegrenzung« eine auch bei den westdeutschen Regierungsparteien gebräuchliche Vokabel nutzte: Dies war als Signal an Bonn gedacht, dass keine Verschlechterung der deutsch-deutschen Beziehungen zu befürchten sei.

Im Bonner Bundeskanzleramt kam die deutschlandpolitische Staatssekretärsrunde bereits am 18. November zu dem Ergebnis, dass es infolge der Nachrüstung zwar kurzfristig zu einer Eintrübung, nicht aber zu einer Krise der deutsch-deutschen Beziehungen kommen werde. Der Ständige Vertreter in Ost-Berlin, Hans Otto Bräutigam, erwartete lediglich »polemische Angriffe« und möglicherweise eine »Drosselung des Ost-West-Reiseverkehrs«. Doch selbst letzteres sollte sich nicht erfüllen. Bräutigam berichtete noch am 25. November: »Das Bekenntnis Honeckers zur Kontinuität wirkt eindringlich und von persönlichem Engagement getragen. Angesichts der undurchsichtigen Führungssituation in Moskau fällt es auf, wie stark sich der SED-Generalsekretär jetzt exponiert. Es scheint, als setze er sein ganzes politisches Gewicht ein, um in der eigenen Partei, aber auch gegenüber Moskau die Kontinuität des Dialogs und der Zusammenarbeit zu sichern.«[37]

Dem nun folgenden sowjetischen Druck gab Honecker nicht nach. Angesichts der immer weiter gestiegenen Abhängigkeit vom westdeutschen Rivalen konnte er es sich einfach nicht leisten, diesen zu verärgern. Der Bundeskanzler wiederum würdigte Honeckers Äußerungen vor dem ZK positiv, bekannte sich zur Fortsetzung des deutsch-deutschen Dialogs und subsumierte alles in dem Satz: »Die beiden Staaten in Deutschland stehen in ihren Beziehungen zueinander in einer Verantwortungsgemeinschaft vor Europa und vor dem deutschen Volk.« Honecker nahm den Begriff »Verantwortungsgemeinschaft« in seinem nächsten Telefonat mit Kohl auf und sprach sich, ungeachtet aller Kritik an der westlichen Nachrüstung, dafür aus, dass »Realismus und Vernunft« in den Ost-West-Beziehungen »wirklich die Oberhand gewinnen« müssten.[38]

Die deutsch-deutschen Beziehungen nahmen nun einen ungeahnten Aufschwung, der unter anderem auf die von der DDR im Zusammenhang mit den beiden Milliardenkrediten gegebenen Zusagen zurückging. So wurden ab dem 27. Dezember 1983 Jugendliche nicht mehr zum Zwangsumtausch verpflichtet, und an der innerdeutschen Grenze erfolgte der Abbau der Selbstschussanlagen.[39] Die Ausreisewelle des Jahres 1984, als 48.400 Personen die DDR verlassen durften, ging zwar auf eine persönliche Anweisung Honeckers zurück, der damit Botschaftsbesetzungen zuvorkommen wollte,[40] doch lässt sich auch darin ein Element intensivierter Entspannung sehen.

Honecker war darauf bedacht, die DDR als »Friedensmacht« zu profilieren und ließ daher auch eine von SED und SPD gebildete Arbeitsgruppe über eine chemiewaffenfreie Zone diskutieren.[41] Dies funktionierte allerdings nur so lange, wie Moskau gegenüber dem Westen einen Konfrontationskurs verfolgte. Nach Amtsantritt des auf Entspannung setzenden Gorbatschow 1985 befand sich Honecker zwar wieder im Einklang mit Moskau, aber die Sonderrolle der DDR ging nun wieder verloren.

# Fazit

Beide deutsche Staaten konnten eine Beeinträchtigung der deutsch-deutschen Beziehungen infolge des weltpolitischen Klimasturzes verhindern, obwohl ihr Handlungsspielraum eingeschränkt worden war. Die DDR konnte als Diktatur innere Widerstände eher vernachlässigen als die Bundesrepublik; außerdem boten ihr die pluralistischen Strukturen im Westen Einwirkungsmöglichkeiten, mit denen sie eine Raketenstationierung verhindern wollte. Freilich entfalteten die Beziehungen zur westdeutschen Friedensbewegung und zu den Grünen insofern eine Eigendynamik, als letztere die unabhängigen Friedensgruppen in der DDR stärkten, was der ostdeutschen Führung äußerst ungelegen war.

Letztlich erwies sich die Bundesrepublik in dieser Auseinandersetzung als überlegen: Denn sie war in der Lage, trotz innerer Widerstände das Verhältnis zu den Vereinigten Staaten unbeschadet zu erhalten, ohne ihren Kurs in den innerdeutschen Beziehungen ändern zu müssen. Die DDR-Führung hingegen konnte in dem Konflikt um den Doppelbeschluss dem Optionszwang zwischen Moskau und Bonn nicht ausweichen. Sowohl die Stimmung in der ostdeutschen Gesellschaft als auch die wirtschaftliche Abhängigkeit von der Bundesrepublik ließen sie einen begrenzten Konflikt mit Moskau in Kauf nehmen – ein Risiko, das angesichts der sowjetischen Schwäche und Konzeptionslosigkeit tragbar erschien. Vor diesem Hintergrund ließ sie sich auf engere Beziehungen mit der Bundesrepublik ein, obwohl sich an ihrer existenziellen Abhängigkeit von der Sowjetunion nichts änderte.

*Literatur*

Wertvolle Hinweise in den beiden Dokumentationen von Potthoff (1995); (1997). Während Potthoff Dokumente westdeutscher und ostdeutscher Provenienz edierte, basieren die Editionen von Nakath und Stephan (1995); (1999) nur auf Dokumenten aus dem SED-Archiv.

Ebenfalls heranzuziehen sind die Darstellungen von Potthoff (1999), sowie, für die Ära Kohl, Korte. Zur Deutschlandpolitik von Helmut Schmidt existiert noch keine eigenständige Abhandlung; Hinweise enthält der zweite Band der Biographie Soell. Einschlägig zur Haltung der DDR-Führung siehe Wentker.

Korte, Karl-Rudolf: Deutschlandpolitik in Helmut Kohls Kanzlerschaft. Regierungsstil und Entscheidungen 1982-1989. Stuttgart 1998.
Nakath, Detlef/Stephan, Gerd-Rüdiger: Von Hubertusstock nach Bonn. Eine dokumentierte Geschichte der deutsch-deutschen Beziehungen auf höchster Ebene 1980-1987. Berlin 1995.

Ders./Ders.: Die Häber-Protokolle. Schlaglichter der SED-Westpolitik 1973-1985. Berlin 1999.

Potthoff, Heinrich: Die »Koalition der Vernunft«. Deutschlandpolitik in den 80er Jahren. München 1995.

Ders.: Bonn und Ost-Berlin 1969-1982. Dialog auf höchster Ebene und vertrauliche Kanäle. Darstellung und Dokumente. Bonn 1997.

Ders.: Im Schatten der Mauer. Deutschlandpolitik 1961 bis 1990. Berlin 1999.

Soell, Hartmut: Helmut Schmidt. 1969 bis heute. Macht und Verantwortung. München 2008.

Wentker, Hermann: Zwischen Unterstützung und Ablehnung der sowjetischen Linie: Die DDR, der Doppelbeschluss und die Nachrüstung. In: Philipp Gassert/ Tim Geiger/Hermann Wentker (Hg.): Zweiter Kalter Krieg und Friedensbewegung. Der NATO-Doppelbeschluss in deutsch-deutscher und internationaler Perspektive. München 2011, S. 137-154.

## Anmerkungen

[1]  Siehe den Beitrag von Tim Geiger in diesem Band.

[2]  Helga Haftendorn: Sicherheit und Entspannung. Zur Außenpolitik der Bundesrepublik Deutschland 1955-1982. Baden-Baden 1983, S. 733-735.

[3]  Mündliche Erläuterungen von Gaus zum Schreiben Schmidt an Honecker, 2.8.1976. In: Heinrich Potthoff: Bonn und Ost-Berlin 1969-1982. Dialog auf höchster Ebene und vertrauliche Kanäle. Darstellung und Dokumente. Bonn 1997, S. 356.

[4]  Das Zitat in: Gespräch Schmidt-Mittag, 17.4.1980. Ebenda, S. 507; Hartmut Soell: Helmut Schmidt. 1969 bis heute. Macht und Verantwortung. München 2008, S. 503.

[5]  Hermann Wentker: Außenpolitik in engen Grenzen. Die DDR im internationalen System 1949-1989. München 2007, S. 398-410, 421-428, 477-486, 500-506.

[6]  Hermann Wentker: Zwischen Unterstützung und Ablehnung der sowjetischen Linie: Die DDR, der Doppelbeschluss und die Nachrüstung. In: Philipp Gassert/Tim Geiger/Hermann Wentker (Hg.): Zweiter Kalter Krieg und Friedensbewegung. Der NATO-Doppelbeschluss in deutsch-deutscher und internationaler Perspektive. München 2011, S. 138-140.

[7]  Information des Leiters der SED-Westabteilung Herbert Häber über seinen Aufenthalt in der Bundesrepublik vom 2.-8.3.1980. In: Detlef Nakath/Gerd-Rüdiger Stephan (Hg.): Die Häber-Protokolle. Schlaglichter der SED-Westpolitik 1973-1985. Berlin 1999, S. 224f.

[8]  Gespräch Schmidt-Honecker, 8.5.1980. In: Potthoff: Bonn und Ost-Berlin, S. 516.

[9]  Wentker: Zwischen Unterstützung und Ablehnung, S. 140-142; dort auch die Nachweise.

[10]  Honecker forderte, die DDR-Staatsbürgerschaft anzuerkennen, die Zentrale Erfassungsstelle in Salzgitter aufzulösen, die Ständigen Vertretungen in Botschaften umzuwandeln und dem Grenzverlauf entlang der Elbe in der Mitte des Talwegs zuzustimmen: Auszug aus der Rede Honeckers in: Bundesministerium für innerdeutsche Beziehungen (Hg.): Innerdeutsche Beziehungen. Die Entwicklung der Beziehungen zwischen der Bundesrepublik Deutschland und der Deutschen Demokratischen Republik 1980-1986. Eine Dokumentation. Bonn 1986, S. 77.

[11]  Notizen Krolikowskis, 16.12., 13.11.1980. In: Peter Przybylski, Tatort Politbüro. Die Akte Honecker. Berlin 1990, S. 340-344, 345-348; Niederschrift über das Treffen Breschnew-Honecker, 3.8.1981. In: Hans Hermann Hertle/Konrad Jarausch (Hg.): Risse im Bruderbund. Die Gespräche Honecker-Breschnew 1974 bis 1982. Berlin 2006, S. 202.

[12]  Oliver Bange: Keeping détente alive. Inner-German relations under Helmut Schmidt and Erich Honecker. In: Leopoldo Nuti (Hg.): The Crisis of Détente in Europe. From Helsinki to Gorbachev, 1975-1985. London/New York, NY 2009, S. 235.

[13]  Gespräch Bahr mit Axen und Honecker, 4.9.1981. In: Potthoff, Bonn und Ost-Berlin, S. 585-612, hier S. 590; Vermerk über das Gespräch Brandt-Breschnew, 30.6.1981; Interview

Brandts für den Spiegel, 6.7.1981. In: Willy Brandt, Berliner Ausgabe, Bd. 9. Die Entspannung unzerstörbar machen. Internationale Beziehungen und deutsche Frage 1974-1982, bearb. von Frank Fischer. Bonn 2003, S. 319-326, 37-343, hier S. 323, 333.

[14] Vier-Augen-Gespräch Schmidt-Honecker, 11.12.1981. In: Potthoff, Bonn und Ost-Berlin, S. 652-671, hier S. 660f.

[15] Niederschrift über das Treffen Honecker-Breshnew, 11.8.1982. In: Hertle/Jarausch (Hg.): Risse im Bruderbund, S. 249, 254f.

[16] Vermerk über das Gespräch Honecker-Wischnewski, 13.9.1982. In: Detlef Nakath/Gerd-Rüdiger Stephan (Hg.): Von Hubertusstock nach Bonn. Eine dokumentierte Geschichte der deutsch-deutschen Beziehungen auf höchster Ebene 1980-1987. Berlin 1995, S. 82-90, die Zitate S. 84, 85f.

[17] Andreas Rödder: Bündnissolidarität und Rüstungskontrollpolitik. Die Regierung Kohl-Genscher, der NATO-Doppelbeschluss und die Innenseite der Außenpolitik. In: Gassert/Geiger/Wentker (Hg.): Zweiter Kalter Krieg, S. 123-136, die Zitate S.127f.

[18] Karl-Rudolf Korte: Deutschlandpolitik in Helmut Kohls Kanzlerschaft. Regierungsstil und Entscheidungen 1982-1989. Stuttgart 1998, S. 107-114, das Zitat S. 111.

[19] Rede Axens auf der Konferenz der Sekretäre für ideologische und internationale Fragen der ZK der Bruderparteien sozialistischer Länder, 14./15.3.1983. In: Stiftung Archiv der Parteien und Massenorganisationen im Bundesarchiv (fortan SAPMO), DY 30 IV 2/2.035/24, Bl. 31-71, hier 42.

[20] Michael Ploetz/Hans-Peter Müller: Ferngelenkte Friedensbewegung? DDR und UdSSR im Kampf gegen den NATO-Doppelbeschluss. Münster 2004, S. 161, 165f.

[21] Notiz von Werner Krolikowski, 30.3.1980. In: Przybylski: Tatort Politbüro, S. 352-355.

[22] Hans Otto Bräutigam: Ständige Vertretung. Meine Jahre in Ost-Berlin. Hamburg 2009, S. 309.

[23] Niederschrift der offiziellen Gespräche der Partei- und Staatsdelegation der DDR und der UdSSR, 3.5.1983. In: SAPMO, DY 30/11359 (o. Pag.); Michael Ploetz: Wie die Sowjetunion den Kalten Krieg verlor. Von der Nachrüstung zum Mauerfall. Berlin/München 2000, S. 275.

[24] Vortrag Honeckers. In: Neues Deutschland, 12.4.1983, S. 4.

[25] So zutreffend Benno-Eide Siebs: Die Außenpolitik der DDR 1976-1989. Strategien und Grenzen. Paderborn 1999, S. 241f.

[26] Das Schreiben zit. nach: Innerdeutsche Beziehungen, S. 154f.

[27] Kohl an Honecker, 24.10.1983. In: ebenda, S. 158-160.

[28] Frank Fischer: »Im deutschen Interesse«. Die Ostpolitik der SPD von 1969 bis 1989. Husum 2001, S. 178-215.

[29] Gespräch Delegation der Grünen-Honecker, 31.10.1983. In: Heinrich Potthoff: Die »Koalition der Vernunft«. Deutschlandpolitik in den 80er Jahren. München 1995, S. 201-223. Zum Engagement der Grünen, insbesondere von Petra Kelly, mit Blick auf die DDR siehe Saskia Richter: Die Aktivistin. Das Leben der Petra Kelly. München 2010, S. 164-173.

[30] So Lukas Beckmann am 7.11.1983. In: Josef Boyer/Helge Heidemeyer (Bearb.): Die Grünen im Bundestag. Sitzungsprotokolle und Anlagen 1983-1987. Düsseldorf 2008, S. 319.

[31] Ulrike Poppe:»Die Unterstützung, die wir brauchten.« Petra Kelly und die Oppositionellen in der DDR. In: Petra Kelly. Eine Erinnerung, hg. von der Heinrich-Böll-Stiftung. Berlin 2007, S. 70-73.

[32] Julij A. Kwizinskij: Vor dem Sturm. Erinnerungen eines Diplomaten. Berlin 1993, S. 322.

[33] Information über ein Zusammentreffen von Häber mit Sagladin, 4./5.10.1983. In: Nakath/Stephan: Die Häber-Protokolle, S. 366-369, das Zitat S. 367.

[34] Information über einen Aufenthalt Häbers in der Bundesrepublik vom 9. bis 16.10.1983. In: ebenda, S. 369-385, das Zitat S. 371.

[35] Wentker: Zwischen Unterstützung und Ablehnung, S. 148-150.

[36] Diskussionsrede Honeckers. In: Neues Deutschland vom 26./27.11.1983, S. 3.

[37] Zit. nach Korte: Deutschlandpolitik, S. 188, 190.

[38] Wentker: Zwischen Ablehnung und Unterstützung, S.151. Dort auch die Nachweise.

[39] Die Dokumentation. In: Innerdeutsche Beziehungen, S. 154, 155f.

[40] Anja Hamisch: Die DDR im KSZE-Prozess 1972-1985. Zwischen Ostabhängigkeit, Westabgrenzung und Ausreisebewegung. München 2012, S. 350-352.

[41] Wentker: Zwischen Ablehnung und Unterstützung, S. 152f.

# 5. Parteien

Jan Hansen

Die Kontroverse um den NATO-Doppelbeschluss führte nicht nur zur Herausforderung der Prinzipien traditioneller Sicherheitspolitik durch die Friedensbewegung, sondern auch zu einer erbitterten Polarisierung der westdeutschen Parteienlandschaft. Will man ein vereinfachtes Bild der Debatte zeichnen, kann man CDU, CSU und FDP im Lager der Nachrüstungsbefürworter, die Grünen im Lager der -gegner und die SPD irgendwo dazwischen verorten. Die Lage jedoch ist komplexer. Denn alle Parteien waren in der Nachrüstungsfrage mehr oder weniger zerstritten. Konnten sich selbst die Bastionen atlantischer Orientierung in CDU, CSU und FDP nicht frei halten von den Zweifeln am Sinn von Nachrüstung und nuklearer Abschreckung, ging durch die SPD ein tiefer Riss. Bundeskanzler Helmut Schmidt, der den Doppelbeschluss maßgeblich forciert hatte, sah sich von einer wachsenden innerparteilichen Opposition herausgefordert, die es ihm immer schwerer machte, politische Mehrheiten für seine Sicherheitspolitik zu organisieren. Auf der anderen Seite demonstrierte der Erfolg der Grünen, die ein gewaltiges Unterstützerpotential aus dem Protest zogen, wie schwer es den etablierten Parteien mittlerweile fiel, auf neue gesellschaftliche Anforderungen zu reagieren.[1]

## Vorzeichen

Als sich im bündnisinternen Abstimmungsprozess herauskristallisierte, dass die NATO in der Philosophie des *Harmel*-Berichts von 1967 das Verhandlungsangebot an die Sowjetunion mit einer Nachrüstungsdrohung für den Fall des Scheiterns der Gespräche koppeln würde, gab es im Parteienspektrum eine durchwachsene Resonanz.[2] Während in der CDU/CSU und der FDP kaum diskutiert wurde und selbst die grüne Bewegung in ihrer Formierungsphase noch sehr auf das ökologische Anliegen konzentriert war – das Friedensthema musste sich erst als das zweite politische Standbein der Grünen etablieren –, zeichneten sich in der SPD rasch kontroverse Positionen ab. Schon die emotionale Ablehnung der Neutronenbombe durch den SPD-Bundesgeschäftsführer Egon Bahr 1977 konnte als Signal für eine neue Sensibilität in sicherheitspolitischen Fragen verstanden werden.[3] Der Artikel des Fraktionsvorsitzenden Herbert Wehner in der *Neuen Gesellschaft* von Anfang 1979, in dem er die Nachrüstungsoption mit Verve zurückwies, war genauso Indiz für ein verbreitetes Unbehagen gegenüber der möglichen Stationierung von neuen Atomwaffen, wie die frühe Kritik durch die Arbeitsgemeinschaften der sozialdemokratischen Frauen und der Jungsozialisten.[4]

Diese Skepsis gegenüber der Stationierungsoption zeigte sich auch in der Logik des Parteitagsbeschlusses, mit dem die SPD der Bündnisentscheidung schließlich zustimmte. Obwohl im Kommuniqué des NATO-Rates vom 12. Dezember 1979 von einer »verbindlichen Festlegung auf Dislozierungen« für den Fall des Scheiterns der Verhandlungen die Rede war,[5] formulierten die Delegierten des SPD-Parteitages in Berlin, dass es »keine Automatismen« geben dürfe.[6] Und obgleich im Kommuniqué von »parallel laufenden und komplementären Vorgehensweisen« die Rede war, sollte nach Meinung der SPD dem Rüstungskontrollangebot die Priorität vor der Nachrüstung gegeben werden. Der Gang der Verhandlungen müsse es jederzeit möglich machen, so die Delegierten, »Beschlüsse zu überprüfen und, wenn nötig, zu revidieren.« Diese Entscheidung, die eine Ablehnung der Raketenstationierung gewissermaßen als Hintertür offen ließ, sollten Verhandlungen aus Sicht der SPD nicht ernsthaft genug geführt werden, befriedete zwar den innerparteilichen Konflikt. Gleichzeitig befand sich die SPD damit aber in subtilem Gegensatz zur offiziellen NATO-Argumentation.

## »Verhandeln, notfalls rüsten«

Der Berliner SPD-Beschluss wurde maßgeblich von Helmut Schmidt geprägt. Der Kanzler hatte schon mit einer Rede 1977 in London auf die Disparitäten bei den sogenannten Grauzonen-Waffen hingewiesen und eine verhandlungspolitische Lösung vorgeschlagen.[7] Auf der Basis der sicherheitspolitischen Trias von Abschreckung, Gleichgewicht und Rüstungskontrolle argumentierte er unbeirrt für die Prinzipien der Bündnisentscheidung und verteidigte sie mit der Formel »verhandeln, notfalls rüsten« gegen Kritik.[8] Die setzte ein, als mit krisenhaften Ereignissen in den internationalen Beziehungen die Aussichten für erfolgreiche Verhandlungen schlechter und die Stationierung immer wahrscheinlicher wurde. Während sich im sozialdemokratischen Spektrum große Teile der Partei mehr oder weniger weit vom Bündnisbeschluss entfernten, trugen ihn CDU/CSU und die Mehrheit der FDP ohne Vorbehalt mit, da sein zweifacher Ansatz exakt ihren Anforderungen entsprach.

Wie Schmidt trat Außenminister Hans-Dietrich Genscher ähnlich pronnonciert für beide Teile des NATO-Beschlusses ein. Wichtig für die liberale Position zur Nachrüstung war die Betonung der Rüstungskontrolle, in der sich Genscher wenn nicht von Schmidt, so doch von Helmut Kohl und Franz Josef Strauß unterschied. Schon im Programm zur Bundestagswahl 1980 sicherte die FDP zu, alles daran setzen zu wollen, dass das »Verhandlungsangebot an den Warschauer Pakt energisch vertreten wird«. Das Ziel müsse sein, »auf Produktion und Stationierung atomarer Mittelstreckenwaffen auf beiden Seiten ganz zu verzichten«.[9] Die Betonung der Rüstungskontrolle ist auch als Reaktion auf kritische Stimmen in den eigenen Reihen zu verstehen. Denn eine Minderheit der Liberalen stand der Nachrüstungsentscheidung skeptisch gegenüber. Es war insbesondere der später als Stasi-IM enttarnte William Borm, welcher die Zusammenarbeit mit der Friedensbewegung, den Grünen und gleichgesinnten Sozialdemokraten forderte.[10] Doch gewann seine Position innerhalb der FDP niemals den Resonanzboden, den sie in der SPD fand.

Die Union näherte sich der Bündnisentscheidung vom anderen Ende des politischen Spektrums. Ihre sicherheitspolitische Elite tat sich mit dem doppelten Beschluss zunächst schwer, da wichtige Protagonisten einen alleinigen Nachrüstungsansatz für erfolgversprechender hielten als die gekoppelte Verhandlungslösung.[11] Im Sinne von Generalsekretär Heiner Geißler, der den Doppelbeschluss als »Fahrplan zur Abrüstung« bezeichnete,[12] hieß es dann aber 1981 im Leitantrag zum Hamburger Parteitag, die CDU bekenne »sich vorbehaltlos zu einer konsequenten und zeitgerechten Verwirklichung dieses Beschlusses in seinen beiden Teilen.«[13] Die klare christdemokratische Unterstützung des Doppelbeschlusses ist im Zusammenhang mit der Bedeutung zu sehen, welche die Union ihrer atlantischen Orientierung und Bündnistreue beilegte. Gerade für Helmut Kohl war es »*die* zentrale Aussage der deutschen Außenpolitik: daß wir Teil des Westens sind, der westlichen Wertegemeinschaft in der Allianz der NATO und selbstverständlich in der Allianz der europäischen Gemeinschaft«.[14] Trotz solcherart fundierten Bekenntnisses zum NATO-Doppelbeschluss traten in der Partei aber immer wieder Tendenzen hervor, die die Nachrüstungsdrohung deutlicher als die Verhandlungsbereitschaft akzentuierten; für viele Christdemokraten führte »an der notwendigen Nachrüstung des Westens mit modernen Mittelstreckenwaffen […] kein Weg vorbei.«[15] Dies war vor allem auf die Perzeption der Sowjetunion als aggressive Militärmacht zurückzuführen, die in der Union weit ausgeprägter war als in den übrigen Parteien. Nach Helmut Kohl war der Friede eben »deshalb so gefährdet, weil die Sowjetunion durch ihre beschleunigte Aufrüstung, durch die weltweite Aggression das militärische Gleichgewicht zwischen Ost und West zu ihren Gunsten immer weiter verschoben hat«.[16]

Abb. 11. Friedenskongress der CDU im Konrad-Adenauer-Haus unter dem
Motto »Frieden schaffen mit weniger Waffen« am 3. Februar 1983 in Bonn.

Es wäre falsch anzunehmen, dass etablierte Parteipolitiker der Friedensbewegung rundweg kritisch gegenüber gestanden wären. Sogar in der
CDU gab es Stimmen, die dem Protestanliegen Verständnis entgegen-
brachten. Christian Wulff etwa forderte als Vertreter der Jungen Union,
die CDU solle »berücksichtigen, daß viele Menschen in diesem Lande,
jüngere wie ältere, Angst haben.« Und Matthias Wissmann befürchtete als
Bundesvorsitzender der Jungen Union, dass die CDU ausschließlich als
»Partei gesehen wird, die das Abrüstungsthema nicht ausreichend diskutiert«.[17] Wulff und Wissmann, die, wenn nicht Zustimmung, so doch Interesse für das Anliegen der Friedensbewegung formulierten, blieben aber
in der Minderheit. Die überwiegende Einstellung gegenüber den Protestierenden war Unverständnis und Ablehnung. So markierte der Ausspruch
Heiner Geißlers – der Pazifismus der Friedensbewegung unterscheide sich
»nur wenig« vom »Pazifismus der 30er Jahre«, der wiederum »Auschwitz
erst möglich gemacht« habe[18] – die Spitze einer häufig von Polemik geprägten Auseinandersetzung. Doch selbst wenn die Verantwortlichen in
den Parteien das Anliegen der Friedensbewegung dadurch zu delegitimie-
ren versuchten, dass sie sie der Zusammenarbeit mit kommunistischer
Propaganda verdächtigten,[19] kamen Union, FDP und SPD nicht umhin,

sich inhaltlich mit der Friedensbewegung auseinanderzusetzen. Dies führte dazu, dass sie den NATO-Doppelbeschluss und die ihm zugrunde liegende Logik offensiv erläuterten.[20] Die Bundesregierung gab auf dem Höhepunkt des Nachrüstungsstreits eine Vielzahl von Informationsbroschüren heraus, die ihre Sicherheitspolitik allgemeinverständlich erklären sollten.[21] Indem die Friedensbewegung die etablierten Parteien zur Begründung und Legitimation der nuklearen Bewaffnung zwang, hatte der außerparlamentarische Protest eine nicht zu unterschätzende Auswirkung auf diese Parteien. Dass vor dem Zweifel am Sinn der nuklearen Abschreckung selbst die Christdemokraten nicht gefeit waren, lässt sich daran ablesen, dass die *Berliner Erklärung* der Partei vor dem Hintergrund des gesellschaftlichen Drucks 1981 die Möglichkeit formulierte, die nukleare Abschreckung »nach und nach« aufzugeben.[22]

## »Verhandeln, nicht rüsten«

Die Kritik an einer Position, die nukleare Abschreckung für unabdingbar hielt, regte sich spätestens zum Jahrestag der NATO-Entscheidung im Dezember 1980. Obgleich zwei Monate zuvor Sondierungen für Rüstungskontrollverhandlungen aufgenommen worden waren, ließ sich der Abgeordnete Karsten D. Voigt in der SPD-Fraktion mit der Einlassung vernehmen, »seiner Auffassung nach« würden »die Ziele des Berliner Parteitages zur Frage der Nachrüstung nicht erfüllt […] und es sei notwendig, […] eine neue Diskussion des Nachrüstungsbeschlusses zu beginnen.«[23]

Neben Voigt waren es vor allem der SPD-Parteivorsitzende Willy Brandt und sein politischer Weggefährte Egon Bahr, die fragten, ob mit einem rüstungskontrollpolitischen Ergebnis angesichts der Abkühlung in den Ost-West-Beziehungen überhaupt noch zu rechnen sei.[24] Große Teile der Sozialdemokratie ließen mit dieser Argumentationsfigur immer deutlichere Kritik an der möglichen Stationierung vernehmen. Auf der formalen Ebene begründete Voigt seine Position mit dem Verweis auf eine veränderte Prioritätensetzung der US-Außenpolitik. Nachdem der Berliner SPD-Parteitag eine inhaltliche Verbindung zwischen der Ratifizierung von SALT II (*Strategic Arms Limitation Talks*) durch den US-Senat und der Zustimmung der SPD zum NATO-Beschluss hergestellt, Präsident Jimmy Carter die Ratifizierung des Abkommens nach dem Afghanistan-Einmarsch der Sowjetunion aber gestoppt hatte, sahen sich viele Sozialdemokraten nicht länger an ihr Ja zur Nachrüstung gebunden. Auch die reservierte Haltung von Ronald Reagan, Carters Nachfolger im Weißen Haus, gegenüber der Rüstungskontrolle diente zur Begründung der Skepsis gegenüber der Nachrüstungsoption. Die Mehrheit der SPD unterstützte zwar die Verhandlungskomponente der Brüsseler Entscheidung, begegnete der Stationierung aber mit einem starken Vorbehalt.

Auf inhaltlicher Ebene wurzelte die Kritik in der Sorge um die Zukunft der Entspannungspolitik, die für das sozialdemokratische Selbstverständnis eine so wichtige Rolle spielte. Konkret gesprochen war es die Furcht vor einer Eskalation des nuklearen Rüstungswettlaufs, die drohen könnte, wenn Gespräche zu keinem Ergebnis führten.[25] Während sich die aktuelle Krise der Ost-West-Beziehungen nach Ansicht Brandts »als die ernsteste Gefährdung des Weltfriedens seit Ende des Zweiten Weltkrieges erweisen« könne und jedes weitere »Hinaufschnellen der Rüstungsspiralen [...] ein Infragestellen unserer Sicherheit« bedeutete,[26] musste in seinem Verständnis alles unternommen werden, um das Wettrüsten zu beenden. Die Forderung nach einer stärkeren Betonung der Entspannungspolitik war ein nuancierter, aber doch wichtiger Unterschied, der Brandt von Schmidt abhob.

Neben der Sorge bezüglich des Rüstungswettlaufs kennzeichnete die Position Brandts vor allem die Forderung nach einer stärkeren Berücksichtigung der Nord-Süd-Problematik. In seinem Buch »Der organisierte Wahnsinn« (1985) griff er ältere Überlegungen auf und schlug ein globales Umdenken vor, das Abrüstung als Voraussetzung für Entwicklungshilfe anerkannte.[27] Die inhaltliche Verbindung der Abrüstungsforderung mit dem Postulat nach gesteigerten Ausgaben für die wirtschaftliche Zusammenarbeit mit den Entwicklungsländern – oder auch nach höheren Sozialausgaben – war überhaupt ein Charakteristikum der Diskussion im sozialdemokratischen Spektrum.

Vor dem Hintergrund seiner nachrüstungskritischen Position bemühte sich Brandt auch um die Integration der Neuen Sozialen Bewegungen in die SPD. Der Vorsitzende unterschied sich im Versuch, Anhänger der Friedensbewegung für die sozialdemokratische »Integrationspartei«[28] zurückzugewinnen, deutlich vom Kanzler, der die sicherheitspolitischen Vorstellungen der Protestierenden strikt ablehnte und auf Abgrenzung bestand. Gerade in der Frage des Verhältnisses der SPD zur Friedensbewegung und der Beteiligung von SPD-Mitgliedern an deren Aktionen kam es zwischen Brandt und Schmidt wie in der Gesamtpartei zu schweren Zerwürfnissen.

## »Abrüsten«

Die Grünen und ein Teil der SPD lehnten die Nachrüstung unabhängig vom Ausgang der Verhandlungen ab. In einem Beitrag für den *Vorwärts,* der mit dem Titel »Bevor der Wettlauf außer Kontrolle gerät« überschrieben war, übte der ehemalige Panzergeneral und spätere Grünen-Politiker Gert Bastian Kritik am Doppelbeschluss, »weil eine verhängnisvolle Eskalation im nuklearen Wettrüsten unvermeidbar zu werden droht«.[29] Im Milieu der Nachrüstungsgegner war die Kritik an der Rüstungsdynamik der argumentative Topos, welcher gegen die Regierung ausgespielt wurde. Diese Kritik war auch in der SPD anschlussfähig. Der baden-württembergische SPD-Vorsitzende Erhard Eppler etwa führte aus, dass neben den strategischen Waffen der USA auch die taktischen Raketen Großbritanniens und Frankreichs einen hinreichenden Schutz garantierten und die Nachrüstung deshalb nicht notwendig sei.[30] Mit Hinblick auf das Gleichgewichtsargument behauptete der Oberbürgermeister von Saarbrücken Oskar Lafontaine, dass die NATO sich im Mittelstreckenbereich gegenüber der Sowjetunion keineswegs im Nachteil befinde.[31]

Im Vergleich zu den Sozialdemokraten leiteten die Grünen aus Sorge um die sich immer schneller drehende Rüstungsspirale die weitergehende Forderung ab und plädierten für sofortige, einseitige und bedingungslose Abrüstung. Die Vorleistung der NATO sollte dabei moralisch auch die Sowjetunion zur Abrüstung zwingen.[32] Zugleich kritisierten die Grünen expliziter als Eppler und Lafontaine die sowjetische Rüstung und schlossen in ihre Abrüstungsforderung die SS-20 mit ein. So hieß es im *Friedensmanifest* der Grünen von 1981, man sei »weit davon entfernt, in der Sowjetunion einen Hort des Friedens zu sehen. […] Ihrer Struktur und ihrem Umfang nach ist die Militärmacht geeignet zur Eroberung«.[33] Weil die Grünen »gegen jede neue Atomwaffe in Europa« waren, wurde die Forderung nach Abrüstung auch an die sowjetische Seite adressiert.

Die Nachrüstungsgegner waren sich in ihrer ablehnenden Einstellung zur nuklearen Bewaffnung einig. Während Eppler das Hauptproblem der gegenwärtigen Sicherheitspolitik in der Existenz von Atomwaffen ausmachte und seine Position moralisch fundierte,[34] verlangten die Delegierten der grünen Bundesversammlung 1980 in Saarbrücken »das Verbot der Lagerung und Produktion atomarer, chemischer und biologischer Waffen in aller Welt«.[35] Auch das Friedensmanifest strebte die Entnuklearisierung des Ost-West-Konflikts an. Dabei sollten »die ersten einseitigen Abrüstungsschritte« den Weg frei machen »zu unserem eigentlichen Ziel: dem gewaltfreien Zusammenleben der Menschen«.[36]

Die Ablehnung der Nuklearwaffen war eine zwingende Folge der Grundsatzkritik an der Gleichgewichts- und Abschreckungstheorie. Dabei führte die Zurückweisung der traditionellen Sicherheitsdoktrin zum einen dazu, dass ihre Voraussetzungen hinterfragt wurden. Lafontaine beispielsweise forderte, die Bundesrepublik müsse »aus der militärischen

Integration der NATO ausscheiden«.[37] Das Plädoyer für einen NATO-Austritt wurde bei den Grünen sehr viel vehementer vorgetragen. Rudolf Bahro begründete die Forderung nach einer deutschen Neutralität mit den Worten, man wolle nicht »US-amerikanisch kontrolliert und zu Tode beschützt werden«.[38] Da der nukleare Wettlauf bei den Grünen vor allem auf die ideologische Konkurrenz der Supermächte zurückgeführt wurde, postulierten sie die grundsätzliche Überwindung der Logik der Blockkonfrontation.

Zum anderen führte die Ablehnung der traditionellen Verteidigungskonzepte zur intensiven Diskussion alternativer Modelle. Mit ihrem Bundesprogramm von 1980 legten sich die Grünen auf das Ziel der »Sozialen Verteidigung« als nicht-militärischer Verteidigungsstrategie fest.[39] Dieses Konzept ging davon aus, dass ein möglicher Aggressor durch den friedlich organisierten Widerstand der Bürger und ihren zivilen Ungehorsam abgeschreckt werden könnte. »Soziale Verteidigung« zielte somit nicht auf die klassische Verteidigung der Landesgrenzen, sondern auf die Aufrechterhaltung der bürgerschaftlichen Strukturen. Von den übrigen Parteien abgelehnt, kennzeichnet diese alternative Verteidigungsidee am deutlichsten den Abstand zwischen den etablierten politischen Kräften und der grünen Bewegung.

## Auswirkungen

In den Jahren 1981 und 1982 intensivierte sich der Protest gegen die Stationierungsabsicht des Bündnisses proportional zu den wenig aussichtsreichen Verhandlungen über die sowjetischen Mittelstreckenraketen in Genf. Die lange gar nicht und dann nur schleppend in Gang kommenden Gespräche bewirkten in der Bundesrepublik Mobilisierungsschübe der Kritik und eine immer deutlicher hervortretende Polarisierung der Parteienlandschaft. Vereinfacht lassen sich die Parteien danach unterscheiden, ob der Nachrüstungsstreit für sie stabilisierende oder destabilisierende Auswirkungen hatte.

Eindeutig konsolidierend wirkte die Debatte auf die Grünen, die ihr Unterstützerpotential aus der Friedensbewegung zogen. Nachdem die grüne Bewegung gegen Ende der siebziger Jahre durch das ökologische Anliegen mobilisiert worden war, brachte ihr die Friedensfrage mit dem Einzug in den Bundestag 1983 den parlamentarischen Durchbruch. Der Erfolg der *Antipartei-Partei*[40] lässt sich dabei nicht nur durch die verbreitete Unzufriedenheit der alternativen Gegenmilieus mit den etablierten Parteien erklären, sondern war auch Ausdruck sich verschiebender soziokultureller Bedingungsfaktoren. Als vierte Fraktion im Bundestag hoben sich die Grünen sowohl durch neue inhaltliche Impulse von Union, FDP und SPD ab, als auch durch ihr unkonventionelles und im Bonner Parlamentsbetrieb zuweilen aufsehenerregendes Verhalten.[41]

Obgleich die Christdemokraten im Gegensatz zu den Grünen nachrüstungsfreundliche Positionen formulierten, hatte der Streit auch auf sie eine konsolidierende Wirkung. Ihre Sicherheitspolitik, die eng bei der US-amerikanischen Position stand und antikommunistische Vorstellungen bediente, machte die Union schon vor Übernahme der Regierungsverantwortung am 1. Oktober 1982 zur – im Falle eines Scheiterns der Gespräche – deutlichsten Verfechterin der Nachrüstung und bescherte ihr mit knapp 49 Prozent ein beeindruckendes Ergebnis bei der Bundestagswahl 1983. In diesem Sinne hatte die Kontroverse um den Doppelbeschluss für das konservative Spektrum einen integrierenden und mobilisierenden Effekt. Dazu trug auch bei, dass die CDU sich scharf von der Friedensbewegung abgrenzte und damit den politischen Anforderungen des sie tragenden Milieus entsprach.

Den Liberalen gelang der politische Balanceakt, das nicht zuletzt durch den Nachrüstungsstreit zermürbte Bündnis mit der SPD am Konflikt um den Bundeshaushalt platzen zu lassen und sich in die neue Koalition mit der CDU/CSU zu retten. Gleichzeitig besänftigte die Führungsriege der Partei die kritischen Stimmen in den eigenen Reihen durch eine vernehmliche Betonung der Rüstungskontrolle.[42] Zwar verließen etliche sozial-liberal orientierte Mitglieder um Günter Verheugen die Partei und wechselten zur SPD. Dass die Stationierungsfrage in der FDP jedoch bei weitem nicht die Sprengkraft entfaltete, die sie für die SPD hatte, zeigte sich spätestens auf dem Karlsruher Parteitag im November 1983, als mit 24 Prozent der Delegierten zwar ein signifikanter Teil der Partei die Stationierung ablehnte, die große Mehrheit aber den Regierungskurs von Außenminister Genscher stützte.[43]

Während die FDP destabilisierende Tendenzen geschickt abfing, traf die Stationierungsfrage die Sozialdemokratie mit voller Wucht. Auf dem Münchner Bundesparteitag im April 1982 war es Helmut Schmidt ein letztes Mal gelungen, die SPD auf seine Linie einzuschwören, doch deutete der Beschluss, im Herbst 1983 die eigene Haltung zur Raketenstationierung im Lichte der dann vorliegenden Verhandlungsergebnisse neu zu prüfen, schon auf den nachrüstungskritischen Impetus der Partei hin.[44] Immer mehr Bezirks- und Landesverbände legten sich nach dem Verlust der Regierungsverantwortung im September 1982 auf ein Nein zur Nachrüstung fest. Überhaupt ging der Protest in einem nicht unerheblichen Maße von der Basis aus. Aber selbst der nach dem Ende der sozial-libera-

Abb. 12. SPD-Wahlplakat zur Bundestagswahl 1983.

len Koalition zum Kanzlerkandidaten avancierte Hans-Jochen Vogel schloss im Wahlkampf 1983 eine Ablehnung der Stationierung nicht mehr aus.[45] Es überraschte kaum einen politischen Beobachter, als die SPD sich im November 1983 auf ihrem Kölner Sonderparteitag mit nur 14 Gegenstimmen beinahe einstimmig gegen die Nachrüstung aussprach.[46]

## Staatskritik und »Selbstanerkennung«

Die Genfer Gespräche scheiterten im Herbst 1983 an den starren Verhandlungspositionen beider Supermächte. Während einer intensiven zweitägigen Debatte im Bundestag – nach der die Mehrzahl der Abgeordneten für die Stationierung der Raketen votierte – kam es zu denkwürdigen Ereignissen im Bonner Regierungsviertel. Tausende Demonstranten beteiligten sich an Straßenblockaden, sangen Lieder vor den Absperrungen der Polizei oder diskutierten miteinander in dem sich selbst so bezeichnenden »Parlament der Mehrheit«. In der historischen Retrospektive wird deutlich, dass diese massenhaften Proteste Indikatoren für ein verbreitetes Unbehagen an den Entscheidungsstrukturen der parlamentarischen Demokratie waren.

Schon im Oktober 1983 hatten die Grünen einen Gesetzentwurf zur Durchführung einer konsultativen Volksbefragung über die Stationierung der Mittelstreckenraketen in den Bundestag eingebracht und damit ausgedrückt, dass die Bonner Volksvertreter im Verdacht standen, den Mehrheitswillen der Bevölkerung nicht mehr zu repräsentieren.[48] Im November 1983 schließlich erhoben sie Organklage beim Bundesverfassungsgericht. Der Regierung hielten sie mit einer raffinierten juristischen Argumentation vor, dass die Stationierung dem Grundgesetz widerspreche.[49]

Die Forderung nach »Widerstand«, »zivilem Ungehorsam« oder nach dem vermehrten Einsatz plebiszitärer Verfahren gehörte zum politischen Basisvokabular der grünen Bewegung. Konservative zeitgenössische Beobachter sahen darin antipolitische oder antietatistische Affekte am Werk. Die außerparlamentarische Kritik am Staat aber ging tiefer. In ihr drückten sich Bedenken bezüglich der Legitimität des staatlichen Handelns aus, dem unterstellt wurde, den Mehrheitswillen der Bürger nicht mehr zu kennen. So erweist sich die Nachrüstung als gesellschaftlicher Großkonflikt mit historischer Tiefenwirkung.

Gleichzeitig war der insbesondere bei den Grünen artikulierte Zweifel an der Staatsidee der bundesrepublikanischen Eliten die Bedingung für ihre Selbsteingliederung in eben diese Staatsvorstellung. Indem die Nachrüstungsdebatte zu einer Erschütterung des Staatsvertrauens führte, durchliefen nämlich auch die vehementesten Kritikerpositionen eine Modifizierung, die Klaus Naumann mit dem zeitgenössischen Begriff der »Selbstanerkennung« belegt.[50] Für die Grünen und den von ihnen vertretenen Teil des außerparlamentarischen Protests bedeutet dies, dass die Auseinandersetzung mit der westdeutschen Staatsnormalität, ihre Infragestellung und die Diskussion von Alternativen dazu beigetragen haben, dass sie sich in den folgenden Jahren als fester Bestandteil eben dieser Normalität etablierten. So führte paradoxerweise die Distanzierung vom bundesdeutschen Parteienkonsens zur anerkennenden Integration in die ihn tragende parlamentarische Normalität.

*Literatur*

Einen sehr guten Einstieg in die Nachrüstungsdiskussion der Parteien bietet Risse-Kappen. Für die CDU/CSU ist die Dissertation von Weber empfehlenswert, die abgewogen in die innerparteiliche Diskussion einführt. Auch bei Rödder findet sich ein lesenswerter Abriss der Debatten in Union und FDP. Eine auf archivalische Quellen gestützte Bearbeitung der Nachrüstungskontroverse in diesen beiden Parteien steht aber noch aus. Für die SPD und die Grünen ist die Forschungslage ungleich besser. Über die zeitlichen Abläufe der sozialdemokratischen Diskussion informiert zuverlässig Notz, dessen Studie jedoch tendenziöse Wertungen aufweist. Boll und Hansen untersuchen die Debatte auf der Basis von zum Teil noch unveröffentlichten Quellen. Die Geschichte der Grünen wurde unlängst von Mende aufgearbeitet. Ihre Dissertation bietet einen überaus gründlichen Einblick in die Anfänge der Partei. Eine gute Einführung in die Nachrüstungsdiskussion findet sich auch bei Richter.

Boll, Friedhelm/Hansen, Jan: Doppelbeschluss und Nachrüstung als innerparteiliches Problem der SPD. In: Gassert, Philipp/Geiger, Tim/Wentker, Hermann (Hg.): Zweiter Kalter Krieg und Friedensbewegung: Der NATO-Doppelbeschluss in deutsch-deutscher und internationaler Perspektive. München 2011, S. 203-228.

Mende, Silke: »Nicht rechts, nicht links, sondern vorn«. Eine Geschichte der Gründungsgrünen. München 2011.

Notz, Anton: Die SPD und der NATO-Doppelbeschluss. Abkehr von einer Sicherheitspolitik der Vernunft. Baden-Baden 1990.

Richter, Saskia: Der Protest gegen den NATO-Doppelbeschluss und die Konsolidierung der Partei Die Grünen zwischen 1979 und 1983. In: Gassert, Philipp/Geiger, Tim/Wentker, Hermann (Hg.): Zweiter Kalter Krieg und Friedensbewegung: Der NATO-Doppelbeschluss in deutsch-deutscher und internationaler Perspektive. München 2011, S. 229-245.

Risse-Kappen, Thomas: Die Krise der Sicherheitspolitik. Neuorientierungen und Entscheidungsprozesse im politischen System der Bundesrepublik Deutschland 1977-1984. Mainz/München 1988.

Rödder, Andreas: Bündnissolidarität und Rüstungskontrollpolitik. Die Regierung Kohl/Genscher, der NATO-Doppelbeschluss und die Innenseite der Außenpolitik. In: Gassert, Philipp/Geiger, Tim/Wentker, Hermann (Hg.): Zweiter Kalter Krieg und Friedensbewegung: Der NATO-Doppelbeschluss in deutsch-deutscher und internationaler Perspektive. München 2011, S. 123-136.

Weber, Tim M.: Zwischen Nachrüstung und Abrüstung. Die Nuklearwaffenpolitik der Christlich Demokratischen Union Deutschlands zwischen 1977 und 1989. Baden-Baden 1994.

*Anmerkungen*

[1]  Der nachfolgende Abriss dieser Debatten erhebt nicht den Anspruch, alle Parteien gleichgewichtig zu behandeln, weil die Darstellung der Tatsache Rechnung tragen muss, dass in CDU, SPD, FDP und Grünen unterschiedlich intensiv gestritten wurde.

[2]  Andreas Rödder: Bündnissolidarität und Rüstungskontrollpolitik. Die Regierung Kohl/Genscher, der NATO-Doppelbeschluss und die Innenseite der Außenpolitik. In: Philipp Gassert/Tim Geiger/Hermann Wentker (Hg.): Zweiter Kalter Krieg und Friedensbewe-

gung: Der NATO-Doppelbeschluss in deutsch-deutscher und internationaler Perspektive. München 2011, S. 123-136; Silke Mende: »Nicht rechts, nicht links, sondern vorn«. Eine Geschichte der Gründungsgrünen. München 2011, bes. S. 341; Saskia Richter: Der Protest gegen den NATO-Doppelbeschluss und die Konsolidierung der Partei Die Grünen. In: Gassert/Geiger/Wentker: Zweiter Kalter Krieg und Friedensbewegung, S. 229-245; Friedhelm Boll/Jan Hansen: Doppelbeschluss und Nachrüstung als innerparteiliches Problem der SPD. In: ebenda, S. 203-228.

[3] Egon Bahr: Ist die Menschheit dabei, verrückt zu werden? Die Neutronenbombe ist ein Symbol der Perversion des Denkens. In: Vorwärts, 21.7.1977, S. 4.

[4] Herbert Wehner: Deutsche Politik auf dem Prüfstand. In: Die Neue Gesellschaft, 26 (1979), 2, S. 92-94; Frauen für den Frieden – Frauen gegen Wettrüsten. Appell sozialdemokratischer Frauen vom 3. Dezember 1979. In: Blätter für deutsche und internationale Politik, 25 (1980), 1, S. 117f.; Resolution des Bundeskongresses der Jungsozialisten vom 26. bis 28. Juni 1981 in Lahnstein. In: ebenda, 26 (1981), 7, S. 882f.

[5] Kommuniqué der Außen- und Verteidigungsminister der NATO über den bedingten Beschluß zur Stationierung von Mittelstreckenwaffen [»NATO-Doppelbeschluß«], 12.12.1979. In: Bulletin des Presse- und Informationsamtes der Bundesregierung (fortan Bulletin), 154 (1979), S. 1409f., hier S. 1410.

[6] Parteitag der Sozialdemokratischen Partei Deutschlands, 3.-7.12.1979 in Berlin. 2. Band: Angenommene und überwiesene Anträge. Bonn 1979, S. 1228-1244, hier S. 1243.

[7] Politische und wirtschaftliche Aspekte der westlichen Sicherheit. Vortrag von Helmut Schmidt vor dem International Institute for Strategic Studies in London am 28.10.1977. In: Bulletin, 112 (1977), S. 1013-1020.

[8] Dazu die Reden Schmidts auf den Parteitagen in Berlin und München: Parteitag der Sozialdemokratischen Partei Deutschlands, 3.-7.12.1979 in Berlin. 1. Band: Protokoll der Verhandlungen. Bonn 1979, S. 157-201; Parteitag der Sozialdemokratischen Partei Deutschlands, 19.-23.4.1982 in München. 1. Band: Protokoll der Verhandlungen. Bonn 1982, S. 126-165.

[9] Unser Land soll auch morgen liberal sein. Wahlprogramm zur Bundestagswahl 1980 der Freien Demokratischen Partei. Beschlossen auf dem Bundesparteitag in Freiburg, 7.6.1980. In: Archiv des Liberalismus (fortan ADL), Druckschriftenbestand, Signatur D1-242, S. 12.

[10] William Borm an Erhard Eppler, 1.4.1981. In: Archiv der sozialen Demokratie (fortan AdsD), Dep. Erhard Eppler, 1/EEAC000057.

[11] Dazu Thomas Risse-Kappen: Die Krise der Sicherheitspolitik. Neuorientierungen und Entscheidungsprozesse im politischen System der Bundesrepublik Deutschland 1977-1984. Mainz/München 1988, S. 90-97, 123-143.

[12] Protokoll des 30. Bundesparteitages der Christlich-Demokratischen Union Deutschlands, 2.-5.11.1981 in Hamburg. Bonn 1981, S. 79.

[13] Ebenda, S. 362f.

[14] Zitiert nach Rödder: Bündnissolidarität und Rüstungskontrollpolitik, S. 126 (Hervorhebung im Original).

[15] Friedrich Zimmermann: SPD-Politik: Sozialistische Unfähigkeit. In: Bayernkurier, 4.4.1981, S. 1.

[16] So Kohl vor dem CDU-Parteitag in Berlin 1980: Protokoll des 28. Bundesparteitages der Christlich-Demokratischen Union Deutschlands, 19.-20.5.1980 in Berlin. Bonn 1980, S. 29.

[17] Protokoll des CDU-Parteitages 1981 in Hamburg, S. 60, 89.

[18] Verhandlungen des Deutschen Bundestages (fortan BT-Protokolle), 10. Wahlperiode, 13. Sitzung, 15.6.1983, S. 755.

[19] Holger Nehring/Benjamin Ziemann: Führen alle Wege nach Moskau? Der NATO-Doppelbeschluß und die Friedensbewegung. Eine Kritik. In: Vierteljahrshefte für Zeitgeschichte, 59 (2011), 1, S. 81-100.

[20] Die Berliner Erklärung des CDU-Bundesausschusses, 10.5.1982. In: CDU-Dokumentation, 13.5.1982, S. 6.

[21] Exemplarisch: Presse- und Informationsamt der Bundesregierung (Hg.): Aspekte der Friedenspolitik. Argumente zum Doppelbeschluss des Nordatlantischen Bündnisses. Bonn 1981.

[22] Berliner Erklärung der CDU, S. 6.

[23] Protokoll der Fraktionssitzung, 20.1.1981. In: AdsD, SPD-Bundestagsfraktion, IX. Wahlperiode, 2/BTFI000009.

[24] Exemplarisch Egon Bahr: Zehn Thesen über Frieden und Abrüstung. In: Hans Apel u. a. (Hg.): Sicherheitspolitik contra Frieden? Ein Forum zur Friedensbewegung. Bonn 1981, S. 10-17.

[25] Willy Brandt: Die Entspannung unzerstörbar machen. Internationale Beziehungen und deutsche Frage 1974-1982, bearb. v. Frank Fischer. Bonn 2003 (Berliner Ausgabe, Bd. 9), Dok. 52, S. 254-268, hier S. 254.

[26] Ebenda, S. 255; Ders.: Der Bundesrepublik wegen unsere Chance nutzen. In: Sozialdemokrat Magazin, 1 (1980), S. 3.

[27] Willy Brandt: Der organisierte Wahnsinn. Wettrüsten und Welthunger. Köln 1985, S. 22.

[28] Willy Brandt: Die Partei der Freiheit. Willy Brandt und die SPD 1972-1992, bearb. v. Karsten Rudolph. Bonn 2002 (Berliner Ausgabe, Bd. 5), Dok. 79, S. 354-363, hier S. 356.

[29] Gert Bastian: Bevor der Wettlauf außer Kontrolle gerät. In: Vorwärts, 18.12.1980, S. 16f.

[30] Erhard Eppler: Die Bedrohung hat sich durch die SS-20 nicht erhöht. Spiegel-Gespräch. In: Wilhelm Bittorf (Hg.): Nachrüstung. Der Atomkrieg rückt näher. Reinbek bei Hamburg 1981, S. 137-146.

[31] Oskar Lafontaine: Angst vor den Freunden. Die Atomwaffenstrategie der Supermächte zerstört die Bündnisse. Reinbek bei Hamburg 1983, S. 67.

[32] Strafanzeige des Bundesvorstands der Grünen wegen Vorbereitung eines Angriffskriegs, Bonn, April 1981. In: Bundesvorstand Die Grünen (Hg.): Entrüstet Euch. Analysen zur atomaren Bedrohung. Bonn o. J. [1983], S. 160-165.

[33] Bundesvorstand Die Grünen (Hg.): Friedensmanifest, verabschiedet von der 4. Ordentlichen Bundesversammlung der Grünen, 2.-4.10.1981 in Offenbach. Bonn 1981. In: Archiv Grünes Gedächtnis (fortan AGG), SBe 258-1(3), S. 10; das nächste Zitat S. 11.

[34] Erhard Eppler: Die tödliche Utopie der Sicherheit. Reinbek bei Hamburg 1983, S. 101.

[35] Bundesprogramm der Grünen, beschlossen auf der Bundesversammlung vom 21.-23.3.1980 in Saarbrücken, Bonn 1980, Nachdruck der 2. Aufl. von 1980. In: AGG, grün 041-1(1992), S. 19.

[36] Friedensmanifest der Grünen, 1981, S. 17.

[37] Lafontaine: Angst vor den Freunden, S. 81.

[38] Rudolf Bahro: Wahnsinn mit Methode. Über die Logik der Blockkonfrontation, die Friedensbewegung, die Sowjetunion und die DKP. Berlin 1982, S. 68.

[39] Bundesprogramm der Grünen, 1980, S. 19.

[40] Es war Petra Kelly, die diesen Ausdruck popularisierte: Richter: Die Aktivistin, S. 206-208.

[41] Mende: Geschichte der Gründungsgrünen, S. 461-467, 471-476; Helge Heidemeyer: (Grüne) Bewegung im Parlament. Der Einzug der Grünen in den Deutschen Bundestag und die Veränderungen in Partei und Parlament. In: Historische Zeitschrift, 291 (2009), S. 71-102, hier S. 73, 93; Josef Boyer/Helge Heidemeyer (Hg.): Die Grünen im Bundestag. Sitzungsprotokolle 1983-1987. Düsseldorf 2008; und darin die ausgezeichnete Einleitung.

[42] Siehe die Wahlaussage »Freiheit braucht Mut«. Beschlossen auf dem Bundesparteitag in Freiburg am 29./30.1.1983. In: ADL, Druckschriftenbestand, Signatur D1-250, S. 15.

[43] Andere Richtung: Die Freidemokraten stehen hinter ihrem Vorsitzenden Genscher – und der steht rechts. In: Der Spiegel, 21.11.1983, S. 22f.

[44] Parteitag der Sozialdemokratischen Partei Deutschlands, 19.-23.4.1982 in München. 2. Band: Angenommene und überwiesene Anträge. Bonn 1982, S. 910.

[45] Aufbruch nach vorn. Bundeskonferenz, 18.-19.11.1982 in Kiel. In: Politik. Aktuelle Informationen der Sozialdemokratischen Partei Deutschlands, 8 (1982), S. 22.

[46] Außerordentlicher Parteitag der Sozialdemokratischen Partei Deutschlands, 18.-19.11.1983 in Köln. Protokoll der Verhandlungen und Dokumentarischer Anhang. Bonn 1983, S. 198.

47 BT-Protokolle, 36/10, 22.11.1983, S. 2586.
48 Drucksachen des Deutschen Bundestages, 10/519, 24.10.1983.
49 Urteil des Zweiten Senats, 18.12.1984. In: Bundesverfassungsgericht (BVerfG), 68, 1.
50 Klaus Naumann: Nachrüstung und Selbstanerkennung. Staatsfragen im politisch-intellektuellen Milieu der »Blätter für deutsche und internationale Politik«. In: Dominik Geppert/ Jens Hacke (Hg.): Streit um den Staat. Intellektuelle Debatten in der Bundesrepublik 1960-1980. Göttingen 2008, S. 269-289, hier S. 271.

# 6. Ökopax

## Die Umweltbewegung als Erfahrungsraum der Friedensbewegung

SILKE MENDE UND BIRGIT METZGER

Neben dem Frieden wurde die Umwelt zum Gegenstand einer der stärksten und einflussreichsten Protestbewegungen, die sich im Rahmen der so genannten Neuen Sozialen Bewegungen in Westdeutschland wie überall in den westlichen Industriegesellschaften Anfang der 1970er Jahre entwickelten. Als die zivile Nutzung der Kernenergie in der zweiten Hälfte dieses Jahrzehnts verstärkt in Frage gestellt und zu einer zentralen innenpolitischen Kontroverse wurde, verschärften sich bestehende Konflikte und verdeutlichten die hohe Anschlussfähigkeit der Umweltproblematik für andere Akteure und Anliegen aus dem Protestspektrum. Die Umweltbewegung bildete einen wichtigen Erfahrungsraum für die »Neue Friedensbewegung« der späten 1970er und frühen 1980er Jahre und stellte bedeutsame personelle wie institutionelle Ressourcen für sie bereit.

## Die Umweltbewegung der 1970er Jahre

### Verbandsnaturschutz und Bürgerinitiativen

Die zeithistorische Forschung diskutiert die Jahre ab 1970 seit einiger Zeit als Umbruchperiode.[1] Umwelthistorisch gelten der Bericht an den *Club of Rome* über die »Grenzen des Wachstums« von 1972 und die erste Ölkrise 1973 als zwei Marksteine des komplexen Wandels,[3] der sich offenbar vor allem auf der Ebene der Wahrnehmung abspielte: Neue wissenschaftliche Erkenntnisse, offenkundige Umweltschäden und ein Wandel in den Wertpräferenzen bewirkten, dass die industriegesellschaftlich verursachten Veränderungen in der natürlichen Umwelt nun von einer breiteren Öffentlichkeit als problematisch wahrgenommen wurden.[4] Die Umweltschäden schienen weiter zu reichen als bisher ersichtlich, die Konsequenzen aufgrund komplexer ökologischer Zusammenhänge unabsehbar. Vor diesem Hintergrund entstand aus dem Zusammenspiel von alten Naturschutztraditionen und neuen Protestbewegungen eine neue Umweltbewegung. Die auffälligste Veränderung war die Transformation und Umdeutung des zuvor konservativ und elitär geprägten Naturschutzes mit nur wenig aktiven Vertretern hin zu einer Ökologiebewegung mit breiter Basis, die sich selbst zu großen Teilen als linksalternativ oder zumindest reformerisch verstand.[5] Zentral dafür war die Entdeckung des Umweltschutzes als Gegenstand des politischen Protests, der einerseits von den seit der Jahrhundertwende bestehenden Naturschutzverbänden, andererseits von den ab 1970 vermehrt entstehenden Bürgerinitiativen getragen wurde.

Auf Seiten der Verbände änderte sich die Perspektive auf Natur und Umwelt hin zu einer zunehmend umfassenden Problemsicht.[6] Seit den 1950er Jahren bezogen Naturschützer in ihre ästhetisch-moralisch bestimmten Vorstellungen nach und nach naturwissenschaftlich-ökologische Argumente ein. Damit einher ging eine inhaltliche Erweiterung um die Ökologie mit ihrer globalen Dimension sowie das gesamte Themenspektrum des Umweltschutzes, das von den Umweltmedien Wasser und Luft über die Verkehrs- und Energiepolitik bis zur Stadtökologie reichte. Gleichzeitig wandelte sich das Selbstverständnis und Auftreten der Naturschützer, was sich in neuen Aktionsformen, einer stärkeren Medien- und Öffentlichkeitsorientierung sowie einem konfrontativen Auftreten gegenüber dem Staat ausdrückte. Gesellschaftskritische Interpretationen der Umweltzerstörung als Symptom einer umfassenden Krise der industrialisierten Welt, die seit seinen Anfängen für den Natur- und Heimatschutz charakteristisch waren,[7] wurden nun mit ökologisch-wissenschaftlichen Argumenten verknüpft und nicht nur für konservative, sondern auch für emanzipatorische, gesellschaftspolitische Perspektiven anschlussfähig. Dadurch wurde der Naturschutz für jüngere und ihrem Selbstverständnis nach progressive Menschen attraktiv und blieb es gleichzeitig für die alten, konservativ geprägten Anhänger. Vorreiter in diesem Erneuerungsprozess war der seit 1905 bestehende Bund Naturschutz in Bayern, aus dem 1975 der bundesweit tätige *Bund für Umwelt- und Naturschutz* (BUND) entstand.[8]

Gleichzeitig wurden Ökologie und Umweltschutz ab 1970 zum Betätigungsfeld der sogenannten Neuen Sozialen Bewegungen, die im Gefolge von 1968 entstanden und von der sozialwissenschaftlichen Forschung vor allem in Abgrenzung zur Arbeiterbewegung definiert werden.[9] Sie standen in der Kontinuität der »Neuen Linken« und Studentenbewegung, von denen sie sich aber auch unterschieden. Unter ihren Anhängern dominierten die jüngeren und höher gebildeten Mittelschichten, ihr Schwerpunkt lag im städtischen Bereich,[10] Thematisch und ideologisch zeichneten sie sich durch große Vielfalt aus, wenn auch der Kern ihres Engagements für soziale Gerechtigkeit, Bürger- und Menschenrechte keineswegs neu war.

Von früheren Bürgerprotesten mit Umweltbezug[11] unterschied sich die
ab 1970 entstehende Bürgerinitiativbewegung quantitativ und qualitativ:
Mitte der Jahrzehnts sollen in der Bundesrepublik zwischen 15.000 und
20.000 Bürgerinitiativen bestanden haben, die vor allem auf lokaler Ebene aktiv wurden. Präzise Aussagen über die Zahl der Initiativen und Engagierten fallen allerdings schwer.[12] Zunehmend gewann die Umweltthe-
matik an Bedeutung, wobei Stadtentwicklung, Verkehr und Energie
Hauptgegenstände des Engagements waren.[13] Im Unterschied zu früher
stellten sich die Initiativen nicht nur gegen ein konkretes Projekt, sondern
übten grundsätzliche Kritik an vermeintlich zu kurz greifenden, bloß
technokratischen Lösungen für tiefergehende soziale Probleme. Weitere
Ziele waren Partizipation und Transparenz, was illustriert, dass die Bürgerinitiativen sich als Teil einer größeren Protestbewegung verstanden
und eng mit dem im selben Zeitraum entstehenden alternativen Milieu
verbunden waren.[14] Der 1972 gegründete *Bundesverband Bürgerinitiativen
Umweltschutz* (BBU) sorgte fortan auch organisatorisch für eine Vernetzung der Initiativen und entwickelte sich schnell zu einem mitgliederstar-
ken Dachverband, der in den 1970er Jahren »unangefochten an der Spitze der Umweltinitiativen« stand.[15]

*Der Anti-Atom-Protest*

Neben Problemsichtwandel und Vernetzungen war es vor allem die
»Atomfrage«, die die Umweltbewegung seit Mitte der 1970er Jahre auf
eine breite Grundlage stellte. Die Kundgebungen gegen Atomanlagen
waren mit mehreren hunderttausend Teilnehmern die bis dahin größten
in der bundesdeutschen Protestgeschichte, ehe sie von denjenigen gegen
die Nachrüstung nochmals übertroffen wurden.[16]

Die Kontroverse um die zivile Nutzung der Kernenergie entwickelte sich
in den 1970er Jahren zu einer Leitdebatte des nicht-staatlichen Umweltschutzes. Vorher wurde die Atomenergie überwiegend als zukunftsweisen-
de Schlüsseltechnologie betrachtet, die eine sichere, günstige und um-
weltschonende Energieversorgung für alle versprach. Dieser Ansicht
waren selbst Naturschützer.[17] Das änderte sich mit der Sensibilisierung für
Umwelt- und Wachstumsfragen und verstärkte sich, als die Bundesregierung 1973 den forcierten Ausbau der Kernenergie beschloss. Demgemäß
sollten Kernkraftwerke bis 1985 knapp die Hälfte der Stromerzeugung
tragen – Anfang der 1970er Jahre waren es gerade einmal fünf Prozent.

Auch im Atom-Konflikt standen am Anfang lokale Initiativen gegen
einzelne Bauvorhaben, aus denen dann eine umfassendere Bewegung

entstand. Eine wichtige Rolle spielte dabei die Auseinandersetzung um das geplante Kernkraftwerk im badischen Wyhl zwischen 1973 und 1976, wo betroffene Anwohner, darunter viele Landwirte und Winzer, mit Naturschützern und Anhängern der Neuen Linken zum Protest zusammentrafen.[18] Die unterschiedlichen Interessen reichten von der bäuerlichen sozioökonomischen Selbstbehauptung und territorialen Integrität bis zur sozial und ökologisch verträglichen Energiegewinnung sowie einer demokratischeren Gesellschaft. Diese soziale und politische Heterogenität sowie die unkonventionellen Protestformen, von denen die Bauplatzbesetzung 1975 größtes Aufsehen erregte, brachten dem Thema mediale Aufmerksamkeit, breite Unterstützerkreise und eine neue politische Dimension.

In der Atomenergie verdichteten sich symbolisch die zeitlich und räumlich nicht mehr eingrenzbaren Risiken und Negativwirkungen des industriellen Wachstums. Dabei ging es nicht nur um die Gefahren für Gesundheit und Umwelt, sondern genauso um undurchschaubare und kaum kontrollierbare Großtechnologien sowie als intransparent wahrgenommene Entscheidungsabläufe, Kapitalinteressen und das Handeln der Staatsmacht.[19]

Unter anderem trug die Debatte beträchtlich zur »Entmystifizierung des Sozialtypus des Experten«[20] bei. Sie unterstrich die Bedeutung von Sachwissen für die Auseinandersetzung und führte vor Augen, dass auch Experten nicht neutral und unvoreingenommen waren. Deshalb begann die Umweltbewegung, so genannte »Gegenexperten« aufzubauen: Wissenschaftlich ausgebildete Umweltschützer erstellten für die Umweltbewegung »kritische« Analysen. Auf diese Weise entstanden Einrichtungen wie das Freiburger Öko-Institut. Gleichzeitig gewannen Atom-Wissenschaftler an Einfluss, die in den 1970er Jahren die Seiten wechselten und zu Kritikern wurden. Der bekannteste von ihnen war Klaus Traube, der unter anderem für den Bau des Schnellen Brüters in Kalkar verantwortlich war. Sein Beispiel illustriert die Verknüpfung der Umweltproblematik mit einer grundlegenden Staats- und Kapitalismuskritik, wie sie für weite Teile der Anti-Atom-Bewegung charakteristisch wurde und sich im Kontext der terroristischen Bedrohung sowie der Debatte um die »innere Sicherheit« nochmals zuspitzte. 1975/76 hatte der Verfassungsschutz den Atommanager Traube überwacht und abgehört. Die ihm unterstellten Kontakte zum Terrorismus erwiesen sich jedoch als haltlos. Die bundesweite Affäre um den »Fall Traube« bestätigte den Eindruck vieler, dass der Staat zunehmend in die Grundrechte Einzelner eingriff und der Ausbau der Kernkraft einen Markstein auf dem Weg in den technokratischen Überwachungsstaat darstelle. Diesen Zusammenhang thematisierte auch ein breit rezipiertes Buch des Futurologen Robert Jungk aus dem Jahr 1977. Der »Atom-Staat« wurde zum einprägsamen Bild, das die Kritik der Anti-AKW-Bewegung bündelte.[21] Das schien auch durch das teils harte Vorgehen der Polizei gegen Demonstranten bestätigt zu werden. Demgegenüber stilisierte sich die Umweltbewegung als politische Widerstandsbewegung, die gegenüber einem übermächtigen Staat in Notwehr handelte. Akte zivilen Ungehorsams, etwa Sitzstreiks, Besetzungen oder Blockaden sowie Sachbeschädigungen schienen vor diesem Hintergrund gerechtfertigt. Der Konflikt um die zivile Nutzung der Kernkraft spitzte sich also ab Mitte der 1970er Jahre zu, wobei Wyhl einerseits zum erfolgreichen Vorbild der Protestbewegung wurde, sich andererseits aber auch von den folgenden Großdemonstrationen in Kalkar, Grohnde, und Brokdorf unterschied. Dort kam es wiederholt zu heftigen Auseinandersetzungen zwischen Polizei und Demonstranten, in deren Folge die Gewaltfrage auch innerhalb der Protestbewegung immer konträrer diskutiert wurde.[22] So wurde das Thema Kernkraft Gegenstand einer zentralen Kontroverse, die die Gesellschaft in Befürworter und Gegner aufspaltete. Die SPD-FDP-Bundesregierung trat geschlossen für die Zukunftstechnologie Kernkraft ein, auch wenn der Konsens in den Parteien längst aufgebrochen war und sich mit den Grünen eine dezidierte Anti-Atom-Partei zu formieren begann.[23]

Staatskritik wurde vor diesem Hintergrund zu einem zentralen Bestandteil der Umweltbewegung, die sie von ihren Vorläufern unterschied. Gleichzeitig kooperierten Bürgerinitiativen und Umweltverbände jedoch weiterhin mit Umweltschützern in Behörden und Ministerien. Viele Umweltinitiativen wurden zudem von öffentlichen Geldern unterstützt.[24] Unter anderem weil der Umweltschutz innerhalb der Regierungspolitik zunehmend in die Defensive geriet, gewannen in der Öffentlichkeit eine äußerst polarisierte Diskussion und eine regierungskritische Haltung die Oberhand.

Insgesamt durchlief die Umweltbewegung im Laufe der 1970er Jahre eine Politisierung, indem sie ihre Themen mit sozialen und politischen Anliegen, wie Demokratie und Partizipationsansprüchen, Bürger- und Menschenrechten sowie Forderungen der Frauen- und der »Dritte-Welt«-Bewegung verknüpfte. Mit der Nachrüstungsdebatte kam schließlich am Ende des Jahrzehnts ein weiteres Thema hinzu, das schnell den Spitzenplatz auf der bundesdeutschen Protestagenda einnehmen sollte. Entsprechende Anknüpfungspunkte zur Umweltproblematik sowie zur Kernkraftdebatte drängten sich bei diesem weiteren »Überlebensthema« geradezu auf.

# Die »Neue Friedensbewegung« und ihre Zusammenhänge mit der Umweltbewegung

Vor dem Hintergrund der weltpolitischen Entwicklungen, die das Ende der Entspannungspolitik und das Heraufziehen eines »Zweiten Kalten Krieges« ankündigten, entstanden in vielen westlichen Ländern »neue« Friedensbewegungen, die an frühere pazifistische Traditionen aus den 1950er und 1960er Jahren anschließen konnten.[25] Ein Grund für die großen Mobilisierungserfolge der neuen Friedensbewegung lag darin, dass sie an bestehende Strukturen und Erfahrungen der anderen Protestbewegungen anknüpfen und darauf aufbauen konnte. Besonders zwischen Friedens- und Umweltbewegung entstand ab 1979 ein enges Bündnis, das inhaltliche und diskursive, personelle und institutionelle Überschneidungen umfasste, was auch im Politikverständnis und bei den Protestformen zum Ausdruck kam.

## Krisenwahrnehmung und Deutung

Sowohl Umwelt- als auch Friedensbewegung verstanden sich als Lebens- bzw. »Überlebensbewegung« in einer akuten Krise der industrialisierten Zivilisation. Beide verfolgten das Ziel, eine »globale Menschheitskatastrophe abzuwenden«.[26] Dabei erschienen der »drohende Nuklearkrieg, der das Leben auf der Erde mit einem Schlag auslöschen kann, und die schleichende Naturzerstörung durch hemmungslose Industrialisierung [...] nur als zwei Seiten des gleichen Typus gesellschaftlich-politisch-wirtschaftlichen Wachstums.«[27]

Dem zugrunde lag eine umfassende Krisenwahrnehmung und Gesellschaftskritik, die sich in verschiedenen übergreifenden Ansätzen niederschlug. Zeitgenössisch mit unterschiedlichen Wertungen und Konnotationen versehen, standen dafür Schlagworte wie *Friede mit der Natur* oder *Ökopazifismus*, kurz *Ökopax*. Ihnen zufolge sei der Mensch von Natur aus gut und friedlich, Gewalt und Umweltzerstörung seien Ergebnisse einer widernatürlichen gesellschaftlichen Prägung. Die Natur wurde zum Gravitationszentrum der Utopie von einer »sanften, gewaltfreien, grünen Republik«, wie sie die Grünen zur Bundestagswahl 1983 forderten.[28] Ökopax signalisierte also die Verkopplung der Umwelt- mit der Friedensbewegung und beschwor zugleich einen utopischen »Zustand der Befriedung von Mensch und Natur«.[29] Hier zeigte sich auch die Anschlussfähigkeit und Wirkungsmacht systemtheoretischer Ansätze, die etwa in der Ökologie die Integration von innovativen wissenschaftlichen Methoden und

Ganzheitlichkeitsvorstellungen der traditionellen Naturgeschichte ermöglichten. Als »politische Ökologie« fanden solche Vorstellungen weite
Verbreitung.[30]

Auf die Natur als Norm und Utopie bezog sich ebenfalls der *Ökofeminismus*, der Zusammenhänge zwischen der Unterdrückung der Frau und der
Ausbeutung der Natur sah. Daran ließ sich der umstrittene Gedanke anschließen, dass Frauen in einem essentialistischen Sinn naturverbunden
seien, mithin friedens- und lebenszugewandt, Männer demgegenüber von
der Natur entfremdet und zerstörerisch. Damit wurde Frauen eine wichtige Rolle für die angestrebte fundamentale gesellschaftliche Veränderung zugesprochen, zu deren Verwirklichung der Feminismus führen
sollte.[31] Dieses Konzept vertrat etwa der amerikanische Physiker Fritjof
Capra. Sein Buch »Wendezeit« war Anfang der 1980er Jahre in der Bundesrepublik ein Bestseller und illustriert die Nähe von Ökopax und Ökofeminismus zur *New-Age*-Bewegung, die ebenfalls ganzheitlich argumentierte.[32]

Auf einer konkreten Ebene problematisierten Umweltschützer ab 1980
verstärkt den Anteil des Militärs an der Ausbeutung natürlicher Ressourcen, an Umweltverschmutzung, Naturzerstörung und Gesundheitsschädi-
gung. Indem sie darauf verwiesen, dass hinter Atomkraftwerken und
Atombomben dieselbe Technologie stecke, thematisierten sie die schwierige Grenzziehung zwischen ziviler und militärischer Nut-
zung der Atomenergie.[33]
Rhetorisch verschmolzen
die Warnungen vor einer
militärischen und einer
ökologischen Katastrophe
zu einem umfassenden Kri-
senszenario. Das Präfix
»Atom-« geriet zum Angst-
begriff, der sowohl auf die
zivile wie die militärische

Abb. 13. Karikatur »Alles halb
so schlimm, ein Wald stirbt,
ein anderer wächst nach«
(Horst Haitzinger, »Pershing-
wald«,1983)

Nutzung von Nukleartechnik zielte. Aber auch mit dem Waldsterben, das ab 1980 für einige Jahre ins Zentrum der westdeutschen Umweltdebatte rückte,[34] wurde die Raketenstationierung rhetorisch und bildlich verknüpft.

Dabei kamen begriffliche Querverbindungen und weitreichende diskursive Kontinuitäten zum Tragen. Dies verdeutlicht etwa ein Viktimisierungsdiskurs, der sich immer wieder auf den Holocaust und Hiroshima bezog und Parallelen zwischen dem nationalsozialistischen Massenmord und den alliierten Bombenabwürfen im Krieg herstellte.[36] Dass dieselben Schlagworte gleichermaßen in der Waldsterbensdebatte verwendet wurden, zeigt, wie sehr die beiden Bewegungen und ihre Krisenwahrnehmung miteinander verquickt waren. Das schlug sich auch auf der Ebene gemeinsamer Institutionen und Protestereignisse nieder.

*Personelle und institutionelle Verknüpfungen*

Bereits vor dem NATO-Doppelbeschluss hatte es einzelne Versuche gegeben, das Engagement für Umwelt und Frieden miteinander zu verbinden. Neben den Naturfreunden, die sich bereits in den 1950er und 1960er Jahren auch friedenspolitisch engagierten,[37] widmeten sich die *Jungen Europäischen Föderalisten* (JEF), die der Sozialdemokratie nahestanden, früh dieser Verknüpfung. Ihnen gehörten die beiden späteren Gründungsgrünen Roland Vogt und Petra Kelly an, der spätere saarländische Umweltminister Jo Leinen (SPD) war ihr Bundesvorsitzender.[38] Alle drei waren wiederum in führenden Positio-

Abb. 14. Plakat »Wehrt Euch gegen die atomare Bedrohung«, Nuklearlandkarte der Grünen, 1981.[40]

nen im BBU engagiert, der schließlich zum vielleicht wichtigsten institutionellen Akteur für die Organisation des Bündnisses zwischen Friedens- und Umweltbewegung wurde. Einem Beschluss der Mitgliederversammlung gemäß veranstaltete der BBU im Oktober 1979 gemeinsam mit der *Deutschen Friedensgesellschaft/Vereinigte Kriegsgegner* (DFG-VK) in Kassel einen Kongress mit dem programmatischen Titel »Ökologie- und Friedensbewegung«. Zur Verdeutlichung der Zusammenhänge plante der BBU außerdem die Erstellung einer nuklearen Landkarte mit den Standorten der Raketenbasen und Atomkraftwerke in der Bundesrepublik, die schließlich von anderen Akteuren verwirklicht wurde.[39]

Zudem gaben Umweltverbände Untersuchungen über die potenziellen ökologischen Konsequenzen eines Atomkrieges in Auftrag.[41] Auf der anderen Seite engagierten sich Friedensgruppen für umweltpolitische Anliegen.[42]

Neben diesen Bewegungsorganisationen verbanden auch Akteure aus den Parteien und den christlichen Kirchen umwelt- und friedenspolitische Forderungen. Vor allem evangelische Friedensgruppen spielten dabei eine wichtige Rolle.[43] Bei den Parteien sind an erster Stelle die Grünen zu nennen, die aus den Neuen Sozialen Bewegungen hervorgegangen waren und ihre ersten Wahlerfolge nicht zuletzt unter dem Eindruck des ökologischen und atomaren Bedrohungsgefühls erzielten. An ihnen lässt sich das Programm von Ökopax auf vielerlei Ebenen ablesen.[44] Mit Abstrichen gilt dies auch für die SPD, zumindest jene Teile der Partei, die sich mit den Themen und Anliegen der Neuen Sozialen Bewegungen befassten und sich in Umwelt- und Friedensfragen zunehmend in Opposition zu Bundeskanzler Helmut Schmidt begaben. Auch in der FDP und den Unionsparteien fand die Verknüpfung von Frieden und Umweltschutz einzelne Vertreter. Dass nach dem Regierungswechsel von 1982/83 die entsprechende Rhetorik ebenfalls von Mitgliedern des Kabinetts Kohl, wie zum Beispiel Innenminister Friedrich Zimmermann (CSU), aufgegriffen wurde, illustriert jedoch eher, wie wirkungsvoll die Protestbewegung diese Thematik zu einem bedeutenden politischen Thema gemacht hatte.

Bei der Begegnung beider Bewegungen fungierten prominente Protagonisten zum Teil als Mittler.[45] Beispielsweise war der evangelische Pfarrer und Publizist Jörg Zink nicht nur ein wichtiger Fürsprecher der Friedens-, sondern auch der Ökologiebewegung.[46] Bei der SPD stand vor allem der ehemalige Entwicklungshilfeminister und baden-württembergische Landesvorsitzende Erhard Eppler für die Verknüpfung von Umwelt und Frieden. Aber auch jenseits der Parteien traten Prominente öffentlichkeitswirksam für Umwelt und Frieden ein. So war der Autor des »Atom-Staats«, Robert Jungk, einer der Redner auf der großen Bonner Friedensdemonstration im Oktober 1981, wo er die Brücke vom drohenden Nuklearkrieg zum »großen Krieg gegen die Umwelt« schlug und »für einen Friedensschluß mit der Natur« plädierte.[47] Auch der populäre Fernsehmoderator und Publizist Hoimar von Dithfurth zog argumentative und semantische Verbindungslinien von der Umwelt- über die Anti-AKW- zur Friedensbewegung.[48] Auf diese Weise wirkten Friedens- und Umweltbewegung weit in die Gesellschaft hinein. Das politische Spektrum reichte von Konservativen über Alternative bis zu Autonomen.[49]

*Protestformen und Politikverständnis*

Schließlich spiegelte und verstärkte sich die Verbindung von Umwelt- und Friedensbewegung auch auf der Ebene des Politikverständnisses, der Mobilisierungsstrategien und Protestformen.

In der Volkshochschule Wyhler Wald wurde beispielsweise das ursprüngliche Thema Kernenergie um Themen wie Frieden und Waldsterben erweitert.[50] Zu solch aufklärerisch motivierten Argumentationsstrategien gehörten auch die Gegenexperten, wie sie vor allem die Umweltbewegung aufgebaut hatte und an deren Praxis eigene sicherheitspolitische Experten der Friedensbewegung anknüpften.[51] Darüber hinaus schlugen sowohl die Umwelt- als auch die Friedensbewegung den Rechtsweg ein. Zunächst zog die Umweltbewegung vor die Gerichte und konnte dabei einige Erfolge verzeichnen, etwa bei den vorübergehenden Gerichtsbeschlüssen gegen die geplante Atomanlage in Wyhl, die vermutlich zu deren Verhinderung beitrugen.[52] Gleichzeitig zogen die mitunter spektakulären Klagen große mediale Aufmerksamkeit auf sich und waren damit Teil des für die Neuen Sozialen Bewegungen so wichtigen Feldes symbolischer Politik. Einer solchen Doppelstrategie gehorchte beispielsweise das 1983 stattfindende, von den Grünen organisierte *Nürnberger Tribunal gegen die Verbreitung von Erstschlags- und Massenvernichtungswaffen in Ost und West.*[53] Es stellte sich einerseits bewusst in die Tradition des Nürnberger Hauptkriegsverbrecherprozesses und unterstreicht abermals die Melange aus Amerikakritik und fragwürdigen historischen Vergleichen. Andererseits knüpfte es an bekannte Formate des außerparlamentarischen Protests an, nämlich das *Vietnam War Crimes Tribunal* (1966/67), dem weitere sogenannte *Russell-Tribunale* folgten.

Die Verbindungen zwischen Umwelt- und Friedensbewegung spiegelten sich gleichfalls bei zahlreichen anderen Aktionsformen wider, die seit »1968« zum themenübergreifenden Repertoire der Protestbewegungen gehörten und neben großen Demonstrationen kreative und öffentlichkeitsorientierte Aktivitäten sowie eingängige Alltagspraktiken umfassten.[54] Die Friedenstaube auf blauem Grund und das Symbol »Schwerter zu Pflugscharen« fand auf den Parkas der Protestierenden wie selbstverständlich Platz neben der Anti-Atomkraft-Sonne und den Ansteckern und Buttons der Frauenbewegung. Indem die Neuen Sozialen Bewegungen an die medienwirksamen Traditionen der 68er anknüpften,[55] etwa mit Besetzungen von Bauplätzen, trugen sie dazu bei, dass der Umweltschutz während der gesamten 1970er Jahre ein kontinuierlicher Gegenstand der Berichterstattung blieb.[56]

Mehr noch als in der Umweltbewegung spielte in der Friedensbewegung ein spezifisches Politikverständnis eine Rolle. Der besonders in den »langen 1960er Jahren« gefestigten Idee von Politik als rationaler Aushandlung und Ermöglichung des Machbaren wurde ein alternatives, utopisch hoch aufgeladenes Modell gegenübergestellt, in dem Emotion und Intuition ein unmittelbares Verständnis von Sachverhalten vermitteln sollten. »Betroffenheit« zu erzeugen war dementsprechend Ziel vieler Aktionsformen, wozu auch das Ausmalen apokalyptischer Szenarien gehörte. Dem Empfinden und dem Ausdruck von Angst wurde dabei eine besondere Überzeugungs- und Mobilisierungskraft für politisches Handeln zugesprochen und diese dadurch nicht mehr nur negativ konnotiert.[57] Auch für die Umweltbewegung war Angst von Beginn an eine zentrale Motivation, eine eindringliche Symbolik war Bestandteil ihrer Ausdrucksformen.[58] Unter dem Eindruck der Friedensbewegung wurde dieser Aspekt noch verstärkt: Die Umweltbewegung übernahm von dieser emphatische Darstellungsweisen, etwa die Verwendung von Blut oder Menschenketten.[59] Die Umweltbewegung war also nicht nur ein Erfahrungsraum für die neue Friedensbewegung, sondern auch umgekehrt ein Empfänger neuer Impulse aus der Friedensbewegung.

Allerdings gingen beide Bewegungen nicht ineinander auf, was sich unter anderem im Auftreten und Wirken bemerkbar machte. So verlagerte sich die Gewaltdebatte um 1980 von der Umwelt- in die Friedensbewegung, wobei sich der Umgang mit dem Thema veränderte. Zwar griff auch die Friedensbewegung zu Mitteln der Blockade und in einigen Fällen auch der Sabotage, jedoch verliefen die großen Aktionen ihrem pazifistischen Anspruch entsprechend weitgehend friedlich. Demgegenüber wurde die Umweltbewegung Anfang der 1980er Jahre vor allem mit den Protesten gegen die Kernenergie und die Startbahn West in Verbindung gebracht, die stark von gewalttätigen Konfrontationen geprägt waren, was vor allem konservative und bürgerliche Kreise abschreckte.[60] Im Gegensatz dazu erzeugten die Aktionen der Friedensbewegung friedliche und damit konsensfähige Bilder. Mit ihrem enormen Mobilisierungspotenzial und ihrer breiten Bündnisfähigkeit, ihrer Konsensorientierung und ihrem positiven öffentlichen Image wurde sie deshalb auch von Umweltschützern als Erfolg und Vorbild wahrgenommen. So verwiesen sie während der Waldsterbensdebatte wiederholt auf deren Erfolge und versuchten daran anzuknüpfen, zumal das Waldsterben einen fast noch größeren generationen- und lagerübergreifenden Konsens erzielte.[61] Eben diese weitreichende Einigkeit ohne grundsätzliche Gegner war es jedoch vermutlich, die in diesem Fall eine auch nur annähernd ähnlich große Protest-Mobilisierung wie beim Anti-Atom- und Friedensprotest verhinderte.

## Fazit

Die Verbindungen von Umwelt- und Friedensbewegung waren eng und vielschichtig. Sie beruhten zunächst auf der gemeinsamen Zugehörigkeit zu den Neuen Sozialen Bewegungen und dem Alternativmilieu der 1970er Jahre, die wiederum auf den Erfahrungsschatz von »1968« zurückgreifen konnten. Gleichzeitig standen beide »Überlebensbewegungen« in Traditionen, die noch vor Studentenbewegung und Neue Linke zurückreichten, wodurch sich ihre ebenfalls starke Verankerung in bürgerlichen und konservativen Kreisen erklärt. Anders als die 68er-Bewegung zeichneten sie sich durch eine die Generationen und politischen Lager weit umspannende Heterogenität aus.

Grundlage für die Verbindung von Umwelt- und Friedensbewegung war eine umfassende Krisenwahrnehmung, in deren Zentrum die Kritik an anthropogener Gewalteinwirkung auf Mensch und Natur stand. Dem wurde die Utopie einer als gut und gewaltfrei imaginierten Natur entgegengestellt. Das Gefühl existentieller Bedrohung, das in Katastrophenszenarien und emotionalen Warnrufen zum Ausdruck kam, hatte seine Ursache in einer gemeinsamen Wahrnehmung: Man sah sich Bedrohungen gegenüber, deren Ausmaß und Reichweite grenzenlos und unbegrenzbar erschienen. In einem gewissen Kontrast dazu standen Appelle beider Bewegungen, die sich in erster Linie an nationalstaatliche Stellen richteten, kulturell stark auf deutsche Erfahrungen und Interpretationen rekurrierten und, vor allem in der Nachrüstungsdebatte, nationale, teils nationalistische Töne anschlugen.[62] Gleichzeitig war sowohl die Umwelt- als auch die Friedensbewegung transregional und transnational gut vernetzt.[63]

Auf einer konkreten Ebene festigten Institutionen und zentrale Personen das Bündnis. Dass diese nicht nur aus den Reihen der Protestbewegungen stammten, sondern auch aus Parteien und Kirchen, unterstreicht die große gesellschaftliche Reichweite beider Bewegungen.[64] In den Protestformen zeigen sich wechselseitige Beeinflussungen und Lernprozesse. Elemente einer gemeinsamen und öffentlichkeitsorientierten Symbolpolitik illustrieren, wie wirkmächtig das Bündnis zwischen Ökologie- und Friedensbewegung agierte. Die anfänglich vor allem von der Umwelt- auf die Friedensbewegung ausgehenden Einflüsse ließen sich auch zunehmend in umgekehrter Richtung beobachten. Allerdings dürfen trotz dieser zahlreichen Gemeinsamkeiten nicht die fortbestehenden Unterschiede übersehen werden, die vor allem in bestimmten Spezifika der Proteste ihren Ausdruck fanden.

Schließlich stellt sich die Frage nach der Dauerhaftigkeit und der Belastbarkeit des Bündnisses zwischen Umwelt- und Friedensbewegung. Wie sich die skizzierten Querverbindungen nach dem spürbaren Abebben von Atomkonflikt, Nachrüstungskontroverse und Waldsterbensdebatte entwickelten, und ob aus einer fruchtbaren Symbiose möglicherweise eine Konkurrenz um Engagierte und Aufmerksamkeiten erwuchs, bleibt zu prüfen.

*Literatur*

Hilfreiche Einführungen und Gesamtdarstellungen zur Geschichte der Umweltbewegung sind die Darstellungen von Brüggemeier, Radkau (2011) und Uekötter.

Die Geschichte der Umweltbewegung in Deutschland ist bis in die 1970er Jahre recht gut erforscht. Über ihre Vorläufer seit dem späten 19. Jahrhundert informiert Schmoll. Den Bogen von den Anfängen bis in die 1970er Jahre spannen Dominick und Oberkrome. Die grundlegende Studie zur Entwicklung der bundesdeutschen Natur- und Umweltschutzbewegung stammt von Engels, eine wichtige Ergänzung am Beispiel Bayerns liefert Hasenöhrl. Umweltbewegung und Umweltpolitik der Bundesrepublik bis 1973 behandelt Hünemörder.

Die wichtigste Darstellung zur Geschichte von Kernkraftkonflikt und Anti-Atom-Protest ist immer noch Radkau (1983). Ebenfalls im Kontext der zeitgenössischen Debatten entstanden ist der Beitrag von Rucht. Insbesondere mit der Entsorgungsproblematik und -debatte beschäftigt sich Tiggemann.

Brüggemeier, Franz-Josef: Tschernobyl, 26. April 1986. Die ökologische Herausforderung. München 1998.
Dominick, Raymond H.: The Environmental Movement in Germany. Prophets and Pioneers, 1871-1971. Bloomington, IN 1992.

Engels, Jens Ivo: Naturpolitik in der Bundesrepublik. Ideenwelt und politische Verhaltensstile in Naturschutz und Umweltbewegung 1950-1980. Paderborn u.a. 2006.

Hasenöhrl, Ute: Zivilgesellschaft und Protest. Eine Geschichte der Naturschutz- und Umweltbewegung in Bayern 1945-1980. Göttingen 2010.

Hünemörder, Kai F.: Die Frühgeschichte der globalen Umweltkrise und die Formierung der deutschen Umweltpolitik (1950-1973). Stuttgart 2004.

Oberkrome, Willi: »Deutsche Heimat«. Nationale Konzeption und regionale Praxis von Naturschutz, Landschaftsgestaltung und Kulturpolitik in Westfalen-Lippe und Thüringen (1900-1960). Paderborn u.a. 2004.

Radkau, Joachim: Die Ära der Ökologie: Eine Weltgeschichte. München 2011.

Ders.: Aufstieg und Krise der deutschen Atomwirtschaft 1945-75. Verdrängte Alternativen in der Kerntechnik und der Ursprung der nuklearen Kontroverse. Reinbek bei Hamburg 1983.

Rucht, Dieter: Von Wyhl nach Gorleben. Bürger gegen Atomprogramm und nukleare Entsorgung. München 1980.

Schmoll, Friedemann: Erinnerung an die Natur. Die Geschichte des Naturschutzes im deutschen Kaiserreich. Frankfurt/Main u.a. 2004.

Tiggemann, Anselm: Die »Achillesferse« der Kernenergie in Deutschland. Zur Kernenergiekontroverse und Geschichte der Entsorgung von den Anfängen bis Gorleben 1955 bis 1985. Lauf an der Pegnitz 2004.

Uekötter, Frank: Am Ende der Gewissheiten. Die ökologische Frage im 21. Jahrhundert. Frankfurt/Main/New York, NY 2011.

## *Anmerkungen*

[1] Z.B. Konrad Jarausch (Hg.): Das Ende der Zuversicht? Die siebziger Jahre als Geschichte. Göttingen 2008; Anselm Doering-Manteuffel/Lutz Raphael: Nach dem Boom. Perspektiven auf die Zeitgeschichte seit 1970. Göttingen, 2., erg. Aufl. 2010.

[2] Dennis Meadows u.a.: Die Grenzen des Wachstums. Bericht des Club of Rome zur Lage der Menschheit. Stuttgart/München 1972. Dazu Friedemann Hahn: Von Unsinn bis Untergang: Rezeption des Club of Rome und der Grenzen des Wachstums in der Bundesrepublik der frühen 1970er Jahre. Dissertation, Freiburg, 2006, URL: http://www.freidok. uni-freiburg.de/volltexte/2722/pdf/hahn_friedemann_2006_von_unsinn_bis_untergang.pdf.

[3] Beispielhaft die Beiträge in: Franz-Josef Brüggemeier/Jens Ivo Engels (Hg.): Natur und Umwelt in Deutschland nach 1945. Probleme, Wahrnehmungen, Bewegungen und Politik. Frankfurt/Main/New York, NY 2005.

[4] Franz-Josef Brüggemeier: Tschernobyl, 26. April 1986. Die ökologische Herausforderung. München 1998, S. 191-216.

[5] Jens Ivo Engels: Naturpolitik in der Bundesrepublik. Ideenwelt und politische Verhaltensstile in Naturschutz und Umweltbewegung 1950-1980. Paderborn u.a. 2006; Ute Hasenöhrl: Zivilgesellschaft und Protest. Eine Geschichte der Naturschutz- und Umweltbewegung in Bayern 1945-1980. Göttingen 2010.

[6] Zum Folgenden: Engels: Naturpolitik; Hasenöhrl: Zivilgesellschaft; Kai F Hünemörder: Die Frühgeschichte der globalen Umweltkrise und die Formierung der deutschen Umweltpolitik (1950-1973). Stuttgart 2004.

[7] Raymond H. Dominick: The Environmental Movement in Germany. Prophets and Pioneers, 1871-1971. Bloomington 1992; Willi Oberkrome: »Deutsche Heimat«. Nationale Konzeption und regionale Praxis von Naturschutz, Landschaftsgestaltung und Kulturpo-

litik in Westfalen-Lippe und Thüringen (1900-1960). Paderborn u.a. 2004; Friedemann Schmoll: Erinnerung an die Natur. Die Geschichte des Naturschutzes im deutschen Kaiserreich. Frankfurt/Main u.a. 2004.

[8] Hasenöhrl: Zivilgesellschaft, S. 284-307.

[9] Roland Roth/Dieter Rucht: Einleitung. In: Dies. (Hg.): Die Sozialen Bewegungen in Deutschland seit 1945. Ein Handbuch. Frankfurt/Main 2008, S. 13-17.

[10] Roland Roth/Dieter Rucht: (Hg.): Die Sozialen Bewegungen in Deutschland seit 1945. Ein Handbuch. Frankfurt/Main 2008.

[11] Frank Uekötter: Wie neu sind die Neuen Sozialen Bewegungen? Revisionistische Bemerkungen vor dem Hintergrund der umwelthistorischen Forschung. In: Mitteilungsblatt des Instituts für soziale Bewegungen, 31 (2004), S. 115-138.

[12] Udo Kempf: Bürgerinitiativen. Der empirische Befund. In: Bernd Guggenberger/Udo Kempf (Hg.): Bürgerinitiativen und repräsentatives System. Opladen 1984, S. 296.

[13] Am Beispiel West-Berlins: Theodor Ebert: Konfliktformation im Wandel: Von den Bürgerinitiativen zur Ökologiebewegung. In: Otthein Rammstedt (Red.): Bürgerinitiativen in der Gesellschaft. Politische Dimensionen und Reaktionen. Villingen 1980, S. 352-354.

[14] Sven Reichardt/Detlef Siegfried (Hg.): Das alternative Milieu. Antibürgerlicher Lebensstil und linke Politik in der Bundesrepublik Deutschland und Europa 1968-1983. Göttingen 2010.

[15] Engels: Naturpolitik, S. 332-338, Zitat: S. 332. Außerdem: Udo Kempf: Der Bundesverband Bürgerinitiativen Umweltschutz (fortan BBU). In: Guggenberger/Kempf: Bürgerinitiative, S. 404-423.

[16] Roland Roth/Dieter Rucht: Chronologie von Ereignissen. In: Dies.: Soziale Bewegungen, S. 670-693.

[17] Hasenöhrl: Zivilgesellschaft, S. 400-461; Joachim Radkau: Die Ära der Ökologie: Eine Weltgeschichte. München 2011, bes. S. 411-417.

[18] Hierzu und zum Folgenden: Engels: Naturpolitik, S. 350-376; Bernd A. Rusinek: Wyhl. In: Hagen Schulze/Etienne François (Hg.): Deutsche Erinnerungsorte, Bd. 2. München 2001, S. 652-666; Dieter Rucht: Von Wyhl nach Gorleben. Bürger gegen Atomprogramm und nukleare Entsorgung. München 1980.

[19] Thomas Dannenbaum: »Atom-Staat« oder »Unregierbarkeit«? Wahrnehmungsmuster im westdeutschen Atomkonflikt der siebziger Jahre. In: Brüggemeier/Engels: Natur und Umwelt, S. 268-286.

[20] Albrecht Weisker: Powered by Emotion? Affektive Aspekte in der westdeutschen Kernenergiegeschichte zwischen Technikvertrauen und Apokalypseangst. In: Brüggemeier/Engels: Natur und Umwelt, S. 219.

[21] Robert Jungk: Der Atom-Staat. Vom Fortschritt in die Unmenschlichkeit. München 1977. Dazu Dannenbaum: »Atom Staat«, S. 274-276.

[22] Zur politischen Gewalt in den Neuen Sozialen Bewegungen: Alexander Sedlmaier: Konsumkritik und politische Gewalt in der linksalternativen Szene der siebziger Jahre. In: Reichardt/Siegfried: Das alternative Milieu, S. 185-205.

[23] Silke Mende: »Nicht rechts, nicht links, sondern vorn«. Eine Geschichte der Gründungsgrünen. München 2011.

[24] Hierzu und zum Folgenden: Engels: Naturpolitik, S. 394-398.

[25] Holger Nehring: Politics, Symbols and the Public Sphere: The Protests against Nuclear Weapons in Britain and West Germany, 1958-1963. In: Zeithistorische Forschungen/Studies in Contemporary History, 2 (2005), 2, S. 180-202.

[26] Harald Müller: Ökologiebewegung und Friedensbewegung: Zur Gefährdung des Lebensraumes. In: Reiner Steinweg, (Hg.): Die neue Friedensbewegung. Analysen aus der Friedensforschung. Frankfurt/Main, S. 185.

[27] Müller: Ökologiebewegung.

[28] Die Grünen: Diesmal die Grünen. Warum? Ein Aufruf zur Bundestagswahl 1983, verabschiedet von der Bundesdelegiertenversammlung vom 14./15.1.1983 in Sindelfingen, S. 5.

[29] Ulrich Linse: Ökopax und Anarchie. Eine Geschichte der ökologischen Bewegungen in Deutschland. München 1986, S. 57.

[30] Ludwig Trepl: Geschichte der Ökologie: Vom 17. Jahrhundert bis zur Gegenwart. Frankfurt/Main 1987.

[31] Exemplarisch: Maria Mies/Vandana Shiva: Ökofeminismus. Beiträge zur Praxis und Theorie. Zürich 1995; Auch Radkau: Ära der Ökologie, S. 282-336.

[32] Fritjof Capra: Wendezeit. Bausteine für ein neues Weltbild. Bern u.a. 1983. Dazu Pascal Eitler: »Alternative« Religion. Subjektivierungspraktiken und Politisierungsstrategien im »New Age« (Westdeutschland 1970-1990). In: Reichardt/Siegfried: Das alternative Milieu, S. 335-352. Siehe dazu auch den Beitrag von Reinhild Kreis in diesem Band.

[33] Z.B. Petra Kelly/Jo Leinen: Prinzip Leben. Ökopax. Die neue Kraft. Berlin 1982.

[34] Zur Waldsterbensdebatte Roland Schäfer/Birgit Metzger: Was macht eigentlich das Waldsterben? In: Patrick Masius u.a. (Hg.): Umweltgeschichte und Umweltzukunft: Zur gesellschaftlichen Relevanz einer jungen Disziplin. Göttingen 2009, S. 201-227.

[35] Horst Haitzinger: Karikatur 1983. In: Hubert Weinzierl. Passiert ist gar nichts. Eine deutsche Umweltbilanz. München 1985, S. 151.

[36] Hierzu Tim Warneke: Aktionsformen und Politikverständnis der Friedensbewegung. Radikaler Humanismus und die Pathosformel des Menschlichen. In: Reichardt/Siegfried: Das alternative Milieu, S. 466f.

[37] Hasenöhrl: Zivilgesellschaft, S. 95f.

[38] Robert Camp: »Für ein Europa der Regionen. Für eine ökologische europäische Gemeinschaft«. Über die Europapolitikerin Petra Kelly. In: Die Grünen in Europa. Ein Handbuch, hg. von der Heinrich-Böll-Stiftung. Münster 2004, S. 12-29, sowie Saskia Richter: Die Aktivistin. Das Leben der Petra Kelly. München 2010, S. 72-74.

[39] Zur geplanten BBU-Karte sowie generell zur Bedeutung von Karten für die Friedensbewegung: Susanne Schregel: Der Atomkrieg vor der Wohnungstür. Eine Politikgeschichte der neuen Friedensbewegung in der Bundesrepublik 1970-1985. Frankfurt/Main/New York, 2011, S. 80-87. Zum Kasseler Kongress: ebenda, S. 58f.

[40] Die Grünen Bundesvorstand (Hg.): Entrüstet Euch. Analysen zur atomaren Bedrohung. Wege zum Frieden. Wir wollen leben, Red. Erich Knapp, Hermann Schulz. Bonn 1981, o. S.

[41] Müller: Ökologiebewegung, S. 177.

[42] Z.B. Flyer: Neuer westeuropäischer Volksmissionsdienst – Friedensdienst, Mönchengladbach 1982 (Bundesarchiv B 342/916).

[43] Claudia Lepp: Zwischen Konfrontation und Kooperation: Kirchen und soziale Bewegungen in der Bundesrepublik (1950-1983). In: Zeithistorische Forschungen/Studies in Contemporary History 7 (2010), 3, S. 364-385. Siehe auch den Beitrag von Sebastian Kalden und Jan-Ole Wiechmann in diesem Band.

[44] Hierzu und zum Folgenden siehe den Beitrag von Jan Hansen in diesem Band.

[45] Hierzu siehe den Beitrag von Saskia Richter in diesem Band.

[46] So sprach er mehrfach bei Demonstrationen gegen das Waldsterben und erhielt 1983 den Bundesnaturschutz-Preis.

[47] Robert Jungk: Für den größeren Frieden zwischen Mensch und Natur. In: Aktion Sühnezeichen Friedensdienste/Aktionsgemeinschaft Dienst für den Frieden (Hg.): Bonn 10.10.1981. Friedensdemonstration für Abrüstung und Entspannung in Europa. Berlin/Bornheim 1981, S. 137.

[48] Z.B. Hoimar von Ditfurth: So lasst uns denn ein Apfelbäumchen pflanzen. Es ist soweit. Hamburg/Zürich 1985.

[49] Mit Blick auf die Friedensbewegung: Warneke: Aktionsformen, S. 446-451.

[50] Engels: Naturpolitik, S. 372-374; Ulrich Beller: Bürgerproteste am Beispiel Wyhl und die Volkshochschule Wyhler Wald. In: Heiko Haumann (Hg.): Vom Hotzenwald bis Wyhl. Demokratische Traditionen in Baden. Köln 1977, S. 269-290.

[51] Warneke: Aktionsformen, S. 461 u. 466.

[52] Engels: Naturpolitik, S. 344-376.

53  Die Grünen Bundesverband: Nürnberger Tribunal gegen Erstschlags- und Massenvernichtungswaffen in Ost und West 18. bis 20.2.1983, Nürnberg, Meistersingerhalle. Bonn 1983.

54  Hierzu und zum Folgenden Schregel: Atomkrieg, S. 226-266; Warneke: Aktionsformen, sowie den Beitrag von Kathrin Fahlenbrach und Laura Stapane in diesem Band.

55  Martin Klimke/Joachim Scharloth (Hg.): 1968. Handbuch zur Kultur- und Mediengeschichte der Studentenbewegung. Bonn, 2008.

56  Siehe dazu auch den Beitrag von Kathrin Fahlenbrach und Laura Stapane in diesem Band.

57  Dazu z.B. Frank Biess: Die Sensibilisierung des Subjekts: Angst und »Neue Subjektivität« in den 1970er Jahren. In: Werkstatt Geschichte, 49 (2008), S. 51-71; Susanne Schregel: Konjunktur der Angst. »Politik der Subjektivität« und »neue Friedensbewegung«, 1979-1983. In: Bernd Greiner/Christian Th. Müller/Dierk Walter (Hg.): Angst im Kalten Krieg. Hamburg 2009, S. 495-520.

58  Dazu Radkau: Ära der Ökologie, S. 147-152.

59  Z.B. die Aktion »Blutspur« gegen das Waldsterben des Hamburger Künstlers Rolf Schulz zusammen mit dem BBU, 21./22.11.1987 (Archiv des Schwarzwaldvereins, Ordner: Waldsterben/Waldschäden 1983-87).

60  Zur Startbahn-West siehe Sabine Dworog: Luftverkehrsinfrastruktur. Zur Rolle des Staates bei der Integration eines Flughafens in seine Umwelt. In: Saeculum, 58 (2007) 1, S. 115-149.

61  Adlige und Autonome. In: TAZ, 4.10.1983.

62  Siehe dazu den Beitrag von Marianne Zepp in diesem Band.

63  Siehe dazu den Beitrag von Holger Nehring in diesem Band.

64  Siehe dazu den Beitrag von Christoph Becker-Schaum in diesem Band.

# 7. Ratio der Angst

## Die intellektuellen Grundlagen der Friedensbewegung

MARIANNE ZEPP

Als im Herbst 2010 der 88jährige Horst-Eberhard Richter zu einer Präsentation seines gerade erschienen Buches »Moral in Zeiten der Krise«[1] eingeladen wurde, würdigte ihn die zuständige Referentin als denjenigen, der der Friedensbewegung die intellektuellen und analytischen Grundlagen gegeben habe. Er habe Psychoanalyse, den Friedensgedanken und den politischen Protest gedanklich miteinander verbunden und sich so große Verdienste erworben. Fast unwirsch erwiderte der Autor, darum ginge es doch nicht. Um die Zukunft ginge es, um gesellschaftliches Engagement, um ein neues Verantwortungsbewusstsein der Wissenschaft gegenüber der Politik. Ungebrochen brachte er damit zum Ausdruck, was die Akteure der Friedensbewegung der vergangenen Jahrzehnte ausgezeichnet hatte: gesellschaftliche Verantwortung, normativ geleitetes Handeln und wissenschaftliche Analyse. Diese Wechselwirkung zwischen Wissenschaft, politischem Handeln und moralischem Engagement soll im Folgenden dargestellt und bewertet werden.

Bis Mitte der 1970er Jahre hatten sich – im Zuge der Liberalisierung der gesamten Gesellschaft und des Endes der Entspannungspolitik – immer mehr Stimmen gegen die Abschreckungsideologie des Kalten Krieges erhoben. Die in diesem Kontext entstandene Friedens- und Konfliktforschung erweiterte den Friedensbegriff und entwarf Lösungsmodelle im internationalen Kontext. Sie wurde Grundlage für eine in der deutschen Nachkriegsbundesrepublik einmaligen Massenbewegung und lieferte den intellektuellen Begründungszusammenhang für diese Bewegung.

Es sind vor allem drei Indikatoren, die diese Bewegung kennzeichneten: erstens waren Intellektuelle unterschiedlicher Berufssparten und Disziplinen beteiligt. Es kamen zweitens unterschiedliche gesellschaftspolitische Grundströmungen zusammen (von Kommunisten bis zu national gesinnten Naturschützern, ehemalige Militärs bis zu Friedenscamp-Aktivistinnen). Man definierte sich drittens als soziale Bewegung, die beanspruchte, eine neue Politik gegenüber der Konfrontation der Supermächte zu formulieren und durchzusetzen.

Bereits zu den Hochzeiten des Kalten Krieges entstand eine Friedens- und Konflikttheorie. Im Folgenden soll sie anhand der Begründung und

Ausformulierung des schwedischen Forschers Johan Galtung vorgestellt werden, der der Doktrin der Abschreckung und des Rüstungswettlaufs eine systemübergreifende Perspektive entgegensetzte. Zugleich erweiterte die Aggressionsforschung, deren Ursprung und Movens in der Auseinandersetzung mit der NS-Vergangenheit lag, den Friedensbegriff. Sie verband diesen mit einer spezifischen deutschen Verantwortungsethik, die eng zusammenhing mit der Frage nach einer kritischen Auseinandersetzung mit dem Nationalismus in der Friedensbewegung. Darüber hinaus verstand die Friedensbewegung sich als soziale Bewegung und popularisierte so einen neuen Begriff politischen Handelns.

## Die Friedensforschung als Gegenentwurf zur Logik der Abschreckung

In der Krise um die Stationierung der Mittelstreckenraketen in Europa wurde der moralisch angeregte und wissenschaftlich begründete Gegenentwurf zur Rüstungs- und Abschreckungslogik des Kalten Kriegs politikfähig. Bereits Ende der 1960er Jahre entwarfen Forscher innerhalb der Theorie der internationalen Beziehungen eine Friedensstruktur, die die Ordnung des Kalten Krieges infrage stellte. 1966 skizzierte Johan Galtung in einer Vortragsreihe im dänischen Rundfunk das Programm einer akademischen Friedensforschung.[2] Als Direktor des bereits 1959 gegründeten Osloer International Peace Research Institute wurde er der Begründer einer europäischen Friedensforschung.[3] Bereits am Ende des Jahrzehnts konnte Galtung auf eine Reihe international arbeitender Friedensforschungsinstitute verweisen.[4]

Die Aktivitäten des schwedischen Forschers wurden damit wegweisend für ein bestimmtes Modell der Friedensforschung, das basierend auf dem System transnationaler Beziehungen ein neues Gesellschaftsverständnis propagierte.[5] Galtung betonte, dass die Friedensforschung eine angewandte Forschung sei, also handlungsleitend. Aus diesem Verständnis heraus definierte er sie als zielgerichtet.[6] Sie werde getragen von einer normativen Grundhaltung, die sich an pazifistischen Idealen orientiere und »die Aufgabe [hat] die Bedingungen herauszufinden, die den Frieden im negativen Sinne des Wortes (kein Krieg) wie im positiven Sinne (Integration, Zusammenarbeit) verhindern oder ermöglichen« solle.[7] So entstand das Modell einer integrativen Wissenschaft, die in der Lage ist, inter- und multidisziplinär Erfahrungswissen zu verarbeiten.[8] Parallel dazu plädierte Galtung dafür, die Friedensforschung als eine freie Vereinigung

von unterschiedlichen Disziplinen über neu zu schaffende Forschungszu-
sammenhänge und -projekte akademisch zu etablieren.[9]

Galtungs Ansatz war seinen eigenen Aussagen zufolge motiviert durch
den Bruch mit der pazifistischen Bewegung wie sie bisher bestand, wobei
er, ohne deren normative Grundlage in Frage zu stellen »Militärpolitik als
Mittel zur Bewahrung demokratischer Werte und als Mittel zur Abschreckung sowie d[er] militärische[n] Verteidigung« ablehnte.[10] Konfrontiert
mit einer Theorie, die auf dem Gleichgewicht der Machtblöcke als allei-
nige Friedensordnung beruhte, die den Rüstungswettlauf, die damit ein-
hergehende atomare Kriegsgefahr und das historisch einmalige Vernichtungspotential in Kauf nahm, entwickelte er die Vorstellung einer neuen
holistischen Friedensordnung.[11] In diesem supranationalen Modell, das
auf internationalen Organisationen beruhte, ging er von einem sozialen
Ausgleich zwischen den Staaten als Grundlage für diese neue Ordnung
aus.[12] Sein erweiterter Pazifismusbegriff bezog entwicklungspolitische Zusammenhänge ein, d.h. Interdependenzen von sozialer, wirtschaftlicher
und politischer Entwicklung wurden analytisch miteinander verknüpft.
Die Radikalität des Ansatzes bestand in dem Perspektivwechsel hin zu einem *symmetric point of view,* die von der Konvergenz zwischen Ost und West
ausging. Auf diese Weise bereitete Galtung bereits in den 1960er Jahren
den blocküberwindenden Ansatz, der die Friedensbewegung in den folgenden beiden Jahrzehnten prägen sollte, gedanklich vor.

Als Reaktion auf die Kritik, er sei blind gegenüber machtpolitischen
Gegebenheiten in der Gesellschaft und ließe die politischen Handlungs-
träger und ihre Interessen außer Acht, entwickelte Galtung den Begriff
der strukturellen Gewalt. »Die ›Abwesenheit organisierter direkter Gewalt‹ entspricht dem negativen Friedensmodell, die Überwindung der
strukturellen Gewalt führt dagegen zur ›sozialen Gerechtigkeit‹ zum positiven Friedensmodell«.[13] Dieses Konstrukt eignete sich, auch darauf weist
die zeitgenössische Rezeption hin, als Denkmodell für Friedensbewegungen und arbeitete auf eine umfassende Gesellschaftsveränderung hin,
nämlich auf eine »Veränderung der Sozialstruktur in Richtung auf funda-
mental-demokratische, egalitäre Gesellschaften«.[14]

So bot Galtung eine neue Definition des Friedensbegriffes, der für die
nächsten Jahre und Jahrzehnte nicht nur die Forschung beeinflussen
sollte, sondern auch der Friedensbewegung jene Ansätze lieferte, die zur
Grundlage ihrer gesellschaftlichen Wirkung werden sollten. Sein Friedensbegriff sollte als Analyseinstrument für Konfliktsituationen dienen,
um die Friedensforschung als eine integrative Humanwissenschaft zu etablieren.[15] Für Galtung sind Forscher zugleich politisch Handelnde. Normativität und Analyse gehen in dieser Vorstellung eine Synthese ein, die

für die handlungsorientierte Sozialwissenschaft zu Beginn der 1960er Jahre charakteristisch war.[16]

Die von ihm eingeführte Perspektive einer Militär- und Rüstungskritik ermöglichte die Erkenntnis, dass Rüstung mit einem potentiellen Vernichtungspotential bisher nicht bekannten Ausmaßes den Frieden gefährdet. Diese Deutung wurde zum entscheidenden Faktor in den kollektiven Erwartungen an eine Friedensordnung. Damit wurde der Boden bereitet, Militarismuskritik und Rüstungsanalyse als zentrale Komponenten der Friedensforschung und -bewegung miteinander zu verknüpfen. Das in der Folge entstandene Gegenexpertentum, das größtenteils nicht akademisch gebunden war, sondern journalistisch oder außerinstitutionell seit Mitte der 1970er Jahre als neuer Akteur auftrat, trug entscheidend zur gesellschaftlichen Wirkung der Friedensbewegung bei, indem es militärpolitische und rüstungsstrategische Analysen und Entscheidungen aus der Perspektive der Friedenspolitik – verbunden mit dem Ziel der Abrüstung – öffentlich zur Disposition stellte und das Wissen darüber popularisierte.

## Der Weg in die Nachrüstungsdebatte

Während die Entspannungspolitik der Ära Brandt die Hoffnung genährt hatte, trotz weiterbestehender Rüstungsbedrohung den Weg aus dem Kalten Krieg zu weisen, häuften sich die Anzeichen, dass die herkömmliche Politik unfähig sei, ihre Militanz zu überwinden.[17]

In den USA hatte sich besonders während der Präsidentschaft Nixons eine Theorie der *nuclear war fighting capabilities* als Grundlage der internationalen Beziehungen entwickelt. Sie begründete eine Eskalationsstrategie, die auf eine Eskalationsdominanz hinauslief und baute auf einen optimierten Abschreckungskomplex, der innerhalb der amerikanischen Administration vertreten wurde. Alle Bereiche des öffentlichen Lebens, Politik, Militär, Wirtschaft, Wissenschaft und Medien seien Teil dieses Komplexes. Das Debakel des Vietnamkrieges war nur ein Ergebnis dieses US-strategischen Denkens und Handelns im globalen Wettlauf der Supermächte. In der Folge wurden verstärkt Anstrengungen unternommen, die Planbarkeit und Durchführbarkeit von begrenzten Atomkriegen möglich zu machen. Diese strategischen Vorstellungen kontrastierten das Weltbild der Friedensbewegung.

Eine Technikkritik, die getragen von NaturwissenschaftlerInnen die gesamte Nachkriegsdemokratie begleitet hatte, wurde zum identitären Kern der Friedensbewegung in Westdeutschland. Ihre Anstrengungen, die Öffentlichkeit über die Gefahren der atomaren Rüstung aufzuklären – angeregt durch US-amerikanische und internationale Initiativen – wurden zum Impuls für die sich in der zweiten Hälfte der 1960er Jahre etablierenden Friedens- und Konfliktforschung.[18] Sie trafen in der Bundesrepublik auf eine seit den 1950er Jahren von führenden NaturwissenschaftlerInnen entwickelte kritische Verantwortungsethik, die zu einer Reihe von Initiativen und Institutsgründungen führte.[19] Der 1968 gegründeten *Arbeitsgemeinschaft für Friedens- und Konfliktforschung* (AFK) folgten Gründungen von Forschungseinrichtungen in Hessen, Hamburg und Bayern, die sich auf den Ost-West-Konflikt konzentrierten und in der Dachorganisation der *Deutschen Gesellschaft für Friedens- und Konfliktforschung* zusammenliefen.[20] Sie schlossen an die von Galtung entwickelten Vorstellungen eines demokratischen Friedens an. Übernommen wurden auch die Vorstellung von sozialer Gerechtigkeit sowie seit den 1980er Jahren die Idee vom ökologischen Umbau der Gesellschaft.[21]

Mit der NATO-Nachrüstung kulminierte die Auseinandersetzung um Militär und Rüstung zwischen einer in der Zwischenzeit auch zahlenmäßig erstarkten Friedensbewegung. Im *Mainzer Appell* ergriffen wiederum Naturwissenschaftler die Initiative.[22] Ihre Argumente gingen in zwei Richtungen. Sie wandten sich gegen die These eines begrenzbaren Nuklearkrieges und plädierten für eine ethisch-moralische Überwindung der Blockkonfrontation durch Berufung auf eine europäische Friedensordnung. So argumentierte der US-amerikanische Chemiker und Friedensnobelpreisträger Linus Pauling, die gesteigerte Komplexität erhöhe die Gefahr eines versehentlichen Atomschlags. Auch der Physiker Hans-Peter Dürr sah »die Sicherheitspolitik des Westens […] an einem Scheideweg« angekommen und wandte sich gegen die Vorstellung, das Gleichgewicht des Schreckens diene bereits als ausreichende Sicherung des Weltfriedens.[23] Stärker moralisch-ethisch argumentierend wertete Victor F. Weißkopf, ebenfalls Physiker, den Einsatz von Atomwaffen als ein Verbrechen gegen die Menschheit.[24] Weißkopf berief sich dabei auf ein Konstrukt, das eine europäische Erfahrung, nämlich der Überwindung von Kriegen, als eine Voraussetzung für die ethische Überwindung von militaristischem Denken proklamierte. In diese europäische Tradition hineingedeutet wurde, dass die Ideologie des Kalten Krieges ein wesentliches Hindernis für eine zukünftige Friedensordnung sei. Laut dem britischen Historiker und Friedensaktivisten E.P. Thompson waren die Vorstellungen von Freiheit und Frieden als ideologische Gegensatzpaare im Kalten Krieg auseinandergefallen. Erst die Friedensbewegung dachte diese beiden Vorstellungen wieder zusammen.[25] Thompson war es auch, der die These des neuen Kalten Krieges formulierte: das militärische Bedrohungsarsenal sei angewachsen, materielle Interessen verbänden sich in einem militärisch-

Abb. 15. Der Schriftsteller und Friedensforscher Robert Jungk während einer Veranstaltung der 2. Konferenz für Europäische Atomare Abrüstung im ICC Berlin am 9. Mai 1983.

industrielle Komplex, in den Forschungseinrichtungen besonders in den USA eingebunden seien.[26] Dem entgegen setzte er die Idee eines neutralen und unabhängigen Europas.[27] Diese Perspektive auf Europa verband sich in der Friedensbewegung in der Bundesrepublik (und etwas verspätet auch in der DDR) mit einem Diskurs der besonderen nationalen Betroffenheit und, abgeleitet aus der Auseinandersetzung mit dem Nationalsozialismus, der besonderen Verantwortung.[28]

## Nationale Vorstellungen in der Friedensbewegung
## Die Überwindung der Blockkonfrontation und die
## Verantwortung aus der Geschichte

Die deutsche Nachkriegsgesellschaft hatte eine spezifische Ausprägung von Friedensbereitschaft ausgebildet. Dieser Friedenskonsens der beiden deutschen Staaten, als Folge der Kriegserfahrung des Zweiten Weltkriegs,

wurde von den Eliten seit 1945 als nationales Identitätsmerkmal propagiert. So wurde Frieden nach 1949 für beide Länder zum staatsintegrie-
renden ideologischen Element, das zwei Intentionen verband: Erstens
grenzten sich beide Staaten in ihrer offiziellen Rhetorik vom Militarismus
des Nationalsozialismus ab und benutzten zweitens diese Friedensrhetorik
als Argument in der Systemkonkurrenz zwischen Ost und West.[29] Zugleich
formierte sich sehr früh unter dem Eindruck der Blockkonfrontation in
den pazifistischen Strömungen besonders im Westen das Bewusstsein einer gesamtdeutschen Bedrohungssituation.[30] Bereits in den Protesten der
1950er Jahre war der Widerstand gegen die Wiederbewaffnungspolitik
Adenauers mit der Vorstellung der nationalen Einheit Deutschlands verknüpft. Initiativen wie die von Gustav Heinemann mitbegründete *Pauls-
kirchenbewegung* waren erste Formierungen einer durch Politiker und Intellektuelle getragenen Bewegung, die eine kritische Gegenöffentlichkeit
zu begründen und zugleich innerhalb des Parlamentarismus wirksam zu
werden versuchte.[31] Gemeinsam war all diesen Initiativen, dass sie sich
dezidiert vom Kommunismus distanzierten und am Paradigma der Wiedervereinigung festhielten.[32]

Hier knüpfte die Friedensbewegung an. Peter Brandt (Historiker) und
Detlef Lehnert (Politikwissenschaftler) formulierten dies, indem sie einerseits das geostrategische Argument anführten, beide deutsche Staaten
lägen »an der Scheidelinie der Blockkonfrontation«.[33] Andererseits habe
sich Westdeutschland an den westlichen Vorbildern der Nationenstaats-
bildung mit bürgerlich-demokratischen Entwicklungschancen orientiert
und so »[…] ihre Konstituierung als politische Nation mit wertbezogenem
Identitätsbewusstsein ermöglich[t].«[34] Diese beiden Pole, ein nationaler
Betroffenheits- und Opferdiskurs und die Betonung einer wertbetonten
Verantwortung, abgeleitet aus der Auseinandersetzung mit dem Nationalsozialismus, kennzeichnen die Friedenskultur in Deutschland.

Seit den 1960er Jahren wandte sich nun auch die in Westdeutschland
wieder heimisch gewordene Psychoanalyse der Friedensbewegung zu.
Denkerisch vorbereitet hatte diese Verbindung Alexander Mitscherlich
(ohne selbst mit der Friedensbewegung verbunden zu sein). Seine Abhandlung und das davon abgeleitete Diktum von der »Unfähigkeit zu
trauern« wurde in einer diagnostischen Selbstaneignung zu einem neuen
Imperativ der Gesellschaft dieser Zeit.[35] Es verband sich in der Folge immer stärker mit der im deutschen Vergangenheitsdiskurs eingeschriebe-
nen Pflicht zur Erinnerung, die implizit als Voraussetzung für die Friedensfähigkeit der Gesellschaft interpretiert wurde.[36]

In den 1970er Jahren politisierte Horst-Eberhard Richter diesen Ansatz
und verknüpfte familien- und gruppentherapeutische Ansätze.[37] Zugleich

nahm er die Psychoanalyse in den Dienst für die Politisierung und Demokratisierung der Gesellschaft. Sein Ausgangspunkt war ebenfalls die psychische Disposition der Deutschen nach dem Ende des Nationalsozialismus. So wandte er die Ergebnisse der Aggressionsforschung auf die Friedensbewegung an und warnte vor einer »Identifikation mit dem Aggressor«, womit er für eine Humanisierung und gegen Feindbildbildprojektionen plädierte.[38] Engagiert in wissenschaftlichen Initiativen der Friedensbewegung, warb Richter zusammen mit NaturwissenschaftlerInnen für die Positionen der Bewegung in der Politik – allerdings ohne großen Erfolg, wie er selbst einräumte.[39]

Politisch verband sich der Diskurs über die geostrategische Lage Deutschlands mit einer neuen Kontextualisierung der »ungelösten deutschen Frage«.[40] Während die offizielle Entspannungspolitik und die mit ihr verbundene »Politik der kleinen Schritte«, eine Annäherung an den Osten und besonders an die DDR forderte, wurde die Argumentation, dass beide deutschen Staaten in gleicher Weise durch Atomraketen bedroht seien, zur (moralischen) Begründung eines weiteren blockübergreifenden Ansatzes der Friedensbewegung. Durch den Beschluss der Supermächte zur Stationierung von Mittelstreckenraketen auf deutschem Territorium wurde die Frage der Souveränität der Deutschen neu gestellt. Deutschland wurde insgesamt als Schlachtfeld eines atomaren Schlagabtauschs zwischen den Supermächten gesehen. Dem rechten Block von CDU und FDP wurde »unterwürfige Vasallentreue gegenüber der Führungsmacht USA« vorgeworfen.[41] Vorstellungen eines Dritten Weges (Ossip Flechtheim), einer Friedenslösung durch die schrittweise Annäherung nach Vorbild der skandinavischen Länder und der österreichischen Neutralitätspolitik waren Elemente, die eine europäische Friedensordnung herbeiführen sollten. Dabei betonten die Vertreter der *Blockfreiheitsthese*, dass »[g]erade die historisch allein akzeptierte Bindung an antifaschistische und antimilitaristische Grundsätze … [als] eine besondere Verpflichtung gelten [dürfte], politische Initiativen zu einer neuen europäischen Friedenspartnerschaft jenseits der Blockkonfrontation zu ergreifen.«[42]

Thomas Jäger[43] hingegen deutete die Friedensbewegung als eine Nationalbewegung, die durch völkische Vorstellungen grundiert sei.[44] Dazu gehöre, dass das deutsche Volk als gesamtdeutscher Akteur im geteilten Deutschland konstruiert werde. Außerdem werde das nationale Selbstbestimmungsrecht ethnisch begründet, als »die Verwirklichung des Wesens eines Volkes im Kampf gegen fremde Einflüsse.«[45] Diese These der zwei besetzten, fremdbestimmten deutschen Staaten führe zum nationalen, antiimperialistisch begründeten Kampf aus regionalistischer Perspektive. Zugleich sei die Abrüstung nur mit einem »Massendruck« von unten durchsetzbar (Alfred Mechtersheimer, Roland Vogt). Jäger sah Schnittpunkte mit den völkisch-deutschen Vorstellungen der Neuen Rechten, indem »Frieden und nationale Selbstbestimmung« gleichgesetzt würden und Volkssouveränität der Staatssouveränität übergeordnet bzw. gegenübergesetzt werde, Homogenität vorausgesetzt, und Interessen und nationale Unterschiede aufgehoben würden. Zugleich verstärkten vergangenheitspolitische Implikationen den moralischen Impetus dieses Ansatzes: »Nationale Scham und nationale Großmannsucht treffen sich hier in einer neuen deutschen Berufung: der Welt den Frieden zu bringen.«[46]

In seiner zeitgenössischen Analyse des Nationalismusvorwurfs gegenüber der Friedensbewegung legte der Historiker Dan Diner dar, wie Geschichtsbewusstsein und strategische Überlegungen innerhalb der Friedensbewegung die nationale Frage konfigurierten.[47] Dadurch, dass das kollektive Sicherheitssystem in Europa in Frage gestellt worden sei, habe die nationale Perspektive an Bedeutung gewonnen. Diner unterschied zwischen der pragmatischen Kritik an eben diesem Sicherheitssystem und einer Neuformulierung der kulturellen Identität der Deutschen. Dieser Protest lade damit die Friedensfrage mit einer »bewusstseinsmäßigen historischen Latenz« auf.[48] Die Deutungsmuster beruhten auf der Verdrängung der Ursachen der deutschen Teilung, indem man Deutschland als durch die Besatzungsmächte kolonisiert sehe und einen neuen Heimatbegriff, der auf ein national-territoriales Element rekurrierte, stark machte. Diese Aneignung einer neuen nationalen Identität greife zugleich auf einen mit kulturellen antiwestlichen Ressentiments angereicherten Antiamerikanismus zurück. Dabei bestehe die Gefahr, dass einerseits die emanzipatorischen Elemente der westlichen Demokratie vernachlässigt und andererseits die realen Auswirkungen des deutschen Imperialismus verdrängt bzw. ignoriert würden. Eine weitere Anreicherung dieses nationalen Diskurs sah Diner in den sicherheitspolitischen Konzepten, die durch das Bemühen, den Blockgegensatz zu überwinden, zugleich die bisherige Sicherheitsdoktrin in Frage stellten und damit die europäische Nachkriegsordnung ins Wanken bringen würden. Er mahnte daher eine selbstreflektive und kritische Haltung der Friedensbewegung an.[49]

So warnten auch andere Stimmen, dass gerade in der nationalen Debatte die politischen Handlungsoptionen außer Acht gelassen würden. Es werde nicht gesehen, dass es einen gesamtdeutschen Akteur nicht gebe. Die reale Lage der der beiden deutschen Staaten werde außer Acht gelassen.[50]

Diese drei Strömungen: erstens, der Nationalismus, der mit der Gefährdung beider deutscher Staaten durch die atomare Aufrüstung begründet wurde und zweitens der Anspruch, die deutsche Teilung zu überwinden sowie drittens eine aus dem Friedenskonsens der Nachkriegsgesellschaft abgeleiteten Verantwortungsrhetorik sind Indikatoren für die Spezifik der Friedensbewegung in Deutschland. Es waren demgegenüber die Selbstreflektion, die analytische Kritikfähigkeit und die Suche nach demokratischer Legitimation, die einem aggressiven Nationalismus innerhalb der Bewegung Einhalt geboten.

## Die Friedensbewegung als politische Bewegung

»[Es] ist erkennbar, dass die politischen Parteien und Großorganisationen mit ihren taktischen Kalkülen nicht Organisatoren und Repräsentanten sozialer Lernprozesse sein können, wie sie in sozialen Bewegungen vor sich gehen.«[51] Mit dieser Selbstdefinition als soziale Bewegung setzten sich die Akteure innerhalb der Friedensbewegung in Opposition zu den Institutionen der etablierten Politik.

Je populärer die Friedensbewegung wurde, desto eher bestand die Gefahr, dass sie zum Kristallisationspunkt all jener sozialen Proteste und politischen Oppositionsgruppen wurde, die auf einen diffusen Begriff einer »Massenbasis« zurückgriffen, um sich damit zu legitimieren.[52] So setzten die strategischen Akteure auf eine »aktive Massenbasis«.[53] Diese formierte sich Anfang der 1980er Jahre. Ihre erste große öffentliche Manifestation war die Demonstration im Bonner Hofgarten im Oktober 1981, an der ca. 300.000 Menschen teilnahmen. Der Koordinationsrat umfasste zu Beginn der 1980er Jahre 30 Organisationen, die zumeist auf der lokalen Ebene arbeiteten. Es gelang, im Oktober 1983 eine halbe Million Menschen zu mobilisieren.[54] Den *Krefelder Appell* unterschrieben 5 Millionen.[55]

Es ist also zu fragen, inwieweit die bisher herausgearbeiteten Elemente, eine in der Friedensforschung entwickelten alternativen Friedensordnung sowie eine für Deutschland spezifische nationale, mit geschichtspolitischen Argumenten angereicherte und durch sie beflügelte Bewegung sich in die Nachkriegsgeschichte einordnen lassen. Eine zeitgenössische Analyse der Entstehungsbedingungen der Friedensbewegung legte die Soziologin und Politikwissenschaftlerin Ulrike C. Wasmuht vor. Sie sieht die Entstehungsgründe für eine soziale Bewegung strukturell bedingt: nämlich wenn weite Kreise der Bevölkerung realisieren, dass die politischen Institutionen sie in einer Krisensituation nicht entsprechend vertreten und die Krisen mit den bisherigen Lösungskonzepten offensichtlich nicht bewältigt werden können. Wasmuht analysierte den Prozess einer normativ-wertorientierten Bewusstseinsänderung. Es traten nun Akteure auf, die für das Kollektiv zu sprechen in Anspruch nahmen, sich aber vom kollektiven Verhalten unterschieden.[56] Öffentliche Präsenz, gering ausgebildete Organisationsstrukturen, Kritik am Status quo und eine im historischen Kontext erlebte existentielle Krisensituation, ein sozialer Veränderungsimpuls und ein auf Kontinuität angelegter Massenlernprozess galten als die Indikatoren einer sozialen Bewegung. So plädierte sie sehr stark dafür, all diese gesellschaftlichen Kontexte einzubeziehen, ohne die der Movens dieser Bewegung nicht zu verstehen sei.[57]

Historisierend kann man Wasmuths Darstellung als Versuch der Legitimierung der Politikfähigkeit der Bewegung deuten. Denn auch der Politologe Joachim Raschke weist darauf hin, dass der Begriff der Bewegung in den 1970er Jahren in der Bundesrepublik noch belastet sei: einmal durch die assoziative Erinnerung an den Nationalsozialismus und dessen Selbstbezeichnung als »Bewegung«, zum anderen durch die historische Erfahrung staatlicher Unterdrückung als Reaktion auf Volksbewegungen seit 1789.[58] Erst der Generationswechsel in der Nachkriegszeit und die Studentenbewegungen hätten eine Neubewertung des Bewegungsbegriffs ermöglicht. Nicht nur unter diesem Gesichtspunkt liegt der Friedensbewegung gerade wegen ihrer Kritikbereitschaft und ihrer Distanz zur institutionalisierten Politik ein wesentliches Element politischer und gesellschaftlicher Selbstermächtigung zugrunde. Die Bewertung, ob dies eine die Demokratie bedrohende Entwicklung darstellte oder die innere Demokratisierung der Bundesrepublik beflügelte, setzt sich bis heute in der Forschungsdebatte fort.

Benjamin Ziemann definiert die Friedensbewegung als soziale Bewegung neuer Art, indem er sie vom Pazifismus der Zwischenkriegszeit unterscheidet, dessen Verlauf er bis 1945 datiert, und die er mit folgenden Charakteristika beschreibt: geschlossene rigide Form eines sozialen Kaste von Persönlichkeiten aus der Mittelklasse mit starken ideologischen Bekenntnis und seit 1945 einer Bewegung, die in der Lage war, große Massen zu mobilisieren.[59] Jost Dülffer lehnt in seiner Darstellung des Widerstandes gegen die Wiederbewaffnung und die atomare Aufrüstung in den 1950er Jahren in der Bundesrepublik den Begriff Friedensbewegung für diese Protestformen ab. Sein Bewegungsbegriff kennzeichnet den Ort des politischen Handelns, nämlich außerhalb der etablierten Politik: »Eine politische oder gesellschaftliche Bewegung kann man erklären als den außerhalb der etablierten Institutionen angelegten kollektiven Versuch, die Gesellschaft zu verändern oder eine solche Veränderung zu verhindern [...]. Es sollte so etwas wie kontinuierliche Mobilisierung oder dauernden Zusammenhalt geben. Und in dieser Hinsicht darf man argumentieren, es habe in den 1950er Jahren lediglich »eine Tendenz ohne Massenbasis« (Ulrike Wasmuht) gegeben«[60], was sie wiederum von den 1970er und 1980er Jahren unterschied.

Zugleich schrieb man den sozialen Bewegungen totalitäre Züge zu. Die Beschwörung des Überzeitlichen und einer moralischen Haltung des Unhinterfragbaren wurden mit dem Vorwurf der »Angstmacherei« und des Irrationalismus als Kennzeichen dafür diagnostiziert.[61] Mittlerweile hat die einsetzende Historisierung des Friedensbegriffs innerhalb der Historischen Friedensforschung zu der Einsicht geführt, dass kollektiv formulierte Friedenserwartungen nicht nur kontextabhängig sind, sondern der Friedensbegriff selbst auch an semantische Strategien gebunden ist, bei denen normative Dichotomien von Opfer-Täter-Zuschreibungen Ambivalenzen und Widersprüche eher verdecken als offenlegen.[62] Das gilt auch für die Friedensbewegung der späten 1970er und frühen 1980er Jahre. Mit ihr verbunden war zugleich eine starke Normativität, Heroisierung und dramatische Aufladung. So nahm manche/r RednerIn für sich in Anspruch, die Bewegung selbst zu verkörpern, somit die Frage der Repräsentanz durch Akte der Selbstermächtigung herzustellen.[63]

Dem gegenüber stand die Friedenswissenschaft, die sich selbst die Aufgabe stellte, einen reflektiven Resonanzboden für die Bewegung zu bilden. Sie sah es als ihre dezidierte Aufgabe an, die Friedensbewegung politikfähig zu machen.[64] Besonders in den sicherheitspolitischen Analysen wurde Realpolitik immer wieder angemahnt. So forderte Ulrich Albrecht, Professor für Friedens- und Konfliktforschung am Otto-Suhr-Institut für Politikwissenschaften der Freien Universität Berlin, die »Einbettung in die Tagespolitik« der in der Friedensbewegung diskutierten strategischen Alternativen. Die »Neutralitätsoption«, eine in dem Nationalitätsdiskurs hoch gehandelte rhetorische Figur, band er zurück an die Forderung nach Rüstungsabbau und an die Entspannungspolitik und mahnte, dass es sich um ein »Konzept friedensorientierter Bestandssicherung« handele, »welches dem Geist dieses Gesetzes (gemeint ist der Verteidigungsauftrag des Grundgesetzes, M.Z.) mit seinem Verbot eines Angriffskrieges sowie der Bevorzugung internationaler Schutzvorkehrungen […] näher sein dürfte als die Nuklearrüstung«.[65] Die »Aufklärung«,[66] die die Forschung bereit war, der Bewegung zur Verfügung zu stellen, konzentrierte sich besonders auf drei Bereiche: die Rüstungskontrolldebatte, einseitige Abrüstung bzw. defensive Verteidigungsmodelle als Alternative zu einer weiteren nuklearen Aufrüstung und damit verbunden die Verhinderung einer weiteren Militarisierung der Gesellschaft.[67]

Auch Dieter Senghaas,[68] dem es zu verdanken ist, dass in Deutschland der Zusammenhang zwischen internationalen Beziehungen, Entwicklungspolitik und Konflikt- und Friedensforschung breite wissenschaftliche Anerkennung erfuhr, verweist darauf, dass die Friedensforschung nicht nur auf die Rüstungsbeschlüsse reagierte, sondern auch in der Lage war,

eine Kritik zu formulieren, die »angesichts eines erfahrungswissenschaft-
lichen Befunds unabweisbar war«.[69] Er konstatiert damit, dass Protagonisten der Friedensbewegung in der Lage waren, Befund und politisches
Handeln miteinander zu verbinden. Galtungs Forderung nach normativ
motiviertem Handeln wurde auf diese Weise in politische Aktion umgesetzt. Abschließend kann man feststellen, dass, selbst wenn man der Friedensbewegung insgesamt einen holistischen Ansatz ohne Ambivalenzen,
Widersprüche und Zielkonflikte unterstellt, die Frage nach der Politikfähigkeit und dem politischen Einfluss der Bewegung noch nicht abschließend beantwortet ist. Deutlich wird allerdings, dass in der Wissenschaft,
in den Initiativen und Projekten, Analysen und Gegenentwürfe erarbeitet
wurden, die bis heute ihre Gültigkeit bewahrt haben.

## Fazit

Die Friedensbewegung der 1970er und 1980er Jahre ist ohne den Friedenskonsens der deutschen Nachkriegsgesellschaft nicht denkbar. Durch die
Überwindung der ideologischen Polarisierung während des Kalten Krieges
und die zunehmend als bedrohend interpretierte nukleare Rüstung – besonders von amerikanischer Seite – wurden die bereits entwickelten Ansätze einer
internationalen Friedensordnung u.a. durch Gegenexperten popularisiert.
Begleitet wurde dies durch die diskursive Herstellung eines kollektiven Ge-
fühls der Angst. Nationale Opferdiskurse wurden revitalisiert und verbanden
sich mit Forderungen nach einem erweiterten nationalen Handlungsrahmen.
Basierend auf einem intellektuellen Demokratisierungsschub seit Ende der
1960er Jahre hatte die Friedensbewegung dieser Zeit den Charakter einer
politischen Selbstermächtigung und ist deshalb als ein wichtiger Faktor in der
Demokratisierung der deutschen Nachkriegsgesellschaft zu werten.

*Literatur*

Die Überblicksdarstellung zur Entwicklung und Etablierung der Friedensforschung hat Hauswedell vorgelegt, während die zeitlich näher am Geschehen liegende Darstellung von Wasmuht die Friedensbewegungen in
Westdeutschland und den USA vergleicht und anhand von Strukturmerk-
malen eine Kategorisierung als soziale Bewegung vornimmt. Zur Darstellung der Galtungschen Analysen siehe Krippendorf und Galtung. Ziemann bietet eine erste Historisierung der Friedensbewegung und Gassert/
Geiger/Wentker eine Zusammenfassung der neuesten Forschungen.

Dülffer, Jost/Niedhart Gottfried (Hg.): Frieden durch Demokratie. Genese, Wirkung und Kritik eines Deutungsmusters. Essen 2011.

Gassert, Philipp/Geiger, Tim/Wentker, Hermann (Hg.): Zweiter Kalter Krieg und Friedensbewegung. Der NATO-Doppelbeschluss in deutsch-deutscher und internationaler Perspektive. München 2011.

Galtung, Johan: Modelle zum Frieden. Methoden und Ziele der Friedensforschung. Wuppertal 1972.

Hauswedell, Corinna: Friedenswissenschaften im Kalten Krieg. Friedensforschung und friedenswissenschaftliche Initiativen in der Bundesrepublik Deutschland in den achtziger Jahren. Baden-Baden 1997.

Krippendorff, Ekkehart (Hg.): Friedensforschung. Köln/Berlin 1968.

Wasmuht, Ulrike C.: Friedensbewegungen der 80er Jahre. Zur Analyse ihrer strukturellen und aktuellen Entstehungsbedingungen in der BRD und den Vereinigten Staaten von Amerika nach 1945. Ein Vergleich. Gießen 1987.

Ziemann, Benjamin (Hg.): Perspektiven der Historischen Friedensforschung. Essen 2002.

*Anmerkungen*

[1] Frankfurt/Main 2010.

[2] Johan Galtung: Modelle zum Frieden. Methoden und Ziele der Friedensforschung. Wuppertal 1972. Corinna Hauswedell: Friedenswissenschaften im Kalten Krieg. Friedensforschung und friedenswissenschaftliche Initiativen in der Bundesrepublik Deutschland in den achtziger Jahren. Baden-Baden 1997, S. 50f.

[3] Lutz Mez: Einleitung. In: Galtung (Hg.): Modelle, S. 7.

[4] Ebenda.

[5] Benjamin Ziemann (Hg.): Perspektiven der Historischen Friedensforschung. Essen 2002, S. 15.

[6] Galtung: Ziel und Mittel der Friedensforschung. In: Modelle, S. 29. Derselbe, Friedensforschung. In: Ekkehart Krippendorff (Hg.): Friedensforschung. Köln/Berlin 1968, S. 519-536.

[7] Krippendorff: Friedensforschung, S. 527.

[8] Ebenda, S. 529.

[9] Galtung: Der Friedensbegriff. In: Krippendorff: Friedensforschung, S. 530.

[10] Mez: Einleitung. In: Galtung: Modelle, S. 12. Mit diesem Anspruch, sich als Friedensforscher mit staatlicher Militärstrategie kritisch auseinanderzusetzen, erweiterte er den traditionellen Pazifismus, der sich als Gegenbewegung zum nationalen Militarismus des 19. und beginnenden 20. Jahrhunderts verstanden hatte und grundsätzlich kriegerische Mittel wegen ihrer Gewalt und Brutalität abgelehnt hatte (Jeffrey Verhey: Die Geschichtsschreibung des Pazifismus und die Friedensbewegung. In: Ziemann: Perspektiven, S. 273).

[11] Galtung: Modelle zur Verteilung militärischer und nichtmilitärischer Gewalt. In: Ders.: Modelle, S. 51-61.

[12] Galtung: Supranationale Friedensmodelle. In: Ders.: Modelle, S. 75-87.

[13] Mez: Einleitung. In: Galtung: Modelle, S. 17. Zur Kritik der Theorie der strukturellen Gewalt, siehe Ziemann: Perspektiven, S. 22.

[14] Mez: Einleitung. In: Galtung: Modelle, S. 19.

[15] Auf die dem Begriff der strukturellen Gewalt innewohnenden gesellschaftspolitischen Implikationen, des Imperativs eines neuen Gesellschaftsbildes und der definitorischen Überdehnung des Begriffs weist Ziemann hin: Ziemann: Perspektiven, S. 20.

[16] Auf die parallele Entwicklung in den Naturwissenschaften, auf die weiter unten eingegangen werden soll und den Vorstellungen innerhalb der Sozialwissenschaften geht Hauswedell ein: Hauswedell: Friedenswissenschaften, S. 49.

[17] Dieter Senghaas: Der Frieden und seine Erforschung. In: Blätter für deutsche und internationale Politik, 12 (2010).

[18] Lawrence S. Wittner: Towards Nuclear Abolition. A History of World Nuclear Disarmament Movement. 1971 to the Present (The Struggle against the Bomb, Vol. 3). Stanford, CA 2003.

[19] So 1961 Carl Friedrich von Weizäcker in seiner Rede zur Verleihung des Friedenspreises des Deutschen Buchhandels »Bedingungen des Friedens im technischen Zeitalter«.

[20] Hauswedell: Friedenswissenschaften, S. 49ff.

[21] Siehe hierzu den Beitrag von Silke Mende und Birgit Metzger in diesem Band.

[22] Im Juli 1983 fand in Mainz der 1. Naturwissenschaftler-Kongress der Bundesrepublik statt unter dem Titel »Verantwortung für den Frieden«. Naturwissenschaftler warnen vor neuer Atomrüstung«.

[23] Hans-Peter Dürr in: Verantwortung für den Frieden«. Naturwissenschaftler warnen vor neuer Atomrüstung. Mainz, 2.-3.7.1983. Hamburg 1983, S.18 ff.

[24] Victor F. Weisskopf: Europa trägt Verantwortung. In: Dürr: Verantwortung, S. 32.

[25] E.P. Thompson: Beyond the Cold War. London 1982.

[26] Thompson: Beyond, S. 17.

[27] E.P. Thompson: Appeal for European Nuclear Disarmament (founding statement of European Nuclear Disarmament (END) 1980.

[28] Zum Zusammenhang zwischen Verantwortungsdiskurs, Transnationalitätsanspruch und Bedrohungsprojektion siehe auch den Beitrag von Holger Nehring in diesem Band.

[29] Jost Dülffer: Die Protestbewegungen gegen Wiederbewaffnung 1951-55 und atomare Aufrüstung 1957/58 in der Bundesrepublik Deutschland. Ein Vergleich. In: Ders.: Im Zeichen der Gewalt. Frieden und Krieg im 19. und 20. Jahrhundert. Köln/Weimar/Wien 2003, S. 205. Marianne Zepp: Weiblichkeit als politisches Argument. Frieden und Demokratie im Übergang zu einer deutschen Nachkriegsgesellschaft. In: Jost Dülffer/Gottfried Niedhart (Hg.): Frieden durch Demokratie. Genese, Wirkung und Kritik eines Deutungsmusters. Essen 2011, S. 204f.

[30] So konstatiert Dülffer bereits für die Periode unmittelbar nach der Gründung der beiden deutschen Staaten 1949 die Verknüpfung der nationalen Frage mit dem Begriff des Friedens.

[31] So beispielhaft die von Gustav Heinemann und Helene Wessel gegründete Gesamtdeutsche Volkspartei.

[32] Dülffer: Protestbewegungen, S. 210.

[33] Peter Brandt/Detlef Lehnert: Die »Deutsche Frage« in der europäischen Geschichte und Gegenwart. In: Ulrich Albrecht u.a. (Hg.): Deutsche Fragen. Europäische Antworten. Schriftenreihe des AK atomwaffenfreies Europa e.V., Bd. 2. Berlin 1983, S. 19-41.

[34] Ebenda.

[35] Alexander und Margarete (Nielsen-)Mitscherlich: Die Unfähigkeit zu trauern. Grundlagen kollektiven Verhaltens. München 1967.

[36] Ulrike Jureit/Christian Schneider: Gefühlte Opfer. Illusionen der Vergangenheitsbewältigung. Stuttgart 2010, S. 110f.

[37] Horst-Eberhard Richter: Patient Familie. Entstehung, Struktur und Therapie von Konflikten in Ehe und Familie. Hamburg 1970.

[38] »Engagierte Analysen«, Interview Horst-Eberhardt Richter mit Elena Pasca, 1.2.2005, URL: http://www.psychanalyse.lu/articles/RichterInterview.htm.

[39] Hauswedell: Friedenswissenschaften, S. 198 f. Populärer wurde der Ansatz von Margarete Mitscherlich rezipiert. Sie trug die Aggressionstheorie in die Frauenfriedensbewegung hinein. In ihrem 1985 erschienen Buch »Die friedfertige Frau« (Frankfurt/Main 1987) verband sie Ergebnisse der bisherigen Aggressionsforschung mit feministischen Positionen und forderte die Frauen zu einer Verhaltensänderung auf. Das Buch war sehr erfolgreich, aber auch umstritten, warf man der Autorin doch eine identitäre Position vor.

[40] Ulrich Albrecht u.a. (Hg.): Deutsche Fragen. Europäische Antworten. Schriftenreihe des AK atomwaffenfreies Europa e.V. Bd. 2. Berlin 1983.

[41] Vorwort der Herausgeber. In: Albrecht: Deutsche Fragen, S. 7.

[42] Brandt/Lehnert: Die »Deutsche Frage«, S. 38.

[43] Professor für Internationale Politik und Außenpolitik, Universität Köln.

[44] Thomas Jäger: Unvermuteter Nationalismus – friedensbewegter Nationalismus? In: Vorgänge, 25 (1986), Heft 6, S. 82-93.

[45] Ebenda, S. 84.

[46] Ebenda, S. 89.

[47] Dan Diner: Die »nationale Frage« in der Friedensbewegung. Ursprünge und Tendenzen. In: Steinweg, Reiner: Die neue Friedensbewegung. Analysen aus der Friedensforschung. Frankfurt/Main 1982, S. 86-112.

[48] Ebenda, S. 88.

[49] Holger Nehring/Benjamin Ziemann: Führen alle Wege nach Moskau? Der NATO-Doppelbeschluss und die Friedensbewegung. Eine Kritik. In: Vierteljahreshefte für Zeitgeschichte, 59 (2010), S. 81-99.

[50] So warnt auch Günter Gaus vor »deutsch-deutschen Wolkenschiebereien«. Günter Gaus über Illusionen, Irrationalismen und Schwarmgeisterei sowie »Wir dürfen an den Einflusssphären in Europa nicht rühren«. In: Brandt/Lehnert: Die »Deutsche Fragen«, S. 67-75.

[51] Andreas Buro: Kann die »neue« von der »alten« Friedensbewegung lernen? In: Die neue Friedensbewegung. Analysen aus der Friedensforschung (Friedensanalysen 16). Frankfurt/Main 1982, S. 407.

[52] Es ist wiederum Gaus, der in seinem Plädoyer zur Rationalität in Friedensangelegenheiten darauf verweist, dass es letztlich die staatlichen Akteure seien, denen das entscheidende Handeln obliege. Gaus: Einflusssphären in Europa. In: Brandt/Lehnert: Die »Deutsche Fragen«, S. 68.

[53] Lehnert/Brandt: Die »Deutsche Frage«, S. 40.

[54] Siehe dazu den Beitrag von Kathrin Fahlenbrach und Laura Stapane in diesem Band.

[55] Zur Frage der Institutionen der Friedensbewegung siehe den Beitrag von Christoph Becker-Schaum in diesem Band.

[56] Wasmuht, Ulrike C.: Friedensbewegungen der 80er Jahre. Zur Analyse ihrer strukturellen und aktuellen Entstehungsbedingungen in der BRD und den Vereinigten Staaten von Amerika nach 1945. Ein Vergleich. Gießen 1987, S. 22f.

[57] Ebenda, S. 31.

[58] Joachim Raschke: Soziale Bewegungen. Ein historisch-systematischer Grundriss. Frankfurt/Main 1985, S.13.

[59] Ziemann: Perspektiven, S. 23.

[60] Dülffer: Protestbewegungen, S. 205. Nehring/Ziemann: Führen alle Wege, S. 98.

[61] Auf die Emotionsgeschichte der Friedensbewegung kann an dieser Stelle nicht ausführlich eingegangen werden. Siehe dazu Bernd Greiner/Christian T. Müller/Dierk Walter (Hg.): Angst im Kalten Krieg. Hamburg 2009.

[62] Ziemann: Perspektiven, S. 25.

[63] So wenn Anton-Andreas Guha einen Vortrag beginnt mit den Worten, er akzeptiere eine »sehr vage Repräsentanz für die …Friedensbewegung« indem er öffentlich spreche. Guhas Thesen zur Kritik der Sicherheitspolitik und des Brüsseler Beschlusses. In: Sozialdemokratische Partei Deutschlands (Hg.): Sicherheitspolitk contra Frieden? Ein Forum zur Friedensbewegung. Berlin/Bonn 1981.

[64] Peter Schlotter (Hg.): Die neue Friedensbewegung. Analysen aus der Friedensforschung. (Friedensanalysen Bd. 16). Frankfurt/Main 1982. Einführung, S. 9-12; Peter Schlotter: Zur Zukunft der Friedensbewegung. Rahmenbedingungen alternativer Politik. In: Steinweg: Die Neue Friedensbewegung, S. 16-33.

[65] Ulrich Albrecht: Neutralismus und Disengagement. Ist Blockfreiheit eine Alternative für die Bundesrepublik? In: Brandt/ Lehnert: Die »Deutsche Frage«, S. 97-120 (Zitat S. 98).

[66] So Stephan Tiedtke: Wider den kurzen Atem. Thesen zur sicherheitspoltischen Strategie der Friedensbewegung. In: Schlotter (Hg.): Friedensbewegung. S. 35.

[67] Ebenda, S. 34-53.

[68] (*1940), Sozialwissenschaftler und Friedensforscher. Von 1972 bis 1978 Forschungsgruppenleiter bei der Hessischen Stiftung für Friedens- und Konfliktforschung. Seit 1978 Professor an der Universität Bremen.

[69] Senghaas: Der Frieden, S. 88.

# 8. Die institutionelle Organisation
## der Friedensbewegung

CHRISTOPH BECKER-SCHAUM

Die Friedensbewegung war keine Organisation im traditionellen Sinne mit Mitgliedern, Vorstand, Satzung und Kassenbuch, sondern eine Bewegung, die unterschiedliche Organisationsformen, Handlungsfelder und Partizipationsmöglichkeiten in sich fasste. Sie beruhte nicht auf formeller Mitgliedschaft, sondern auf einem Mitmachen, das allen offen stand. Auch wenn es keinen Vorstand gab, so haben doch Menschen Verantwortung getragen und es gab Regeln, gegen die man nicht verstoßen durfte. Insofern gab es eine institutionelle Organisation, die man in ihrer Entwicklung beschreiben kann und die zeigt, auf welchen organisatorischen Voraussetzungen die Friedensbewegung, die die größte politische Bewegung in der alten Bundesrepublik war, geruht hat.

## Dimensionen der Friedensbewegung

Als der Deutsche Bundestag im November 1983 der Stationierung von Pershing II-Raketen und Cruise Missiles zustimmte, gab es wohl kaum eine Stadt in Westdeutschland, in der es nicht wenigstens eine lokale Friedensinitiative gegeben hätte. Ihre Gesamtzahl wird auf 4-5.000 geschätzt,[1] eine Größenordnung, die plausibel scheint, wenn man bedenkt, dass sich allein die 30 im Koordinationsausschuss vertretenen Organisationen auf 3.100 lokale und regionale Gruppen und Initiativen stützen konnten und dass nicht weniger als 1.900 Initiativen den Aufruf zur Friedensdemonstration am 10. Juni 1982 in Bonn unterschrieben hatten.[2] Die große Zahl von 4-5.000 Initiativen signalisiert die erste Besonderheit. Der Zulauf zur Friedensbewegung drückte sich nicht so sehr im Wachstum der einzelnen Gruppen aus, als vielmehr in der Gründung immer neuer Gruppen. Die Friedensbewegung wuchs nach Art des Schneeballsystems. So kam es, dass sich in der westfälischen Universitätsstadt Münster im Oktober 1983 nicht weniger als 60 lokale Initiativen an einer Blockadeaktion beteiligten.[3] In anderen Regionen war das Netzwerk der Initiativen dementsprechend deutlich weniger dicht geknüpft.

Zu einer belastbaren Schätzung der Zahl der involvierten Menschen kommt man auf diese Weise nicht. Die verschiedenen Methoden, das

Potenzial der Friedensbewegung zu bestimmen, unterscheiden zwischen Aktiven und Sympathisanten[4] oder sie differenzieren die Kategorie der Aktiven, indem sie zwischen der Bereitschaft, einen Aufruf zu unterschreiben, an einer Demonstration oder an einer Aktion zivilen Ungehorsams teilzunehmen, unterscheiden.[5] An einem Informationsstand seine/ihre Unterschrift unter einen Aufruf zu setzen, verlangt weniger Engagement als die Teilnahme an einer Demonstration. Darüber hinaus enthält die Teilnahme an einer Blockadeaktion vor einem Raketenstandort die Möglichkeit einer Anzeige und Verurteilung, setzt des Öfteren auch die vorherige Teilnahme an einem Training voraus und will deshalb gut überlegt sein. In den bekannt gewordenen Zahlen drücken sich diese unterschiedlichen Niveaus von Engagement und Risikobereitschaft aus. So sind in den ersten sechs Wochen nach Beginn der Pershing II-Stationierung 800 Menschen in Mutlangen im Rahmen von gewaltfreien Aktionen festgenommen worden.[6] Dagegen haben ca. 400.000 Menschen an der Großdemonstration am 10. Juni 1982 in Bonn teilgenommen[7] und noch zehnmal größer war die Anzahl derer, die den *Krefelder Appell* unterschrieben haben.[8]

Angaben über aktive Mitglieder im Unterschied zu Sympathisanten der Friedensbewegung finden sich in Meinungsumfragen wieder und beruhen meistens auf Selbsteinschätzungen der Befragten. Ihre Zahl wurde 1983 mit mehr als 3 Millionen angegeben. Vier Jahre später, bei der Bundestagswahl 1987, ermittelte Franz Urban Pappi einen »harten Kern« von immerhin noch 1,8 Millionen Anhängern der Friedensbewegung.[9] Im November 1983 gingen ungefähr 1,3 Millionen Menschen auf die Straßen, um ihren Protest gegen den Stationierungsbeschluss des Deutschen Bundestags auszudrücken. Sie wussten dabei die sympathisierende Mehrheit der westdeutschen Bevölkerung hinter sich, wobei die Ablehnung der Aufstellung neuer Mittelstreckenraketen je nach Umfrage bis zu 75 % der wahlberechtigten Bevölkerung erreichte.[10] Zu diesem Zeitpunkt war das Maximum der Mobilisierung für die Ziele der Friedensbewegung erreicht. Zusammen betrachtet vermitteln diese Zahlen den Eindruck einer ungewöhnlichen Breite der gesellschaftlichen Verankerung der Friedensbewegung. Dabei hängen sie auf ganz pragmatische Weise zusammen. Ohne das dichte Netz der Friedensinitiativen, ohne ihre Informationsstände in Fußgängerzonen, auf Marktplätzen und vor Rathäusern hätten weder die Unterschriften gesammelt werden können, noch wären 400.000 Menschen zur Demonstration nach Bonn gekommen. Die 4-5.000 Friedensinitiativen sind demnach die institutionalisierte lokale Basis der Friedensbewegung gewesen. Dennoch bleibt die Tatsache, dass wir trotz des basisdemokratischen Anspruchs vieler Initiativen immer noch sehr wenig über die einzelnen lokalen Gruppen und Initiativen der Friedensbewegung wissen.[11]

Viel größere Aufmerksamkeit hat der Koordinationsausschuss der Friedensbewegung gefunden. In ihm waren erst 21, dann 26 und 30, später 27 Organisationen vertreten, die von bundesweiten Aktionskonferenzen gewählt wurden. Die Aktionskonferenzen der Friedensbewegung standen für jede/n offen. Es gab kein Delegiertensystem. Insofern waren diese Konferenzen zwar nicht repräsentativ, spiegelten dafür umso besser die Attraktivität dieses zentralen Basisgremiums wider. An den ersten fünf Aktionskonferenzen zwischen Februar 1982 und April 1983 nahmen jeweils zwischen 600 und 850 Personen teil. Die Zahl der Teilnehmer/innen schnellte bei den beiden folgenden im November 1983 und Februar 1984 auf 1.500 bzw. 1.300 hoch, um anschließend wieder auf ca. 800 zurück zu fallen.[12] Zwischen 1982 und 1989 fanden insgesamt dreizehn Aktionskonferenzen statt, die beiden ersten in Bonn, die folgenden in Köln. Der Koordinationsausschuss war mit einer Geschäftsführung ausgestattet, in der sechs Organisationen aus dem Kreis des Koordinationsausschusses vertreten waren. Sie wurden ebenfalls von den Aktionskonferenzen gewählt. Die Mitglieder des Koordinationsausschusses wie der Geschäftsführung waren durchweg Vertreter/innen bundesweit agierender Organisationen und Zusammenschlüsse.

Neben dieser bundesweiten Koordination mit Büro in Bonn behaupteten sich zahlreiche Regionalstrukturen,[13] die teilweise Bürostrukturen entwickelten (z.B. das Friedensbüro Hannover), die es aber nicht nur in den Großstädten gab, sondern auch auf dem Lande (z.B. in der Kleinstadt Kastellaun im Hunsrück). Sie hatten einerseits eine Scharnierfunktion zwischen Koordinationsausschuss und Geschäftsführung und den Friedensinitiativen in der Region. Zum anderen drückte sich in ihnen ein basisdemokratischer Politikansatz aus, ein Misstrauen gegenüber zentralistischen Entscheidungsstrukturen und dem Medieninteresse,[14] das der Koordinationsausschuss auf sich zog. So unterstrich der Verein für Friedenspädagogik Tübingen in seiner zur Bonner Großdemonstration am 10. Juni 1982 vertriebenen Broschüre: »Es gibt keine zentrale Organisationsstelle der Friedensbewegung. [...] Die Friedensbewegung ist eine dezentrale Basisbewegung.«[15] Diese Einschätzung verhinderte jedoch nicht, dass alle Großdemonstrationen mit Hilfe des Koordinierungsausschusses organisiert worden sind.[16] Die Trias aus Basisinitiativen, Regionalstrukturen und zentraler Koordination bildete das keinesfalls spannungsfreie institutionelle Gefüge der Friedensbewegung.

Aber mehr noch als diese vertikale Dimension war es die beeindruckende horizontale Dimension, ihre politische und gesellschaftliche Breite, die die Friedensbewegung der 1980er Jahre charakterisiert hat. Die offe-ne, wenn auch nicht immer unkomplizierte Zusammenarbeit von christ-lichen, feministischen, alternativbewegten und gewerkschaftlichen Grup-pen mit liberalen, sozialdemokratischen, linkssozialistischen und kommunistischen Organisationen in der Friedensbewegung war eine in der Geschichte der Bundesrepublik außerordentliche Erscheinung. Au-ßerdem tummelte sich hier die 1979/1980 gegründete grüne Partei.[17] Diese Kooperation bildete einen Kontrast zu den 1970er Jahren, in denen der Dogmatismus der radikalen Linken mit ihren Splitterparteien, der Auszug der Alternativbewegung in die Nischen der bundesrepublikani-schen Gesellschaft, die Militanz einiger großstädtischer Subkulturen, aber auch der Radikalenerlass gegen angebliche Verfassungsfeinde und die Auswirkungen des Terrorismus der Roten Armee Fraktion das Entstehen einer Zusammenarbeit der gesellschaftlichen Opposition verhindert hat-ten.[18] Die Friedensbewegung war somit auch ein Ausbruch aus der *Bleier-nen Zeit* (Margarethe von Trotta).

Unter dem Gesichtspunkt der institutionellen Organisation der Frie-densbewegung stellte die gesellschaftliche Breite der Friedensbewegung insofern eine Herausforderung dar, als sie die einzelnen Gruppen zwang, mit den anderen in einem ausbalancierten Verhältnis in den Koordinati-onsstrukturen zusammen zu arbeiten. Öffnung und Einordnung lagen nahe beieinander, waren zwei Seiten einer Medaille. Die politischen Grup-pen der 1970er Jahre waren eine solche Herausforderung nicht gewohnt. Wie bei der vertikalen Dimension der Friedensbewegung, deren Funkti-onieren die Legitimität der zentralen Entscheidungen verbürgte, ging es bei der horizontalen Dimension nicht allein um Fragen praktischer Op-portunität, sondern um die politische Glaubwürdigkeit der Friedensbe-wegung insgesamt. Dominanz einzelner Gruppen, Steuerung bzw. Fern-steuerung der Friedensbewegung sind hier die Stichworte.[19]

Neben der vertikalen und der horizontalen Dimension, die ein Charak-teristikum aller Organisationen und Verbände sind, gilt es eine dritte Dimension zu unterscheiden, ihre Dynamik. Gesellschaftliche Organisa-tionen, die in das Fahrwasser sozialer Bewegungen geraten, erleben gra-vierende Veränderungen. Sie entwickeln einen Elan, einen Drang, die herrschende Politik zu kritisieren und für ihre sich im Verlauf radikalisie-renden Ziele zu werben, die sie als eindrücklich verwandelte Organisati-onen erscheinen lassen. Parallel dazu entstehen neue Organisationen, die die Formulierung der Ziele und die Mobilisierung für diese Ziele weiter vorantreiben, bis nach Monaten oder Jahren der Elan verfliegt, Gruppen sich auflösen und wieder eine Art Normalzustand einkehrt. In der politi-schen Alltagssprache ist der Begriff der sozialen Bewegung zur Selbstbe-

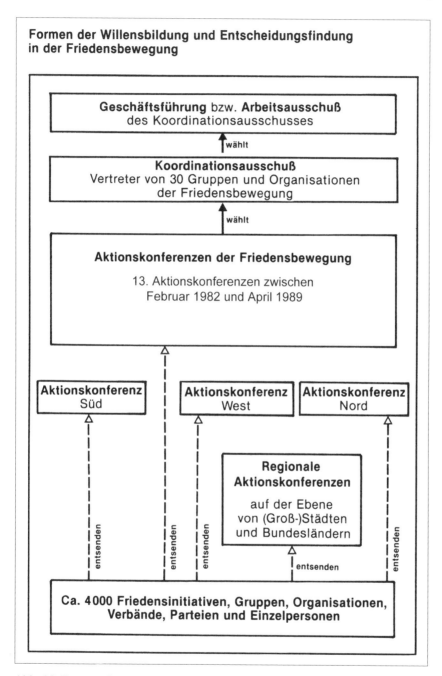

Abb. 16. Formen der Willensbildung und Entscheidungsfindung in der Friedensbewegung.

zeichnung von Gruppierungen geworden, die sich als die radikale Opposition zum politischen System verstehen.[20] Mit diesem Verständnis von sozialer Bewegung hatte die Friedensbewegung der 1980er Jahre wenig zu tun. Folgt man der Analyse von Franz Urban Pappi, hatte sie vielmehr einen ausgesprochen pluralistischen Zug.[21]

Schließlich sind die Zeit und die Zeitereignisse wesentliche Faktoren, die auf das institutionelle Gefüge und die Dynamik der Friedensbewegung Einfluss hatten. Der NATO-Doppelbeschluss vom 12. Dezember 1979 war, weil er die tatsächliche Raketenaufstellung erst nach vier Jahren vorsah, für die Mobilisierung einer breiten Gegenbewegung wie geschaffen.[22] Allerdings bedeutete die Fixierung auf die Verhinderung der Stationierung ein strategisches Risiko. Was wären die Perspektiven, wenn die Stationierung der neuen amerikanischen Mittelstreckenraketen nicht verhindert werden könnte? In dieser Hinsicht führte das Beharren auf dem sogenannten Minimalkonsens in eine politische Sackgasse. Die Radikalisierung der Ziele und die Erweiterung des Repertoires der Aktionsformen sollten die Friedensbewegung vor einem möglichen Scheitern bewahren.

## Die Konstituierungsphase der Friedensbewegung (1975-1981)

Andrei S. Markovits und Philip S. Gorski haben die Friedensbewegung in vier Phasen unterteilt.[23] Eine erste Phase vor 1979, die einerseits durch die Entstehung neuer friedenspolitischer Akteure, die Gründung der *Aktionsgemeinschaft Dienst für den Frieden* (AGDF), der *Aktion Sühnezeichen/ Friedensdienste* (ASF) sowie des DKP-nahen *Komitees für Frieden, Abrüstung und Zusammenarbeit* (KOFAZ), andererseits durch das »erste Aufkeimen des autonomen und basisdemokratischen Elements der neuen Friedensbewegung« geprägt gewesen sei. AGDF, ASF und KOFAZ hätten dadurch einen organisatorischen Vorsprung gehabt.[24] In der zweiten Phase, zwischen dem NATO-Doppelbeschluss und den Großdemonstrationen des Jahres 1981, hätten sich die Spektren der Friedensbewegung konfiguriert: konservative Bekehrte wie Alfred Mechtersheimer und Gert Bastian, das *Ökopax*-Bündnis aus *Bundesverband Bürgerinitiativen Umweltschutz* (BBU) und Grünen, christliche Organisationen, der linke Flügel der SPD und die »unabhängigen« oder »autonomen« Basisorganisationen.[25] Die dritte und vierte Phase unterteilen die beiden Autoren im Sommer 1983, weil seit diesem Zeitpunkt »Unabhängige« und »Autonome« begonnen hätten, »Widerstandsaktionen« gegen die Raketenstationierung zu planen, was die Einheit der bis dahin machtvollen Friedensbewegung bedroht habe.[26]

Dieser Gliederungsvorschlag ist durchaus inspirierend. Da man jedoch annehmen kann, dass zwischen dem institutionellen Gefüge und der praktizierten Politik ein innerer Zusammenhang besteht, erscheint eine Dreiteilung der Phasen in eine Konstituierung der Friedensbewegung seit 1975, in die Phase der Großdemonstrationen der Jahre 1981 und 1982 und eine dritte Phase, gekennzeichnet durch die im Sommer 1983 einsetzende Dezentralisierung mit der zunehmenden Verlagerung der Aktionen an die Stationierungsstandorte, als überzeugender.

Die Balance zwischen den verschiedenen Gruppen und Strömungen innerhalb der Friedensbewegung war eine Voraussetzung für ihren Erfolg. Vieles spricht dafür, dass die Erfüllung dieser Voraussetzung bereits vor dem NATO-Doppelbeschluss angelegt war. Die entscheidenden Veränderungen haben sich vollzogen durch: (1) die Öffnung der Umweltbewegung in Richtung auf die Friedensbewegung, (2) die vorsichtige Öffnung der christlichen Friedensbewegung gegenüber einer Zusammenarbeit mit kommunistischen Organisationen, (3) die friedenspolitische Zusammenarbeit kommunistischer Organisationen im Rahmen der Bündnispolitik der DKP, (4) die Suche der Grünen nach geeigneten Bündnispartnern, um sich der verunsicherten SPD-Basis zu empfehlen.

Die Öffnung des BBU für die Ziele der Friedensbewegung war eng mit dem Engagement des geschäftsführenden Vorstandsmitglieds Roland Vogt verbunden. Zwar hatten der BBU und ihr Vorsitzender Hans-Helmuth Wüstenhagen schon früher auf den Zusammenhang von Atomkraftwerken und der Herstellung von waffenfähigem Plutonium hingewiesen, doch blieb die Thematisierung des Zusammenhangs von ziviler und militärischer Nutzung der Atomenergie schwierig. Als Roland Vogt 1975 einen Ostermarsch nach Wyhl vorschlug, was den Zusammenhang explizit ansprechen sollte, wollten die örtlichen Bürgerinitiativen nicht in eine linke Ecke gedrängt werden. 1978 wurde eine BBU-Arbeitsgruppe gegen zivile und militärische Nutzung atomarer Anlagen eingerichtet und der Beschluss gefasst, »in Zukunft den Widerstand von den zivilen auf die militärischen atomaren Anlagen auszudehnen«.[27] Im Oktober 1979 führten BBU und DFG-VK den Kongress »Ökologie- und Friedensbewegung« durch, der den Beginn der Zusammenarbeit beider Bewegungen auf der Ebene der Organisationen markierte.[28] Innerhalb des BBU war die Zusammenarbeit nicht unumstritten. Der BBU-Vorsitzende Hans Günter Schumacher stand als Zivilangestellter der Bundeswehr besonders unter Druck und begründete 1980 seinen Verzicht auf eine erneute Kandidatur damit, dass er die Entwicklung im Bereich Ökologie und Frieden nicht mittragen wolle.[29] Die zu überwindenden Widerstände betrafen auch die Haltung der antimilitaristischen Linken, die sich noch lange weigerten, die Ablehnung von Atomkraftwerken in den Forderungskatalog zu den Ostermärschen aufzunehmen.[30]

Dass die Vorbehalte des BBU-Vorsitzenden Schumacher nicht allein der persönlichen Situation geschuldet waren, zeigen die grundsätzlich gelagerten Ambivalenzen innerhalb der christlichen Friedensarbeit. So führte Volkmar Deile, der Geschäftsführer der ASF, in einem persönlichen Beitrag zum Thema Antikommunismus die Berlin-Blockade, den Mauerbau, die Niederschlagung des ungarischen Aufstands und des Prager Frühlings als Gründe an, warum die Aufgeschlossenheit der christlichen Gemeinden für die Menschheitsgefährdung durch den Rüstungswahnsinn durch einen verbreiteten Antikommunismus blockiert werde. Es seien die Erfahrungen mit der Politik der Sowjetunion und ihrer Beteiligung am Wettrüsten, die dem Antikommunismus immer neue Nahrung gäben. Wer die Blockade der Friedensarbeit durch den herrschenden Antikommunismus überwinden wolle, dürfe deshalb die Kritik an der Sowjetunion nicht verschweigen. Wenn sie das Ghetto, in dem sich die Friedensarbeit befinde, verlassen wolle, müsse sie die »falschen Entwicklungen in der Sowjetunion« kritisieren. »Das ist kein Ende der Zusammenarbeit mit Kommunisten in der Friedensarbeit«, schrieb Deile, »sondern der Beginn unter klaren Voraussetzungen.«[31]

Es gehörte zu den Erfahrungen der 1970er Jahre, dass sich die DKP an Bündnissen nicht beteiligte, wenn sie von ihren Partnern derart offen kritisiert wurde, wie im obigen Beispiel von Volkmar Deile geschehen. Für den Wandel, der schon früher einsetzte, gab es übergeordnete Gründe. Das »Konzept [des Ministeriums für Staatssicherheit der DDR] für politisch-aktive Maßnahmen zur Förderung der Friedensbewegung in der BRD« machte konkrete Aussagen über konspirative Maßnahmen in Bezug auf einzelne Gruppen innerhalb der westdeutschen Friedensbewegung und nahm auf die Bündnisstrategie der DKP Bezug. So betonte die Zielbestimmung des Konzeptes: »Der inhaltlichen und strukturellen Vielfalt der Friedensbewegung ist Rechnung zu tragen [...].« Und in den folgenden Abschnitten hieß es: »Es kann davon ausgegangen werden, daß die von den alternativen Friedenskräften vorgebrachten Parolen, Begründungen, Argumente substantiell und rhetorisch fundiert sind [...].«[32] Dieser bewegliche Umgang mit anderen Organisationen war nach Ansicht der Autoren des Konzeptes auch für die DKP strategisch günstig: »Die Entwicklung verschiedener Friedensbewegungen unterschiedlicher Schattierungen innerhalb der BRD-Gesellschaft bietet der DKP günstigen Boden für eine erfolg- und perspektivreiche Bündnispolitik.«[33]

Damit lag das Konzept auf der strategischen Linie der KOFAZ-Gründung, über die Einbeziehung von Personen mit medialer Relevanz Einfluss auf die westdeutsche Öffentlichkeit im Sinne der sowjetischen Positionen im KSZE-Prozess zu gewinnen.[34] Die Öffnung des kommunistischen Spektrums für eine Zusammenarbeit mit anderen Strömungen im Kontext der Friedensbewegung erschien den Parteistrategen nicht nur in Bezug auf die Verhinderung der Stationierung der Pershing II und der Cruise Missiles wünschenswert, sondern auch in Bezug auf die nächste Bundestagswahl. Dabei bescherte die Bundestagswahl 1983 der DKP allerdings mit 0,2 % das größte Debakel ihrer Geschichte. Stattdessen waren es die Grünen, die sich als Partei der Umwelt- und Friedensbewegung profilieren konnten und erstmals in den Bundestag einzogen.

Um so bemerkenswerter ist die Beteiligung der Grünen an der kommunistisch gesteuerten *Krefelder Initiative*, deren Organisation in den Händen der DFU lag.[35] Rein formal betrachtet waren nicht die Grünen beteiligt, sondern Petra Kelly als Person. Petra Kelly war allerdings eine der drei Parteivorsitzenden. Sie hat die Parteigremien, Bundesvorstand und Bundeshauptausschuss, erst im nachhinein informiert. Die Protokolle lassen durchblicken, dass die Führungsgruppe der Partei über den Alleingang ihrer Vorsitzenden alles andere als erfreut war. Sie erhielt zwar einstimmig die erforderliche Unterstützung von Bundesvorstand und Bundeshauptausschuss, auch für ihre künftigen Aktivitäten im Kontext der Krefelder Initiative, aber gleichzeitig wies der Bundeshauptausschuss auf die exemplarische Bedeutung der Zusammenarbeit des BBU »mit allen Kräften der Friedensbewegung in der Bundesrepublik« hin.[36] Da das Protokoll der Bundesvorstandssitzung vom 11. Januar 1981 zum Tagesordnungspunkt Friedenspolitik die SPD als Zielgruppe der friedenspolitischen Arbeit benennt,[37] wäre eine einseitige Unterstützung des Krefelder Appells kontraproduktiv gewesen. Innerparteilich blieb ihr Beitritt zur Krefelder Initiative – sehr zu ihrem Ärger[38] – umstritten. Die Unterstützung für den Aufruf der *Russell Peace Foundation*, dessen Forderungen sowohl an die amerikanische, wie an die sowjetische Adresse gerichtet waren, fiel den Grünen wesentlich leichter. Petra Kelly betonte die Berechtigung beider Initiativen und wollte sie nicht gegeneinander ausgespielt sehen. Dabei verwahrte sie sich auch gegen eine vorschnelle Etikettierung der Krefelder Initiative als kommunistisch gesteuert und unterstrich statt dessen den Einfluss von Gert Bastian auf die beschlossenen Resolutionen, während die Bundesregierung versuchte, sie und Bastian wegen der Krefelder Initiative in die kommunistische Ecke zu stellen.[39] Kelly und Bastian verließen die Krefelder Initiative im Januar 1984.

In allen vier genannten Fällen war eine wachsende Bereitschaft festzustellen, ideologisch begründete Barrieren zu überwinden. Sie war in allen Fällen im verbandspolitischen Interesse, auf die Verfolgung konkreter

Ziele bezogen, und insofern bedingt. Es war keine gegenseitig empfundene neue Sympathie, die seit Beginn der 1980er Jahre Vertreterinnen und Vertreter von Organisationen aus den genannten Spektren in Gremien zusammenführte, um Aufgaben der Koordinierung und Steuerung der großen Demonstrationen der Friedensbewegung zu übernehmen.

## Die Großdemonstrationen der Friedensbewegung (1981/1982)

Mit dem Evangelischen Kirchentag im Juni 1981 in Hamburg begann die Zeit der großen Demonstrationen, deren zentraler Akteur mehr und mehr der Koordinationsausschuss wurde, dessen Geschichte am Ende des Hamburger Kirchentags am 19. Juni 1981 seinen Ausgang nahm.[40] An diesem Tag trafen sich Volkmar Deile von der ASF und Ulrich Frey von der AGDF mit Vertreter/inne/n von 20 weiteren Organisationen, die dem christlichen, ökologisch-pazifistischen und dem kommunistischen Spektrum angehörten, um die für den 10. Oktober 1981 geplante Demonstration und Kundgebung in Bonn zu besprechen. Bei diesem Treffen wurde der Text des Demonstrationsaufrufs beschlossen, der mit mehreren der Teilnehmer/innen im Vorfeld abgestimmt war. Für den 13. Juli und den 27. August 1981 wurden zwei Vorbereitungstreffen mit Beteiligung der Friedensinitiativen in Bonn vereinbart. Am ersten nahmen 95 Vertreter/innen teil, zum zweiten waren »340 Organisationen und Gruppen, die bis dahin den Aufruf unterzeichnet hatten«,[41] eingeladen. Die gesamte inhaltliche, organisatorische und finanzielle Verantwortung trugen allein die beiden Veranstalter ASF und AGDF. Die Einbeziehung der 340 Organisationen und Gruppen diente vor allem dem Zweck, die Teilnahme der ganzen »Breite der Friedensbewegung zu garantieren«.[42] Es gab also zwei Ebenen der Partizipation: die beiden Veranstalter mit dem engeren Kreis aus weiteren 20 Organisationen, in dem wesentliche Vorabsprachen stattfanden, und mit dem großen Kreis aus Hunderten von Initiativen, die das gesamte Spektrum der Friedensbewegung umfassten, was aber von einigen Gruppen als hierarchische Struktur aufgefasst wurde und entsprechenden Protest erregte. Sie fühlten sich mit ihren radikaleren Forderungen ausgegrenzt.[43] Die gesamte Organisationsstruktur war auf die Demonstration am 10. Oktober 1981 mit der anschließenden Kundgebung im Bonner Hofgarten ausgerichtet und wäre danach zu Ende gewesen.

Die Absprachen im kleineren Kreis wurden jedoch bald nach der Demonstration wieder aufgenommen. Ulrich Frey erinnerte sich: »Damals hat man uns gedrängt, wir sollten das weitermachen, wir sollten die Friedensbewegung koordinieren. Das haben wir abgelehnt, weil wir nicht wollten, daß die Breitenentwicklung gehindert würde. Wir haben dann [...] doch gesehen, daß es notwendig ist, uns nochmal für Kleingruppengespräche innerhalb der Gruppen vom 10. Oktober zur Verfügung zu stellen und haben dann diese Frühstücksrunde nochmal aufgenommen.«[44] Der Vorteil der Frühstücksrunde lag in ihrem informellen Charakter, der einen lockereren Austausch ermöglichte. Darin lag jedoch zugleich auch ihr Nachteil. Sowohl die Transparenz dessen, was in der Frühstücksrunde geschah, als auch ihre formale Legitimation blieben unklar. Legitimation entstand im Prozess, weil keine politische Richtung dominierte und deshalb eine starke Konsensorientierung herrschte,[45] ein klassischer Fall von Output-Legitimation. Kritisch sahen das vor allem kleinere unabhängige Gruppen und Initiativen innerhalb der Friedensbewegung, die sich nicht repräsentiert fühlten, während die einflussreicheren Organisationen einschließlich der sozialdemokratischen in der Frühstücksrunde vertreten waren.[46]

Die vorerst letzte Aktion von AGDF und ASF war die in der Frühstücksrunde vorbereitete Einladung zur ersten Aktionskonferenz der Friedensbewegung am 6./7. Februar 1982 in Bonn. Indem die Aktionskonferenz einen Koordinationsausschuss und eine Geschäftsführung wählte, war das formale Legitimationsproblem geheilt. Für die unabhängigen Initiativen hatte sich trotzdem nicht viel geändert, da zwischen Frühstücksrunde und Koordinationsausschuss eine weitgehende Kontinuität herrschte. Die Gesamtstruktur der Friedensbewegung blieb so, wie sie zu Zeiten der Frühstücksrunde und der beiden Vorbereitungstreffen zur Demonstration am 10. Oktober 1981 bestanden hatte. Die Aktionskonferenz diente vor allem als Ideenbörse und weniger dazu, politische Programme zu verabschieden. So wie die inhaltliche, organisatorische und finanzielle Verantwortung für die Demonstration und die Kundgebung im Oktober 1981 bei den beiden Veranstaltern gelegen hatte, ging sie nun auf den Koordinationsausschuss über.

Dem ersten Koordinationsausschuss gehörten die folgenden Organisationen an: *Arbeitsgemeinschaft Katholischer Hochschul- und Studentengemeinden, Bundeskongress Autonomer Friedensinitiativen* (BAF), *Bundeskongress Entwicklungspolitischer Aktionsgruppen* (BUKO), BBU, DFG-VK, *Demokratische Sozialisten* (DS), *Deutsche Jungdemokraten, Evangelische Studentengemeinden* (ESG), *Föderation gewaltfreier Aktionsgruppen* (FÖGA), *Frauen für den Frieden,* Die Grünen, KOFAZ, *Konferenz der Landesschülervertretungen,* Russell-Initiativen, *Sozialistische Deutsche Arbeiterjugend* (SDAJ), *Sozialistische Jugend Deutschlands – Die Falken* (SJD), *Vereinigte Deutsche Studentenschaften* (VDS).[47] Grundsätzlich gehörten ihm auch die christlichen Friedensinitiativen

ASF, *Aktionsgemeinschaft Dienst für den Frieden und Ohne Rüstung Leben* (ORL) sowie die Jungsozialisten an, die sich aber nicht an der Trägerschaft der Demonstration aus Anlass des NATO-Gipfels in Bonn beteiligten und insofern aus dem Koordinationsausschuss ausgeschieden waren.[48] Auch ohne die christlichen Friedensinitiativen und die Jungsozialisten gab es kein Übergewicht der kommunistischen Organisationen. Eher trifft zu, was Günter Bannas, der Kommentator der *Frankfurter Allgemeinen Zeitung*, über den nächsten Koordinationsausschuss schrieb: »So hört man, daß nicht die DKP mit ihrem Apparat die Friedensbewegung lenke, sondern daß die anderen Gruppen den Apparat der DKP für sich nutzten.«[49]

Die zusammen mit dem Koordinationsausschuss gebildete Geschäftsführung setzte sich aus Tissy Bruns (VDS), Peter Grohmann (ESG), Jo Leinen (BBU), Klaus Mannhardt (DFG-VK), Eva Quistorp (Frauen für den Frieden) und Werner Rätz (BUKO) zusammen. Damit gehörten zwei dem DKP-Lager an, die anderen vier eindeutig nicht, aber das war angesichts der Arbeitsweise von Koordinationsausschuss und Geschäftsführung nicht der Punkt. Vielmehr war die Konsensorientierung in den Gremien entscheidend. Eva Quistorp, die schon am ersten Treffen beim Hamburger Kirchentag teilgenommen hatte und der Geschäftsführung bis 1986 angehörte, sah die Bedeutung der Geschäftsführung im »Vordenken«, im Suchen nach »Kompromissen« und »Lösungsmöglichkeiten«.[50]

## Dezentralisierung der Friedensbewegung (1983-1986)

Die Tätigkeit des ersten Koordinationsausschusses endete mit der Demonstration am 10. Juni 1982, so dass Volkmar Deile und Ulrich Frey ein weiteres Mal die Initiative für einen Neustart ergriffen. Der Koordinationsausschuss wuchs durch sukzessive Ergänzung des Kreises der Eingeladenen auf 26 und schließlich auf 30 Mitglieder an. Die Geschäftsführung blieb dieselbe, wenn man davon absieht, dass an die Stelle der ESG die ASF trat. Nach demselben Muster wie ein Jahr zuvor wurde die Aktionskonferenz am 16./17. April 1983 vorbereitet, die in Arbeitsgruppen die Herbstaktionen des Jahres 1983 diskutierte.[51] Da die Aktionskonferenz »parallele Volksversammlungen für den Frieden in Bonn und in Süd- und Norddeutschland« beschlossen hatte,[52] gab es erstmals eine Trennung der Zuständigkeiten, für die sich insbesondere die Vertreter/innen der unabhängigen Friedensinitiativen eingesetzt hatten. Während Koordinationsausschuss und Geschäftsführung für Bonn zuständig waren, sollten Regionalversammlungen die Verantwortung für die *Volksversammlungen für den Frieden* im Süden und im Norden der Bundesrepublik tragen.[53]

Abb. 17. Plakat »Menschen- und Aktionskette für Frieden & Arbeit von Duisburg nach Hasselbach am 20. Oktober 1984«.

Die Dezentralisierung wurde zum Merkmal der Aktionswochen im Herbst 1983, die nun einen ausgesprochen starken Aktionscharakter erhielten.[54] Menschenketten über die Schwäbische Alb, um das Verteidigungsminis-terium in Bonn und amerikanische Militäreinrichtungen in Bremerhaven, vor allem aber die Blockadeaktionen vor dem Pershing II-Depot im schwä-bischen Mutlangen und andere Aktionen zivilen Ungehorsams erforder-ten wesentlich intensivere Vorbereitung als Großkundgebungen, bei de-nen die Teilnehmer/innen eine weniger aktive Rolle übernahmen. Klaus Vack, der die Organisation der sog. Prominentenblockade im September 1983 übernommen hatte, deutete 25 Jahre danach den damit verbunde-nen organisatorischen Aufwand an.[55] Mehrere Hundert Blockierer/innen hatten jeweils eine Handvoll Prominente für einige Stunden in ihre Be-zugsgruppen aufgenommen, sie sozusagen adoptiert und ihnen so die Teilnahme ermöglicht.

Entsprechendes galt seit 1984 für die Aktionen am Stationierungsstand-ort für die Cruise Missiles in Hasselbach im Hunsrück und für die Manö-ver-Behinderungs-Aktionen im Fulda-Gap. Die Verantwortung übernah-men jeweils Initiativen und regionale Zusammenschlüsse, die nicht im Koordinationsausschuss vertreten waren. Mit der Dezentralisierung der Protestaktionen entfernten sich die im Koordinationsausschuss versam-melten Vertreter/innen der friedenspolitischen Verbände ein Stück weit von der Basis der Friedensinitiativen.[56] Das gilt auch für Wüschheim/ Hasselbach,[57] Standort für die 96 Cruise Missiles, die in Deutschland auf-gestellt werden sollten. Am 20. Oktober 1985 kam es zu der rekordver-dächtigen Menschenkette von Hasselbach bis Duisburg. Ein Jahr später wurde Hasselbach Schauplatz der letzten großen Friedensdemonstration, ehe die Cruise Missiles 1988 wieder abgezogen und verschrottet wurden. An der Demonstration am 11. Oktober 1986 nahmen ca. 200.000 Men-schen teil. Der Demonstrationsbeschluss des Koordinationsausschusses beinhaltete den Passus, dass die regionale Friedensinitiative bei geplanten Aktionen zivilen Ungehorsams dem zustimmen müsse. Besser kann man die unterschiedlichen Sichtweisen der zentralen und der regionalen Ins-tanzen nicht beschreiben.

# Fazit

Die institutionelle Organisation der Friedensbewegung hing unmittelbar von der Bereitschaft der politischen Strömungen zur fairen Zusammen-arbeit und diese wiederum von der Haltung der einzelnen Organisationen gegenüber der Opposition in den kommunistischen Staaten Mittel- und

Osteuropas ab. Trotzdem konnte bis zur Stationierungsentscheidung des Deutschen Bundestags im November 1983 der Minimalkonsens als gemeinsame Klammer dienen. Bis zum Herbst 1983 zielte die Strategie der Friedensbewegung auf eine Revision der westdeutschen Haltung zum NATO-Doppelbeschluss und damit auf den Bundestag. Danach standen die Stationierungsstandorte der atomaren Mittelstreckenraketen im Fokus der Strategie der Friedensbewegung. Auf diesen Strategiewechsel war der Koordinationsausschuss schlecht vorbereitet, da er zu sehr Vertretung der politischen Strömungen in der Friedensbewegung war und zu wenig Parlament der lokalen und regionalen Friedensinitiativen.

*Literatur*

Der wichtigste Autor ist Leif, der 1985 eine Studie über die Organisation der Friedensbewegung geschrieben hat, die er später zu einer Dissertation über die Strategiefähigkeit der Friedensbewegung ausgebaut hat. Vier weitere Dissertationen ergänzen seine Befunde: Wasmuht vergleicht die Bewegungsdynamik der amerikanischen und der westdeutschen Friedensbewegung; Schmitt nutzt die Ressourcen-Mobilisierungs-Theorie der amerikanischen Bewegungsforschung als Forschungsansatz; Baron analysiert die kommunistischen Organisationen in der Friedensbewegung und die Versuche der DDR, auf die junge Partei Die Grünen Einfluss zu nehmen; den letzten Stand vermittelt die Dissertation von Schregel über die Friedensbewegung im Nahraum. Von den zeitgenössischen politisch-soziologischen Autoren sind vor allem Schaub/Schlaga und Hesse zu nennen. Buro, selber ein Kronzeuge der Friedensbewegung, hat den einschlägigen Beitrag für das jüngste Handbuch über die sozialen Bewegungen in Deutschland verfasst.

Baron, Udo: Kalter Krieg und heißer Frieden. Der Einfluss der SED und ihrer westdeutschen Verbündeten auf die Partei ›Die Grünen‹. Münster 2003.
Buro, Andreas: Friedensbewegung. In: Roland Roth/ Dieter Rucht (Hg.): Die sozialen Bewegungen in Deutschland seit 1945. Frankfurt/New York, NY 2008, S. 267-291.
Hesse, Dagmar: The West German Peace Movement: A Socio-Political Study. In: Millennium: Journal of International Studies, 14 (1985), No. 1, S. 1-21.
Leif, Thomas: Die professionelle Bewegung. Friedensbewegung von innen. Bonn 1985.
Leif, Thomas: Die strategische (Ohn-) Macht der Friedensbewegung. Kommunikations- und Entscheidungsstrukturen in den achtziger Jahren. Opladen 1990.
Schaub, Annette/Schlaga, Rüdiger: Verbände, Gruppen und Initiativen der westdeutschen Friedensbewegung. In: Friedensanalysen, 16 (1982), S. 377-400.

Schmitt, Rüdiger: Die Friedensbewegung in der Bundesrepublik Deutschland. Ursachen und Bedingungen einer neuen sozialen Bewegung. Opladen 1990.

Schregel, Susanne: Der Atomkrieg vor der Wohnungstür. Eine Politikgeschichte der neuen Friedensbewegung in der Bundesrepublik 1970-1985. Frankfurt Main/New York, NY 2011.

Wasmuht, Ulrike: Friedensbewegungen der 80er Jahre. Zur Analyse ihrer strukturellen und aktuellen Entstehungsbedingungen in der Bundesrepublik Deutschland und den Vereinigten Staaten: Ein Vergleich. Gießen 1987.

*Anmerkungen*

[1] Ulrike Wasmuht: Friedensbewegungen der 80er Jahre. Zur Analyse ihrer strukturellen und aktuellen Entstehungsbedingungen in der Bundesrepublik Deutschland und den Vereinigten Staaten von Amerika nach 1945: Ein Vergleich. Gießen 1987, S. 171. Thomas Leif: Entscheidungsstrukturen in der westdeutschen Friedensbewegung. In: Leviathan, 4 (1989), S. 554. Ulrich Frey: Erfahrungen der Friedensbewegung mit dem Staat Bundesrepublik Deutschland. In: Die neue Gesellschaft, 1 (1984), S. 30.

[2] Die Zahl der aufrufenden Friedensinitiativen in: Koordinierungsausschuß der Friedensorganisationen (Hg.): Aufstehen! Für den Frieden. Friedensdemonstration anläßlich der NATO-Gipfelkonferenz in Bonn am 10. 6. 1982. Bornheim 1982, S. 33. Tabelle mit Angaben zum organisatorischen Unterbau der Mitgliedsorganisationen des Koordinationsausschusses bei Rüdiger Schmitt: Die Friedensbewegung in der Bundesrepublik Deutschland. Ursachen und Bedingungen der Mobilisierung einer neuen sozialen Bewegung. Opladen 1990, S. 104.

[3] Flugblatt zur Blockade des I. Korps am 17./18.10.1983. In: Landesarchiv NRW, Abteilung Westfalen (Münster), Druckschriftensammlung, Nr. 2622.

[4] Schmitt: Die Friedensbewegung, S. 70-78.

[5] Roland Roth: Das politische Handlungsrepertoire der neuen sozialen Bewegungen. Eine Skizze. In: Komitee für Grundrechte und Demokratie (Hg.): Jahrbuch 1987. Sensbachtal 1988, S. 285 f.

[6] Michael Schmid: Vor 25 Jahren. »Prominentenblockade« am Pershing-Depot in Mutlangen. URL: http://www.lebenshaus-alb.de/magazin/005236.html.

[7] Thomas Leif: Die professionelle Bewegung. Friedensbewegung von innen. Bonn 1985, S. 82, meldet 450.000 Teilnehmer/innen, Hans Günter Brauch: Die Raketen kommen! Vom NATO-Doppelbeschluss bis zur Stationierung. Köln 1983, S. 172, lediglich 350.000 bis 400.000.

[8] Udo Baron: Kalter Krieg und heißer Frieden. Der Einfluss der SED und ihrer westdeutschen Verbündeten auf die Partei ›Die Grünen‹. Münster 2003, S. 98 f.

[9] Frey: Erfahrungen, S. 30. Franz Urban Pappi: Neue soziale Bewegungen und Wahlverhalten in der Bundesrepublik. In: Max Kaase/Hans-Dieter Klingemann (Hg.): Wahlen und Wähler. Analysen aus Anlaß der Bundestagswahlen 1987. Opladen 1990, S. 163.

[10] Alle bekannten Meinungsforschungsinstitute haben 1983 nach der Zustimmung der Bevölkerung zur Stationierung der neuen Mittelstreckenraketen gefragt und überwiegend eine deutliche Ablehnung ermittelt, mit Ablehnungsraten von bis zu 78 %. Lediglich das Allensbacher Institut für Demoskopie hat eine Zustimmung der Bundesbürger festgestellt, allerdings im Auftrag der Bundesregierung. Ohne Verfasser: Hier Mehrheit, dort Minderheit. Umfragen der Meinungsforscher zum Nato-Doppelbeschluß und ihre Widersprüche. In: Der Spiegel, 35 (1983), S. 28 f. Weitere Umfragen, die alle eine breite Ablehnung signalisieren, bei Leif: Die professionelle Bewegung, S. 13 f. Vgl. Bruce Russett/Donald R. Deluca: Theater Nuclear Forces: Public Opinion in Western Europe. In: Political Science Quarterly, 98 (1983), S. 179-196.

[11] Die detailliertesten Angaben mit lokalem Bezug bei Susanne Schregel: Der Atomkrieg vor der Wohnungstür. Eine Politikgeschichte der neuen Friedensbewegung in der Bundesrepublik 1970-1985. Frankfurt Main/New York, NY 2011.

[12] Leif: Die professionelle Bewegung S. 166, 178, 183, 191, 203, 210, 227, 241.

[13] Vgl. die Grafik auf S. 155.

[14] Interview mit Roland Vogt, Auszug in: Leif: Die professionelle Bewegung, S. 284.

[15] Uli Jäger/Michael Schmid-Vöhringer: »Wir werden nicht Ruhe geben...« : Die Friedensbewegung in der Bundesrepublik Deutschland 1945-1982. Geschichte, Dokumente, Perspektiven. Tübingen 1982, S. 42.

[16] Die Vorbereitung der Großdemonstrationen im Juni 1982 und im Herbst 1983 durch den Koordinationsausschuss ist ausführlich beschrieben: Leif: Die professionelle Bewegung, S. 68ff. und S. 84ff.

[17] Zu den Bundestagsparteien und den Grünen siehe den Beitrag von Jan Hansen in diesem Band.

[18] Hans-Ulrich Wehler: Deutsche Gesellschaftsgeschichte. Bundesrepublik und DDR 1949-1990. München 2008, S. 317ff.

[19] Hans-Peter Müller/Michael Plötz: Ferngesteuerte Friedensbewegung? DDR und UdSSR im Kampf gegen den NATO-Doppelbeschluß. Münster 2004.

[20] Roland Roth: Demokratie von unten. Neue soziale Bewegungen auf dem Wege zur politischen Institution. Köln 1994.

[21] Pappi: Neue soziale Bewegungen, S. 149.

[22] Hintergrund war die für die Entwicklung und Produktion der Raketen benötigte Zeit. Der Auftrag für die Lieferung der Pershing II-Raketen wurde im Februar 1979, neun Monate vor dem NATO-Doppelbeschluss, erteilt; Brauch: Die Raketen kommen, S. 134.

[23] Andrei S. Markovits/ Philip S. Gorski: Grün schlägt Rot. Die deutsche Linke nach 1945. Hamburg 1997, S. 163ff.

[24] Ebenda, S. 165.

[25] Ebenda, S. 166ff.

[26] Ebenda, S. 170f.

[27] Zitiert nach Wolfgang Beer: Ökologie- und Friedensbewegung. Fazit einer Wechselwirkung mit Open-end. In: antimilitarismus information, 7 (1979), S. IV-99.

[28] Siehe dazu den Beitrag von Silke Mende und Birgit Metzger in diesem Band.

[29] Markus Kaczor: Der Bundesverband Bürgerinitiativen Umweltschutz. Geschichte einer Bewegungsorganisation unter dem Aspekt des Ziel- und Strategiewandels. Ms. Diplomarbeit, Universität Hamburg 1986, S. 78 f. In: Archiv Grünes Gedächtnis (fortan AGG), Bestand A – Dieter Rucht, Sign. 9.

[30] Kaczor, S. 81. Roland Vogt hat seine Forderung bei der Aktionskonferenz der Friedensbewegung am 6./7.2. 1982 erneut vorgetragen, erneut ohne Zustimmung zu finden; Leif: Die professionelle Bewegung, S. 168. Archiv Grünes Gedächtnis: Zeitzeugeninterview mit Roland Vogt. In: Heinrich-Böll-Stiftung (Hg.): Grünes Gedächtnis 2012, im Erscheinen.

[31] Volkmar Deile: Gibt es für Christen eine Bedrohung aus dem Osten? In: antimilitarismus information, 9 (1979), S. IV-116ff.

[32] Konzept für politisch-aktive Maßnahmen zur Förderung der Friedensbewegung in der BRD, 16 S., hier S. 1f. In: AGG, Bestand A – Cornelia Brinkmann, vorl. Sign. 12.

[33] Ebenda, S. 6. Zur kontextuellen Einordnung des Konzeptes s. Carlo Jordan/Armin Mitter/ Stefan Wolle: Die Grünen der Bundesrepublik in der politischen Strategie der SED-Führung (Zwischenbericht). Berlin 1994, S. 9ff. In: AGG, Bestand B.II.2, Sign. 216.

[34] Baron: Kalter Krieg, S. 43ff.

[35] Ebenda, S. 86-110.

[36] Ohne Verfasser: Der nächste Kongreß der Grünen. In: Die Unabhängigen, 49 (1980), (6.12.1980).

[37] AGG, Bestand B.I.1, Sign. 513.

[38] Petra Kelly: Krefelder Dokumentation und persönliche Erklärung, 29./30.6.1981. In: AGG, Bestand B.I.1, Sign. 513.

39 Hans Apel (Mitverfasser): Sicherheitspolitik contra Frieden? Ein Forum zur Friedensbewegung. Berlin/Bonn 1981, S. 29ff.

40 Leif: Die professionelle Bewegung, S. 59ff.

41 Ebenda, S. 61.

42 Frey, Interview, zitiert nach Leif. Ebenda, S. 61.

43 Ebenda, S. 60.

44 Frey, zitiert nach Leif. Ebenda, S. 61.

45 Leif: Entscheidungsstrukturen, S. 545.

46 Leif: Die professionelle Bewegung, S. 66f.

47 Koordinierungsausschuß der Friedensorganisationen (Hg.): Aufstehn! Für den Frieden. Friedensdemonstration anläßlich der NATO-Gipfelkonferenz in Bonn am 10.6.1982. Bornheim 1982, S. 157f.

48 Leif: Die professionelle Bewegung, S. 68.

49 Leif: Die strategische (Ohn-) Macht der Friedensbewegung. Kommunikations- und Entscheidungsstrukturen in den achtziger Jahren. Opladen 1990, S. 95f.

50 Zitiert nach Leif: Die professionelle Bewegung, S. 272.

51 Leif: Die professionelle Bewegung, S. 62ff, S. 199.

52 Zitiert nach Leif: Die professionelle Bewegung, S. 84.

53 Ebenda, S. 88.

54 Tim Warneke: Aktionsformen und Politikverständnis der Friedensbewegung. Radikaler Humanismus und die Pathosformel des Menschlichen. In: Sven Reichardt/Detlef Siegfried (Hg.): Das Alternative Milieu. Antibürgerlicher Lebensstil und linke Politik in der Bundesrepublik Deutschland und Europa 1968-1983. Göttingen 2010, S. 452ff.

55 Klaus Vack: »Prominentenblockade«. URL: http://www.lebenshaus-alb.de/magazin/005237.html. Zur Prominentenblockade siehe auch den Beitrag von Kathrin Fahlenbrach und Laura Stapane in diesem Band.

56 Siehe dazu den Beitrag von Susanne Schregel in diesem Band.

57 Schregel: Der Atomkrieg vor der Wohnungstür, S. 124ff.

# 9. Die Orte der Friedensbewegung

Susanne Schregel

»Helmut wir kommen, wenn's sein muß auch geschwommen!«[1]
*Informationen Ohne Rüstung Leben, 1981*

»Unter strahlendblauem Herbsthimmel, Hände, die ineinandergreifen, Blumen, Lieder, ein 108 km langes Friedensfest, eine Menschenkette, lebendig und kreativ, in Schleifen und Knäueln, bunt und vielfältig, schlängelt sich durch dichtbebaute Straßen, über Marktplätze, fängt an, Wellen zu schlagen, umwirbelt Autos oder Busse, meandriert über die vierspurige Landstraße und schwappt schließlich über bis auf die angrenzenden Stoppelfelder, ein schwingendes Band als lebendiges Symbol.«[2]
*Süddeutsche Herbstpost, 1983*

»Der Widerstand gegen den Rüstungswahn hat sich im vergangenen Jahr erheblich ausgeweitet und zu zahlreichen regionalen Aktivitäten geführt. Der Ostermarsch fand nicht wie in den 50ger Jahren nur in einigen Großstädten statt, er wurde fast flächendeckend in allen Regionen der Bundesrepublik durchgeführt. Der Kampf um atomwaffenfreie Zonen ist ebenso überall in unserem Land aus den Aktivitäten vor Ort gewachsen: in kleinen Dörfern und Großstädten, im Norden wie im Süden. Inzwischen haben sich zahlreiche unterschiedliche Protestformen gegen die weitere Aufrüstung vor Ort gebildet. Schweigestunden werden in immer mehr Orten der Bundesrepublik regelmäßig durchgeführt. Mahnwachen verschiedener Art finden statt. Friedenscamps […] finden auch bei uns zunehmend Eingang. Boykotts, Blockaden und ähnliche Aktionsformen gegen die Rüstung sind auf die Tagesordnung gekommen.«[3]
*Christen für die Abrüstung, 1983*

Drei Schlaglichter auf die Geschichte der Friedensbewegung: Hunderttausende strömen zur Großdemonstration am 10. Oktober 1981 nach Bonn, darunter auch – mit oben zitiertem Ruf an den Kanzler mit der Lotsenmütze – die Besatzung der »MS Entrüstung«. Herbst 1983: Zwischen Stuttgart und Neu-Ulm entsteht eine 108 Kilometer lange Menschenkette. Einander die Hände reichend, protestieren unzählige Menschen gegen die Stationierung neuer Mittelstreckenraketen in der Bundesrepublik. Schließlich der Blick in die Breite der Republik, wo Friedensaktivisten mit Aktionen wie der Schaffung lokaler »atomwaffenfreier Zonen« dezentral und vor Ort »für den Frieden« plädierten. Gemeinsam können bereits diese kurzen Momentaufnahmen verdeutlichen, wie stark das politische Agieren der Friedensbewegung räumlich ausgerichtet war: Akteure der Friedensbewegung trafen an bestimmten, oft symbolisch bedeutsamen Orten zusammen – sei es in der Bundeshauptstadt, sei es am

örtlichen Rathaus, vor Militäranlagen oder Bunkern. Sie nutzten Aktionsformen, die selber Räume bildeten, etwa durch die Anordnung von Körpern in Demonstrationen, Schweigekreisen oder Menschenketten.[4] Die
Debatte um den NATO-Doppelbeschluss war somit nicht allein eine Auseinandersetzung um die Wahrung geopolitischer Abgrenzungen und damit bereits in ihrer Anlage territorial orientiert. Vielmehr wurden räumliche Dimensionen auch direkt für das praktische Handeln und das
politische Selbstverständnis friedensbewegter Akteure relevant: Akteure
der Friedensbewegung artikulierten auch an und durch bestimmte Orte,
an und durch spezielle räumliche Anordnungen, und durch die Wahl
bestimmter räumlicher Strategien politische Positionen und Forderungen. Dieser Beitrag charakterisiert die Friedensbewegung der 1980er Jahre daher entlang ihrer Räume, Orte und raumorientierten Strategien.[5]

## Politisches Agieren zwischen Zentrierung und Dezentrierung

Betrachtet man eingangs die räumliche Ausrichtung friedenspolitischer
Handlungsformen, so wird deutlich, dass diese auf unterschiedlichen
Ebenen der räumlichen Skalierung angesiedelt wurden; sie waren geprägt
durch sowohl zentralisierende wie dezentralisierende Tendenzen. Starke
mediale und öffentliche Aufmerksamkeit erregten die großen Massendemonstrationen der Friedensbewegung. Diese bildeten neben Protest*ereignissen* zugleich auch prinzipiell von allen Aktivisten teilbare und integrie-
rende symbolische *Orte* der Bewegung. Die Demonstration am Rande des
Deutschen Evangelischen Kirchentages im Juni 1981 in Hamburg (»Fürch-
tet Euch, der Atomtod bedroht uns alle!«) markierte mit ihren 100.000
Teilnehmern öffentlichkeitswirksam den eigentlichen Durchbruch einer
neuen, gegen die Stationierung von Pershing II und Cruise Missiles gerichteten Protestbewegung.[6] Bis heute erinnerungsprägend sind Massenveranstaltungen wie die Demonstrationen im Bonner Hofgarten am 10.
Oktober 1981, 10. Juni 1982 und 22. Oktober 1983 sowie am selben Tag
die Menschenkette von Stuttgart nach Neu-Ulm, an denen jeweils hunderttausende Teilnehmer zusammenkamen.[7]

Neben diesen zentralisierenden Aktivitäten bemühten sich Aktivisten
der Friedensbewegung zugleich darum, ihr Agieren »für den Frieden«
auch nahräumlich, lokal und dezentral anzulegen. Diese Hochschätzung
des Nahen, Kleinräumigen und nach eigenem Verständnis »Konkreten«
ging auf die Neuen Sozialen Bewegungen und das links-alternative Milieu
der 1970er Jahre zurück. Hier war schon vor der Verschärfung der weltpolitischen Lage seit den Krisen im Iran und in Afghanistan ein Politikan-

satz populär geworden, der gerade die Produktivität von Erfahrung und Konkretion, Nahräumlichkeit und Dezentralität als Kernelement politischen Agierens betonte.[8] Die Entstehung zahlreicher Friedensinitiativen auf regionaler und lokaler Ebene, in den Stadtteilen, Wohn- und Arbeitszusammenhängen schuf seit 1980 die organisatorischen Voraussetzungen dafür, diesen Anspruch auch im Bereich der Friedenspolitik praktisch umzusetzen.[9] Begünstigt wurde die Aufwertung nahraumorientierten politischen Agierens durch das Aufkommen »alternativer« lokaler Infrastrukturen und Medien, die Entstehung lokaler Geschichtswerkstätten sowie durch die Organisationsform lokaler »Friedenswochen«, die örtliche Akteure zusammenbrachte und die Etablierung örtlicher koordinierender Zusammenschlüsse der Friedensbewegung vorbereitete.[10] In einer Auseinandersetzung, in der es mit der Verteidigung von »Ost« und »West« wesentlich um die Wahrung geopolitischer Abgrenzungen auf nationaler oder übernationaler Ebene ging, gewann so interessanterweise in allen Strömungen der politisch heterogenen Bewegung eine niedrigskalierte Politik unterhalb nationalstaatlicher Perspektiven klar an Gewicht.

Ein solcher Handlungsansatz, bevorzugt aus lokalen Zusammenhängen heraus »für den Frieden« agieren zu wollen, wird oft als »kommunale Friedensarbeit« bezeichnet. Diese, so ein Handbuchartikel aus den späten 1980er Jahren, umschließe zum einen »die kritische Auseinandersetzung mit dem herrschenden Unfrieden im allgemeinen und der militärischen Aufrüstung im besonderen aufgrund der im Nahbereich erlebbaren Folgen«; zum anderen bedinge sie »das Aufdecken und Verändern von Unfriedensstrukturen unter Einbeziehung kommunaler Institutionen, Einrichtungen und Verfassungsorgane«.[11] Wenn hier stattdessen von *nahraum*orientierter Friedenspolitik gesprochen wird, so deshalb, weil diese Form des politischen Agierens auch unterhalb der Kommunen angesiedelte Ebenen wie Stadtviertel, Nachbarschaften oder spezielle Orte im eigenen Lebensumfeld einbezog. Von Nahraum*orientierung* soll dabei deshalb die Rede sein, um zu betonen, dass sich Akteure der Friedensbewegung ein kleinräumiges Agieren aus bestimmten politischen Erwägungen heraus *wünschten*. Faktisch war diese Form des politischen Agierens freilich weitaus komplexer als dieser normative Anspruch. Denn die Praktiken, Handlungsformen und Deutungsmuster nahraumorientierten Handelns ergaben sich oftmals erst im Rahmen transnationaler Transferprozesse;[12] sie beruhten auch auf Erfahrungen von Friedensaktivisten anderer Staaten, und sie blieben regelmäßig auf Räume und Orte außerhalb der Bundesrepublik bezogen.

## Orte des Militärischen

Welche praktische Bedeutung Räume, Orte und räumliche Strategien im Kontext der Friedensbewegung gewannen, zeigt sich am besten entlang konkreter Beispiele. An erster Stelle und als Kerngegenstand friedensbewegter Forderungen soll hier die Auseinandersetzung um das Militärische erörtert werden. Denn Akteure der Friedensbewegung führten den Streit um die Verteidigungspolitik und speziell die Auseinandersetzung um Militär und »Rüstungswettlauf« auch und gerade entlang von Orten des Militärischen. (Atomare) Waffen, Militäreinrichtungen oder andere als militärisch relevant betrachtete Orte rückten in den Fokus einer Debatte über die Rüstungs- und Verteidigungspolitik und ihre Folgekosten generell. Zahlreiche Orte sowohl von lokaler wie von überlokaler Bedeutung wurden so in Folge der Friedensbewegung politisiert und bekannt gemacht.

Mit der Kontroverse um die gemäß NATO-Doppelbeschluss geplante Stationierung neuer Atomwaffen entstand seit 1980 ein verstärktes Interesse daran, wo in der Bundesrepublik sich bereits nukleare Trägersysteme und atomare Munition befanden. Dies betraf neben den Mittelstreckenraketen vom Typ Pershing IA, die teils von der weiterreichenden Pershing II abgelöst werden sollten, auch *Nike*-Flugabwehrraketen und *Lance*-Kurzstreckenraketen sowie nuklear bestückbare Haubitzen und Kampfflugzeuge. Hinzu kamen Lagerstätten für die atomaren Sprengköpfe sowie für die nukleare Verteidigung notwendige Infrastruktureinrichtungen. Da die zahlreichen Standorte aus Sicherheitsgründen nicht offiziell bekannt gegeben wurden, das öffentliche Interesse an ihnen aber wuchs, kam es seit 1981 zu einer regelrechten Publikationswelle über atomar relevante Militäranlagen in der Bundesrepublik.[13] Dem Ziel einer möglichst »konkreten« und nahräumlich plausibilisierenden Argumentation verpflichtet, versuchten Friedensaktivisten zudem, im Rahmen einer »Militäranalyse von unten« auch selber Informationen über militärisch relevante Einrichtungen in ihrem Lebensumfeld zu erheben und an die Bürger weiterzugeben. Die Beschäftigung etwa mit lokalen Militäranlagen, mutmaßlichen Lagerstätten für atomare Munition und anderen Orten des Militärischen galt den Protagonisten der lokalen Militäranalysen als eine Strategie, den Bürgern illegitimerweise vorenthaltenes Wissen verfügbar zu machen; sie sollte den Beweis führen, dass auch das eigene Lebensumfeld bereits von Instanzen des Militärischen durchdrungen war, und damit als anonym betrachtete Prozesse des »Wettrüstens« lebensweltlich konkretisieren und politisch angreifbar machen.[14]

Besondere Aufmerksamkeit und öffentliche Diskussion erfuhren im Kontext der Friedensbewegung die sogenannten »Stationierungsorte«, also diejenigen Orte, an denen die laut Nachrüstungsbeschluss vorgesehenen Pershing II und Cruise Missiles untergebracht werden sollten. Für die insgesamt 108 Pershing II-Raketen zeichneten sich Einheiten der 56. US-Feldartilleriebrigade in Heilbronn, Schwäbisch Gmünd und Neu-Ulm verantwortlich. Depots befanden sich auf der Heilbronner »Waldheide«, in Neu-Ulm und Mutlangen nahe Schwäbisch Gmünd; Bereitschaftsstellungen waren in der »Waldheide« und in der »Lehmgrube« südlich von Neu-Ulm angesiedelt.[15] Die für die Bundesrepublik angesetzten 96 Cruise Missiles sollten alle an einem Standort bei Hasselbach/Wüschheim im Hunsrück untergebracht werden.[16]

Zum Sinnbild des »Stationierungsortes« avancierte Mutlangen. Ein Großteil der Proteste und Blockaden gegen die Pershing II konzentrierte sich hier.[17] Thematische Protestaktionen, welche organisatorisch von einer ständig vor Ort anwesenden Gruppe von Aktivisten gestützt wurden, trafen auf ein großes Medieninteresse. So lieferte etwa die sogenannte »Prominentenblockade« vom 1. September 1983 eindrückliche Bilder vor der Kulisse des umzäunten Militärgeländes.[18] Obgleich der Standort in erster Linie der Schulung der Soldaten diente und für die Einsatzfähigkeit der Pershing II nicht zwingend erforderlich war, geriet Mutlangen so zu einem bedeutsamen Symbolort der Friedensbewegung.[19]

Die Inszenierung Mutlangens als Ort des Protestes wie der Militarisierung schloss Parallelen zu bereits symbolisch aufgeladenen Orten ein. So zeigt etwa das Foto in Abb. 18 einige Demonstranten vor dem Haupttor des Pershing-Depots, über das ein Transparent »Pershing macht frei« gespannt ist; die Aufschrift ist rechts und links von Kreuzen flankiert. Auf beiden Seiten des Transparentes ist ein Ansatz von Stacheldraht erkennbar. Durch die Anspielung auf die berüchtigte Torumschrift nationalsozialistischer Konzentrationslager »Arbeit macht frei« kennzeichneten das Transparent und seine fotografische Inszenierung Mutlangen als analogen Ort möglicher Vernichtung.[20] Die deutschen »Stationierungsorte« waren zudem Teil eines symbolischen Gesamtzusammenhanges, der auch ihre ausländischen Pendants – vor allem Greenham Common (Großbritannien) und Comiso (Italien) – mit einbezog.[21]

Neben den »Stationierungsorten« als besonderen, bundesweit mit Symbolpotential aufgeladenen Orten des Militärischen fanden friedenspolitische Proteste aber auch an vielen weiteren Militärstandorten statt. Zu nennen sind hier etwa die Demonstrationen und Blockaden in Großengstingen auf der Schwäbischen Alb (28. Juli-12. August 1982), die an die dort gemachten Erfahrungen anschließenden, dezentralen Aktionen zum

Abb. 18. Demonstranten vor dem US-amerikanischen Militärstützpunkt in
Mutlangen halten ein Plakat mit der Aufschrift »Pershing macht frei«.

dritten Jahrestag des NATO-Doppelbeschlusses (12. Dezember 1982) an
zahlreichen Militärstandorten der Bundesrepublik oder das Frauenfrie-
denscamp im Hunsrück.[22]

## Räume und Orte potentieller Zerstörung

Räumliche Faktoren trugen in der Friedensbewegung zudem dazu bei,
eine gemeinsame Situationsdefinition im Hinblick auf drohende Gefahren zu finden. So entwickelte sich die friedenspolitische Auseinandersetzung um die Folgen von Rüstung und Krieg auch entlang von Räumen
und Orten möglicher Zerstörung. Nicht nur Militäranlagen wurden aus
der Annahme heraus, dass diese gegnerische Militärschläge anziehen
könnten, als bevorzugte Orte der Vernichtung begriffen. Auch am Beispiel der Bunker, in den fiktionalen Räumen der Atomkriegsszenarios
sowie im Hinblick auf den Körper als den eigentlichen und ersten Ort
atomarer Vernichtung thematisierten Friedensaktivisten das Destruktions-
potential eines atomaren Krieges.

Bunker waren bereits in der Rüstungsdebatte der 1950er und 1960er
Jahre ein wichtiger Ort der Friedensbewegung gewesen.[23] Angestoßen u.a.

von der britischen Zivilschutzopposition und den Debatten um eine neue Kriegsgefahr nach Afghanistan, keimte die Kritik an Zivilschutzmaßnahmen und insbesondere dem Bunkerbau zu Beginn der 1980er Jahre auch in der bundesdeutschen Friedensbewegung wieder auf. Akteure griffen Bunker als Instanzen der Kriegsvorbereitung an, die eine falsche Überlebenshoffnung wecken und damit einen Atomkrieg führbar erscheinen lassen könnten. Tatsächlich seien Bunker aber praktisch nutzlos; sie böten keinen effektiven Schutz für die Bevölkerung und keine Perspektive für das Überleben nach dem Atomkrieg. Ohnehin gebe es nicht genügend öffentliche Bunkerplätze, um auch nur einen Bruchteil der Bevölkerung darin Platz finden zu lassen. Zudem sei der private Bunkerbau sozial elitär und ausgrenzend.[24] Neben den lokalen Bunkeranlagen geriet im Rahmen dieser Zivilschutzopposition auch der Regierungsbunker im Ahrtal ins Visier der friedensbewegten Kritik.[25] Indem dem Bauwerk nachgesagt wurde, dem Überleben einiger weniger Eliten auf Kosten der Gesamtbevölkerung zu dienen, verdichtete sich an der auch »Bonnzbunker« oder »Prominenten-Bunker«[26] titulierten Anlage insbesondere eine Debatte um Gerechtigkeit und soziale Ungleichheit im Atomkrieg.[27]

Auch fiktive Orte der Zerstörung erhielten in der Friedensbewegung politischen Rang. Gudrun Pausewangs »Schewenborn« ist dafür ein bekanntes Beispiel.[28] Gleiches gilt für Erzählungen und Berichte darüber, was der Atomkrieg für bestehende Orte und Regionen bedeuten könnte. So rückte etwa die kleine osthessische Gemeinde Hattenbach zu einem besonderen »Ort der Friedensbewegung« auf, nachdem ein mehrteiliges, preisgekröntes Dokumentarspiel des US-Fernsehsenders CBS das Dorf als erstes Atom-Opfer eines für den Ernstfall erwarteten sowjetischen Durchbruchversuchs durch das sogenannte Fulda Gap vorgestellt hatte.[29] Akteure der Friedensbewegung verfassten zudem selber kurze Atomkriegsszenarios, die darauf abzielten, den Bürgern die Gefahren des Atomkriegs am Beispiel des unmittelbaren Lebensumfeldes deutlich zu machen. Solche Szenarios schilderten auf wenigen Seiten das Schicksal der eigenen Stadt oder Region nach einem Atomschlag und malten in eindrücklichen Erzählungen das voraussehbare Leiden und Sterben der lokalen Bevölkerung aus.[30] In dieser Debatte um mögliche Schäden durch den atomaren Krieg riefen Friedensaktivisten häufig auch Erinnerungen an die heimischen Zerstörungen des Zweiten Weltkrieges auf.[31]

Der am unmittelbarsten fassbare, ja buchstäblich leibhaftige Ort, in den sich der atomare Krieg einschreiben würde, war freilich der menschliche Körper. Viele Aktionsformen der Friedensbewegung erörterten das Verbrennen, Verstrahlen oder »Versaften«[32] des Körpers. Praktiken wie die Bildung von Menschenteppichen oder das Durchführen von »Die-Ins«, bei denen Körper kreuz und quer fallen gelassen und wie tot liegen gelassen wurden, vergegenwärtigten Schreckensvisionen mitten in der Alltagswirklichkeit der Städte.[33] Anordnungen von Körpern wurden hier zu temporären und symbolischen Räumen und Orten möglicher Vernichtung, die gezielt als politisches Instrument und Ausdruck abweichender politischer Zielvorstellungen im öffentlichen Raum gebildet wurden.

## Gegen-Orte des Friedens

Nicht zuletzt die Konstituierung eigener »Orte des Friedens« macht offensichtlich, wie stark politische Strategien in der Friedensbewegung räumlich angelegt waren. Diese verdeutlichen, dass Räume und Orte in der Friedensbewegung nicht allein dem Zweck dienten, politische Positionen zu formulieren und zu illustrieren. Vielmehr setzten Akteure der Friedensbewegung Gegen-Orte und spezielle räumliche Strategien auch direkt als Instrument ein, um politische Veränderungen zu erreichen. So sollten etwa die Konstituierung von Körper-Räumen und die Verbreitung von Atomkriegsszenarios auch emotionale Anteilnahme erzeugen und zum Handeln motivieren. Mit positiven Qualitäten verbundene Anordnungen von Körpern wie in Demonstrationen, Menschenketten oder Schweigekreisen waren auch darauf ausgerichtet, Leitziele wie Solidarität, Gemeinschaftlichkeit und alternative Möglichkeiten der Sozialität zu entfalten und aus diesen heraus neue Handlungsmöglichkeiten zu erschließen.[34] Eine andere Form des raumbasierten politischen Handelns durch die Konstituierung von »Orten des Friedens« war die Schaffung kleiner und kleinster »atomwaffenfreier Zonen«, indem Straßen, Häuser, Schulen, Kirchengemeinden oder weitere, prinzipiell frei wählbare Orte für atomwaffenfrei erklärt wurden. Diese Praktik war auch dazu angelegt, die Opposition gegen die Rüstungspolitik alltagsnah zu verankern und politische Ziele wie die Schaffung eines atomwaffenfreien Europas und einer atomwaffenfreien Welt in der Wohnumgebung der Bürger zu propagieren.

Nicht deckungsgleich mit der Friedensbewegung, aber inspiriert von deren Wunsch, Kommunen zu »Orten des Friedens« zu entwickeln, entstanden in der Bundesrepublik zudem Ansätze einer städtischen Friedenspolitik über die kommunalen Vertretungskörperschaften. Im Einklang mit ähnlichen Aktivitäten etwa in den Niederlanden und in Großbritannien,[35] setzten sich Friedensinitiativen oder auch Parteienvertreter dafür ein, über Beschlüsse der jeweiligen kommunalen Gremien friedenspolitische Erklärungen abzugeben. Zahlreiche Kommunen der Bundesrepub-

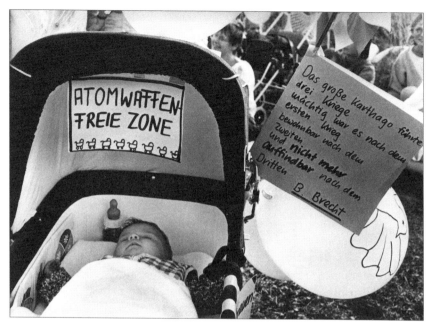

Abb. 19. Kundgebung vor dem US-amerikanischen Militärstützpunkt in Mutlangen am 3. September 1983 mit Frauen und Kindern aus Stuttgart, bei der der Kinderwagen zur »Atomwaffenfreien Zone« erklärt wurde.

lik erklärten sich zur »atomwaffenfreien Zone«.[36] Kommunalvertreter versuchten, die Konturen einer »kommunalen Friedensarbeit« zu entwickeln und institutionell zu festigen. Spezielle Tagungen zu gemeindlicher Friedenspolitik brachten in den frühen 1980er Jahren unter dem Slogan »Gemeinden für den Frieden« Städtevertreter zusammen, um über die Perspektiven gemeindlicher Friedensarbeit nachzudenken.[37] Insbesondere im Kontext atomwaffenfreier Zonen und kommunalpolitisch gestützter Friedensarbeit offenbaren sich dabei die Konturen einer Tendenz, die auch als *Glokalisierung* beschrieben werden könnte. Damit gemeint ist ein Prozess der Globalisierung, welcher keineswegs eine Negation oder das Auslöschen lokaler Eigenarten nach sich zieht, sondern vielfältige Neujustierungen im Lokalen auslöst beziehungsweise zur Voraussetzung hat.[38] Atomwaffenfreie Zonen entstanden so zwar im Rahmen einer normativen Nahraumorientierung politischen Handelns; praktisch waren die in ihnen angelegten Raumbeziehungen aber wesentlich vielschichtiger. So gelangte der Handlungsansatz selber als Ergebnis eines transnationalen Transferprozesses vor allem über britische Kommunen in die Bundesrepublik.

Dass atomwaffenfreie Zonen in Nachbarschaften oder Kommunen entstehen sollten, begründeten ihre Befürworter häufig durch den Verweis auf die Verbreitung dieser Praxis in vielen weiteren Nationalstaaten.[39] Die Schaffung atomwaffenfreier Zonen in den Kommunen mündete zudem oft in Versuche, diesen Handlungsansatz an die eigenen Partnerstädte in anderen Nationalstaaten weiterzugeben oder neue kommunale Kontakte zu möglichen Partnerstädten zu knüpfen. Auch Partnerschaften zu DDR-Kommunen, die seit 1986 politisch möglich wurden,[40] bereiteten sich im Rahmen gemeindlicher Friedenspolitik vor.

Eine andere Initiative, die in der Bundesrepublik seit Mitte der 1980er Jahre vermehrt Unterstützung fand, kann ebenfalls die eigentümliche Relationalität »lokalen« und »globalen« Handelns im Kontext friedenspolitischer Bemühungen sehr deutlich illustrieren. Das internationale *Programm zur Förderung der Solidarität der Städte mit dem Ziel der vollständigen Abschaffung von Atomwaffen*, erstmals vorgestellt vom Oberbürgermeister von Hiroshima am 24. Juni 1982 bei der 2. UN-Sondergeneralversammlung zu Abrüstungsfragen in New York, verfolgte das Ziel, die Zusammenarbeit der Städte zur Sicherung des Weltfriedens voranzutreiben; dabei propagierte es lokales Handeln im internationalen Kontext als Ansatz zur Veränderung globaler Strukturen.[41] So hob etwa die Abschlusserklärung eines ersten Kongresses der Solidaritätsstädte 1987 hervor, die Kommunen könnten die »Voraussetzungen schaffen helfen, daß die Möglichkeit einer friedlichen Entwicklung in der Welt, eines gewaltfreien Umganges miteinander, immer mehr Menschen bewußt wird und so die Chance eröffnet wird für eine Welt ohne Waffen«. Als praktische Ansätze empfahl die Erklärung etwa Initiativen zu internationaler Zusammenarbeit, zum Beispiel über Städtepartnerschaften; eine kommunale Erziehung zum Frieden in der Kinder- und Jugendarbeit und der Erwachsenenbildung oder die Auseinandersetzung mit dem Thema Krieg und Frieden in der kommunalen Kulturpolitik.[42]

## Fazit

Seit dem Ende des Kalten Krieges und dem Abzug der meisten Atomwaffen aus Deutschland sind die Räume und Orte der Friedensbewegung vornehmlich Gegenstand der Erinnerungskultur. Von den flüchtigen Körper-Räumen der Friedensbewegung wie den Schweigekreisen in den Innenstädten oder den Menschenketten zeugen nur noch Aufzeichnungen oder Bilder. Relikten atomwaffenfreier Zonen wie Schildern oder Aufklebern kann man heute noch vereinzelt begegnen. Überreste von Bunkeranlagen bestehen fort und werden derzeit von Bunkervereinen als Erinnerungsorte auch des Kalten Krieges wiederentdeckt. In der Geschichtspolitik sind diese freilich, wie das Beispiel des Regierungsbunkers deutlich macht, bisher eher randständig geblieben.[43] Auch die große Mehrheit der in der Friedensbewegung problematisierten Militärstandorte hat ihre Bedeutung verloren, ohne dass die Erinnerung an die mit ihnen verbundene atomare Konfrontation bisher in nennenswertem Ausmaß gezielt bewahrt worden wäre. Mit Blick auf die Erinnerungslandschaften des Kalten Krieges erscheint die Friedensbewegung als Teil der Zeitgeschichte, der sich seines historischen Charakters noch nicht allzu gewiss ist; die Debatte über die erinnerungspolitischen Dimensionen der Räume und Orte der Friedensbewegung scheint jedenfalls bisher noch kaum eröffnet.

*Literatur*

In theoretischer und methodischer Hinsicht grundlegend ist die Studie von Miller, die am Beispiel der amerikanischen Friedensbewegung im Raum Boston zeigen kann, worin die Relevanz von Geographie, Raum und räumlichen Skalierungen für die Deutungsmuster und Strategien sozialer Bewegungen liegen kann. An diese und andere Studien anknüpfend, habe ich selbst kürzlich eine Geschichte der Friedensbewegung in der Bundesrepublik entlang ihrer Räume, Orte und raumorientierten Strategien – von Militäranlagen, Bunkern und Atomkriegsszenarios bis zu Körper-Räumen und Atomwaffenfreien Zonen – vorgelegt (Schregel). Stärker regional ausgerichtet ist ein Sammelband, der auf eine Ausstellung im Haus der Geschichte Baden-Württemberg zum 25. Jahrestag des NATO-Doppelbeschlusses zurückgeht und zahlreiche Beiträge über den Nachrüstungsstreit in Baden-Württemberg und die Geschehnisse an den »Stationierungsorten« Neu-Ulm, Heilbronn und Schwäbisch-Gmünd (mit Mutlangen) enthält; er kann gleichsam als erster Grundstein einer erinnerungspolitischen Debatte über die Räume und Orte der Friedensbewegung gelten. Ebenso regionalgeschichtlich angelegt ist die (auch online zugängliche) Magisterarbeit von Kagerbauer, die die Auseinandersetzung um den NATO-Doppelbeschluss in Rheinland-Pfalz und speziell die Rüstungsdiskussion im Hunsrück untersucht. Auf eine lokale Ebene begeben sich Butterwegge am Beispiel Bremens und Arnold, der die Bedeutung der lokalen Geschichte und lokaler Kriegserinnerungen für die Friedensbewegung am Beispiel des Luftkriegs über Kassel herausarbeitet. Dabei werden auch Kontinuitäten zur Rüstungsdebatte der 1950er Jahre diskutiert.

Arnold, Jörg: »Kassel 1943 mahnt…«. Zur Genealogie der Angst im Kalten Krieg. In: Greiner, Bernd/Müller, Christian Th./Walter, Dierk (Hg.): Angst im Kalten Krieg. Hamburg 2009, S. 465-494.

Butterwegge, Christoph: Entstehung und Entwicklung der Neuen Friedensbewegung (1979/80 bis 1992). In: Butterwegge, Christoph/Jansen, Hans G. (Hg.): Neue Soziale Bewegungen in einer alten Stadt. Versuch einer vorläufigen Bilanz am Beispiel Bremens. Bremen 1992, S. 153-182.

Haus der Geschichte Baden-Württemberg (Hg.): Zerreißprobe Frieden. Baden-Württemberg und der NATO-Doppelbeschluss. Katalog zur Sonderausstellung im Haus der Geschichte Baden-Württemberg. Stuttgart 2004.

Kagerbauer, Matthias: Die Friedensbewegung in Rheinland-Pfalz. Der Hunsrück als Zentrum des Protests gegen die Nachrüstung, Magisterarbeit, Johannes-Gutenberg-Universität. Mainz 2008 (http://www.pydna.de/MagisterarbeitKargerbauer/Magisterarbeit.htm).

Miller, Byron A.: Geography and Social Movements. Comparing Antinuclear Activism in the Boston Area. Minneapolis, MN 2000.

Schregel, Susanne: Der Atomkrieg vor der Wohnungstür. Eine Politikgeschichte der neuen Friedensbewegung in der Bundesrepublik 1970-1985. Frankfurt/Main/New York, NY 2011.

*Anmerkungen*

[1]  Gerd Jahnke/Kersten v. Rosen: Zurück von Bonn…. In: Informationen Ohne Rüstung Leben. Arbeitskreis von Pro Ökumene, 4 (1981), 18, S. 2-4, S. 2.

[2]  Wir fanden's toll. In: Süddeutsche Herbstpost. Aktionsbüro Herbst '83 der Friedensbewegung in Süddeutschland, 1 (1983), S. 1-2, S. 1 (Württembergische Landesbibliothek Stuttgart).

[3]  Konrad Lübbert: Gewaltfreie Aktionen an militärischen Standorten. In: Christen für die Abrüstung. Informationsmaterial, 3 (1983)1, S. 49-50, S. 49 (Württembergische Landesbibliothek Stuttgart).

[4]  Siehe dazu auch den Beitrag von Kathrin Fahlenbrach und Laura Stapane in diesem Band.

[5]  Dass räumliche Faktoren für die Konstitution und Entwicklung sozialer Bewegungen einen großen Stellenwert besitzen können, erfährt in der Forschung zunehmend Aufmerksamkeit. Javier Auyero: Spaces and Places as Sites and Objects of Politics. In: Robert E. Goodin/Charles Tilly (Hg.): The Oxford Handbook of Contextual Political Analysis. New York, NY 2006, S. 564-578; Byron A. Miller: Geography and Social Movements. Comparing Antinuclear Activism in the Boston Area. Minneapolis, MN 2000.

[6]  Siehe dazu auch den Beitrag von Sebastian Kalden und Jan Ole Wiechmann in diesem Band.

[7]  Aktion Sühnezeichen/Friedensdienste/Aktionsgemeinschaft Dienst für den Frieden (Hg.): Bonn 10.10.1982. Friedensdemonstration für Abrüstung und Entspannung in Europa. Bornheim-Merten 1981; Koordinierungsausschuß der Friedensorganisationen (Hg.): Aufstehn! Für den Frieden. Friedensdemonstration anläßlich der NATO-Gipfelkonferenz in Bonn am 10.6.1981. Bornheim-Merten 1982; DFG-VK Baden-Württemberg/Christian Herz (Hg.): Die Menschenkette. Ein Rückblick, 2. Aufl. Karlsruhe 1984; Rüdiger Schmitt: Die Friedensbewegung in der Bundesrepublik Deutschland. Ursachen und Bedingungen der Mobilisierung einer neuen sozialen Bewegung. Opladen 1990, S. 14. Siehe dazu auch den Beitrag von Kathrin Fahlenbrach und Laura Stapane in diesem Band.

[8]  Demgegenüber hat Thomas Leif die Annahme, die Friedensbewegung sei durch eine plurale und dezentrale Organisationsform geprägt gewesen, als einen »Mythos Basisdemo-

kratie« gedeutet. Denn tatsächlich habe eine »zentralisierte Entscheidungsfindung« im Rahmen des bundesweit agierenden Koordinationsausschusses der Friedensbewegung vorgeherrscht. Thomas Leif: Die Friedensbewegung zu Beginn der achtziger Jahre. Themen und Strategien. In: Aus Politik und Zeitgeschichte, B26 (1989), S. 28-40. Nach meiner Auffassung widerspricht die Einrichtung eines zentralen Koordinationsausschusses dem Streben nach Dezentralität und nahräumlichem politischen Agieren nicht. Zur institutionellen Struktur der Friedensbewegung siehe auch den Beitrag von Christoph Becker-Schaum in diesem Band.

⁹ Schmitt: Die Friedensbewegung, S. 159 ff.; Leif: Die Friedensbewegung, S. 34-35.

¹⁰ Schmitt: Die Friedensbewegung, S. 117-137; Sven Reichardt/Detlef Siegfried: Das Alternative Milieu. Konturen einer Lebensform. In: Dies. (Hg.): Das Alternative Milieu. Antibürgerlicher Lebensstil und linke Politik in der Bundesrepublik Deutschland und Europa 1968-1983. Göttingen 2010, S. 9-24; Detlef Siegfried: Die Rückkehr des Subjekts. Gesellschaftlicher Wandel und neue Geschichtsbewegung um 1980. In: Olaf Hartung/Katja Köhr (Hg.): Geschichte und Geschichtsvermittlung. Festschrift für Karl Heinrich Pohl. Bielefeld 2008, S. 125-146.

¹¹ Günther Gugel/Uli Jäger: Kommunale Friedensarbeit. In: Dies. (Hg.): Handbuch Kommunale Friedensarbeit. Tübingen 1988, S. 8-20, S. 8.

¹² Zu derartigen transnationalen Transferprozessen siehe auch den Beitrag von Holger Nehring in diesem Band.

¹³ Etwa Wolf Perdelwitz: Atom-Rampe Deutschland. Wie die Bundesrepublik mit Atomwaffen vollgestopft wird, wo sie versteckt sind und welche Gefahr uns dadurch droht. In: Der Stern, 9, 19.2.1981, S. 26-34 und S. 218; Burkhard Luber: Bedrohungsatlas Bundesrepublik Deutschland. Wuppertal 1982; Die Friedensliste NRW: Militärland BRD. Atomwaffen, C-Waffen und militärische Anlagen. Düsseldorf 1985; Alfred Mechtersheimer/Peter Barth: Militarisierungsatlas der Bundesrepublik. Streitkräfte, Waffen und Standorte, Kosten und Risiken. Darmstadt/Neuwied 1986; William M. Arkin/Richard W. Fieldhouse: »Nuclear battlefields«. Der Atomwaffen-Report. Aus dem Amerikanischen von Wolfgang Biermann u.a.. Frankfurt/Main 1986; Burkhard Luber/Arbeits- und Forschungsstelle »Militär, Ökologie und Planung« (MÖP) e.V./Die Grünen Bundesvorstand (Hg.): Militäratlas von Flensburg bis Dresden. 3.000 Daten zur Militarisierung der BRD und DDR. Bonn 1986. Siehe dazu auch den Beitrag von Oliver Bange in diesem Band.

¹⁴ Aus der Leitfadenliteratur: Ulrich Albrecht: Wie man sein lokales Kernwaffenlager findet. In: Ders. (Hg.): Kündigt den Nachrüstungsbeschluß! Argumente für die Friedensbewegung. Mit einem Vorwort von Oskar Lafontaine. Frankfurt/Main 1982, S. 169-175; Karl-Klaus Rabe: Wie man Atomwaffen-Standorte erkennen kann und welche Ansatzpunkte für Aktionen es dort gibt. In: Aktion Sühnezeichen/Friedensdienste (Hg.): Keine neuen Atomwaffen in der Bundesrepublik. Aktionshandbuch 3 zur bundesweiten Friedenswoche Frieden schaffen ohne Waffen. Bornheim-Merten 1982, S. 173-179.

¹⁵ Bernd Holtwick: »Flexible response«. Der NATO-Doppelbeschluss und seine Umsetzung in Baden-Württemberg. In: Haus der Geschichte Baden-Württemberg (Hg.): Zerreißprobe Frieden. Baden-Württemberg und der NATO-Doppelbeschluss. Stuttgart 2004, S. 8-19, S. 11-13.

¹⁶ Matthias Kagerbauer: Die Friedensbewegung in Rheinland-Pfalz. Der Hunsrück als Zentrum des Protests gegen die Nachrüstung, Magisterarbeit, Johannes-Gutenberg-Universität. Mainz 2008, S. 63-64; Bundesminister der Verteidigung: Marschflugkörper im Hunsrück. Eine Bürgerinformation. Bonn 1986.

¹⁷ Gleichwohl fanden auch die anderen Standorte durchaus Beachtung, insbesondere Heilbronn nach einem tödlichen Pershing II-Unfall Anfang 1985. Dazu Erhard Jöst (Bearb.): Die Heilbronner Waldheide als Pershing-Standort, URL: http://www.stadtarchiv-heilbronn.de/stadtgeschichte/unterricht/bausteine/waldheide/; Uli Jäger: Heilbronn. Eine Stadt wehrt sich gegen Atomraketen. In: Uli Jäger/Günther Gugel/Michael Schmid-Vöhringer/Christiane Vetter (Hg.): Zwischen Atomraketen und Waffenschmieden. Fallstudien über Möglichkeiten und Grenzen kommunaler Friedensarbeit in Baden-Württemberg. Tübingen 1988, S. 19-42.

[18] Siehe dazu auch den Beitrag von Kathrin Fahlenbrach und Laura Stapane in diesem Band.

[19] Zu Mutlangen Sabrina Müller: »Frieden schaffen ohne Waffen«. Der gewaltlose Widerstand gegen die Nachrüstung. In: Haus der Geschichte Baden-Württemberg, S. 20-29, hier S. 26-29; Manfred Laduch/Heino Schütte/Reinhard Wagenblast (Hg.): Mutlanger Heide. Ein Ort macht Geschichte. Schwäbisch Gmünd 1990; Volker Nick/Volker Scheub/Christof Then: Mutlangen 1983-1987. Die Stationierung der Pershing II und die Kampagne Ziviler Ungehorsam bis zur Abrüstung. Stuttgart 1993.

[20] Zu NS-Bezügen in der Friedensbewegung Andrea Humphreys: »Ein atomares Auschwitz«. Die Lehren der Geschichte und der Streit um die Nachrüstung. In: Grünes Gedächtnis 2008, S. 39-62; Eckart Conze: Modernitätsskepsis und die Utopie der Sicherheit. NATO-Nachrüstung und Friedensbewegung in der Geschichte der Bundesrepublik. In: Zeithistorische Forschungen/Studies in Contemporary History, Online-Ausgabe, 7 (2010), H. 2, URL: http://www.zeithistorische-forschungen.de/16126041-Conze-2-2010, Abschnitt 9.

[21] Hinzu kamen Molesworth (Großbritannien), Florennes (Belgien) und Woendsrecht (Niederlande).

[22] Joachim Lenk: Soldaten, Sprengköpfe und scharfe Munition. Militär am Einödstandort Engstingen 1939 bis 1993. Münsingen 2006, S. 190-207; Peter E. Quint: Civil Disobedience and the German Courts: The Pershing Missile Protests in Comparative Perspective. London 2008, S. 12-16; »Frieden schaffen ohne Waffen. Rundbrief 12.12.1982« (Württembergische Landesbibliothek Stuttgart); Christiane Leidinger: Frauenwiderstandscamps in Reckershausen im Hunsrück von 1983 bis 1993. In: wissenschaft & frieden, 2 (2010), Online-Ausgabe, URL: http://www.wissenschaft-und-frieden.de/seite.php?artikelID=1620.

[23] Nicholas J. Steneck: Eine verschüttete Nation? Zivilschutzbunker in der Bundesrepublik Deutschland, 1950-1965. In: Inge Marszolek/Marc Buggeln (Hg.): Bunker. Kriegsort, Zuflucht, Erinnerungsraum. Frankfurt/Main/New York, NY 2008, S. 75-88; Malte Thießen: Von der »Heimstätte« zum Denkmal. Bunker als städtische Erinnerungsorte – das Beispiel Hamburgs. In: ebenda, S. 45-60, S. 52-54. Siehe dazu auch den Beitrag von Claudia Kemper zum Zivilschutz in diesem Band.

[24] Zeitgenössisch etwa Diskofo. Diskussionsforum für Zivildienstleistende, 12 (1981), 40 (Aug.) (»›Zivile Verteidigung‹« = Vorbereitung für den Krieg«); Friedenskooperative: Materialien für friedenspolitische Basisarbeit. Thema »Zivilschutz«. Bonn (März) 1985.

[25] Die Anlage hieß offiziell »Ausweichsitz der Verfassungsorgane des Bundes im Krisen- und Verteidigungsfall zur Wahrung von deren Funktionsfähigkeit«. Siehe auch Ralf Schäfer/Bundesamt für Bauwesen und Raumordnung/Stiftung Haus der Geschichte der Bundesrepublik Deutschland (Hg.): Der Regierungsbunker. Tübingen 2006.

[26] Zitat nach Die Grünen: Abrüstungswettlauf/Wehrt Euch! Gegen die atomare Bedrohung. Nukleare Lagekarte (1981), Sign. 3482 (Stationierungsorte von Atomwaffen), Petra-Kelly-Archiv, Archiv Grünes Gedächtnis, Berlin.

[27] Zusammenfassend zur Bunkerdebatte Susanne Schregel: Der Atomkrieg vor der Wohnungstür. Eine Politikgeschichte der neuen Friedensbewegung in der Bundesrepublik, 1970-1985. Frankfurt/Main/New York, NY 2011, S. 185-225.

[28] Gudrun Pausewang: Die letzten Kinder von Schewenborn oder… sieht so unsere Zukunft aus? Ravensburg 1983. Siehe dazu auch den Beitrag von Philipp Baur in diesem Band.

[29] Fulda Gap. The first battle of the next war. »Untersuchung zur Militarisierung Osthessens«. Materialien, 1. und 2.10.1983, S. 97-110 (Archiv aktiv, Hamburg); Wilhelm Bittorf: »Ich sag' dem Schwein nicht, wann es stirbt«. In: Der Spiegel, 9, 1.3.1982, S. 105-108; zum Hintergrund Torsten Halsey: »Hessen – Schauplatz für den Dritten Weltkrieg«. In: Gundula Bavendamm (Hg.): Amerikaner in Hessen. Eine besondere Beziehung im Wandel der Zeit. Hanau 2008, S. 207-227.

[30] Ulmer Ärzte-Initiative/Volker Brethfeld u.a. (Hg.): Tausend Grad Celsius. Das Ulm-Szenario für einen Atomkrieg. Darmstadt und Neuwied 1983; Karin Fischer/Wilfried Porwol: Ein Atomkriegsszenario. In: zivilcourage, 7 (1981), 1, S. 24-25; Arbeitsgruppe »Friedenswoche Leutkirch« (Hg.): Atomkrieg über Leutkirch. Kurzstudie. Leutkirch (März) 1983. Siehe dazu auch den Beitrag von Philipp Baur in diesem Band.

[31] Jörg Arnold: »Kassel 1943 mahnt…«. Zur Genealogie der Angst im Kalten Krieg. In: Bernd Greiner/Christian Th. Müller/Dierk Walter (Hg.): Angst im Kalten Krieg. Hamburg 2009, S. 465-494.

[32] Ein mit der Neutronenbombe verbundener Vorgang der Auflösung organischen Gewebes.

[33] Siehe dazu auch den Beitrag von Kathrin Fahlenbrach und Laura Stapane in diesem Band.

[34] Zahlreiche friedenspolitische Aktionsformen beschreibt Thomas Balistier: Straßenprotest. Formen oppositioneller Politik in der Bundesrepublik Deutschland zwischen 1979 und 1989. Münster 1996.

[35] David Regan: The New City Republics: Municipal Intervention in Defence [Institute for European Defence and Strategic Studies, Occasional paper No. 30]. London 1987; Dion van den Berg: Kommunale Friedenspolitik in den Niederlanden. In: Gugel/Jäger: Kommunale Friedensarbeit, S. 210-218.

[36] Über diese Initiativen informiert der 1983/84 von AS/F und DFG/VK herausgegebene »Informationsdienst der Kampagne für atomwaffenfreie Städte und Regionen«; dieser wurde ab 1985 in erweiterter Form als Zeitschrift für kommunale Friedensarbeit weitergeführt. Dazu auch Klaus Mannhardt/Die Friedensliste: Stützpunkte für den Krieg – oder Orte des Friedens? Für kommunale und regionale Friedensarbeit. Gegen Militarisierung. Bonn 1985; Knut Krusewitz/Gertrud Schilling/Gerald Flinner/Die Grünen Hessen (Hg.): Militarisierung, Friedensarbeit und kommunale Gegenwehr. Frankfurt/Main 1985.

[37] Rainer M. Türmer: Gemeinden für den Frieden. In: Gugel/Jäger: Kommunale Friedensarbeit, S. 197-203.

[38] Roland Robertson: Glocalization: Time-space and Homogeneity-heterogeneity. In: Mike Featherstone u.a. (Hg.): Global Modernities. London 1995, S. 25-44.

[39] Schregel: Der Atomkrieg, S. 267-274 u. 306-310.

[40] Zur Geschichte innerdeutscher Städtepartnerschaften allgemein siehe Nicole-Annette Pawlow: Innerdeutsche Städtepartnerschaften. Entwicklung, Praxis, Möglichkeiten. Berlin 1990.

[41] Die Initiative agiert heute unter dem Titel »Mayors for Peace«. Eine chronologische Liste der Mitgliedskommunen und Bürgermeister findet sich unter URL: http://.mayorsfor-peace.de. Die Liste verzeichnet folgende Aufnahmen: 1983: 1 Stadt; 1984: 13; 1985: 26; 1986: 30; 1987: 20; 1988: 2; 1989: 1. Im Jahr 2004 erfolgte eine merkliche Wiederbelebung der Initiative, die zum 1.1.2012 weltweit 5.111 Mitglieder zählte.

[42] Abschlußerklärung der Konferenz der deutschen »Solidaritätsstädte« am 15./16.1.1987 (Hannover). In: Gugel/Jäger: Kommunale Friedensarbeit, S. 200-201; auch: Im Wortlaut: Städtepartnerschaft mit Hiroshima und Nagasaki. In: Infodienst Kommunale Friedensarbeit, 0 (1985), S. 18 (Aufruf der Kommunen Hiroshima und Nagasaki).

[43] Jürgen Reiche: Streng geheim?! Ein Museum im »Atombunker der Bundesregierung«. In: Michael Bollé, Von Berlin nach Weimar. Kunstgeschichte und Museum. Beiträge zu Ehren von Rolf Bothe. München 2003, S. 126-133.

# 10. Die Protagonisten der Friedensbewegung

SASKIA RICHTER

## Einleitung

Die Friedensbewegung war eine soziale Bewegung, die sich aus heterogenen Einzelengagements zusammensetzte und in der Regel basisdemokratisch funktionierte. Daher stand sie als eine soziale Bewegung politischer Prominenz grundsätzlich skeptisch gegenüber. Dennoch gab es führende Akteure, denen es, den basisdemokratischen Entscheidungsstrukturen zum Trotz, gelang, vor allem medial sichtbar zu werden und bestimmte Anliegen prominent zu repräsentieren. Um »Protagonisten« der Friedensbewegung und damit Prominente herauszustellen, werden diese im folgenden in sozialstrukturelle und politische Gruppen aufgeteilt: Christen, Unabhängige, Linke/das von der DDR heimlich unterstützte KOFAZ-Spektrum (*Komitee für Frieden, Abrüstung und Zusammenarbeit*), Sozialdemokraten und Grüne/Alternative sowie sonstige Gruppen.[1] Aus diesen Gruppen wiederum werden Stellvertreter beschrieben, die formelle oder informelle Leitungspositionen übernahmen.

Als Ausgangspunkt der Friedensbewegung gelten neben dem Hamburger Kirchentag 1981 die Herbstdemonstrationen in verschiedenen westeuropäischen Hauptstädten, zu denen auch die Demonstration im Bonner Hofgarten vom 10. Oktober 1981 gehörte.[2] *Aktion Sühnezeichen/Friedensdienste* (ASF) schrieb, dass 300.000 Menschen an diesem Tag zusammengekommen seien.[3] Es handelte sich, »um eine der größten, eindrucksvollsten und bestorganisiertesten Demonstrationen in der Geschichte der Bundesrepublik Deutschland«.[4] Die Demonstration richtete sich nicht gegen die USA, die Teilnehmer plädierten vielmehr für einen umfassenden wechselseitigen Abrüstungsprozess, so die Veranstalter Heinrich und Annemarie Böll, Gert Bastian, Robert Jungk, Dorothee Sölle und andere.[5] Ebenso beteiligten sich Organisationen, wie die Gustav Heinemann-Initiative e.V.; diese wiederum riefen ihre Mitglieder zur Teilnahme an der Friedensdemonstration auf.[6]

## Kronzeuge und zentraler Akteur: Gert Bastian

Den Demonstrationen war der *Krefelder Appell* voran gegangen, dessen Hauptautor der Kronzeuge der Friedensbewegung Gert Bastian (1923-

1992) war.[7] Als General hatte er aus Protest gegen den Doppelbeschluss der NATO den damaligen Bundesverteidigungsminister Hans Apel um seine vorzeitige Verabschiedung gebeten. Nach seinem Rücktritt vertrat Bastian seine ablehnende Haltung offensiv in den Medien. Er hielt die Einführung und Stationierung von neuen Mittelstreckenwaffen in Mitteleuropa für einen Fehler. Kurz nach seiner Pensionierung im Juli 1980 wurde er Mitinitiator des Krefelder Appells, einem politischen Manifest, das die Bundesregierung dazu aufforderte, die Zustimmung zur Stationierung von Pershing II-Raketen und Marschflugkörpern in Mitteleuropa zurückzuziehen.

Der Krefelder Appell repräsentierte einen Minimalkonsens verschiedener Gruppen innerhalb der Friedensbewegung, der von zwei bis über vier Millionen Menschen unterzeichnet wurde. Darin hieß es: »Die Teilnehmer am Krefelder Gespräch vom 15. und 16. November 1980 appellieren […] gemeinsam an die Bundesregierung: die Zustimmung zur Stationierung von Pershing II-Raketen und Marschflugkörpern in Mitteleuropa zurückzuziehen; im Bündnis künftig eine Haltung einzunehmen, die unser Land nicht länger dem Verdacht aussetzt, Wegbereiter eines neuen, vor allem die Europäer gefährdenden nuklearen Wettrüstens sein zu wollen.«[8] Erstunterzeichner waren neben Bastian und Kelly der kurz vor den Herbstdemonstrationen verstorbene Physiker Karl Bechert,[9] der Theologe Martin Niemöller, Helmut Ridder, Gösta von Uexküll und Josef Weber.

Die Diskussion darum, wer die Autoren des Textes gewesen waren und ob sie Interessen der DDR oder der Sowjetunion vertraten, beschäftigte die zeitgenössischen Medien. Nach eigenen Angaben war der Verfasser Gert Bastian.[10] Innerhalb der Friedensbewegung und innerhalb des grünen Lagers war der Krefelder Appell umstritten. Große Teile der Gruppen, die sich friedenspolitisch engagierten, lehnten den organisatorischen und möglicherweise kommunistischen Hintergrund der Initiative ab. Vor allem der Bundesregierung war daran gelegen, die Glaubwürdigkeit des Aufrufs in Frage zu stellen. Das Bundesverteidigungsministerium beobachtete die Aktivitäten des ehemaligen Bundeswehrgenerals »mit zunehmender Sorge«.[11] Bastian selbst beschwichtigte die Lage: »Die sowjetischen SS-4- und SS-5-Raketen sind seit über 20 Jahren auf Westeuropa gerichtet. […] Die eher gelassene Reaktion der NATO war freilich wohlbegründet. […] Natürlich hätte die UdSSR […] Westeuropa in ein nukleares Trümmerfeld verwandeln können.«[12] Er traue dem Kreml ein so aberwitziges, menschenverachtendes Handeln jedoch nicht zu.

Auf der Kundgebung der Friedensdemonstration am 10. Oktober 1981 in Bonn wandte sich Bastian an die Machthaber in West und Ost, »die ihre Macht missbrauchen und immer mehr Waffen anhäufen, anstatt die Probleme der Menschheit gewaltlos zu lösen.«[13] In erster Linie sprach er dabei die eigene Regierung an. Bastian differenzierte die SS-20-Rüstung von dem Schritt der Bundesrepublik, Pershing II-Raketen nachzurüsten. Bereits im April 1981 hatte Bastian in Groningen auf »entscheidende Veränderungen im nuklearen Kriegsführungsdenken des Westens« hingewiesen.[14] Gut ein Jahr später, am 10. Juni 1982, sprach er wieder auf der Hauptkundgebung in Bonn.[15] Er wehrte sich gegen Vorwürfe einer angeblichen kommunistischen Steuerung der deutschen Friedensbewegung.

## Die Gruppen der Friedensbewegung

Folgende Gruppen und Initiativen waren auf den Bonner Friedensdemonstrationen und im Koordinierungsausschuss der Friedensbewegung vertreten: Die Aktion Sühnezeichen/ Friedensdienste, die *Aktionsgemeinschaft Dienst für den Frieden* (AGDF), die *Aktion ohne Rüstung Leben* (ORL), die *Evangelische Studentengemeinde* (ESG), die *Pax-Christi*-Gruppen, und die *Initiative Kirche von Unten* (IKvu). Für die christlichen Gruppen steht exemplarisch die Theologin und Pazifistin Dorothee Sölle.[16]

Zu den Unabhängigen zählte die *Bundeskonferenz Unabhängiger Friedensgruppen* (BUF), die *Föderation Gewaltfreier Aktionsgruppen* (FÖGA), die *Anstiftung der Frauen für den Frieden*, das *Komitee für Grundrechte und Demokratie*, der *Bundeskongress entwicklungspolitischer Aktionsgruppen* (BUKO). Eva Quistorp war als Vertreterin der *Frauen für den Frieden* auch in der Geschäftsführung der Koordinationsausschüsse der Friedensbewegung vertreten;[17] sie wurde von der breiten Öffentlichkeit damals weniger stark wahrgenommen als Petra Kelly, trieb aber den Protest stützende Organisationen und Netzwerke maßgeblich voran.[18]

Dem Linken und dem KOFAZ-Spektrum können verschiedene Gruppen zugeordnet werden, auf die hier nicht im Detail eingegangen werden kann. Dem KOFAZ selbst gehörten unter anderem Martha Buschmann von der DKP, Klaus Mannhardt von der Deutschen Friedensgesellschaft, Horst Trapp von der Deutschen Friedensunion und Christoph Strässer von den Jungdemokraten an. An dieser Stelle wird exemplarisch der Friedensforscher Gerhard Kade beschrieben.[19]

Innerhalb der etablierten Parteien wurde der Protest gegen den NATO-Doppelbeschluss vor allem in der SPD artikuliert.[20] Die Sozialdemokratie wurde aufgrund ihres Schwenks von der Hauptinitiatorin des NATO-Doppelbeschlusses unter der Regierung Schmidt zur Opposition vor eine schwere innere Bewährungsprobe gestellt; sie konnte sich erst gegen die

Nachrüstung entscheiden, als sie die Regierungsverantwortung abgege-
ben hatte.[21] Willy Brandt, Erhard Eppler und Oskar Lafontaine übernahmen führende Funktionen als Nachrüstungskritiker.

Eine sicherlich starke Gruppe, die von Anfang an Teil der Friedensbewegung war, bildete die Gruppe der Grünen und Alternativen. Die Grünen strebten eine gewaltfreie Gesellschaft an und setzten sich für eine
Auflösung der Militärblöcke ein. Wichtige Protagonisten der Grünen waren die Galionsfigur der Friedensbewegung Petra Kelly sowie ihr Lebens-
gefährte Gert Bastian. Kelly und Bastian waren medial und innerhalb der
Bewegungen Personen, die als Leitfiguren interpretiert werden können.
Zur Untergruppe der Alternativen zählen in transnationaler Perspektive
auch die DDR-Bürgerrechtler Bärbel Bohley und Rudolf Bahro.[22]

Schließlich zählt Thomas Leif zu den sonstigen Gruppen den *Bundesverband Bürgerinitiativen Umweltschutz* (BBU), die *Liberalen Demokraten* (LD),
die *Jungdemokraten* und die *Demokratischen Sozialisten* (DS).[23] Für die undogmatischen Sozialisten wird der Organisator und Büro-Sekretär Klaus Vack
betrachtet. Des Weiteren kann die Gruppe der Künstler und Journalisten
dieser Kategorie zugeordnet werden, für die Joseph Beuys, Heinrich und
Annemarie Böll sowie Robert Jungk und Franz Alt beschrieben werden.

## Die Akteure der Friedensbewegung

*Die Theologin: Dorothee Sölle*

Dorothee Sölle (1929-2003) wurde in die deutsche Gelehrtenfamilie Nip-
perdey geboren.[24] Sie begann ein Studium der Philosophie und der alten
Sprachen in Freiburg und Köln. 1951 wechselte sie zum Studium der
Germanistik und der Theologie. Drei Jahre später heiratete sie den Maler
Dietrich Sölle. Nach der literaturwissenschaftlichen Promotion wurde sie
eine international tätige Akademikerin. Sie beschäftigte sich mit den
Gräueltaten von Auschwitz und fragte, wo Gott im Nationalsozialismus
gewesen sei.

Diese Beschäftigung mit dem Nationalsozialismus und den Verbrechen
des Zweiten Weltkrieges führte sie zur Friedensbewegung: Sölle forderte
Abrüstung weltweit. Deutschland sollte einseitig beginnen. Mit dieser Position nahm sie beispielsweise unter anderem an Sitzblockaden vor dem
US-amerikanischen Militärstützpunkt in Mutlangen teil.[25] Wie andere Aktivistinnen und Aktivisten wurde auch sie wegen versuchter Nötigung
verurteilt.[26] Sölles Positionen waren radikal, sie positionierte sich als Frau
und setzte sich stets für die Schwachen in der Gesellschaft ein: »Liebe

Schwestern und Brüder, ich spreche zu Ihnen als eine Frau, die aus einem der reichsten Länder der Erde kommt; einem Land mit einer blutigen, nach Gas stinkenden Geschichte«.[27]

Wie viele ihrer Mitstreiterinnen kannte auch Sölle keine Trennung zwischen Politischem und Privatem. Sölle dachte in Kategorien von Beziehung, Freundschaft und Liebe, und forderte Gleichberechtigung zwischen Männern und Frauen. Wurde ihr vorgeworfen, sie argumentiere emotional, entgegnete sie: »Das finde ich den dümmsten männischen Vorwurf, den man überhaupt machen kann. Weil ich [gut] finde […], wenn man seine Emotionen ausspricht, weil man sie nicht leugnen kann als seien sie uneheliche Kinder […]. Und die Verleugnung der Emotion verleugnet uns selbst.«[28]

### Die Organisatorin: Eva Quistorp

Eva Quistorp (*1945) zählt als Friedensaktivistin zum Gründungsmilieu der Grünen. Ihr Vater war während des Nationalsozialismus ein Akteur der *Bekennenden Kirche,* sie selbst wuchs im Pfarrhaus auf und studierte später Germanistik und evangelische Theologie. 1965 zog Quistorp für ein Freiwilliges Soziales Jahr nach West-Berlin, wo sie ab 1968 am Otto-Suhr-Institut der Freien Universität Berlin Politologie studierte.[29] In Berlin wohnte sie zeitweise bei Helmut und Brigitte Gollwitzer, die relevante Akteure der 1968er-Bewegung waren und 1980 ebenfalls zu den Gründungsgrünen zählten.

In den 1970er Jahren war Eva Quistorp im Milieu der Neuen Sozialen Bewegungen beheimatet. Sie reiste nach Lateinamerika, wo sich ihre frauenpolitischen Ideen schärften.[30] Wie andere Gründungsgrüne nahm auch sie 1977 aktiv an den Demonstrationen der Anti-Atom-Bewegung in Gorleben teil. Hier trafen sehr unterschiedliche politische Denkweisen, soziale Milieus und Lebensweisen aufeinander. Als integrierendes Element galt jedoch die »gemeinsame Sache: Gemeinsam gegen den Atommüll, gemeinsam gegen die Castor-Transporte, da ist ein wunderbarer Prozess daraus entstanden.«[31]

1980 wurde Quistorp Mitbegründerin der Gruppen Frauen für Frieden und Anstiftung der Frauen zum Frieden, später als Mitglied des Koordinierungsausschusses zur Organisatorin bundesweiter Protestdemonstrationen.[32] Ihre damalige Position beschrieb sie in der Retrospektive: »Wir hatten im Koordinierungsausschuss schon Entscheidungsgewalt, nämlich wer bei den Großdemos redet, wie man die organisiert. Und wir mussten das Bündnis zusammenhalten. Aber die Friedensbewegung hatte auch ein

Element der Alternativbewegung: es gab wahnsinnig viele dezentrale Aktivitäten von unten.«[33]

## Die DDR und ihr Friedensforscher: Gerhard Kade

Ein sehr großes Interesse an der Verhinderung der Nachrüstung hatte die DDR, die der NATO gleichwohl keine eigene Kraft auf Augenhöhe entgegensetzen konnte.[34] So handelte die ostdeutsche Regierung informell und durch die Aussendung verdeckter Mitarbeiter. Obwohl sich Thesen von einer ferngelenkten Friedensbewegung nicht halten lassen, nahmen Akteure, die im Auftrag der Staatssicherheit agierten, doch eine zentrale Rolle bei der Entwicklung von Argumentationsstrategien gegen die Nachrüstung ein.[35] Zu diesen informellen Protagonisten gehörte Gerhard Kade.

Eine zentrale Verbindungsorganisation zwischen westdeutscher Friedensbewegung, DKP und SED war das KOFAZ, dessen Leitung Gerhard Kade ab Mitte der 1970er Jahre übernahm.[36] Unter dem Decknamen »Super« war Kade Inoffizieller Mitarbeiter der Staatssicherheit. Nach Aussage von Markus Wolf wurde der Organisation *Generale für den Frieden* eine Finanzierung von 100.000 DM pro Jahr bewilligt.[37] Kade war deren Initiator und inoffizieller Geschäftsführer.[38] Auf Gert Bastian, den er als General für die Initiative gewinnen konnte, soll Kade Einfluss ausgeübt haben.[39] So sollen einige Textstellen des Buches »Generale für den Frieden« von Kade geschrieben worden sein.

## Ökologie und Frieden in der SPD: Erhard Eppler

Innerhalb der SPD versuchte Erhard Eppler (*1926) seit Beginn der 1970er Jahre, die Organisation zu einer ökologisch orientierten Partei zu entwickeln,[40] was ihm im eigenen Landesverband in Baden-Württemberg jedoch nicht nur Zustimmung einbrachte. Auch konnte er nicht verhindern, dass die Grünen dort bereits bei den Landtagswahlen im März 1980 mit 5,6 Prozent der Stimmen in den Landtag einzogen und so zur parlamentarischen Konkurrenz der Sozialdemokratie wurden.

Gleichzeitig engagierte sich Eppler in der Ökologie- und Friedensbewegung. Er war ein vehementer Gegner der NATO-Nachrüstung und positionierte sich gegen die Positionen des SPD-Bundeskanzlers Helmut Schmidt. Das Thema seiner Rede am 10. Oktober 1981 in Bonn war: »Wie ist Abrüstung politisch möglich? Von der Verhinderung der ›Nachrüstung‹ zum beiderseitigen Abrüstungsprozess«.[41] Eppler wollte für die SPD das

Abb. 20. Petra Kelly (Die Grünen) bei einer Blockade der Zufahrt zum Raketendepot des US-amerikanischen Militärstützpunkts in Mutlangen am 1. September 1983. Die Politikerin trägt einen Stahlhelm, an den sie Blumen geheftet hat.

sein, was die Grünen-Politiker im Bundestag sein wollten: ein Scharnier zwischen Friedensbewegung und Partei bzw. Parlament. Seine innerparteilich-oppositionelle Haltung brachte Eppler keine Freunde ein: 1982 musste er das Präsidium der Partei verlassen, erst 1984 nach der Nachrüstung und nach dem Regierungswechsel kehrte er zurück.

*Die Galionsfigur: Petra Kelly*

Petra Kelly (1947-1992) war eine unumstrittene Protagonistin der Friedensbewegung der frühen 1980er Jahre.[42] Auch Kelly kam aus der SPD, gehörte jedoch bereits den ersten Listen der Gründungsgrünen an. So etwa der Europa-Liste 1979, den Wahllisten zur Bundestagswahl 1980 sowie den Wahllisten zur bayrischen Landtagswahl 1982. Strategisch positionierte sie den Begriff der *Antipartei-Partei* und betonte, dass grüne Politik Bewegungspolitik sei.[43]

Kelly brachte Positionen der Anti-Atom-Politik sowie der Frauenpolitik in die Friedensbewegung ein. Sie rechtfertigte politische Positionen mit ihrer Biografie, wie beispielsweise der Trauer um ihre an Krebs verstorbene Schwester Grace. So gelang es ihr, eine Scharnierposition zwischen Privatheit und Öffentlichkeit sowie zwischen Politik und Protest einzunehmen und gleichzeitig die Strömungen der Gründungsgrünen zu spiegeln.

Da grüne Politik von Anfang an Bewegungspolitik war, konnte Kelly ihre informelle Position ausbauen. Der Protest gegen den NATO-Doppelbeschluss trug massiv dazu bei, dass sich die grüne Organisation in den sozialen Bewegungen in solch einer Form festigen konnte, dass sie eine erfolgreiche Partei wurde und bei der Bundestagswahl im Frühjahr 1983 die Fünf-Prozent-Hürde überwand.[44] Petra Kelly war Spitzenkandidatin und Kommunikatorin, die sich – in den Medien eloquent auftretend – an die Öffentlichkeit wandte.[45]

### Die Bürgerrechtlerin: Bärbel Bohley

Bärbel Bohley (1945-2010) lebte als diplomierte Künstlerin in der DDR.[46] Seit den frühen 1980er Jahren setzte sie sich für Meinungs-, Versammlungs- und Reisefreiheiten ein und war 1985 Mitbegründerin der *Initiative Frieden und Menschenrechte*. 1983 wurde Bohley wegen »landesverräterischer Nachrichtenübermittlung« verhaftet. Die Inhaftierung endete nach sechs Wochen, da sie eine große internationale Solidarität mobilisieren konnte. Als sie 1989 das *Neue Forum* mitbegründete, war das der Untergang der DDR, titelte *Die Zeit* in einem Nachruf zu ihrem Tod 2010.[47]

Anfang der 1980er Jahre entstand auch jenseits der Mauer eine unabhängige Friedensbewegung. Auch hier war Bohley Initiatorin. 1982 gründete sie mit Katja Havemann, der Witwe des DDR-Dissidenten Robert Havemann, die SED-kritische Gruppe *Frauen für den Frieden*.[48] Damit stellte sie sich gegen das Regime und in das Visier der Stasi, die ihre Arbeit fortan beobachtete. Bohley wurde mit Ulrike Poppe verhaftet und in Hohenschönhausen festgehalten, später ohne Prozess ins Ausland abgeschoben, bis sie freiwillig im August 1988 zurückkehrte.[49]

### Der Partei-Theoretiker: Rudolf Bahro

Rudolf Bahro (1935-1997) war zunächst Mitglied der SED, bevor er sich 1977 mit seinem Buch »Die Alternative«, einer Kritik am politischen und wirtschaftlichen System der DDR aus marxistisch-kommunistischer Sicht, ins Abseits des Staates und in die internationale Öffentlichkeit manövrierte. *Der Spiegel* veröffentlichte einen Vorabdruck des Buches, nachdem das Ministerium für Staatssicherheit Bahro unter den Verdacht der »nachrichtendienstlichen Tätigkeit« gestellt und verhaftet hatte. Gleichzeitig wurde er aus der SED ausgeschlossen.

Das Buch mobilisierte internationale Unterstützer, die seine Entlassung forderten. Als Autor erhielt er zahlreiche Auszeichnungen. 1979 reagierte die DDR auf den öffentlichen Druck und entließ Bahro vorzeitig aus der Haft. Nach der Ausbürgerung in die Bundesrepublik wurde er 1980 Mitbegründer der Grünen und Vertreter eines ökologischen Sozialismus. Innerhalb von drei Jahren holte er elementare Schritte seiner akademischen Laufbahn nach. Zudem erschien 1980 das Buch »Elemente einer neuen Politik. Zum Verhältnis von Ökologie und Sozialismus«.

Bei den Grünen und auf internationaler Ebene beim *European Nuclear Disarmament* (END) setzte er sich dafür ein, Aufrufe für ein atomwaffenfreies Europa zu unterstützen.[50] Bahro selbst vertrat den Ansatz der Blockfreiheit und forderte West- und Ostdeutschland zur Abrüstung auf: »Inzwischen zeichnet sich allgemein die Einsicht ab, dass die Logik des Wettrüstens nur durchbrochen werden kann, wenn eine Kraft auftritt, die sich jenseits der Machtkonkurrenz der beiden Industriesysteme stellt und in der Industrialisierung nicht mehr den Königsweg zu Freiheit und sozialer Gerechtigkeit sieht.«[51]

### Der Sozialist: Klaus Vack

Klaus Vack (*1935) gehörte seit den 1950er Jahren zur entstehenden Friedensbewegung in Westdeutschland. Er war Mitbegründer des »Sozialistischen Büros«, das zum Organisations- und Informationsort der undogmatischen Linken in Deutschland wurde und das er leidenschaftlich führte.[52] Vack war Mitorganisator der Ostermärsche und prangerte früh Atomwaffen und Giftgasdepots an.[53] In Mutlangen demonstrierte er gemeinsam mit Annemarie und Heinrich Böll, Petra Kelly und Gert Bastian. Mit der Blockade dieses US-amerikanischen Militärstützpunkts und Pershing II-Raketenbasis in Baden-Württemberg sei ziviler Ungehorsam geübt worden, so Vack 1986.[54]

Vack organisierte die Kommunikation zwischen Demonstranten und Sympathisanten und urteilte selbst: Vor dem Mutlangen-Depot werde »gegenwärtig elementare und präsente Demokratie auf der Straße« gelebt.[55] Trotz seiner Präsenz innerhalb der Bewegung blieb er den basisdemokratischen Strömungen der Friedensbewegung treu. 1980 gehörten Klaus und seine Ehefrau Hanne Vack zu den Mitbegründern des *Komitees für Grundrechte und Demokratie*, in dem sie sich bis 1998 engagierten.[56] Gemeinsam wurden die Eheleute 1996 mit dem Fritz-Bauer-Preis der Humanistischen Union ausgezeichnet

Abb. 21. Plattencover »Sonne statt Reagan« der gleichnamigen Single von Joseph Beuys, 1982.

*Der Künstler: Joseph Beuys*

Joseph Beuys (1921-1986) war Künstler und das Enfant Terrible der grünen Bewegungen: Beuys demonstrierte gegen das Waldsterben und kündigte 1982 auf der documenta 7 in Kassel an, 7.000 Eichen zu pflanzen.[57] Er sang den Titel »Sonne statt Reagan!« und landete damit einen Bewegungs-Hit, der sich im kollektiven Gedächtnis verankerte.[58] Lebenslang prägte ihn sein Einsatz während des Zweiten Weltkriegs, bei dem er über der Krim abstürzte und später angab, dass er als Verwundeter mit Filz gewärmt worden sei; seine Wunden seien mit Fett versorgt worden. So wurden beide Materialien zentral für sein künstlerisches Werk.

Beuys mischte sich aktiv in die Politik der Bundesrepublik ein. 1967 gründet er anlässlich der Demonstrationen gegen den Schah-Besuch die Deutsche Studentenpartei. 1971/72 fordert er direkte Demokratie durch Volksabstimmung (documenta 5). Beuys positionierte sich auf der linksliberalen Seite der sich, unter Willy Brandt und in den 1970er Jahren, wandelnden alten Bundesrepublik. Er war ein Anhänger der Aktionskunst und demokratisierte den damals gängigen Kunstbegriff. Jeder sollte Künstler sein können. Ebenso sollte jedermann in der Politik erfolgreich sein dürfen.

*Der Schriftsteller und seine Frau: Heinrich und Annemarie Böll*

Heinrich Böll (1917-1985) entstammte einer Künstlerfamilie. Nach dem Zweiten Weltkrieg begann er seine schriftstellerische Tätigkeit und schrieb früh vom Kriegserleben geprägte Erzählungen. 1942 heiratete er seine Frau Annemarie, mit der er sich später aktiv in der Friedensbewegung engagierte. Böll wurde 1967 mit dem Georg-Büchner-Preis der Deutschen

Akademie für Sprache und Dichtung ausgezeichnet. 1970 wurde er Präsident des deutschen und 1971 des internationalen P.E.N.-Zentrums. 1972 erhielt er den Nobelpreis für Literatur.

1981 sprach Heinrich Böll auf den Demonstrationen gegen den NATO-Doppelbeschluss in Bonn. Im September 1983 nahm er mit Annemarie an der Prominentenblockade des US-amerikanischen Militärstützpunktes in Mutlangen teil.[59] Zudem sprach er im Oktober diesen Jahres auf der Friedensdemonstration im Bonner Hofgarten. Böll war ein Intellektueller, der das wieder entstehende deutsche Selbstbewusstsein kritisch in Frage stellte. Stets bezog er sich zurück auf die Schuld seines Landes am Nationalsozialismus und den Zweiten Weltkrieg. Er positionierte sich in seinen Werken wie auch in seinen Reden in der Friedensbewegung als selbstbewusster Pazifist. Gleichzeitig plädierte er für einen menschlichen Umgang mit den Terroristen der Roten Armee Fraktion (RAF).[60] Aus diesem Grund lehnten konservative Kreise in der Bundesrepublik seine Ideen ab. Gleichzeitig machte ihn sein Engagement zu einem verlässlichen Vertreter der Linken.

### Die Journalisten: Robert Jungk und Franz Alt

Nicht zu unterschätzen ist das Engagement von Journalisten für die Friedensbewegung. Exemplarisch seien Robert Jungk und Franz Alt genannt.[61] Jungk (1913-1994) studierte als Spross einer Berliner Schauspielerfamilie an der Sorbonne, sowie in Prag und Zürich. 1934 wurde er von den Nationalsozialisten ausgebürgert. Jungk machte sich als internationaler Journalist und Zukunftsforscher einen Namen.[62] Sein Buch »Die Zukunft hat schon begonnen« machte ihn 1952 über Nacht bekannt.

Seine Publikation »Der Jahrtausendmensch. Aus den Zukunftswerkstätten unserer Gesellschaft« (1973) wurde zu einem wichtigen Beitrag zur Ökologiebewegung. Hier weist Jungk, kurz nachdem »Die Grenzen des Wachstums« vom *Club of Rome* erschienen waren, auf Überindustrialisierung und Übertechnisierung, soziale Schäden und kulturellen Verfall hin.[63] Sanfte Techniken und Dezentralisierung erschienen als Auswege. Innerhalb der Anti-Atom-Bewegung wurde die Publikation »Der Atomstaat« (1977) wichtig.

So hatte sich Jungk schon vor den Protesten gegen den NATO-Doppelbeschluss im intellektuellen Milieu der Friedensbewegung positioniert. Zudem entwickelte er in den frühen 1980er Jahren Ideen für alternative Lebensformen und fügte sich somit in die politischen Umbrüche des neuen Jahrzehnts sowie die Gründung der Grünen ein. Auf den Veran-

staltungen der Friedensbewegung thematisierte er in seinen Reden Aspekte wie Ökologie und Frieden.

Franz Alt (*1938) hingegen gehört einer späteren Journalisten-Gene-
ration als Robert Jungk an. Nach dem Zweiten Weltkrieg studierte er und
promovierte über Konrad Adenauer. Als politischer Journalist engagierte
sich Alt zunächst als CDU-Mitglied, bevor er zum Sprachrohr der Ökolo-
gie- und zum Guru der westdeutschen Friedensbewegung wurde.[64] Sein
Buch »Frieden ist möglich. Die Politik der Bergpredigt« (1983) wurde
eine Million Mal verkauft. Ähnlich wie Jungk verfasste Alt die Argumente
für die Friedensbewegung und verlieh ihr mit seinem Namen und seiner
Fernsehprominenz, die er durch die Moderation der Sendung »Report
Baden-Baden« seit 1972 erworben hatte, ein Gesicht.

## Fazit

Was bleibt nun nach 14 Portraits deutsch-deutscher Protagonisten der
Friedensbewegung? Sicherlich kann mit den genannten Lebensdaten und
Biografien nicht die gesamte Vielfalt der Proteste gegen den NATO-Dop-
pelbeschluss und ihrer Akteure abgedeckt werden. Dennoch hilft die
Beschreibung von Prominenten weiter, einzelne Facetten und stellvertre-
tende Schwerpunkte der Bewegung zu beleuchten.

Als ehemaliger General ist Gert Bastian als Kronzeuge der Friedensbewegung zu nennen. Er ist als Akteur hervorzuheben, weil er zum einen an der
Formulierung des Minimalkonsenses des Krefelder Appels beteiligt war
und zum anderen aus seiner Biografie Expertise und Glaubwürdigkeit ab-
leiten konnte. Es folgen prominente Frauen, die der Friedensbewegung
eine Stimme verliehen und weniger rational als Bastian, vielmehr emotional
argumentierten: die Theologin Dorothee Sölle, die Organisatorin Eva Quistorp sowie die Galionsfigur der Grünen Petra Kelly. Sie alle integrierten
feministische Anliegen in ihre Arbeit, sprachen von Menschlichkeit und
Vertrauen und forderten von Ost und West, mit der Abrüstung zu beginnen.

Bärbel Bohley und Rudolf Bahro waren Bürgerrechtler in der DDR, die
alternative Lebensformen entwickelten. Beide waren inhaftiert worden.
Während Bahro in den Westen ausgebürgert wurde, blieb Bohley in der
DDR, um ihre Arbeit in Kontakt zur westdeutschen Friedensbewegung
fortzusetzen. Bahro wurde 1980 Mitbegründer der Grünen. Gerhard Kade
war ein Friedensforscher, der in Westdeutschland im Auftrag der ostdeutschen Staatssicherheit tätig war. Kade unterstützte zahlreiche friedenspolitische Organisationen, unter anderem die Generale für den Frieden, für
die er auch Gert Bastian gewinnen konnte. Mit der Finanzierung der

Stasi konnte Kade sich so in den frühen 1980er Jahren eine einflussreiche Position aufbauen.

In der SPD machte sich Erhard Eppler als Friedenspolitiker einen Namen, aber nur wenige Freunde. Denn Eppler kritisierte den SPD-Bundeskanzler Helmut Schmidt und seine Position zum NATO-Doppelbeschluss. Gleichzeitig konnte Eppler das Ausweiten der Grünen nicht verhindern. Unabhängige Akteure in der Friedensbewegung waren Hanne und Klaus Vack, die sich wie Annemarie und Heinrich Böll an den Blockaden in Mutlangen beteiligten und die Basis dort informierten und vernetzten. Wichtige Ideengeber und Artikulatoren der Friedensbewegung waren zudem der Künstler Joseph Beuys sowie die Journalisten und Autoren Franz Alt und Robert Jungk.

Für sie alle gilt, dass sie mit ihrem Engagement für sich stehen und zum Sprachrohr verschiedener Gruppen wurden. Sie waren eliten- oder basisorientiert vernetzt und organisierten so den Protest gegen die Nachrüstung, indem sie zu Protesten und Demonstrationen mobilisierten oder ihren Wiederstand gegen den NATO-Doppelbeschluss in Wort und Schrift stellvertretend für die von ihnen repräsentierten Gruppen artikulierten.

*Literatur*

Literatur zum Thema findet sich in Form von zeitgenössischen Publikationen und in retrospektiv erschienenen Porträts und Biografien. Von Bredow hat den sozialen und politischen Hintergrund der Friedensbewegung dargestellt. Daran schließt sich der Aufsatz von Schmid an, in dem Sozialstruktur und Antriebsmomente von Friedensaktivisten beschrieben werden. Leif beschreibt aus welchen Gruppen und Organisationen sich der Koordinationsausschuss der Friedensbewegung zusammensetzt.

Über den wichtigsten Kronzeugen der Friedensbewegung, Gert Bastian, gibt es erstaunlich wenig Literatur. Orientieren kann man sich an Schwarzer. Eine präzisere Deutung für die Friedensbewegung versucht ein Aufsatz von Richter (2009). Wind hat eine Biografie über Dorothee Sölle verfasst. Zu Petra Kelly empfiehlt sich die bisher einzige wissenschaftliche Biografie von Richter (2010). Der Künstler und politische Aktivist Joseph Beuys kann von zwei Seiten beleuchtet werden: aus der Sicht von Gieseke oder Stachelhaus. Rudolf Bahro betrachten die Weggefährten Herzberg und Seifert. Über Heinrich Böll schreibt Vormweg. Über Erhard Eppler ist aktuell und SPD-nah eine Biografie von Faerber-Husemann erschienen.

Bredow, Wilfried von: Zusammensetzung und Ziele der Friedensbewegung in der Bundesrepublik Deutschland. In: Aus Politik und Zeitgeschichte, B 24 (1982), 19. Juni 1982, S. 3-13.

Faerber-Husemann, Renate: Der Querdenker. Erhard Eppler. Eine Biografie. Bonn 2010.

Gieseke, Frank: Flieger, Filz und Vaterland. Eine erweiterte Beuys-Biografie. Berlin 1996.

Herzberg, Guntolf/Seifert, Kurt: Rudolph Bahro. Glaube an das Veränderbare. Eine Biografie. Berlin 2002.

Leif, Thomas: Die professionelle Bewegung. Friedensbewegung von innen. Bonn 1985.

Dies.: Gert Bastian. Seitenwechsel für den Frieden? In: Lorenz, Robert/Micus, Matthias (Hg.): Seiteneinsteiger. Unkonventionelle Politiker-Karrieren in der Parteiendemokratie. Wiesbaden 2009, S. 410-430.

Richter, Saskia: Die Aktivistin. Das Leben der Petra Kelly. München 2010.

Schmid, Günther: Zur Soziologie der Friedensbewegung und des Jugendprotestes. Strukturmerkmale. Inhalte. Folgewirkungen. In: Aus Politik und Zeitgeschichte, B 24 (1982), 19. Juni 1982, S. 15-30.

Schwarzer, Alice: Eine tödliche Liebe. Petra Kelly und Gert Bastian. Köln 1993.

Stachelhaus, Heiner: Joseph Beuys. Düsseldorf 1996.

Vormweg, Heinrich: Der andere Deutsche. Heinrich Böll. Eine Biografie. Köln 2000.

Wind, Renate: Dorothee Sölle. Rebellin und Mystikerin. Stuttgart 2008.

## Anmerkungen

[1] Thomas Leif: Die professionelle Bewegung. Friedensbewegung von innen. Berlin 1985 und Günther Schmid: Zur Soziologie der Friedensbewegung und des Jugendprotestes. Strukturmerkmale. Inhalte. Folgewirkungen. In: Aus Politik und Zeitgeschichte (fortan APUZ), B 24 (1982), 19.6.1982, S. 15-30, hier S. 27 und Thomas Leif: Die strategische (Ohn-)Macht der Friedensbewegung. Kommunikations- und Entscheidungsstrukturen in den 1980er Jahren. Opladen 1990.

[2] Wilfried von Bredow: Zusammensetzung und Ziele der Friedensbewegung in der Bundesrepublik Deutschland. In: APUZ, B 24 (1982), S. 3-13, hier S. 7 und Ulrich Frey: Die Friedensbewegung im Westen in den achtziger Jahren. In: Friedensforum, Heft 2 (2008), S. 33-35. Siehe dazu auch den Beitrag von Kathrin Fahlenbrach und Laura Stapane in diesem Band.

[3] Flugblatt, Aktion Sühnezeichen/Friedensdienste, Bonn 10.10.1981. In: Archiv Grünes Gedächtnis (fortan AGG), PKA 3430.

[4] Von Bredow: Zusammensetzung und Ziele, S. 8.

[5] Flugblatt, Aktion Sühnezeichen/Friedensdienste, Bonn 10.10.1981. In: AGG, PKA 3430.

[6] Gustav Heinemann-Initiative e.V., Informationsbrief Nr. 10, 3.10.1981. In: AGG, PKA 3430.

[7] Saskia Richter: Gert Bastian. Seitenwechsel für den Frieden? In: Robert Lorenz/Matthias Micus (Hg.): Seiteneinsteiger. Unkonventionelle Politiker-Karrieren in der Parteiendemokratie. Wiesbaden 2009, S. 410-430.

[8] Karlheinz Lipp/Reinhold Lütgemeier-Davin/Holger Nehring (Hg.): Frieden und Friedensbewegung in Deutschland 1892-1992. Essen 2010.

[9] Wilhelm Wegner: Vorbilder. Karl Bechert gilt als Vater der Antiatombewegung in Deutschland. In: Chrismon, 2 (2012).

[10] Leserbrief von Gert Bastian. In: Süddeutsche Zeitung, 18.7.1981.

[11] Bundesverteidigungsministerium Staatssekretär Penner, zitiert nach o.V.: »Ex-General macht Sowjetpropaganda!« In: Bild am Sonntag, 15.2.1981.

[12] Gert Bastian: Frieden schaffen! Gedanken zur Sicherheitspolitik. München 1983, S. 96f.

[13] Gert Bastian: Wer Pershing sagt, muß keineswegs SS-20 sagen. In: Aktion Sühnezeichen/Friedensdienste/Aktionsgemeinschaft Dienst für den Frieden (Hg.). Bonn 10.10.1981. Friedensdemonstration für Abrüstung und Entspannung in Europa. Reden, Fotos.... Bornheim 1981, S. 149f, hier S. 149.

[14] Gert Bastian: Die SS-20 eignet sich nicht als Erstschlag-Waffe. In: Blätter für deutsche und internationale Politik, 7 (1981), S. 782-785, hier S. 783.

[15] Rede von Gert Bastian, 10.6.1982, AGG, PKA 984.

[16] O.V.: Gestorben. Dorothee Sölle. In: Der Spiegel, 4.5.2003.

[17] Zur Rolle von Frauen in der Friedensbewegung siehe auch den Beitrag von Reinhild Kreis in diesem Band.

[18] Andreas Buro: Friedensbewegung. In: Roland Roth/Dieter Rucht (Hg.): Die sozialen Bewegungen in Deutschland seit 1945. Ein Handbuch. Frankfurt/Main 2007, S. 267-291, hier S. 278ff.

[19] Dirk Banse/Michael Behrendt: Der Stasi-Maulwurf von Bonn. In: Die Welt, 28.4.2004.

[20] Der Artikel von Jan Hansen in diesem Band beschäftigt sich ebenfalls mit der Friedensbewegung, weshalb Brandt und Lafontaine in diesem Abschnitt nicht behandelt werden.

[21] Friedhelm Boll/Jan Hansen: Doppelbeschluss und Nachrüstung als innerparteiliches Problem der SPD. In: Philipp Gassert/Tim Geiger/Hermann Wentker (Hg.): Zweiter Kalter Krieg und Friedensbewegung. Der NATO-Doppelbeschluss in deutsch-deutscher und internationaler Perspektive, München 2011, S. 203-228.

[22] Siehe dazu auch die Beiträge von Holger Nehring und Rainer Eckert in diesem Band.

[23] Zu dieser und den anderen Kategorien Leif: Die professionelle Bewegung, S. 53.

[24] Renate Wind: Ein Porträt der Dorothee Sölle, URL: http://www.dorothee-soelle.de/start/biographisches/.

[25] Mechthild Müser: »Was hast Du getan, wird der Engel mich fragen«. Zum 80. Geburtstag der Theologin Dorothee Sölle. Bayern 2, 27.9.2009 (Manuskript).

[26] Dorothee Sölle vor dem Amtsgericht in Schwäbisch Gmünd, 7. Friedensbewegung der achtziger Jahre in den beiden deutschen Staaten sowie nach der Wiedervereinigung. In: Lipp/Lütgemeier-Davin/Nehring (Hg.): Frieden und Friedensbewegung, S. 379 ff.

[27] Zitiert nach Müser: Was hast du getan, S.9.

[28] Ebenda.

[29] Eva Quistorp im Interview: Die Seele der Grünen. In: Heinrich Böll Stiftung (Hg.): Grünes Gedächtnis. Berlin 2010, S. 10-33, hier S. 13.

[30] Ebenda, hier S. 15ff.

[31] Ebenda, hier S. 18.

[32] Joachim Raschke: Die Grünen. Wie sie wurden, was sie sind. Köln 1993, S. 114.

[33] Eva Quistorp im Interview: Die Seele der Grünen, hier S. 28.

[34] Hermann Wentker: Zwischen Unterstützung und Ablehnung der sowjetischen Linie. Die DDR, der Doppelbeschluss und die Nachrüstung. In: Gassert/Geiger/Wentker (Hg.): Zweiter Kalter Krieg, S. 137-154. Siehe dazu auch den Beitrag von Hermann Wentker in diesem Band.

[35] Holger Nehring/Benjamin Ziemann: Führen alle Wege nach Moskau? Der NATO-Doppelbeschluss und die Friedensbewegung. Eine Kritik. In: Viertel Jahresheft für Zeitgeschichte, 1 (2011), S. 81-100.

[36] Udo Baron: Kalter Krieg und heißer Frieden. Der Einfluss der SED und ihrer westdeutschen Verbündeten auf die Partei »Die Grünen«. Münster 2003, S. 43f.

[37] Markus Wolf: Spionagechef im geheimen Krieg. Erinnerungen. München 1997, S. 343.

[38] Pankows »nützliche Idioten«? Die westdeutsche Friedensbewegung und der Einfluss des Ministeriums für Staatssicherheit, auf, URL: http://www.daserste.de/planspiel/allround_dyn~uid,y5338dmbh2a1brtz~cm.asp.

[39] Dirk Banse/Michael Behrendt: Der Stasi-Maulwurf von Bonn. In: Die Welt, 28.4.2004.

[40] Erhard Eppler: Warum denn nicht mit den Grünen? Auszug aus einem Gespräch mit dem Spiegel (32, 1978). In: Rudolf Brun (Hg.): Der grüne Protest. Herausforderung durch die Umweltparteien. Zürich 1978, S. 170-175.

[41] Vorschlag für den Ablauf der Schlusskundgebung am 10.10.1981. In: AGG, PKA 3430.

[42] Saskia Richter: Die Aktivistin. Das Leben der Petra Kelly. München 2010.

[43] Gespräch mit Petra Kelly: »Wir sind die Antipartei-Partei«. In: Der Spiegel, 146.1982.

[44] Saskia Richter: Der Protest gegen den NATO-Doppelbeschluss und die Konsolidierung der Partei Die Grünen zwischen 1979 und 1983. In: Gassert/Geiger/Wentker (Hg.): Zweiter Kalter Krieg, S. 229-245.

[45] Exemplarisch o.V.: Grüne. Perverse Power, 7.4.1980 und Marion Schreiber: Immer nur bei anderen gut. In: Der Spiegel, 3.10.1983.

[46] URL: http://www.baerbelbohley.de/dossier.php. Siehe dazu auch den Beitrag von Rainer Eckert in diesem Band.

[47] Robert Ide: Bärbel Bohley lebte für die Freiheit. In: Tagesspiegel, 11.9.2010.

[48] Ebenda.

[49] Gedenkstätte Berlin-Hohenschönhausen, Bärbel Bohley, URL: http://www.stiftung-hsh. de/page.php?cat_id=CAT_181&con_id=CON_1358&page_id=724&subcat_id=CAT_181& recentcat=CAT_165&back=1&special=0&html=0.

[50] Guntolf Herzberg/Kurt Seifert: Rudolf Bahro. Glaube an der Veränderbare. Eine Biografie. Berlin 2002, S. 359 ff.

[51] Rudolf Bahro: Ein Netz von erheblicher Spannkraft. In: Der Spiegel, 13.12.1982.

[52] Michael Schmid: Jahrzehntelang unermüdlich für Frieden und Gerechtigkeit. Klaus Vack ist 70 geworden, URL: http://frilahd.twoday.net/stories/755038.

[53] Wilhelm Bittorf: Giftgas ging, Unrecht bleibt. In: Der Spiegel, 29.10.1990.

[54] Klaus Vack: Ziviler Ungehorsam in Mutlangen, 5.10.1986. In: AGG, PKA 2220.

[55] Ebenda, S. 9.

[56] Elke Steven: Hanne und Klaus Vack verabschieden sich vom Komitee für Grundrechte. In: Friedensforum, 1 (1999), URL: http://www.friedenskooperative.de/ff/ff99/1-10.htm.

[57] Rudolf Schmitz: Überforderung als Prinzip. In: Deutschlandradio Kultur, 23.1.2006.

[58] Bernhard Schulz: Joseph Beuys. Der prophetische Künstler. In: Tagesspiegel, 23.1.2011.

[59] Siehe dazu auch den Beitrag von Kathrin Fahlenbrach und Laura Stapane in diesem Band; insbesondere Abb. 29.

[60] O.V.: Heinrich Böll. Ein »anderer« Deutscher. Zum 25. Todestag. In: 3Sat, 16.7.2005.

[61] Siehe dazu auch den Beitrag von Marianne Zepp in diesem Band.

[62] O.V.: Robert Jungk, der Mann, der die Zukunft entdeckte. In: Die Zeit, 5.5.1961.

[63] Klaus Traube: Thesen gegen Suptertechnik. In: Der Spiegel, 26.12.1977.

[64] Ulrich Schwarz: Als Franz Alt schwanger wurde …. In: Der Spiegel, 13.5.1985.

# 11. Die unabhängige Friedensbewegung in der DDR

RAINER ECKERT

Die öffentliche Auseinandersetzung mit der deutschen Zeitgeschichte steht heute unter dem Diktum, dass das Verhalten der Deutschen in Diktaturen wenn nicht ausschließlich, dann doch überwiegend von Anpassung, Gehorsam und Unterordnung geprägt gewesen sei. Sowohl beim Blick auf den Nationalsozialismus als auch auf die SED-Diktatur ergibt sich jedoch ein anderes Bild.[1] So zählte zur antikommunistischen Opposition in der DDR auch die unabhängige Friedensbewegung, die sich im Schutzraum evangelischer Kirchen entwickelte und später den Charakter einer politischen Bewegung annahm, die einen entscheidenden Beitrag zum Sturz der SED-Diktatur leistete.[2] Dabei ist im Revolutionsjahr 1989 – unter anderem beim Vernetzungstreffen oppositioneller Gruppen *Konkret für den Frieden VII* im Februar in Greifswald – zu beobachten, dass andere oppositionelle Bünde, wie Menschenrechts- oder Ökologiegruppen an ihre Stelle traten. Schließlich entstanden oppositionelle politische Parteien und Bewegungen, die personell und gedanklich der Friedensbewegung entsprangen.

Naheliegend ist hier die Frage nach der Haltung der katholischen Minderheitenkirche in diesem Punkt. Hier ist schnell zu erkennen, dass sie sich seit dem Ende des Zweiten Weltkrieges und der Etablierung der SED-Diktatur in ihrer Diaspora-Situation und der Konzentration auf übergreifenden Strukturen mit dem Zentrum im Vatikan aus der Diskussion um die gesellschaftspolitischen Aspekte der unabhängigen Friedensarbeit heraushielt.[3] Erst 1983 kritisierte die Berliner Bischofskonferenz das internationale Wettrüsten und den Wehrunterricht in den Ausbildungsstätten der DDR. Unabhängig davon arbeiteten jedoch zahlreiche katholische Laien in evangelischen Gruppen mit und engagierten sich besonders in der ökumenischen Friedensbewegung der 1980er Jahre in konfessionell übergreifenden Zusammenhängen.

## Das Spektrum der Friedensbestrebungen

Die Friedensbewegung in der Sowjetischen Besatzungszone (SBZ) bzw. der DDR ist von den durch die Sozialistische Einheitspartei Deutschlands (SED) formal außerhalb der eigenen Parteistrukturen initiierten Friedensbestrebungen zu unterscheiden, die letztlich der Stützung der Staatspartei dienten und von deren Verbündeten – also besonders von scheinselbstständigen Parteien und von abhängigen Organisationen – unterstützt wurden. Zu diesen Unterstützern zählte auch eine nennenswerte Gruppe von Theologen, vor allem an ostdeutschen Universitäten, Mitglieder des *Weißenseer Arbeitskreises* in Ost-Berlin, der *Christlichen Friedenskonferenz* (CFK) und Teile des protestantischen Establishments. Viele dieser Unterstützer der Kirchenpolitik der Staatspartei arbeiteten gleichzeitig mit deren Geheimpolizei, dem Ministerium für Staatssicherheit, zusammen. Dieses Kapitel ist für die protestantischen Kirchen auch im vereinten Deutschland mit bitteren Erinnerungen verbunden und bis heute nicht restlos aufgeklärt. Für die SED waren andererseits die Mitglieder der unabhängigen Friedensgruppen immer nur »feindlich-negativ« und vom Westen bzw. seinen Agenten in der DDR ferngesteuert. Dass es auf dieser Basis keine Zusammenarbeit geben konnte, diese auch nicht beabsichtigt war, liegt auf der Hand.

Zum Spektrum der Friedensbestrebungen im weitesten Sinn gehört schließlich auch die staatliche Friedenspolitik bzw. präziser die der SED. Dabei war es für die Staatspartei ein Problem, dass sie auf der einen Seite die Einheit von Frieden und Sozialismus betonte, auf der anderen Seite jedoch mit der Theorie vom »gerechten Krieg«, dem Kampf gegen den Imperialismus«, argumentierte. »Kampf um den Frieden« war für die SED immer Kampf um die Selbstbehauptung nach außen und um die Herrschaftsstabilisierung im Innern. Als Instrumente dieses Kampfes galten in der SED-Diktatur der *Friedensrat der DDR* und global der *Weltfriedensrat*.

Schließlich geht es in unserem Zusammenhang auch um die »offizielle« kirchliche bzw. protestantische Friedenspolitik. Dabei sahen sich die protestantischen Kirchen dem Druck der SED ausgesetzt, die staatliche Friedenspolitik gegenüber der Bundesrepublik und dem Ausland zu vertreten.[4] Die Friedensaktivitäten des evangelischen Establishments begannen bereits unmittelbar nach der Befreiung vom Nationalsozialismus im Rahmen der *Evangelischen Kirche in Deutschland* (EKD), setzten sich bis 1969 fort, um später im *Bund der Evangelischen Kirchen in der DDR* (BEK) fortgeführt zu werden.[5]

## Schwerter zu Pflugscharen
### Die Entwicklung der unabhängigen Friedens- und Bürger(rechts)bewegung

Nach der Aggression von Warschauer-Pakt-Staaten gegen die ČSSR am 21. August 1968 entwickelte sich ab Anfang der 1970er Jahre eine dissidente Bürger- bzw. Bürgerrechtsbewegung, die sich personell im Kern aus Mitarbeitern der evangelischen Kirchen, aus dem Berufsleben verdrängten Menschen, aus Intellektuellen, Künstlern und Angehörigen marginalisierter Jugendgruppen zusammen setzte. Neben dem Engagement für Frieden und Abrüstung orientierten sich die Oppositionellen stark an der von der DDR 1975 in Helsinki auf der *Konferenz über Sicherheit und Zusammenarbeit in Europa* (KSZE) anerkannten Garantie der Menschenrechte. Auch die Bürgerbewegung der späten 1970er und der 1980er war eng mit der Friedensbewegung verbunden, die ihre Kristallisationspunkte ab 1971 in der sozialdiakonischen »offenen Arbeit« mit Jugendlichen mit ihren Zentren in Jena, Rudolstadt und Halle-Neustadt hatte und wo etwa über Themen wie die Errichtung eines sozialen Friedensdienstes diskutiert werden konnte. Dazu kamen ab 1973 die jährlichen *Friedensseminare Königswalde.* In dem kleinen Ort in der Nähe von Zwickau versammelten sich auch in den folgenden Jahren zweimal im Jahr bis zu 600 meist Jugendlichen, um über Menschenrechte und Friedenserhaltung zu diskutieren. Menschen sollten dadurch ermutigt werden, sich kritisch mit Themen auseinanderzusetzen, die in den DDR-Medien tabuisiert waren. So wurde hier gegen die militärische Erziehung an ostdeutschen Schulen protestiert oder Versuche gestartet, mit bundesdeutschen und westeuropäischen Friedensaktivisten Kontakte aufzunehmen. Nicht zu unterschätzen sind auch die Friedenskreise der protestantischen Jungen Gemeinden sowie die in kirchlichen Ausbildungsstätten sowie in *Evangelischen Studentengemeinden* (ESG) stattfindende Friedensarbeit.[6] Besonders die ESG, aber auch das *Jungmännerwerk* und die *Katholischen Studentengemeinden* waren in der DDR Orte des freien Wortes, wenn auch hier die Bespitzelung durch die Geheimpolizei nicht zu vermeiden war, des Diskurses über Religion, Philosophie und Geschichte, aber auch über aktuelle Themen. Dazu zählten auch immer die Bewahrung der Schöpfung und die Frage, ob und wie weit ein Christ in einem atheistischen Staat Waffendienst leisten dürfe.

Ab Mitte der 1970er Jahre sollten dann ganz unterschiedliche Ereignisse oppositionelles Denken und Handeln besonders junger Christen prägen. Für kritisch eingestellte Protestanten war die Selbstverbrennung des evangelischen Pfarrers Oskar Brüsewitz am 18. August 1976 in Zeitz aus Protest gegen die kommunistische Jugendpolitik ein Fanal. Die Selbsttötung des Märtyrers verstärkte bei vielen die Kritik an Teilen der Kirchenführungen mit ihrer Strategie einer »Kirche im Sozialismus«.[7] Wichtig für die Entwicklung der Friedensbewegung waren die Proteste gegen den 1978 von der SED eingeführten »Wehrunterricht« an ostdeutschen Schulen zur weiteren Militarisierung der kommunistischen Diktatur und Aktionen der bundesdeutschen Friedensbewegung gegen den Doppelbeschluss der NATO Ende 1979 zur Stationierung neuer Mittel-

Abb. 22. Der Wittenberger Friedenskreis ruft am 24. September 1983 im Rahmen eines Kirchentages zu einem Abend der Begegnung auf dem Lutherhof auf. Rund 2.000 vorwiegend junge Leute versammeln sich auf dem ehemaligen Klostergelände, um nach Einbruch der Dunkelheit dicht gedrängt zu verfolgen, wie ein Schmied von der Produktionsgenossenschaft des Handwerks (PGH) Stahlbau ein Schwert zu einer Pflugschar umschmiedet.

streckenraketen in Europa für den Fall, dass die Abrüstungsverhandlungen mit der Sowjetunion erfolglos bleiben sollten. Die unabhängige Friedensbewegung in der DDR hatte jetzt – im Gegensatz zur staatlich verordneten – ihr Zentrum in der Aktion *Schwerter zu Pflugscharen* (Prophet Micha, Kapitel 4, Vers 3), die ihr Symbol durch den sächsischen Landesjugendpfarrer Harald Bretschneider fand, der die Skulptur des vor dem UNO-Gebäude in New York stehenden Monuments des sowjetischen Bildhauers Wutschetitsch zum Zeichen der Friedensdekaden erkor.[8] Dieses Zeichen schien von der SED nicht angreifbar und transportierte gleichzeitig christliche Werte. Vor allem bei Jugendlichen stieß es auf große Resonanz, die sich noch durch eine Schmiedeaktion des Theologen Friedrich Schorlemmer im Juni 1983 auf dem Kirchentag in Wittenberg verstärkte, auf der ein symbolisches Schwert zur Pflugschar umgeschmiedet wurde.[9]

In den Jahren ab 1979 durchlief die Friedensbewegung in der DDR insgesamt einen Mobilisierungsschub. Waren bisher in die Friedensarbeit nur einzelne evangelische Junge Gemeinden und Arbeitskreise involviert gewesen, so entwickelte sich diese jetzt zur »offenen Arbeit« und immer mehr Gruppen setzten sich mit der Friedensproblematik systematisch auseinander. Gleichzeitig stiegen die Zahlen der Wehrdiensttotalverweigerer und die der Bausoldaten. So war es letztlich zu erwarten, dass sich

die SED durch das Friedenssymbol der protestantischen Kirchen herausgefordert fühlte und seinen Trägern unterstellte, »feindlich-negative Elemente« zu sein und die Bestrebungen des »Klassenfeindes« zu unterstützen, die Verteidigungsbereitschaft der DDR zu untergraben und damit
schließlich den Frieden zu gefährden. Die Repression gegen die Träger
von *Schwerter zu Pflugscharen*-Zeichen begann an Schulen und Universitäten aber auch gegenüber Lehrlingen. Junge Christen mussten die symbolischen Aufnäher von ihren Parkas und Jacken abtrennen, sie wurden
»polizeilich zugeführt« und wegen Verletzung »sozialistischer Normen«
bestraft. Bei vielen entfernten Lehrer oder Polizisten die Zeichen gewalt-
sam, andere Träger mussten ihre Schulen verlassen und wurden von Universitäten religiert. In einigen Fällen prügelte die Polizei auf den Straßen
auch auf als unabhängige Friedensaktivisten erkennbare Jugendliche ein.

Als die Gegenaktion der Staatsjugend *Der Friede muss bewaffnet sein* wenig
Erfolg hatte, verstärkte die SED den Druck auf die protestantischen Kirchen und auf ihre Leitungen. Zwar protestierten immer wieder Geistliche
gegen staatliche Erpressungsversuche, doch zogen sich die Kirchenleitungen schließlich weitgehend von der Bewegung zurück, die sie selbst lange
unterstützt hatte. So erklärte am 24. März 1982 die sächsische Landessyn-
ode in einem Brief, sie könne junge Christen vor den Folgen ihres unabhängigen Friedensbekenntnisses nicht mehr schützen.[10]

## Frieden schaffen ohne Waffen

Anfang der achtziger Jahre sind unter den eigenständig in kirchlichen Strukturen arbeitenden Gruppen, etwa der Berliner *Friedensarbeitskreis Pankow*
oder der ebenfalls Berliner *Friedrichsfelder Friedenskreis* zu nennen. 1980 fand
unter dem Motto »Frieden schaffen ohne Waffen« auch die erste Friedens-
dekade der evangelischen Kirchen statt – diese Dekaden wurden als Zeiträu-
me intensiver Friedensarbeit bis 1989 fortgesetzt – und ab 1981 arbeitete in
Dresden eine Initiative für einen »sozialen Friedensdienst« als Ersatz für den
Wehrdienst. Diese und ähnliche Aktivitäten verstärkten sich zusehends, wobei dem vom Ost-Berliner Pfarrer Rainer Eppelmann und vom prominenten
Dissidenten Robert Havemann verfassten *Berliner Appell-Frieden schaffen ohne
Waffen* von 1982 eine besonders mobilisierende Wirkung, wie etwa beim
*Dresdner Friedensforum* im gleichen Jahr, zukam. Die beiden Autoren richteten
sich dabei nicht wie viele bundesdeutsche Intellektuelle im *Krefelder Appell*
vom November 1980 gegen den NATO-Doppelbeschluss, sondern gingen
von zwei Voraussetzungen aus: die Sicherung des Friedens in Europa verknüpften sie mit der Lösung der offenen deutschen Frage und forderten

Abb. 23. Die DDR-Bürger-
rechtlerin Bärbel Bohley hält
ein Transparent mit der
Aufschrift »Wir hungern nach
Abrüstung. Fasten für das
Leben« bei der Aktion *Fasten
für den Frieden* in der Ost-Berliner Erlöserkirche im August
1983.

das Selbstbestimmungsrecht
der Deutschen sowie die Lösung der deutschen Teilstaaten aus ihrer militärischen
Bindung an die jeweiligen
Großmächte.[11] Damit kam
die Überwindung der deut-
schen Teilung auf die Tagesordnung. Andererseits be-
tonten die Verfasser des – von
vielen weiteren Persönlich-
keiten unterschriebenen – Appells, dass die Friedensfrage eng mit der Gewährung demokratischer Rechte und Freiheiten in der DDR verbunden sei.
Damit war die SED an einem zentralen Punkt herausgefordert.

Für Gruppen, die sich diese Forderungen zueigen machten, war die Möglichkeit wichtig, ihren Protest gegen die Diktatur und deren Militarisierungs-
kurs mit kirchlichen Argumentationsmustern zu verbinden, was zumindest
einen gewissen Schutz gegen politische Verfolgung bot. Für die zunehmende Vernetzung dieser Kreise und der Herstellung von Öffentlichkeit waren
neben den Friedensdekaden die Arbeit der *Frauen für den Frieden*, die Semi-
nare *Konkret für den Frieden* (bzw. *Frieden konkret*), die Umweltbibliothek an
der Ostberliner Zionskirche, das *Grün-ökologische Netzwerk Arche* und der
*Freundeskreis Wehrdiensttotalverweigerer* wichtig. Besonders *Frieden konkret* entwickelte sich ab 1983 zu einem jährlichen Koordinierungstreffen oppositioneller Friedenskreise, die sich dort gegenseitig informierten und austauschten. Insgesamt existierten zu diesem Zeitpunkt ca. 100 konsolidierte
und eigenständig arbeitende Zusammenschlüsse, mit Friedensgruppen in
fast allen Städten der DDR, die ein vielfaches Potential an Unterstützern,
zum Beispiel in den evangelischen Studentengemeinden und an kirchlichen

Ausbildungsstätten, mobilisieren konnten. Unter den katholischen Zusammenschlüssen erreichte der *Aktionskreis Halle* (AKH) die größte Bedeutung.

## Grenzüberschreitende Kontakte

Die Unterstützung aus dem Westen – und so besonders aus der Bundesrepublik – für die unabhängige Friedensbewegung war gering und wurde von einzelnen Persönlichkeiten, die teilweise aus der DDR stammten, und wenigen Gemeinden getragen. Besonders in Erinnerung ist dabei der 31. Oktober 1983, als der SED-Generalsekretär Erich Honecker sieben bundesdeutsche Politiker der »Grünen Partei« in Ost-Berlin empfing und Petra Kelly demonstrativ ein T-Shirt mit der Aufschrift »Schwerter zu Pflugscharen« trug. Lukas Beckmann von den Grünen legte Honecker einen »Persönlichen Friedensvertrag« vor, der auf eine Initiative der mecklenburgischen und sächsischen Landeskirche zurückging. Schließlich unterzeichnete der SED-Politiker die Punkte: Abbau von Feindbildern und Ausschluss gegenseitiger Gewaltanwendung.[12] Der Verpflichtung, im eigenen Land die Abrüstung einzuleiten, verweigerte sich der Diktator jedoch, ließ aber eine Aktivistin der ostdeutschen Friedensbewegung am nächsten Tag aus der Haft entlassen. Aber dies entspannte die Situation in der DDR nicht, da bereits wenige Tage später gegen die Versuch der Grünen, gemeinsam mit DDR-Oppositionellen aus der DDR Abrüstungsappelle bei den Botschaften der USA und der UdSSR abzugeben, von Polizei und Staatssicherheit unterbunden wurde. Zwar machten insgesamt immer wieder bundesdeutsche Friedensinitiativen auf die Lage in der DDR aufmerksam, doch waren gemeinsame Ost-West-Aktionen die Ausnahme.

Ostdeutsche Friedensaktivisten orientierten sich zwar teilweise auch an den Zielen und Aktionsformen der westdeutschen Bewegung für die Abrüstung, doch kam es zu wenigen Gemeinsamkeiten, da man im Westen vor allem an die Atomwaffen der NATO dachte, während im Osten eine allgemeine Abrüstung gefordert wurde und ganz praktisch die Waffen der sowjetischen Truppen auch vor der Haustür standen. Die Bedeutung der Demokratisierung im Moskauer Imperium und die Enttabuisierung der deutschen Frage um des Friedens Willen fand unter den Friedensaktivisten in der Bundesrepublik nur wenig Verständnis.[13] Hier war die Sicht der Friedensbewegung in der DDR oft realitätsnäher und auch nicht so stark wie teilweise im Westen von Antiamerikanismus verstellt. Trotzdem waren die Gruppen der unabhängigen Friedensbewegung in der DDR durchaus daran interessiert, auch im Westen wahrgenommen zu werden, da sie dies vor politischer Verfolgung schützen konnte. Grundsätzlich sollte jedoch auch nicht vergessen werden, dass sich viele der Friedensbewegung in Ost und West nahestehenden Christen über direkte Kontakte vor allem in Patengemeinden kennen und verstehen lernten. Welche Wirkungen dies auf die Friedensbewegung in beiden deutschen Staaten hatte, liegt jedoch noch weitgehend im Dunkeln. Das gilt ebenso für die Kontakte nach Ostmitteleuropa, wobei sichtbar ist, dass die Kontakte zur *Charta 77* in der Tschechoslowakei und zu polnischen Oppositionellen am ertragreichsten waren.

## Staatliche Friedenspolitik

Die Politik der SED-Führung stand seit dem NATO-Doppelbeschluss von 1979 und der Reduzierung der sowjetischen Erdöllieferungen 1982 vor einem doppelten Problem: sie wollte gegenüber Moskau die Bündnistreue wahren und geriet zunehmend in wirtschaftliche Abhängigkeit von der Bundesrepublik. Deshalb war die DDR auf eine zumindest formale Fortsetzung der Entspannungspolitik nach außen angewiesen. Gleichzeitig waren die Einflussmöglichkeiten auf die Politik der Sowjetunion äußerst gering und es blieb nur, die Friedensbewegung in der Bundesrepublik zu stärken und gleichzeitig zu versuchen, dass Bonn auf eine Nachrüstung verzichtet. Nun mag es der Ost-Berliner Parteichef Erich Honecker mit seinem Bekenntnis zum Frieden und gegen die Katastrophe eines nuklearen Krieges subjektiv durchaus ernst gemeint haben, doch steckte er hier verstärkt nach dem Nachrüstungsbeschluss des deutschen Bundestages vom 22. November 1983 in einem zweifachen Dilemma. [14]

Das erste Problem bestand in dem von der Sowjetunion übernommenen Prinzip der »friedlichen Koexistenz«, dass in der veränderten Situation der 1980er Jahre zu immer neuen ideologischen »Verrenkungen« führen musste. [15] Denn zum einen war das Ziel der weltweiten Errichtung der kommunistischen Ordnung weiterhin das utopische Fernziel, gleichzeitig wurde militärische Konfrontation ausgeschlossen und der Frieden zum obersten Gut erklärt – und dies unabhängig von der jeweiligen konkreten Gesellschaftsordnung. Zudem sollte auf den »Klassenkampf« und den Kampf gegen den »aggressiven Imperialismus« nicht verzichtet werden. Um dieses Ziel zu erreichen, war in verschwommenen Beschreibungen die Vereinigung von »Menschen unterschiedlicher sozialer Stellung, politischer Position und weltanschaulich-ideologischer Überzeugung aus allen Ländern und Regionen der Erde«[16] vorgesehen.

Unabhängige Friedensaktivisten im eigenen Land gehörten in den Augen der SED-Führung nicht zu ihrer Definition der Friedensbewegung, sondern waren vom Westen gesteuerte »feindlich-negative Kräfte«. Die

Staatspartei der DDR versuchte jedoch in der zweiten Hälfte der 1980er Jahre die unabhängige Friedensbewegung einzudämmen, indem sie die eigenen Strukturen als die eigentlichen Träger von Abrüstungsbemühungen präsentierte, was im September 1987 beim *Olof-Palme-Friedensmarsch* sogar zum gemeinsamen Auftreten von offizieller und oppositioneller Friedensbewegung führte, und gleichzeitig die Führung der evangelischen Landeskirchen unter Druck setzte, sich gegen die Friedensgruppen zu stellen. Wenn die SED ihren Kurs auch nicht grundsätzlich änderte, so nahm sie doch zunehmend auf die Meinung des Westens über ihre Herrschaftspraxis Rücksicht. Eine Rolle spielte daher sicher auch der Besuch des Generalsekretärs der Partei, Erich Honecker, im September diesen Jahres in der Bundeshauptstadt Bonn. Gleichzeitig ging die Geheimpolizei immer wieder gegen Aktivisten der Friedensbewegung wie Bärbel Bohley, Roland Jahn oder Ulrike Poppe vor. Trotzdem konnten überregionale Friedenstreffen nicht verhindert werden, während gleichzeitig auch Oppositionelle resigniert den Ausweg einer Ausreise in die Bundesrepublik wählten. Auszumachen ist jedoch auch, dass Gruppen, wie der *Arbeitskreis Solidarische Kirche* und die *Kirche von unten* mit alternativen Kirchentagen, sich stärker vom protestantischen Establishment distanzierten. Gleichzeitig wuchs die Vielfalt der oppositionellen Gruppen und immer mehr trat auch das Engagement für die in Ostdeutschland geschundene Umwelt und schließlich auch für Menschenrechte in den Vordergrund.

## Die Friedensbewegung in der zweiten Hälfte der 1980er Jahre

Die Entwicklung der Opposition mit ihrem politischen Konzept, das militärische Entspannung von der außenpolitischen Entspannung und der innenpolitischen Demokratisierung abhängig machte,[17] beschleunigte schließlich ab 1987 der *Konziliare Prozess für Gerechtigkeit, Frieden und Bewahrung der Schöpfung*, der auf den Vorschlag Dietrich Bonhoeffers von 1934 für ein Friedenskonzil zurückging. Diese Idee wurde 1983 von der 6. Vollversammlung des Ökumenischen Rates der Kirchen in Vancouver aufgegriffen und führte unter Beteiligung von Katholiken ab 1988 (unter dem Titel: »Eine Hoffnung lernt gehen«) zu den ökumenischen Versammlungen. Von größter Bedeutung war, dass die dritte Sitzungsperiode der »Ökumenischen Versammlung für Gerechtigkeit, Frieden und Bewahrung der Schöpfung« in der DDR im April 1989 in Dresden zwölf »Ergebnistexte« beschloss, die wesentliche »Krebsschäden« in der Gesellschaft der DDR benannten.[18] Dazu zählten sie den totalen Herrschaftsanspruch von SED- und Staatsführung in Politik und Wirtschaft, aber auch in der

Gesellschaft und gegenüber jedem Einzelnen. Der Bürger würde sich nur als Objekt von Maßnahmen, aber nicht als kritisch mitarbeitendes Individuum erfahren. Die dadurch entstehenden Spannungen zwischen Regierenden und Regierten würden letztlich den inneren Frieden gefährden, aber auch den Frieden im gemeinsamen »Europäischen Haus«. Insgesamt nahmen Konziliarer Prozess und Ökumenische Versammlungen die kommunistischen Herrscher beim Wort und brachten sie so in eine Zwangslage, die zur Delegitimierung der SED-Herrschaft beitrug. So betrachtet hat Peter Maser mit seiner Meinung Recht, dass letztlich die Friedensarbeit der BEK (zumindest in Teilen – R.E.) am Ende der DDR doch wieder selbständig geworden war.[19]

Eine Rolle bei der Entwicklung eines kritischen friedensbewegten Potentials spielten in der zweiten Hälfte der 1980er Jahre auch verschiedene protestantische *Kirchentage von unten* besonders in Ost-Berlin und in Leipzig. Schließlich wagte mit der *Initiative Frieden und Menschenrechte*, die in den Jahren 1985 und 1986 entstanden war, Anfang 1989 eine oppositionelle Gruppe den entscheidenden Schritt und trat unter dem Dach der evangelischen Kirchen hervor in die Öffentlichkeit. Mit dem Anspruch auf Öffentlichkeit konnte die Selbstisolation in privaten oder kirchlichen Räumen gesprengt werden, und damit taumelte die Diktatur von Tag zu Tag schneller ihrem Untergang in einer friedlichen Revolution entgegen. Dabei ist nicht nur von symbolischer Bedeutung, dass die friedliche Demonstration von mehr als 70.000 Menschen am 9. Oktober 1989 in Leipzig untrennbar mit den dort seit Jahren in der Nikolaikirche durchgeführten Friedensgebeten verbunden war. So war der Wandel von den unabhängigen Gruppen der Friedensbewegung zu politisch oppositionellen Zusammenschlüssen die Voraussetzung für eine siegreiche Revolution und damit für die Erringung von Freiheit und deutscher Einheit.

## Fazit

Insgesamt hatten die ostdeutschen Oppositionellen und die Köpfe der unabhängigen Friedensbewegung die Möglichkeit einer revolutionären Umgestaltung des verkrusteten Machtsystems der Staatspartei erst sehr spät erkannt. Auch nach dem für die Bürgerbewegung (mit Ausnahme der neu gegründeten ostdeutschen Sozialdemokratie, die allerdings ihre hochgesteckten Wahlerwartungen ebenfalls verfehlte) katastrophalen Ergebnis der nach Jahrzehnten ersten freien Volkskammerwahl vom 18. März 1990 glaubten noch viele Bürgerrechtler und unter ihnen Aktivisten der Friedensbewegung, die sich abzeichnende Wiedervereinigung mit grundlegenden Veränderungen in der »alten« Bundesrepublik verbinden zu können. Dazu zählten das Ausscheiden beider deutscher Staaten aus ihren jeweiligen Militärblöcken und die Entmilitarisierung des vereinten Deutschlands. Andere hofften darauf, dass der deutsche Vereinigungsprozess mit dem europäischen Geschehen so verkoppelt werden könne, dass die Deutschen der Entwicklung auf unserem Kontinent nicht vorangehen dürften. Gleichzeitig wurde erst spät begriffen, dass die Existenz der DDR als Staat untrennbar mit der diktatorischen Herrschaftspraxis der Staatspartei SED verbunden war.

In dieser Situation verlor die unabhängige Friedensbewegung zum einen weiter dadurch rasant an Einfluss, dass viele ihrer Vertreter sich in anderen Oppositionsgruppen und dann auch verstärkt in Parteien organisierten. Zum anderen verschwand zuerst die hoch militarisierte SED-Diktatur mit ihrem gesamten Militärapparat und später zogen die sowjetischen bzw. russischen Truppen aus ihren Standorten im Osten des nunmehr vereinten Deutschland ab. Die unabhängige Friedensbewegung hatte so ihren Bezugsrahmen und die von ihr verfolgten Ziele verloren. Heute ist sie Teil einer gesamtdeutschen Bewegung für friedliche Konfliktlösungen. Für den Osten Deutschlands ist dabei charakterisierend, dass etwa die Friedensdekaden der protestantischen Kirche fortgeführt werden, sie aber bei weitem nicht mehr die politische Brisanz und die Beteiligung wie in der DDR besitzen, was jedoch auch für andere kirchliche Arbeitsfelder gilt. So war die unabhängige Friedensbewegung in ihrer für die DDR charakteristischen Form ein Spezifikum der zweiten deutschen Diktatur, und unter demokratischen Bedingungen muss das Ringen um Abrüstung und Friedensfähigkeit geradezu zwangsläufig neue Formen finden.

Trotzdem bleibt auch festzuhalten, dass die unabhängige Friedensbewegung auch in der Revolution von 1989 und im Prozess der deutschen Wiedervereinigung durchaus Wirkung zeigte.[20] So waren die Minister der ersten frei gewählten DDR-Regierung, Rainer Eppelmann und Markus Meckel, Bausoldaten. Und viele andere politische Akteure dieser Zeit hatten sich zuvor in der unabhängigen Friedensbewegung engagiert. Sie nutzten die dort gesammelten Erfahrungen für den Demokratisierungsprozess und für die Durchsetzung der Prinzipien von Gewaltlosigkeit und offenem Meinungsstreit. Dem Erbe der Friedensbewegung fühlten sich nicht zuletzt auch die Vertreter demokratischer Kräfte am »Zentralen Runden Tisch« verpflichtet, und so flossen deren Vorstellungen in den nicht umgesetzten Entwurf für eine Verfassung eines demokratischen ostdeutschen Staates ein. Zwar war es weder realistisch noch wünschenswert, auf ein solches politisches Gebilde zu hoffen, doch muss festgehalten werden, dass sein Staatswappen Schwerter zu Pflugscharen auf schwarz-rot-goldenem Grund sein sollte.

*Literatur*

Das Standardwerk zur Geschichte von Widerstand und Opposition in der DDR mit Betonung des protestantischen Anteils am widerständigen Verhalten und unter Berücksichtigung der Friedensbewegung ist seit seinem Erscheinen Neubert. Zeitgenössische Texte der Friedensbewegung – von Journalisten in der Bundesrepublik veröffentlicht – finden sich bei Büscher/Wensierski/Wolschner. Eine frühe, bundesdeutsche Überblicksdarstellung bieten Ehring/Dallwitz. Den ersten in der Bundesrepublik erschienenen und von einem ostdeutschen Dissidenten verfassten Überblick über die Friedensbewegung in der DDR liefert Bickhardt. Eine gut informierte und präzise Kurzbeschreibung der Entwicklung der Friedensbewegung in der DDR bietet Knabe. Und eine Analyse durch eine an der Friedensbewegung maßgeblich beteiligte Autorin legt Kukutz vor. Für eine kenntnisreiche Gesamtdarstellung mit Betonung der Friedensbewegung in den protestantischen Kirchen und ihrer Beziehung zur unabhängigen Friedensbewegung durch einen bundesdeutschen Kirchenhistoriker siehe Maser.

Bretschneider und Pohl bieten ebenfalls einen kurzen generellen Abriss unter Berücksichtigung des ökumenischen Friedenskreises Dresden-Johannstadt. Zum Symbol Schwerter zu Pflugscharen, dessen Entstehung und Bedeutung siehe Eckert/Lobmeier und Eckert. Eine gut recherchierte Analyse der für die weitere friedenspolitische Arbeit der evangelischen Kirchen in Ostdeutschland inhaltlich und organisatorisch wichtigen – und bis heute fortgeführten – Friedensdekaden im Zeitraum ihrer Entstehung unter dem Motto Schwerter zu Pflugscharen liefert Silomon.

Bickhardt, Stephan: Spuren: Zur Geschichte der Friedensbewegung in der DDR. Berlin 1988.

Bretschneider, Harald/Pohl, Johannes: Die Friedensbewegung in der DDR. In: Klose, Joachim (Hg.): Wie schmeckte die DDR? Wege zu einer Kultur des Erinnerns. Leipzig 2010, S. 335-352.

Büscher, Wolfgang/Wensierski, Peter/Wolschner, Klaus (Hg.): Friedensbewegung in der DDR. Texte 1978-1982. Hattingen 1982.

Eckert, Rainer: Schwerter zu Pflugscharen. In: Sabrow, Martin (Hg.): Erinnerungsorte der DDR. München 2009, S. 503-515.

Ders./Lobmeier, Kornelia: Schwerter zu Pflugscharen. Geschichte eines Symbols. Bonn 2007.

Ehring, Klaus/Dallwitz, Martin [d.i. Hubertus Knabe]: Schwerter zu Pflugscharen. Friedensbewegung in der DDR. Reinbek bei Hamburg 1982.

Knabe, Hubertus: Unabhängige Friedensbewegung. In: Veen, Hans-Joachim u.a. (Hg.): Lexikon Opposition und Widerstand in der SED-Diktatur. Berlin/München 2000, S. 141-143.

Kukutz, Irena: Die Bewegung »Frauen für den Frieden« als Teil der unabhängigen Friedensbewegung der DDR. In: Materialien der Enquete-Kommission »Aufarbeitung von Geschichte und Folgen der SED-Diktatur in Deutschland«/Deutscher Bundestag (Hg.). Baden-Baden 1995. VII, 2, S. 1.285-1.408.

Maser, Peter: Selbständigkeit, Einheit und innerer Zusammenhang der Friedensbewegung in der DDR. In: Maruhn, Jürgen/Wilke, Manfred (Hg.): Raketenpower um Europa: Das sowjetische SS 20-Abenteuer und die Friedensbewegung.
München 2001, S. 162-196.

Neubert, Ehrhart: Geschichte der Opposition in der DDR 1949-1989. Berlin 1997.

Silomon, Anke: »Schwerter zu Pflugscharen« und die DDR. Die Friedensarbeit der
evangelischen Kirchen in der DDR im Rahmen der Friedensdekaden 1980 bis
1982. Göttingen 1999.

*Anmerkungen*

[1]  Zu dieser Debatte im Hinblick auf die DDR siehe z.B. Ilko-Sascha Kowalczuk: Von der
Freiheit, Ich zu sagen. Widerständiges Verhalten in der DDR. In: Ulrike Poppe/Rainer
Eckert/Ders. (Hg.): Zwischen Selbstbehauptung und Anpassung: Formen des Widerstan-
des in der DDR. Berlin 1995, S. 90; Rainer Eckert: Widerstand und Opposition in der DDR.
Siebzehn Thesen. In: Zeitschrift Geschichtswissenschaft, Berlin, 44 (1996) 1, S. 52.

[2]  Peter Maser: Selbständigkeit, Einheit und innerer Zusammenhang der Friedensbewegung
in der DDR. In: Jürgen Maruhn/Manfred Wilke (Hg.): Raketenpower um Europa: Das
sowjetische SS-20-Abenteuer und die Friedensbewegung. München 2001, S. 164; knappe
Übersicht zur Gesamtproblematik: Hubertus Knabe: Unabhängige Friedensbewegung. In:
Hans-Joachim Veen u.a. (Hg.): Lexikon Opposition und Widerstand in der SED-Diktatur.
Berlin/München 2000, S. 141-143.

[3]  Ehrhart Neubert: Opposition in der DDR 1949-1989. Berlin 1997, S. 468-469.

[4]  Hierzu und zur protestantischen Opposition in der DDR grundlegend: Neubert: Opposition.

[5]  Nach Peter Maser lassen sich diese in eine erste Phase, die der Friedensarbeit in der EKD,
eine zweite Phase des Engagements in der BEK und deren Umfeld und schließlich in die
dritte Phase der Zusammenarbeit aber auch der Abgrenzung zwischen Amtskirche und
unabhängigen Gruppen einteilen. Übersicht dazu: Maser: Selbstständigkeit, S. 162-196.
Siehe auch generell Bernd Eisenfeld: Kriegsdienstverweigerung in der DDR, ein Friedensdienst? Genesis, Befragung, Analyse, Dokumente. Frankfurt/Main 1978.

[6]  Dazu: Neubert: Opposition, S. 463-470.

[7]  Helmut Müller-Enbergs/Wolfgang Stock/Marco Wiesner: Das Fanal. Das Opfer des Pfar-
rers Brüsewitz aus Rippicha und die evangelische Kirche. Münster 1999; Harald Schultze
(Hg.): Das Signal von Zeitz. Reaktionen der Kirche, des Staates und der Medien auf die
Selbstverbrennung von Oskar Brüsewitz. Eine Dokumentation. Leipzig 1993.

[8]  Dazu: Rainer Eckert/Kornelia Lobmeier: Schwerter zu Pflugscharen. Geschichte eines
Symbols. Bonn 2007.

[9]  Eckert/Lobmeier: Schwerter, S. 6-11.

[10]  Ebenda, S. 20.

[11]  Siehe dazu auch die Beiträge von Hermann Wentker und Saskia Richter in diesem Band.

[12]  Eckert/Lobmeier: Schwerter, S. 22. Siehe dazu auch die Beiträge von Herman Wentker
und Holger Nehring in diesem Band.

[13]  Maser: Selbstständigkeit, S. 188.

[14]  Dazu den Beitrag von Hermann Wentker in diesem Band.

[15]  Als letztes Beispiel siehe die gewundenen Ausführungen im Kleinen politischen Wörterbuch (letzte Neuauflage Berlin 1988) zu den Begriffen: Frieden, Friedensbewegung, Frie-
densprogramme der UdSSR, Friedensrat der DDR, Friedliche Koexistenz und Weltfriedensrat (S. 285-292, 295-298, 1080-1081).

[16]  Kleines politisches Wörterbuch, S. 288.

[17]  Neubert: Opposition, S. 558.

[18]  Maser: Selbstständigkeit, S. 182.

[19]  Ebenda, S. 184.

[20]  Eckert/Lobmeier: Schwerter, S. 44f.

# 12. Transnationale Netzwerke der bundesdeutschen Friedensbewegung

HOLGER NEHRING

Für Petra Kelly, die deutsch-amerikanische Friedensaktivistin und Mit-gründerin der Partei Die Grünen war die Sache eindeutig. In ihrer ersten Rede im Bundestag am 4. Mai 1983, die ein flammendes Plädoyer gegen den NATO-Doppelbeschlusses und die damit verbundene Stationierung neuer Mittelstreckenraketen in der Bundesrepublik darstellte, erklärte sie: »Wir sprechen den Regierenden das Recht ab, weiterhin in unserem Namen zu handeln und mit ihrer angeblichen Sicherheitspolitik alles Leben zu gefährden, das sie zu verteidigen vorgeben. [...] Wir stehen nicht allein, sondern zusammen mit der Freeze-Bewegung in den USA, mit vielen Kongressabgeordneten und Senatoren, mit unseren Freunden in der Solidarność, in der Charta 77 sowie in der Schwerter-zu-Pflugscha-ren-Bewegung in der DDR, mit Aktionsgruppen in allen Teilen der Welt werden wir unserer Pflicht zum bürgerlichen Ungehorsam nachkom-men.«[1] Kelly war nicht die einzige, die sich auf diese Weise für eine Frie-densbewegung aussprach, welche die Grenzen von Staaten überschritt. Auch Kellys Argumente für eine europäische, wenn nicht sogar globale Zusammenarbeit von Friedensbewegungen fanden sich bei anderen Ak-tivistinnen und Aktivisten in der Bundesrepublik.

Die Argumente dafür lagen für Kelly auf der Hand. Selbst die kleineren Nuklearwaffen hätten nun, zu Beginn der 1980er Jahre, ein so gewaltiges Zerstörungspotenzial, dass bei ihrem Einsatz wegen der Folgewirkungen durch radioaktive Schäden potenziell das Überleben von Menschen auf der ganzen Welt auf dem Spiel stehe.[2] Die Zerstörung der japanischen Städte Hiroshima und Nagasaki durch zwei amerikanische Atombomben im August 1945 sollte also, so ihr Argument, nicht einfach als historisch und geographisch fernes Ereignis betrachtet werden. Sie stand vielmehr stellvertretend für die jederzeit mögliche Zerstörung der Lebensgrundla-gen auf der gesamten Welt – und war deshalb ganz nah, ganz konkret. Dies galt besonders für die Bundesrepublik, die als Frontstaat des Kalten Krieges direkt auf dem Pulverfass der Weltpolitik lag: »Der Atomkrieg ist nichts Abstraktes, er findet, wenn es dazu kommt, vor unserer Haustür statt«, schrieb Kelly im Jahr 1982.[3] Die Grenze zwischen der demokratisch verfassten Bundesrepublik und der sozialistischen Diktatur der Deutschen Demokratischen Republik (DDR) war zugleich die Grenze zwischen freiheitlichem Westen und sozialistischem Osten. Auch in anderen europäischen Ländern, in West und Ost, wie auch in Nordamerika bildeten sich Friedensbewegungen, welche sich besorgt über die neuen Spannungen zwischen den Antipoden des Kalten Krieges USA und Sowjetunion zeigten und ganz ähnlich wie Kelly dachten. Frankreich war das einzige europäische Land, in dem die Friedensbewegung nur schwach ausgeprägt war.

Es erschien deshalb nicht nur für Kelly mit ihrer grenzüberschreitenden Biographie ganz logisch, die Aktivitäten von Friedensbewegungen transnational zu vernetzen. Solche Vernetzungen zu untersuchen, heißt zunächst einmal, die Verbindungen der bundesdeutschen Friedensbewegung über bundesdeutsche Grenzen hinaus in den Blick zu nehmen – als »grenzüberschreitend« in diesem Sinne müssen damit auch die Verbindungen ins andere Deutschland östlich des »Eisernen Vorhangs« gelten. Mit dem Begriff der »trans*nationalen* Netzwerke« ist noch ein weiterer wichtiger Aspekt benannt: der nationale Rahmen fällt nicht einfach aus der Analyse heraus; vielmehr ist es transnationalen Ansätzen immer auch darum zu tun, genau zu erkunden, wie die Aktivistinnen und Aktivisten der bundesdeutschen Friedensbewegungen vor dem Hintergrund ihrer nationalen Erfahrungen jeweils mit ihren Partnern in anderen Ländern diskutierten, Proteste organisierten, sich gegenüber Ideen und Protestformen aus anderen Gesellschaften und Kulturkreisen verhielten und wie dabei auch Konflikte entstanden.[4]

Die genaue historische Erforschung dieser transnationalen Netzwerke und ihrer zeitgenössischen Wahrnehmung und Deutung steckt noch in den Anfängen. In den Gesamtdarstellungen zur Geschichte der Friedensbewegungen der 1980er Jahre ist allerdings schon oft von einer gut europäisch oder gar weltweit vernetzten Friedensbewegung die Rede, welche sich von einem neuen Bewusstsein grenzüberschreitender Gefahren habe leiten lassen. Einige Historiker gehen sogar soweit, die Friedensbewegung schon über die Definition immer als Bewegung aufzufassen, die weltweit vernetzt ist, weil Frieden im Atomzeitalter eben nur als Weltfrieden denkbar sei.[5] Auch diskutieren Historiker und Politikwissenschaftler, welche Wirkung solche transnationalen Netzwerke hatten: Trugen sie dazu bei, die Teilung der Welt im Kalten Krieg zu überwinden, indem sie global Stärke demonstrierten und damit vor allem die Regierungen des Ostblocks unter Druck setzten? Oder bestand ihre Wirkung eher darin, dass sie ihren Mitgliedern neue Formen politischer Beteiligung eröffneten – also weniger zur Änderung von Politik*inhalten* und mehr zum Wandel von Politik*formen* beitrugen?

# Netzwerke

Die grenzüberschreitenden Netzwerke der bundesdeutschen Friedensbewegung zeigten sich auf vier Ebenen: in biographischen Prägungen und persönlichen Kontakten; deutsch-deutschen Verbindungen; Vernetzungsversuchen zwischen den Bewegungen einzelner Länder; und nicht zuletzt Bewegungsorganisationen, welche von vornherein als grenzüberschreitende Körperschaften gedacht waren. Insgesamt wird klar, dass die Verbindungen der bundesdeutschen Friedensbewegungen eher eurozentrisch angelegt waren, also die Wahrnehmung von »heißen« Konflikten innerhalb des Kalten Krieges in Entwicklungsländern wie Nicaragua nur am Rande Beachtung fanden. Wenn es hier Verbindungen gab, manifestierten sie sich vor allem im Rahmen der kirchlichen Friedensarbeit.[6]

Während es relativ einfach war, solche Netzwerke ins Leben zu rufen, gestaltete sich die praktische Arbeit oftmals schwierig: zwar bestand grundsätzliche Einigkeit darüber, für den »Frieden« zu arbeiten, was das aber im Einzelnen inhaltlich hieß und wie »Frieden« verwirklicht werden sollte (also die Frage von Protestformen), entzweite schon die Friedensbewegungen auf nationaler Ebene. Es galt deshalb umso stärker auch für die transnationalen Netzwerke der Friedensbewegungen.

Die elementarste transnationale Verbindung lässt sich an grenzüberschreitenden Biographien festmachen. Petra Kellys Stationen von den USA über die Arbeit bei der Europäischen Kommission in Brüssel in die bundesdeutsche grüne Bewegung sind dabei wohl der bekannteste und am besten erforschte Lebensweg.[7] Kelly brachte zum Beispiel aus den Vereinigten Staaten eine besondere Aufgeschlossenheit für Probleme des Umweltschutzes mit. In den USA hatte sie auch die Proteste gegen den amerikanischen Militäreinsatz in Vietnam miterlebt und die Bedeutung von gewaltfreiem Protest in einer Demokratie kennen und schätzen gelernt. Sie hatte deshalb auch ein sehr gutes Bewusstsein für mögliche Konflikte zwischen den Bewegungen verschiedener Länder: durch ihre eigene transnationale Biographie hatte sie ein besonders Bewusstsein für unterschiedliche gesellschaftliche Mentalitäten ausgeprägt.[8]

In der bisherigen Forschung eher unterbelichtet bleiben dagegen die transnationalen Biographien von Organisatoren wie Volkmar Deile oder Wolfgang Hertle, die nicht immer im Rampenlicht der Öffentlichkeit agierten. Deile hatte eine wichtige Funktion im internationalen Sekretariat der *Aktion Sühnezeichen/Friedensdienste* inne. Hertle war ein bedeutender Vermittler von Wissen über Protestformen des gewaltfreien Wiederstands zwischen den Protestbewegungen gegen Atomkraft in Frankreich und der bundesdeutschen Anti-Atomkraft- und Friedensbewegungen. Die Erforschung solcher transnationalen Mittler stellt ein wichtiges Desiderat der Forschung dar.

Aufgrund der deutschen Teilung hatten Biographien, die die Grenzen der beiden Staaten und damit den »Eisernen Vorhang« überspannten, eine besondere Bedeutung: zu denken wäre hier an die aus der DDR ausgewiesenen Rudolf Bahro, Wolf Biermann und andere. Sie verbanden nicht nur west- und ostdeutsche Friedensbewegung miteinander. Sie schufen auch durch ihre persönlichen Kontakte die Bedingungen dafür, dass sich die Bewegungen gegenseitig befruchten konnten.

Neben biographischen Grenzüberschreitungen waren besonders die Netzwerke zwischen der bundesdeutschen und der entstehenden unabhängigen Friedensbewegung in der DDR von Bedeutung – und zugleich besonders problematisch: »Frieden« war eines der zentralen Propagandaschlagwörter der DDR-Diktatur und wurde deshalb im Westen Deutschlands direkt mit kommunistischer Unterwanderung in Verbindung gebracht. Diese Unterwanderung gab es in der Tat, und sie hatte selbst transnationalen Charakter.[9] Für die Machthaber in der DDR war es dagegen problematisch, dass sich seit den 1970er Jahren und parallel zu den Entwicklungen in der Bundesrepublik und in Westeuropa eine soziale Bewegung zu bilden begann, die sich unabhängig von den Maßgaben der Diktatur die offizielle Friedenspropaganda aneignete. In der DDR war deshalb die unabhängige Friedensbewegung immer auch eine Bewegung für elementare Menschen- und Bürgerrechte wie Meinungsfreiheit und Pluralismus.[10] Während die Beziehungen zwischen den beiden deutschen Bewegungen vordergründig sehr gut funktionierten, waren sie im Kleinen doch eher von fundamentalen Problemen gekennzeichnet, besonders dann, wenn die westdeutschen Aktivistinnen und Aktivisten wenig Verständnis für die Repressionen zu haben schienen, welche ihre ostdeutschen Freunde zu gewärtigen hatten.

Diese Konflikte lassen sich an einigen Beispielen illustrieren. Am 12. Mai 1983 demonstrierte Petra Kelly in Ost-Berlin zusammen mit den Grünen Gert Bastian, Lukas Beckmann, Roland Vogt und Gabriele Potthast für Abrüstung, indem sie auf dem Alexanderplatz »Friedenstulpen« als Symbol der starken Friedensbewegung in den Niederlanden an Passanten verteilte und für eine weltweit starke Friedensbewegung warb. Während die Aktion in der DDR, zumindest laut der offiziellen Deutung des Staatssicherheitsdienstes, fast lautlos verpuffte, schenkten die westdeutschen Medien Kelly und ihren Mitstreitern große Aufmerksamkeit. Das führte zu einer kontroversen Debatte unter den westdeutschen Aktivisten: während einige Kelly »Geltungsbedürfnis« vorwarfen, welches der Sache des

Abb. 24. Erich Honecker empfängt Fraktions- und Vorstandsmitglieder der Grünen am 31. Oktober 1983 in Ost-Berlin. Die Delegation, bestehend aus (von links) Antje Vollmer, Gustine Johannsen, Lukas Beckmann, Dirk Schneider, Otto Schily, Petra Kelly und Gert Bastian, überreicht dem Vorsitzenden der Sozialistischen Einheitspartei Deutschlands (SED) einen Friedensvertrag und das Foto einer Schwerter-zu-Pflugscharen-Skulptur.

Friedens eher abträglich sei, konstatierten andere einen ersten Sieg auf dem Weg zur Öffnung der DDR-Diktatur.[11]

Dennoch war die Arbeit von transnationalen Vermittlern wie Kelly bedeutend. Sie trugen nicht nur die Forderung nach einer beidseitigen, also auch sowjetischen Abrüstung in die DDR hinein. Sie konnten auch aufgrund ihres Status als Bundesbürger deutlicher die Slogans der unabhängigen Friedensbewegung der DDR verbreiten als diese selbst, die weiterhin starken Repressionen ausgesetzt war. So erschien Kelly zu einem Treffen mit dem DDR-Staatsratsvorsitzenden Erich Honecker in einem T-Shirt, welches das nun offiziell nicht mehr gern gesehene Motto der Bewegung *Schwerter zu Pflugscharen* trug.

Vermittler spielten auch eine wichtige Rolle, einen Austausch solcher und anderer Slogans zwischen den beiden Bewegungen zu etablieren. Dabei wurden nicht nur westdeutsche Slogans in die DDR importiert, sondern auch ostdeutsche in die Bundesrepublik, z. B. das bis in die

Abb. 25. Die DDR-Bürgerrechtler Roland Jahn (rechts) und Peter Rösch (Mitte) halten vor dem US-amerikanischen Militärstützpunkt in Mutlangen am 2. September 1983 ein *Schwerter zu Pflugscharen* Banner in die Kameras. Als Mitglieder der Jenaer Friedensbewegung waren sie aus der DDR ausgewiesen worden.

1980er Jahre zur offiziellen Friedenspropaganda der DDR und der Sowjetunion gehörende Schwerter zu Pflugscharen. Problematisch war dabei, dass sich viele der westdeutschen Aktivistinnen und Aktivisten oft unkritisch auf Kontakte mit den SED-Machthabern einließen und sich mitunter gar hofieren ließen. So beklagten ostdeutsche Friedensaktivisten das mangelnde Verständnis ihrer westdeutschen Partner gegenüber den menschenrechtlichen Problemen in der DDR und anderen Ländern des Ostblocks. Sie wunderten sich auch darüber, dass Aktivisten der bundesdeutschen Friedensbewegung nur wenig gegen die Zusammenarbeit mit Mitgliedern der DKP hatten und auch sonst bereit waren, wie etwa im *Krefelder Appell*, sozialistische Friedensrhetorik unhinterfragt zu übernehmen. Besonders die häufigen Besuche westdeutscher Friedensaktivisten aus dem Kreis der Arbeitsgemeinschaft der *Evangelischen Jugend* bei SED-Gruppen und Verbänden der *Freien Deutschen Jugend* (FDJ) sorgten für einiges Stirnrunzeln bei Aktivisten in der DDR. So schrieb der ostdeutsche Bürgerrechtler Wolfgang Tschiche sarkastisch an seine Mitstreiterin Birgit

Arkenstette: »Nett war ja, daß wenigstens fünf der neun angereisten Abgeordneten […] mit uns sprachen. […]. Viele der Grünen, Alternativen
und Friedensbewegten kommen hier wie auf einen Abenteuerspielplatz,
[…] mal gucken, wie es in der grau in grauen DDR aussieht.«[12]

Dennoch gab es wichtige Verbindungen, so zum Beispiel zwischen den
West-Berliner Grünen Hubertus Knabe, Peter Wensierski and Wolfgang
Büscher und der ostdeutschen Friedensbewegung sowie der *Berliner Alternativen Liste* und der *Frauenfriedensbewegung*. Auch über die West-Berliner
*tageszeitung*, die selbst wichtige Verbindungen ins Milieu der Friedensbewegung der beiden deutschen Staaten hatte und so auch für die massenme-
diale Verbreitung des jeweiligen *framings* sorgen konnte.[13] Zugleich gab es
vereinzelt Besuche ostdeutscher Friedensbewegter auf den Veranstaltungen der westdeutschen Friedensbewegung. So sprach am 10. Juni 1982 der
Vorsitzende des Ausschusses für Kirche und Gesellschaft des *Bundes der
Evangelischen Kirchen* in der DDR, Heino Falcke, auf der Großdemonstration in Bonn. Zahlreiche ost- und westdeutsche Aktivisten schlossen zudem
»persönliche Friedensverträge« miteinander ab, um die Bedeutung per-
sönlicher Beziehungen und einer Abrüstung »von unten« zu betonen.[14]

Solche deutsch-deutschen Verbindungen waren in einen europäischen
Zusammenhang grenzüberschreitender Vernetzungen eingebunden. Besonders wichtig für Verbindungen über den »Eisernen Vorhang« hinweg
waren hier die organisatorischen Bemühungen von niederländischen
und britischen Friedensbewegungen. In beiden Ländern war der Antikommunismus weniger stark ausgeprägt, so dass sie leichter Kontakte zu
osteuropäischen Ländern aufbauen konnten. Auch half es, dass besonders die niederländische Bewegung als kirchliche Friedensgruppe gefasst
war und so jenseits der ideologischen Kategorien des Kalten Krieges
handeln konnte.

Der niederländische *Interkirchliche Friedensrat* (*Interkerkelijk Vredesberaad*,
IKV) unter der Leitung von Mient Jan Faber war deshalb nicht nur für
dezidiert religiös motivierte Aktivistinnen und Aktivisten ein wichtiger
Referenzpunkt. Er unterhielt Verbindungen zur Friedensbewegung der
DDR und verband gleichzeitig die bundesdeutsche Friedensbewegung mit
der britischen *Campaign for Nuclear Disarmament* (CND) und der amerikanischen *Freeze*-Bewegung. Der IKV war bereits 1966 auf Initiative der niederländischen *Pax Christi* Sektion von kalvinistisch-reformistischen Kreisen im Zusammenhang der Ökumene-Bewegung gegründet worden. Er
hatte nicht nur Willy Brandts Ostpolitik unterstützt, sondern anschließend auch dafür geworben, die KSZE-Beschlüsse von Helsinki in Bezug
auf Menschenrechte in Osteuropa konsequent umzusetzen.[15] Der IKV
bemühte sich besonders darum, eine europapolitische Friedensagenda

zu entwerfen, welche durch Kampagnen einer »Détente von unten« an die Supermächte appellierte, sich Europa zurückzuziehen, um so das friedliche Ende des Kalten Krieges zu ermöglichen.[16] Das Netzwerk um den IKV hatte auch wichtige personelle und organisatorische Überschneidungen zur Aktion Sühnezeichen/Friedensdienste.[17]

Eine weitere wichtige transnationale Bewegungsorganisation war die Gruppe *European Nuclear Disarmament* (END). Die Initiative zur ihrer Bildung ging von britischen Aktivistinnen und Aktivisten um das Historikerehepaar Edward P. und Dorothy Thompson aus, welche zusammen mit ihrem Bekannten Ken Coates, einem ehemaligen Bergarbeiter und Soziologiedozenten, und der Sozialwissenschaftlerin Mary Kaldor einige Intellektuelle aus West- und Osteuropa für ihre Initiative gewinnen konnten. Ziel von END war es, über den intellektuellen Dialog jenseits der ideologischen Parameter des Ost-West-Konflikts zu einer »Entspannung von unten« zu kommen, so zur Einigung Europas beizutragen und den Kalten Krieg und das Wettrüsten der Supermächte zu überwinden.[18]

Die Thompsons und ihre Mitstreiter strebten dabei keineswegs eine auf die damalige Europäische Gemeinschaft beschränkte Einigung an. Vielmehr ging es ihnen darum, jenseits bürokratischer Organisationen ein an sozialistischen Idealen der Gemeinwirtschaft und an der Rätedemokratie geschultes »Europa im Geiste« zu schaffen. END kam allerdings über eine Mitgliedschaft von 600 Aktivistinnen und Aktivisten in ganz Europa nie hinaus. Das lag zum einen an der Organisationsform des Netzwerks: es handelte sich weniger um eine Protestbewegung als um eine grenzüberschreitende Organisation von Intellektuellen, welche über jährlich stattfindende Konferenzen für ihre Politik warben, beginnend mit einem Treffen in Brüssel (1982), dann in Berlin, Perugia und Amsterdam. Dabei zog die Berliner Konferenz mit 2.500 Teilnehmern die größte Zahl von Aktivistinnen und Aktivisten an – die anderen Konferenzen lagen mit Teilnehmerzahlen zwischen 700 bis 1.000 deutlich darunter. Die Basis fühlte sich allerdings durchweg durch die Dominanz von Intellektuellen bei den Treffen benachteiligt. Bei der Brüsseler Konvention 1982 starrten deshalb viele der Teilnehmer gebannt vor allem auf die Fernsehbildschirme mit der Übertragung der Fußballweltmeisterschaft aus Spanien und verfolgten die Vorträge und Sitzungen nur oberflächlich.[19]

Zum anderen stießen auch die Vorschläge von END für eine »Abrüstung von unten« auf breite Kritik, vor allem in den osteuropäischen Ländern. Die tschechoslowakische *Charta 77* und die polnische Gruppe *Freiheit und Frieden* kritisierten diese Linie als blind gegenüber den Repressionen sozialistischer Diktaturen: es sei zu viel von »Frieden« und zu wenig von elementaren Menschen- und Bürgerrechten die Rede.[20] Die Spaltungen des Kalten Krieges machten also auch den transnationalen Netzwerken zu schaffen. Während kein Zweifel an der intellektuellen Bedeutung von END bestehen kann, spielten die Aktivitäten dieser transnationalen europäischen Bewegungsorganisation für die meisten bundesdeutschen Friedensbewegten kaum eine nennenswerte Rolle.[21] Wichtig waren sie vor allem deshalb, weil sich über Netzwerke wie IKV und END Kontakte zu osteuropäischen Partner herstellen ließen, die sonst nicht zustande gekommen wären.

Viele bundesdeutsche Aktivistinnen und Aktivisten waren nicht nur in europäische, sondern auch in weiter gespannte internationale Netzwerke integriert. Wichtig waren auf dieser Ebene zum einen die globalen Zusammenschlüsse von Wissenschaftlern (*Pugwash-Bewegung*) und Ärzten (*Internationale Ärzte für die Verhütung des Atomkrieges, International Physicians for the Prevention of Nuclear War*, IPPNW).[22] Netzwerke von globaler Reichweite fanden sich außerdem im Bereich der Kirchen: hier sind vor allem die katholische Bewegung *Pax Christi*, die schon erwähnte evangelische Aktion Sühnezeichen/Friedensdienste, aber auch Organisationen der Ökumene zu nennen.[23] Auch die *Internationale der Kriegsdienstgegner* (*War Resisters' International*, IdK) wäre in diesem Zusammenhang einmal genauer zu untersuchen.

Wichtig für die bundesdeutsche Friedensbewegung waren ferner Versuche, sich mit der Friedensbewegung in den Vereinigten Staaten zu vernetzen. Die USA waren der wichtigste Alliierte der Bundesregierung, und die zu stationierenden Atomwaffen stammten nicht nur aus amerikanischer Produktion, sondern sollten gemäß NATO-Doppelbeschluss auch bei amerikanischen Einheiten in der Bundesrepublik stationiert werden. Was lag also näher als sich mit den »guten Amerikanern«, welche die Rüstungspolitik der amerikanischen Regierung ebenfalls ablehnten, zusammenzutun? Das Herstellen von Kontakten war zunächst einfach: Petra Kelly, andere Aktivistinnen und Aktivisten und die IKV konnten hier behilflich sein. Doch war es letztlich schwierig, einen gemeinsamen Nenner für die Arbeit zu finden: während sich die wichtigste amerikanische Bewegung *Freeze* wie schon aus ihrem Namen ersichtlich für das Einfrieren des Rüstungswettlaufs einsetzte, verfolgte die bundesdeutsche Friedensbewegung ein in der Sache beschränkteres, aber der Form nach wesentlich ehrgeizigeres Ziel: ihr ging es nur um die Stationierung von Mittelstreckenwaffen in der Bundesrepublik und Westeuropa; sie wollte aber nicht nur das Einfrieren des Rüstungswettlaufs erreichen, sondern die Stationierung der neuen Waffen ganz verhindern. Der fundamentale Unterschied bedeutete ganz unterschiedliche Schwerpunkte in den Protestformen: während Freeze durchaus mit Parlamentariern zusammenarbeiten wollte, setzten die bundesdeutschen Friedensbewegten vor allem auf gewaltfreien Widerstand. Letztlich handelte es sich also um einen sehr wenig erfolgreichen Dialog, welcher an den unterschiedlichen politischen Bedingungen in beiden Ländern scheiterte.[24]

Wichtig ist im Zusammenhang globaler Netzwerke auch der noch kaum historisch-kritisch erforschte, von Moskau gesteuerte Weltfriedensrat. Er war die offizielle Friedensorganisation des Ostblocks, zählte aber auch einige Westdeutsche zu seinen Mitgliedern; wichtig war vor allem, dass er (wie auch die kirchlichen Organisationen) Verbindungen in die »Dritte Welt«, also Afrika, Asien und Lateinamerika besaß. Offiziell hielt der Weltfriedensrat an einem Friedensbegriff fest, welcher ihn direkt an die Schaffung einer sozialistischen Gesellschaft koppelte.

Weltweite Netzwerke im wahrsten Sinne des Wortes entwickelten sich vor allem zwischen den Frauenfriedenscamps der 1980er Jahre, etwa indem die Aktivistinnen wortwörtlich ihre gegenseitigen Briefe an eine Wand oder einem Zaun verknüpften und somit ein globales Friedensnetz spannten.[25] Es handelte sich hier weniger um transnationale als um trans-lokale Netzwerke, weil es den Beteiligten vor allem darum ging, über die Verbindung von der Sache her eine weltweite Öffentlichkeit Gleichgesinnter zu schaffen. Es ging also weniger um direkt an die große Politik der Nationalstaaten gerichtete Kampagnen. Das Schaffen solcher Netzwerke unter Frauen – und nur unter Frauen – und mit direktem Bezug auf die lesbischen Bewegungen in Europa traf vor allem unter Feministinnen in Osteuropa auf Unverständnis. Es war selbst innerhalb der bundesdeutschen und europäischen Netzwerke aufgrund seiner Exklusivität hoch umstritten. Während diese Ambivalenzen für die Bundesrepublik noch eingehender Forschung bedürfen, liegen für das britische Frauenfriedenslager am Luftwaffenstützpunkt Greenham Common und das amerikanische Lager Seneca Point bereits erste Interpretationsversuche vor.[26]

Die Protestpraxis in solchen Friedenscamps, wo sich wie im baden-württembergischen Mutlangen oder dem rheinland-pfälzischen Hasselbach im Hunsrück Aktivistinnen und Aktivisten aus ganz unterschiedlichen Zusammenhängen trafen und miteinander lebten, harrt noch der genaueren historischen Erforschung aus transnationaler bzw. trans-lokaler Perspektive. An solchen trans-lokalen Netzwerken zeigt sich sehr schön, wie transnationale Netzwerke nicht nur durch direkte persönliche Kontakte in Gang gehalten wurden. Vielmehr waren auch fast immer Medien beteiligt: das konnten Briefe sein, oder das Telefon; es konnten aber auch Rundfunk- und Fernsehsendungen und die Lektüre von Bewegungszeitschriften sein, welche Aktivistinnen und Aktivisten auf der ganzen Welt gegenseitig über ihre Aktivitäten informierten, zum Nachahmen und Handeln motivierten und so vernetzten. Gerade weil Bahnreisen und Fliegen in den 1970er und 1980er Jahren noch deutlich teurer waren als heute und sich nur wenige Aktivistinnen und Aktivisten die Reisen leisten konnten, waren diese gegenseitigen Beobachtungen wohl insgesamt bedeutender als die direkten Kontakte. Aber auch eine Geschichte solcher gegenseitiger Beobachtungen zwischen den Friedensbewegungen muss noch geschrieben werden.

## Die Sprache der transnationalen Friedensbewegung

Gerade weil die direkten Kontakte in internationalen Friedens-Netzwerken nicht immer einfach waren, lohnt sich ein Blick auf die Sprache der beteiligten Akteure. Neuere Forschungen aus den Politik- und Sozialwissenschaften haben darauf hingewiesen, dass transnationale Beziehungen nicht einfach innerhalb von grenzüberschreitenden Protestereignissen oder transnationalen Organisationen wie END oder IPPNW realisiert werden. Vielmehr ist es wichtig, sich anzusehen, wie sie diese transnationalen Beziehungen jeweils wahrnehmen, denn diese Wahrnehmung beeinflusste das Handeln der Aktivistinnen und Aktivisten. Mit anderen Worten: die transnationalen Verbindungen waren nicht einfach da, sondern mussten durch Sprache erst geschaffen werden. Das ist schon deshalb besonders wichtig, weil sich die Friedensgruppen des späten 19. und frühen 20. Jahrhunderts trotz vieler grenzüberschreitender Verbindungen als »patriotische Pazifisten« verstanden – und eben gerade nicht wie die transnationalen Bewegungen der 1970er und 1980er Jahre als Repräsentanten einer weltweiten Bewegung.[27]

Die lässt sich sehr gut an einem 1986 publizierten Plakat zeigen. Man sieht dort eine Gruppe von Menschen: Frauen und Männer, Kinder und alte Menschen, Angehörige verschiedener sozialer Schichten laufen auf den Betrachter zu. Einige der Teilnehmer kommen dem Augenschein nach nicht aus Deutschland. Das Motto des Plakats lautet: »Friede braucht Bewegung«. Frieden erscheint damit als Verwirklichung von gesellschaftlichem Pluralismus – die Bewegung ist unabhängig von nationalen Zugehörigkeiten und sozialem Status; damit können sich ganz unterschiedliche politische Forderungen verbinden: die Forderung nach »Abrüstung«, das berühmte Friedenszeichen sowie die Forderung »Nie wieder Krieg« kann man auf dem Plakat erkennen.[28] Das Plakat verweist zum einen auf die idealen Bedingungen für die Herstellung von Frieden: eine gegenüber nationalen und anderen Zugehörigkeiten indifferente und im direkten Miteinander praktizierte Toleranz. Zum anderen zeigt das Plakat, wie die

Protestbewegung selbst die von ihr eingeforderten Tugenden von Gewaltfreiheit, Toleranz und weltweiter Verständigung vertritt: »Der Friede als die Überwindung von Rüstung und Gewalt bedarf nicht nur der Protestbewegung zu seiner Durchsetzung, sondern ist zugleich und vor allem auch in dieser zu finden.«[29] Die bundesdeutsche Friedensbewegung argumentiert also durch ihre Bildsprache, dass sie selbst ein wichtiger politischer Akteur ist, welcher den weltweiten Frieden durch Proteste in Deutschland erreichen kann.[30]

Noch deutlicher zeigt sich diese gedankliche und metaphorische Verbindung zwischen bundesdeutschen Protesten und einer globalen Bewegung in den Diskussionen darüber, wie bestimmte Protestformen aus anderen Kulturkreisen übernommen werden sollten. Im Herbst 1983 traten zwei Friedensbewegte – eine Amerikanerin und ein Deutscher – in Bonn in den Hungerstreik, um die bevorstehende Umsetzung des NATO-Doppelbeschlusses durch den Deutschen Bundestag noch zu verhindern. Sie folgten damit dem Vorbild des Hungerstreiks, den der Pazifist John Guy 1980 in San Francisco abgehalten hatte.[31] Gleichzeitig stand die Wahrnehmung dieses Protests als Erbe von Traditionen gewaltfreier Proteste in den Vereinigten Staaten (Martin Luther King) und Indien (Mahatma Gandhi) im Zentrum der zeitgenössischen Deutungen: einerseits wurde der Protest selbst als Metapher für die Vorwegnahme einer gewaltfreieren Welt gelesen und als vorläufiger Endpunkt eines transnationalen Trends hin zur Gewaltfreiheit. Transnationalität konnte so fast als naturgesetzliche Konsequenz der Geschichte erscheinen, die sich nicht mehr aufhalten ließe. Zugleich ließ sich auf diese Weise grenzüberschreitender Protest selbst als zentrales Element von Friedensbewegung feiern.[32] Auch wäre in diesem Zusammenhang noch genauer zu untersuchen, wie Elemente einer religiösen Sprache – wie etwa das Betonen einer »weltweiten Bruderschaft« von Menschen oder das schon erwähnte Bibelzitat mit der Forderung »Schwerter zu Pflugscharen« – grenzüberschreitende Verbindungen ermöglichten, indem sie den globalen Deutungshorizont der Weltreligionen mit der konkreten Politik vor Ort verbanden.[33]

Solche metaphorischen Umschreibungen von Transnationalität waren eng mit den Diskussionen in der Bundesrepublik verzahnt. Das Problem des Friedens wurde als »global« wahrgenommen, da der Gebrauch von Atomwaffen potenziell die ganze Welt zerstören konnte; zugleich ließe sich gerade deshalb das Problem auch nur auf globaler Ebene lösen, was nahelegte, sich auch bei den Protestformen von Vorbildern aus der ganzen Welt leiten zu lassen. Zugleich aber wiesen sich die bundesdeutschen Friedensbewegten hierbei eine besondere Rolle zu: gerade weil von Deutschland im 20. Jahrhundert zwei Weltkriege entfesselt worden seien und gerade weil der Nationalismus in Deutschland besonders zerstörerisch gewirkt habe, hätten Deutsche nun eine besondere nationale Verantwortung, weltweit für den Frieden einzutreten. Die bundesdeutschen Aktivistinnen und Aktivisten sahen dabei die deutschen Opfer zweier Weltkriege als Mahnung, zukünftige Opfer zu vermeiden – deutsche Opfer standen metaphorisch für die vorweggenommene atomare Katastrophe.[34] Gerade aufgrund dieser Vermengung von nationalen Erfahrungshorizonten und transnationalem Missionsbewusstsein stießen diese metaphorischen Deutungen auf einige Skepsis in den europäischen Nachbarländern, so dass der deutsche Sekretär der internationalen Sektion der Aktion Sühnezeichen/Friedensdienste Volkmar Deile mit vielen skeptischen Anfragen aus den Niederlanden und Belgien, aber auch Frankreich beschäftigt war, die sich besorgt über diesen Trend äußerten.[35]

## Fazit

Transnationale Netzwerke waren keineswegs so selbstverständlich, wie man aufgrund der Zahl grenzüberschreitender Proteste zunächst meinen könnte. Es lohnt sich deshalb ein genauerer Blick auf die transnationalen Netzwerke der Friedensbewegung und auf die Sprache und die Metaphern, welche diese Vernetzungen begleiteten.

Allgemein war die bundesdeutsche Friedensbewegung der 1980er Jahre ein Phänomen des Kalten Krieges in Europa: sie stellte die Teilung der Welt in Ost und West und die davon ausgehenden Gefahren fest; und sie setzte dieser Teilung eine Lösung entgegen, welche die grenzüberschreitende Organisation von Protest als zentral ansah. Doch transnationale Netzwerke reichten den bundesdeutschen Aktivistinnen und Aktivisten nicht aus, um das Problem des Rüstungswettlaufs in einer geteilten Welt zu beseitigen. Sie setzten der Teilung deshalb rhetorisch Metaphern entgegen, welche die weltweite Verbundenheit aller Menschen als Grundlage aller Politik propagierte. Die Transnationalität der Friedensbewegung zielte daher nicht schlicht auf die Überwindung des Kalten Krieges. Sie war vielmehr die Reaktion auf seine territoriale Ordnung einer aus Nationalstaaten bestehenden und ideologisch geteilten Welt und somit selbst Produkt der Welt des Kalten Krieges.

*Literatur*

Besonders hilfreich zur Einführung sind das materialreiche und global angelegte Standardwerk von Wittner sowie der von Ziemann aus der Sekundärliteratur zusammengestellte Überblick zur europäischen Friedensbewegung. Konkrete, aus den Bewegungsarchiven gearbeitete Studien zu den transnationalen Netzwerken gibt es bisher kaum. Wichtig sind vor allem die Studien von Burke, Richter und De Graaf sowie die eher auf Menschenrechtsfragen konzentrierte Darstellung von Snyder, welche auch die Frage der Wirkung transnationaler Bewegungen diskutiert.

Burke, Patrick: A Transcontinental Movement of Citizens? Strategic Debates in the 1980s Western Peace Movement. In: Gerd-Rainer Horn/Padraic Kenney (Hg.): Transnational Moments of Change: Europe 1945, 1968, 1989. Lanham, MD 2004, S. 189-206.

De Graaf, Beatrice: Über die Mauer. Die niederländischen Kirchen, die Friedensbewegung und die DDR. Münster 2007.

Richter, Saskia: Petra Kelly als Mittlerin in der transnationalen Friedensbewegung gegen den NATO-Doppelbeschluss. In: Mitteilungsblatt des Instituts für soziale Bewegungen, 44 (2010), S. 7-28.

Snyder, Sarah B.: Human Rights Activism and the End of the Cold War: A Transnational History of the Helsinki Network. Cambridge/New York, NY 2011.

Wittner, Lawrence S.: Toward Nuclear Abolition: A History of the World Nuclear Disarmament Movement, 1971-Present. Stanford, CA 2003.

Ziemann, Benjamin: A Quantum of Solace? European Peace Movements during the Cold War and their Elective Affinities. In: Archiv für Sozialgeschichte, 49 (2009), S. 351-389.

*Anmerkungen*

[1] Verhandlungen des Deutschen Bundestages, Stenographische Berichte, 10. Wahlperiode, 4. Sitzung, 4. Mai 1983, S. 128C-131A, hier S. 130C.

[2] Petra Kelly: Unbewaffnete Wahrheit und bedingungslose Liebe werden das letzte Wort in der Wirklichkeit haben. Zur Einführung. In: Dies. (Hg.): Lasst uns die Kraniche suchen. Hiroshima. Analysen, Berichte, Gedanken. München 1983, S. 12-14, hier S. 12.

[3] Petra Kelly: Wie sich die Ökologiebewegung zur Friedensbewegung erweiterte. Variante A. In: Dies/Jo Leinen (Hg.): Prinzip Leben. Ökopax. Die neue Kraft. Berlin 1982, S. 5-14, hier S. 9 und 11.

[4] Philipp Gassert: Transnationale Geschichte, Version: 1.0, S. 1. In: Docupedia-Zeitgeschichte,16.2.2010, URL: http://docupedia.de/zg/Transnationale_Geschichte.

[5] April Carter: Peace Movements. International Protest and World Politics since 1945. London/New York 1992, S. 117; Lawrence S. Wittner: Confronting the Bomb. A Short History of the World Nuclear Disarmament Movement. Stanford, CA 2009.

[6] Siegfried Hermle/Claudia Lepp/Harry Oelke (Hg.): Umbrüche. Der deutsche Protestantismus und die sozialen Bewegungen in den 1960er und 70er Jahren. Göttingen 2007.

[7] Saskia Richter: Die Aktivistin. Das Leben der Petra Kelly. München 2010.

[8] Stephen Milder: Thinking Globally, Acting (Trans-)Locally. Petra Kelly and the Transnational Roots of West German Green Politics. In: Central European History, 43 (2010), S. 301-326.

[9] Siehe dazu als Einstieg (allerdings auf die Regierungsseite fokussiert) Michael Ploetz/ Hans-Peter Müller: Ferngelenkte Friedenbewegung? DDR und UdSSR im Kampf gegen den NATO-Doppelbeschluß. Münster 2004. Als Erweiterung und Kritik siehe Holger Nehring/Benjamin Ziemann: Führen alle Wege nach Moskau? Der NATO-Doppelbeschluß und die Friedensbewegung. Eine Kritik. In: Vierteljahrshefte für Zeitgeschichte, 59 (2011), S. 81-100.

[10] Siehe dazu den Beitrag von Rainer Eckert in diesem Band.

[11] Details und weiterführende Literatur bei Saskia Richter: Petra Kelly als Mittlerin in der transnationalen Friedensbewegung gegen den NATO Doppelbeschluss. In: Mitteilungsblatt des Instituts für soziale Bewegungen, 44 (2010), S. 7-28. Siehe dazu auch den Beitrag von Hermann Wentker in diesem Band.

[12] Wolfram Tschiche an Birgit Arkenstette, 25. Februar 1985. In: Karlheinz Lipp/Reinhold Lütgemeier-Davin/Holger Nehring (Hg.): Frieden und Friedensbewegung in Deutschland. Ein Lesebuch. Essen 2010, Dok. 277, S. 385-386.

[13] Siehe dazu ausführlich Erhardt Neubert: Geschichte der Opposition in der DDR 1949-1989. Bonn 1997, S. 478-479 u. 637-643.

[14] Andreas Schaller: Die persönlichen Friedensverträge. In: Spuren, 1987, S. 66-69.

[15] Siehe zur Konferenz über Sicherheit und Zusammenarbeit in Europa (KSZE) auch den Beitrag von Anja Hanisch in diesem Band.

[16] Beatrice de Graaf: Über die Mauer. Die DDR, die niederländischen Kirchen und die Friedensbewegung. Münster 2007, S. 63-65, 116-118, 170-173 sowie Remco van Diepen: Hollanditis. Nederland en het kernwapendebat, 1977-1987. Amsterdam 2004, S. 235-243.

[17] Siehe dazu den Beitrag von Sebastian Kalden und Jan-Ole Wiechmann in diesem Band.

[18] E. P. Thompson/Dan Smith (Hg.): Protest and Survive. Harmondsworth 1980, S. 223-226.

[19] Patrick M. Burke: European Nuclear Disarmament. A Study of Transnational Social Movement Strategy, unveröff. Ph.D. Diss.. University of Westminster 2004, S. 39-48, 126-137.

[20] Z.B. Václav Havel: Anatomy of a Reticence. In: Ders.: Open Letters. Selected Prose 1965-1990. London/Boston, MA 1991, S. 291-322, bes. S. 299 f., 311. Siehe auch die zeitgenössischen Einschätzungen in Vladimir Tismaneanu (Hg.): In Search of Civil Society. Independent Peace Movements in the Soviet Bloc. New York, NY/London 1990.

[21] Etwa Fritz Teppich (Hg.): Flugblätter und Dokumente der Westberliner Friedensbewegung 1980-1985. Berlin 1985, wo jeglicher Hinweis auf die Aktivitäten von END fehlt.

[22] Matthew Evangelista: Unarmed Forces. The Transnational Movement to end the Cold War. Ithaca, NY 1999.

[23] Siehe dazu auch den Beitrag von Sebastian Kalden und Jan-Ole Wiechmann in diesem Band.

[24] Wilfried Mausbach: Vereint marschieren, getrennt schlagen? Die amerikanische Friedensbewegung und der Widerstand gegen den NATO-Doppelbeschluss. In: Philipp Gassert/ Tim Geiger/Hermann Wentker (Hg.): Zweiter Kalter Krieg und Friedensbewegung. Der NATO-Doppelbeschluss in deutsch-deutscher und internationaler Perspektive. München 2011, S. 283-304.

[25] Dazu allgemein mit Hinweisen auf die Bundesrepublik Margaretta Jolly: »We are the Web«: Letter Writing and the 1980s Women's Peace Movement. In: Prose Studies, 26, (2003) 1, S. 196-218.

[26] Louise Krasniewicz: Nuclear Summer. The Clash of Communities at Seneca Point Women's Peace Encampment. Ithaca, NY 1992; Wilmette Brown: Black Women and the peace movement. Bristol 1990. Siehe dazu auch den Beitrag von Reinhild Kreis in diesem Band.

[27] Sandi Cooper: Patriotic Pacifism. Waging war on war in Europe 1815-1914. Oxford 1991.

[28] Koordinierungsausschuß der Friedensbewegung, 1986: Archiv der sozialen Demokratie, Bonn: 6/PLKA036591.

[29] Zitat und Interpretetation des Bildes bei Benjamin Ziemann: The Code of Protest. Images of Peace in the West German Peace Movements, 1945-1990. In: Contemporary European History, 17, 2008, S. 237-261. Hier Zitat nach der deutschsprachigen Version: Friedensbilder. Die Codierung von Protest in den Friedensbewegungen seit 1945 (Antrittsvorlesung, Ruhr-Universität Bochum, 2006), S. 20.

[30] Siehe dazu auch den Beitrag von Kathrin Fahlenbrach und Laura Stapane in diesem Band.

[31] Der Spiegel, 12.9.1983, S. 27-29. Siehe hierzu und zum folgenden die Überlegungen bei Benjamin Ziemann: A Quantum of Solace? European Peace Movements during the Cold War and their Elective Affinities. In: Archiv für Sozialgeschichte, 49 (2009), S. 351-389.

[32] Wilhelm Bittorf: »Wir machete des net, um euch zu ärgre«. In: Der Spiegel, 16.8.1982, S. 66-72, bes. S. 67.

[33] Helke Stadtland (Hg.): Friede auf Erden: Religiöse Semantiken und Konzepte des Friedens im 20. Jahrhundert. Essen 2009.

[34] Insbesondere Alfred Mechtersheimer: Friedensmacht Deutschland. Plädoyer für einen neuen Nationalismus. Frankfurt/Main/Berlin 1993, bes. S. 61ff.

[35] Hans-Georg Ehrhart: Die deutsche Friedensbewegung aus französischer Sicht. In: Josef Janning/Hans-Josef Legrand/Helmut Zander (Hg.): Friedensbewegungen. Entwicklung und Folgen in der Bundesrepublik Deutschland, Europa und den USA. Köln 1987, S. 182-192, hier S. 183.

# 13. Mediale und visuelle Strategien der Friedensbewegung

KATHRIN FAHLENBRACH UND LAURA STAPANE

Als im Herbst 1983 1,3 Millionen Bundesbürger dem Aufruf der Friedenbewegung folgten, um gegen die Umsetzung des NATO-Doppelschlusses
zu protestieren, wurde dieses Ereignis von westdeutschen Medien- und
Presseanstalten intensiv begleitet und dokumentiert.[1] Das Fernsehen
transportierte Bilder von Kundgebungen in Hamburg, Bonn, Berlin
(West), Stuttgart und Neu-Ulm in bundesdeutsche Wohnzimmer. Der
22. Oktober 1983 bildete den Abschluss einer Aktionswoche, die am 15.
Oktober begonnen hatte und ihren Höhepunkt an jenem Samstag im
Herbst in einer »Volksversammlung für den Frieden« fand.[2] Vereint im
Protest gegen die Dislozierung neuer amerikanischer Cruise Missiles und
Pershing II-Raketen in Westdeutschland, kamen Menschen aus dem gesamten Bundesgebiet unter massenmedialer Beobachtung zusammen,
um friedlich zu demonstrieren. Die Tagesschau kommentierte: »Der
Wunsch nach Frieden trieb sie heute nach Bonn. Schon in aller Frühe
zogen Tausende Demonstranten von Bahnhöfen und Parkplätzen zu den
einzelnen Aktionsorten in der Bundesrepublik.«[3]

Während im Bonner Hofgarten die zentrale Kundgebung medienwirk-
sam mit prominenten Rednerinnen und Rednern wie etwa der Grünen-
Politikerin Petra Kelly, dem SPD-Vorsitzenden Willy Brandt oder dem
Schriftsteller und Literaturnobelpreisträger Heinrich Böll stattfand, kamen in Hamburg und West-Berlin ebenfalls Nachrüstungsgegner zusammen. Auch sie versammelten sich nach Sternmärschen zu Kundgebungen
auf dem Rathausmarkt der Hansestadt bzw. vor dem Schöneberger Rathaus im Westteil der Stadt, wo sie friedlich »Nachverhandeln« statt »Nachrüsten« forderten und gewaltfrei für Abrüstung in Ost und West eintra-
ten.[4] Zudem bildeten in Süddeutschland etwa 200.000 Aktivisten eine
108 km lange Menschenkette entlang der Bundesstraße 10. Symbolisch
stellten sie damit die Verbindung zwischen dem europäischen Hauptquartier der US-amerikanischen Streitkräfte in Stuttgart und der Wiley-Kaserne in Neu-Ulm dar, wo nach Informationen der Friedensbewegung amerikanische Pershing II-Raketen stationiert werden sollten.[5] Mit ihren
medienwirksamen symbolischen Aktionen mobilisierte die Friedensbewegung damals Sympathisanten und Aktivisten aus ganz unterschiedlichen
Generationen und sozialen Gruppen. Neben der erfolgreichen Anpas-

sung an mediale Nachrichtenwerte wie Prominenz und symbolgeladene Aktionen, war eine wesentliche Ursache für den Mobilisierungserfolg der Bewegung die Verankerung ihrer expressiven Protestformen im empathischen Protesthabitus des alternativen Milieus.

Das Mobilisierungspotenzial der Aktionsformen, Plakate und visuellen Symbolik der Friedensbewegung beruhte auf einem im Protestmilieu seit den 1960er Jahren gewachsenen alternativen und zugleich emphatischen Politikverständnis, das habituell verankert war.[6] Die visuellen Protestinszenierungen verdichteten kollektive Leitwerte, aber auch latente Ängste und manifeste sozio-politische Konflikte auf affektiv wirksame Weise, um so effektiver Sympathisanten und Teilnehmer für Forderungen wie etwa »Stoppt den NATO-Doppelbeschluss« oder »Nein zur Nachrüstung« mobilisieren zu können.

## Protest-Habitus und expressive Protestkodes

Proteste gegen die Stationierung von Atomwaffen durchzogen in den frühen 1980er Jahren die gesamte bundesrepublikanische Gesellschaft. Dies dokumentieren Pressebilder von Demonstrationen und anderen symbolischen Protestaktionen eindrücklich. Dabei waren es selbstverständlich nicht nur die Bilder aus Bonn, die in den Jahren von 1981 bis 1984 die Abendnachrichten und Presseberichte füllten. Auch andernorts gab es im Verlauf der 1980er Jahre von der Friedensbewegung initiierte Veranstaltungen, die hunderttausende Teilnehmer anzogen. Ob Demonstrationen, Menschenketten, Sternmärsche, Sit-Ins, sogenannte »Mutter-und-Kind-Demonstrationen« oder Prominentenblockaden (wie beispielsweise in Mutlangen im September 1983),[7] symbolisches »Massensterben«[8] als Mahnung an die Opfer von Atomkriegen oder großangelegte Friedensfestivals (wie etwa die *Künstler für den Frieden*-Veranstaltungen),[9] auffallend ist eins: die in den Medien reproduzierten Bilder ähneln sich stark. Sie zeigen einen gesellschaftlichen Querschnitt der Generationen: spielende Kinder, junge Eltern, tanzende Jugendliche, Männer und Frauen mittleren Alters sowie Vertreter der Großelterngeneration vereint im gemeinsamen Entschluss gegen die Entscheidung, amerikanische Pershing II und Cruise Missiles auf bundesdeutschem Boden zu stationieren, zu demonstrieren. Anders als etwa bei den Protesten der Studentenbewegung in den späten 1960er und frühen 1970er Jahren aktivierte die Angst vor der nuklearen Bedrohung Menschen jeden Alters. Es war ein Konflikt, der große Teile der bundesdeutschen Gesellschaft generations- und konfessionsübergreifend ergriff.[10]

Dabei bildete das alternative Milieu, das sich im Umfeld der Studentenbewegung Ende der 1960er Jahre ausgebildet hatte, die aktive Bewegungs-
basis. Das Kernmilieu Neuer Sozialer Bewegungen kann im sogenannten
»Selbstverwirklichungsmilieu« ausgemacht werden, in dem sich identitätspolitische Motive mit gesellschaftspolitischen Zielen verbanden.[11] Kennzeichnend für das politische Selbstverständnis war die Orientierung an
ganzheitlichen Werten: Selbstverwirklichung wurde hier nicht nur als
individueller Hedonismus betrachtet, sondern als Voraussetzung für Toleranz, Gleichberechtigung und das Nebeneinander pluralistischer Lebensformen in der Gesellschaft. Diese postmaterialistischen Werte etablierten sich seit Ende der 1960er Jahre im Umfeld der Protestbewegungen
als Leitwerte eines sozialen Milieus, in dem die Lebensweise gleichzeitig
Ausdruck ideeller und politischer Überzeugungen war.[12] Im Mittelpunkt
stand dabei das anti-autoritäre Ideal der kreativen, emotionalen und ideellen Selbstentfaltung des Individuums. Dementsprechend bildeten sich
auch neue Erwartungen an Politik. Politik sollte nicht mehr nur einer
tradierten inneren Systemlogik folgen, die in ihrem Streben nach Machterhalt immer größere »blinde Flecken« produziert – gerade im Hinblick
auf ökologische und soziale Nachhaltigkeit. Vielmehr sollte Politik die im
Leben der Einzelnen erfahrenen und befürchteten Negativfolgen der
postindustriellen Modernisierung ausgleichen: wie etwa soziale und emotionale Entfremdung, soziale Ungleichheiten oder die Zerstörung der
natürlichen Lebensräume. Die Friedensbewegung verfolgte damit, wie die
Ökologiebewegung, die Neue Frauenbewegung oder die Homosexuellen-
bewegung, auch identitätspolitische Themen und Ziele.[13]

Die kollektiven Ängste und Bedürfnisse fanden ihren Ausdruck in einem
empathischen Protest-Habitus, der sich also im alternativen Milieu seit
Ende der 1960er Jahre ausgebildet hatte. In diesem Protest-Habitus wurden Werte, Motive, Weltansichten zentraler Bestandteil kollektiver Protest-
Identitäten. Diese wurden auch körperlich von den einzelnen Mitgliedern
und Sympathisanten veräußert: etwa in Körpersprache, Redeweisen und
Umgangsformen, Kleiderkodes oder musikalischen Kodes.[14]

Dies prägte auch das öffentliche Erscheinungsbild ihrer Proteste: Protestaktionen in der Friedensbewegung wurden nicht mehr nur mit tradierten politischen Insignien und Symbolen ausgestattet (wie die rote
Fahne oder die gestreckte Faust der Arbeiterbewegung); vielmehr entstanden komplexe Symbol- und Zeichensysteme, sowie symbolträchtige Aktionsformen, die immer auch Ausdruck habitueller Überzeugungen und
Lebensstile waren.

Auch die Mobilisierung von Öffentlichkeit und Medien hatte dementsprechend Anfang der 1980er Jahre immer zwei wesentliche Funktionen:

Protestformen und -ereignisse waren einerseits *instrumentell* an der Beeinflussung öffentlicher Meinung orientiert; gleichzeitig aber auch *expressiv* an der Mobilisierung und Bindung der eigenen Sympathisanten und Mitglieder. Mobilisierung war demnach keinesfalls nur nach außen, sondern auch nach innen gerichtet. Zum einen sollte Erwartungsdruck auf die entsprechenden Entscheidungsträger – in diesem Fall die Bundesregierung – ausgeübt werden. Zum andern gewährten die Protestaktionen *intern* kollektive Selbstvergewisserung und verstärkten so die individuelle Bindung an die Bewegung.

## Plakatästhetik und expressive Pathosformeln des Protests

Bezeichnend für den hohen Stellenwert von Individualität und Selbstbestimmung im alternativen Milieu war der visuelle Kode des Authentischen, der vor allem in der »Do-it-yourself-Ästhetik« individuelle Protesthaltungen beglaubigte. Die Friedensbewegung grenzte sich auf diese Weise von den professionellen und tradierten symbolischen Formen politischer Repräsentation ab, wie sie etwa in Wahlplakaten politischer Parteien zum Ausdruck kamen. Stattdessen repräsentierte die Do-it-Yourself-Ästhetik die »Psychosemantik« (Gerhard Schulze) des Selbstverwirklichungsmilieus, indem sie nicht nur an politische, sondern auch an ideelle und emotionale Werte appellierte. »Anti-Professionalität« und »Authentizität« wurden damit zum Ausweis politischer Glaubwürdigkeit und moralischer Integrität.

Dies kam besonders deutlich in den Protestplakaten der Friedensbewegung in den 1980er Jahren zum Ausdruck. Unter der Parole: »Atomraketen verschrotten – den ersten Schritt tun!«[15] zeigt beispielsweise ein Plakat, das eine Demonstration in Bonn am 13. Juni 1983 ankündigte, eine protestierende Menschenmenge, die aus einer Wand aus Atomsprengköpfen ausbricht, die sie umzingelt (Abb. 26a). Typisch für den Kode des Authentischen und den »Sponti«-Gestus des alternativen Protestmilieus ist die collagehafte Ästhetik, die das »Selbst-Gebastelte« betont. Die für viele Menschen abstrakte atomare Bedrohung wird hier in eine einfache Bildformel gebracht, die mehrfach pathetisch aufgeladen ist: eine Gemeinschaft friedliebender Aktivisten und Bürger wird dem Militär als aggressivem Akteur in Gestalt von Waffen entgegengestellt. Militär und Krieg werden hier metonymisch verkürzt durch die Abbildung von (Atom-)Waffen. Das Durchbrechen der Waffenmauer ist damit nicht nur Ausdruck von Widerstand gegen die militärische Macht, sondern auch ein Akt der kollektiven Befreiung. Das Plakat entwirft damit die Vision einer großen Gemein-

schaft, welche sich befreit von einer einengenden und bedrohlichen krie-
gerischen Macht. Hier wird eine Pathosformel des Protestes visualisiert,
die das Menschliche überhöht gegenüber der rein instrumentell-techno-
kratischen Logik des Militärs.[16]

Die Plakate griffen zudem die Plakatästhetik der Studentenbewegung
auf. So zum Beispiel ein Poster, dessen halbe Seite der Aufruf ausfüllt:
»Pershing II – Cruise Missiles. Nein!« (Abb. 26b).[17] Es zeigt in einer Sei-
tenansicht ein dynamisches Protestkollektiv, das mit Tritten und Schlägen
einen übergroßen Atomsprengkopf an den äußersten rechten Bildrand
drückt und ins Wanken bringt. Wie in alternativen Zeitungen, auf Protestplakaten und Plattencovern Ende der 1960er Jahre werden die Protestie-
rer im handgezeichneten Comic-Stil dynamisch und organisch in ihrer
»Menschlichkeit« betont und der »kalten« Technologie entgegengesetzt.[18]
Als Aufruf zur Bonner Aktionswoche vom 15.-22. Oktober 1983 präsentiert
auch dieses Plakat ein visuelles Szenario, in dem ein großes Protestkollektiv gemeinsam die Waffengewalt besiegt. Damit beruht das appellative
Bildszenario ebenfalls auf der pazifistischen Pathosformel des Protestes,
welche die Kraft der Gemeinschaft und ihrer menschlichen Werte der
zerstörerischen Macht des Militärs entgegensetzt.

In einem dritten Plakat, dem Aufruf zu einem überregionalen süddeut-
schen Aktionstag am 20. Oktober 1984, wurden gleich mehrere Protest-
formeln und -symbole der Bewegung miteinander verbunden: Unter der
Parole: »Noch ist es Zeit zur Umkehr: Stoppt den Rüstungswahnsinn.
NEIN zu Pershing II und Cruise Missiles!« (Abb. 26c).[19] zeigt es eine Menschenkette, die sich in Gestalt des Peace-Zeichens formiert. An oberster
Spitze sind zwei Atomsprengkörper abgebildet, auf die sich die Menge
aus, beiden Richtungen des Peace-Kreises kommend, zubewegt. Als Protestgemeinschaft ist sie unzweifelhaft ausgewiesen durch einschlägige
symbolische Protestplakate und Parolen. Auch antagonistische Symbole
des Gegners werden eingefügt, neben Waffen, deutsche und US-amerikanische Militärhelme sowie der Daimler-Benz-Stern als Symbol für die Rüstungsindustrie. Diesem unpersönlich symbolisierten Gegner steht die
explizit menschliche Gestalt der Protestierenden gegenüber. Wiederum
im Comic-Stil wird die Protestmenge als eine alters-, religions- und kultur-
übergreifende Gemeinschaft gezeichnet, die in ihrer Pluralität habituelle
Leitwerte des alternativen Milieus wie Individualität, Selbstbestimmung
und kulturelle Vielfalt hervorhebt. Damit zielte auch dieses Plakat durch
seine expressive Ästhetik auf den empathischen Protest-Habitus, der sich
im Kontrast zur instrumentellen Rationalität von Wirtschaft und Militär
definierte.

Abb. 26. Plakate »Atomraketen verschrotten«, 13.6.1983 (a), »Pershing II – Cruise Missles – Nein!«, 15.-22.10.1983 (b), »Noch ist es Zeit zur Umkehr: Stoppt den Rüstungswahn«, 20.10.1984 (c).

## Visuelle Symbole des Protestes

Wesentlicher Bestandteil der expressiven Proteste waren visuelle Symbole. Diese waren breit im alternativen Protestmilieu verankert und damit auch Ausdruck der habituellen und ideellen Nähe zwischen Friedensbewegung und Umweltbewegung sowie alternativen christlichen Gruppierungen.[20] Peace-Zeichen, Sonnenblumen und Regenbögen wurden auf Plakaten, Fahnen oder an der Kleidung ebenso verwendet wie christliche Symbole, etwa die Friedenstaube oder das *Schwerter zu Pflugscharen*-Zeichen.[21] Auch Farben spielten eine besondere Rolle. So trugen bzw. hielten die Teilnehmer des Kirchentags in Hannover im Juni 1983 violette Halstücher mit der Aufschrift »Umkehr zum Leben – Die Zeit ist da für ein Nein ohne jedes Ja zu Massenvernichtungswaffen«, die zum Kennzeichen des gewaltfreien Protests wurden.[22] Auf diese Weise entstanden symbolträchtige Pressebilder, die ein violettes Menschenmeer friedlichen, christlichen Protests zeigten.[23]

Protestzüge wurden außerdem häufig von selbstgebauten Pappmaché-Pershings und Waffenattrappen[24] aller Art begleitet. Auch US-Analogien, wie etwa karikaturistische Ronald-Reagan-Masken oder Micky-Mouse-Puppen sowie selbstgebaute »Schießburger«, zwischen deren mit US-Flaggen geschmückten Pappmaché-Sandwichhälften verschiedenste Raketenattrappen hervorlugten, begleiteten die Protestzüge durch westdeutsche Städte.[25]

Bei der Betrachtung der Plakate fällt darüber hinaus die präzise Darstellung von Waffensystemen sowie die Abbildung von Landkarten und Grafiken auf, auf denen mögliche Stationierungsorte und Abschussrampen verzeichnet waren.[26] Dies spiegelte zum einen die hohe Professionalisierung und das Expertentum eines Teils der Friedensbewegung wider. Zum anderen deuteten diese Grafiken darauf hin, dass der Friedensbewegung daran gelegen war, Anhänger wie Gegnerschaft auf bestmöglichste Weise über bevorstehende Entwicklungen bzw. mögliche Zukunftsszenarien zu informieren.

Zentrale Elemente der an die Medienöffentlichkeit gerichteten visuellen Anti-Kriegs-Rhetorik der Friedensbewegung waren zudem Bilder des Krieges: Atompilze, Waffen, Totenköpfe, Bilder von zerstörten deutschen Städten oder von Frauen und Kindern als Kriegsopfer wurden in Anlehnung an die Gräuel des Zweiten Weltkriegs auf Demonstrationsplakaten und ähnlichem gezeigt und den Kameras entgegen gehalten.[27] Der an Angst, Bedrohung und den Wunsch nach Sicherheit gekoppelte Endzeittopos war einerseits ein zentrales Mittel im Kampf um die Aufmerksamkeit der Medien. Andererseits diente er aber auch, im Angesicht der vermeintlich bevorstehenden Katastrophe, zur Mobilisierung neuer Sympathisanten. So hielten beispielsweise Abgeordnete der Grünen-Fraktion während eines Redebeitrags zum NATO-Doppelbeschluss von Bundeskanzler Helmut Kohl am 21. November 1983 im Bundestag, Protestplakate in die Höhe, die Bilder von Opfern des Nationalsozialismus zeigten.[28] Bei einer weiteren Debatte, einen Tag später, zeigte Petra Kelly am Rednerpult ebenfalls ein Plakat mit der Aufschrift: »Wirst du sagen, du hast nichts gewußt?« Die Abgeordneten ihrer Fraktion taten es ihr gleich.[29]

Bilder von atomar zerstörten Städten, wie Nagasaki oder Hiroshima, gehörten ebenso zum visuellen Symbolrepertoire der Friedensbewegung. Wie bereits die Studentenbewegung nutzte die Friedensbewegung damit die dokumentarische Kraft von Kriegsfotografien zur Abschreckung, aber auch zur moralischen und emotionalen Mobilisierung. Gerade in der Aneinanderreihung von Kriegsbildern aus unterschiedlichen Zeiten wurde die Zerstörungsmacht und Unmenschlichkeit von Krieg ins überzeitlich Universelle gehoben. In pathetischem Gestus wurde das apokalyptische Zerrbild einer Welt gezeichnet, die dank des rüstungstechnischen »Overkills« alsbald in Schutt und Asche liegen und auf der Hunger, Massenmord und Vernichtung herrschen würden.[30]

## Performativer Medien-Protest und kollektive Körpersymbolik

Der Körper ist schon immer das wichtigste Medium für Protestkommunikation gewesen. Massenaufzüge vor den Zentren der Macht, soziale Aufstände und Revolutionen, aber auch vereinzelt auftretende Straßendemonstrationen machten seit jeher den Unmut und die Kritik einer gesellschaftlichen Gruppe öffentlich sichtbar und performativ erfahrbar: durch den körperlichen Einsatz vieler Einzelner und ihrer Formation zu einem symbolischen Kollektivkörper. Öffentliche Protestaktionen waren dabei in doppelter Hinsicht performativ:hier vereinten sich individueller und kollektiver Körpereinsatz als Protest im Vollzug, wobei Anliegen und Ziel auf beiden Ebenen in der expressiven Art und Weise des körperlichen Agierens artikuliert wurden.[31] Im Sinne von *action mobilization* wurde die öffentliche Sichtbarkeit eines Kollektivkörpers dabei zum politischen Argument.[32] Mit der gewachsenen Bedeutung expressiver Funktionen von Protest veränderten sich auch dessen Erscheinungsformen. Den zentral organisierten und ritualisierten Aufzügen und Demonstrationen traten spontanere, aktionistischere und expressivere Formen zur Seite, wie Sitzblockaden, Sit-Ins, Kettenbildung oder Spaziergangdemos.[33]

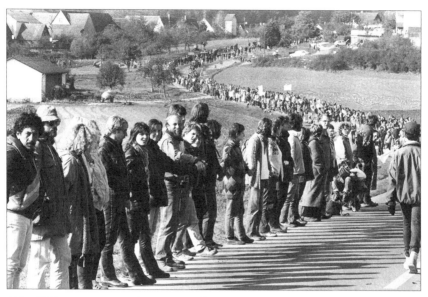

Abb. 27. Demonstranten formen am 22. Oktober 1983 entlang der Bundestrasse 10 zwischen Stuttgart und Neu-Ulm eine etwa 108 km lange Menschenkette, um gegen die Stationierung neuer Nuklearwaffen in der Bundesrepublik zu demonstrieren. Aufgenommen in der Nähe von Lonsee.

Abb. 28. Demonstranten setzen am 22. Oktober 1983 vor der US-amerikanischen Wiley Kaserne in Neu-Ulm zu einem symbolischen Massensterben an, um gegen die Stationierung neuer Nuklearwaffen in der Bundesrepublik zu protestieren.

Die Botschaft der Friedenbewegung wurde dementsprechend in den 1980er Jahren nicht nur auf Plakaten und Spruchbändern verbreitet, auch Demonstranten selbst wurden in der Art ihrer symbolischen Performance zu Akteuren und Übermittlern von Botschaften.[34] Gezielt setzten Protestierende ihre Körper ein, beispielsweise vor amerikanischen Militärstützpunkten oder Botschaften in der Bundesrepublik, um diese zu blockieren oder durch symbolische Akte, wie etwa das bildliche »Massensterben« in Anlehnung an Opfer vergangener Kriege, auf die möglichen Folgen der Nachrüstung in der Bundesrepublik aufmerksam zu machen. So etwa auch während der Aktionswoche vom 15.-22. Oktober 1983 in Bonn, wo Demonstranten am 22. Oktober vor der amerikanischen Botschaft in Bad Godesberg zur symbolischen Uhrzeit »fünf vor zwölf« am Ende eines 15 km langen Menschensterns zum rituellen »Massensterben« ansetzten.[35] Oder aber auch am Ende der Menschenkette von Stuttgart nach Neu-Ulm, wo ebenfalls Hunderte von Demonstranten vor der US-amerikanischen Wiley-Kaserne ein »Mass-Die-In« initiierten. Diese symbolträchtigen und zugleich pathetischen Akte wurde dann auch von den Redakteuren der Tagesschau ausgewählt, um die Beiträge über die Veranstaltung spektakulär zu untermalen.

Organisatoren in Bonn setzten zudem auf die auditive Verstärkung ihrer Botschaft mittels Autohupen, Pfeifen, Trommeln, Topfschlagen und Kirchenglocken. Das sollte sie »UNÜBERHÖRBAR machen«, wie es auf dem Veranstaltungsplakat des Koordinierungsausschusses für die Stadt hieß.[36] Auf diese Weise sollte der amtierenden Regierung Helmut Kohls lautstark verdeutlicht werden, dass ein großer Teil der Bevölkerung den von ihr eingeschlagenen Weg der Rüstungs- und Verteidigungspolitik nicht mittrug. Aber auch kollektives Schweigen wurde als Mittel des Protests eingesetzt. So fand beispielsweise am 21. Oktober 1983 eine Mahnwache entlang der Bannmeile um das Bundeskanzleramt in Bonn statt, wo im Gedenken an die Opfer von Hiroshima und Nagasaki um 18.55 Uhr eine Schweigeminute einlegt wurde.[37]

Diese Beispiele zeigen bereits, dass in der Protestkultur der Friedensbewegung die körperliche Performativität eng verbunden war mit ihrer massenmedialen Performativität. Wie auch andere soziale Bewegungen hatte die Friedensbewegung früh erkannt, dass ihr Protest nur dann wirksam war, wenn er von den Massenmedien wahrgenommen und aufgegriffen wurde.[38] Dabei erwiesen sich gerade die erwähnten ereignishaften Protestaktionen als geeignet, die Aufmerksamkeit der Medien zu gewinnen. Sie ermöglichten es, das abstrakte und komplexe Protestanliegen einem dispersen Publikum performativ zu vermitteln: in Reportagen und Bildern, welche die Protestierenden als kollektive und individuelle Akteure in ihrer körperlichen Performativität zeigten und den damit verbundenen Widerstand einem unbeteiligten und verstreutem Publikum sicht- und erfahrbar machten.

In dieser Hinsicht war die gewaltfreie Selbstinszenierung von zentraler Bedeutung. Generell betonten die Aktivisten in ihren Aktionsformen ihre pazifistischen Grundüberzeugungen durch die Verweigerung von Gewalt und die Hervorhebung humanistischer Werte wie Gemeinschaft, Bürgersinn und Altruismus. In gewaltfreien Aktionen wie Sitzblockaden, Menschenketten oder dem symbolischen Massensterben inszenierten sie vor den Kameras der Medien den menschlichen Körper als übergeordnetes Symbol von »Menschlichkeit«. Indem sie sich dabei auch immer wieder zum duldenden Opfer von polizeilicher Gewalt machten, führten sie öffentlichkeitswirksam den Staat als aggressiven Gegner vor.[39]

Da sie ihre Aktionen konsequent im Zeichen von Gewaltfreiheit, Gemeinschaftssinn sowie von Leitwerten wie individueller Selbstentfaltung realisierten, gelang es ihnen, die Bilder in der Medienöffentlichkeit erfolgreich zu beeinflussen. Dies spiegelt auch die Betrachtung eines Großteils des Presseechos zur Aktionswoche im Herbst 1983 wider. Quer durch die bundesdeutsche Medienlandschaft hinweg wurden Bilder von tanzenden, singenden und lachenden Demonstranten gezeigt, die sich in friedlicher Weise der Entscheidung des Bundestages und der NATO entgegensetzten, um die Dislozierung neuer atomarer Waffen auf west-deutschem Boden doch noch in letzte Minute verhindern zu können.[40]

Viele dieser Pressebilder machen zudem deutlich, dass die Protestaktionen der Friedensbewegung direkt darauf abzielten, in den Medien dokumentiert und verbreitet zu werden. So etwa ein im Magazin *Der Spiegel* abgedrucktes Pressebild: Es zeigt eine größere Menge Aktivisten, die sitzend den Zugang zum westdeutschen Verteidigungsministerium blockieren. In vorderster Front halten sie den Kameras ein langes Transparent entgegen, das die Aufschrift trägt: »Wir blockieren das Amt zur Abschlachtung der Menschheit.«[41] Damit präsentiert das Foto eine starke visuelle und sprachliche Polarisierung zwischen den Aktivisten als »Verteidigern des Friedens« und dem Staat – sichtbar in Gestalt der Polizisten im Hintergrund – als »Menschenschlächter«.[42] Im Sinne von *action mobilization* wurde dabei der kollektive Protestkörper visuell besonders anschaulich zum Argument: während die konkreten Adressaten des Protestes (das Verteidigungsministerium) nicht bzw. der Staat in Vertretung der Polizei nur im Hintergrund zu sehen sind, liegt der visuelle Fokus auf der einheitlichen Gemeinschaft der Aktivisten. Die performative Botschaft ihrer kollektiven Präsenz wurde durch die Großaufnahme des anklagenden Transparentes damit wirkungsvoll betont.

Die visuell-rhetorische Polarisierung zwischen »Menschenkörper« und »Waffenkörper«, war ein wiederkehrender Topos – nicht nur, wie zuvor gezeigt, auf den Protestplakaten, sondern auch bei öffentlichen Protestaktionen vor den Kameras der Massenmedien. Bei Demonstrationen wurden aus Pappmaché hergestellte Atomsprengköpfe getragen, umzingelt, zerstört und waren damit ritualisierte Elemente des symbolisch-performativen Widerstandes gegen einen personell ungreifbaren Gegner.

## Personalisierung des Protests

Als weitere Strategie der visuellen Mobilisierung der Medienöffentlichkeit ist die Personalisierung des Protestes durch prominente Persönlichkeiten zu erwähnen. Neben Aktivisten wie beispielsweise Petra Kelly und Gert Bastian, war vor allem Heinrich Böll ein wichtiger Fürsprecher, der der Bewegung in der Öffentlichkeit ein Gesicht verlieh und ihr bis weit ins bürgerliche Milieu hinein Sympathien und Unterstützung verschaffte.[43]

Vor allem die gewaltfreie Blockade des Pershing II-Stationierungsortes in Mutlangen im Spätsommer 1983 wurde zu einer Aktion, die durch die Präsenz prominenter Mitstreiter zu einem Medienereignis wurde. In langer Vorbereitung hatten die Aktivisten den 1. September 1983 als symbolträchtiges Datum für ihren »Anti-Kriegstag« ausgewählt, der zugleich an den Einmarsch deutscher Truppen in Polen erinnerte.[44] Nachdem bereits Wochen vorher in Mutlangen ein Friedenscamp aufgebaut worden war und diverse einzelne Blockadeaktionen die Aufmerksamkeit der Medien suchten, wurde der 1. September durch die Teilnahme von bekannten Intellektuellen wie Petra Kelly, Heinrich Böll, Günter Grass und Walter Jens als Prominentencamp ein Protestereignis mit erhöhtem Nachrichtenwert.

Zwei Bilder prägen bis heute die öffentliche Wahrnehmung und Erinnerung an dieses Ereignis: zum einen ein Foto der lachenden Petra Kelly, das sie mit einem militärischen Stahlhelm auf dem Kopf zeigt, an den Blumen geheftet sind (Abb. 20); zum anderen ein Foto vom Prominentencamp, das neben Böll und Bastian auch Oskar Lafontaine und andere bekannte Persönlichkeiten zeigt, umgeben von einer großen Protestgemeinschaft (Abb. 29).

Das Porträt von Kelly repräsentiert in geradezu prototypischer Weise die Strategie der symbolischen Vereinnahmung und der Umdeutung militärischer Insignien durch die Friedensbewegung. Die kriegerische Funktion des Militärhelms wird hier ironisch verweigert, indem der Helm durch die Dekoration mit Blumen, einem klassischen Friedenssymbol, in seiner militärischen Bedeutung konterkariert wird. Blumen als Ausdruck einer im alternativen Milieu utopisch überhöhten Natur[45] stehen hier für »Leben« und werden dem zerstörerischen Prinzip des Krieges gegenübergestellt. Auf dem Kopf von Kelly als Symbolfigur der Bewegung war dieses

Abb. 29. Heinrich Böll, umgeben von Oskar Lafontaine, Annemarie Böll, Gert Bastian, Petra Kelly u.a., bei der sogenannten »Prominentenblockade« gegen die Stationierung von Mittelstreckenraketen am US-amerikanischen Militärstützpunkt in Mutlangen 1983.

Bild geeignet, zu einer Bildikone des Protestes zu werden, die zur expressiven Identifikation einlud.

Auch das andere Bild vom Prominentencamp, morgens früh gegen fünf Uhr aufgenommen, könnte in der Rückschau als positives Identifikationsbild verstanden werden. Bei genauerer Betrachtung aber zeigt sich, dass es eher eine visuelle Dekonstruktion der Bewegung darstellt, was Herkunft und Kontext des Fotos auch unterstützen. Wie Fabio Crivellari in seiner detailgenauen Bildrecherche und -analyse zeigt, handelt es sich bei dem Bild der Fotografin Barbara Klemm um ein Anti-Bild der Bewegung.[46] Klemm machte das Bild im Auftrag der *Frankfurter Allgemeinen Zeitung* (FAZ), die es in ihrem journalistischen Feldzug gegen die Aktivisten als Symbolbild einsetzte. Das für die *FAZ* decouvrierende Moment liegt in der quasi-religiösen Ikonografie begründet: es zeigt eine nächtliche Szenerie, in der am linken Bildrand Heinrich Böll als einziger erhoben und in nachdenklicher Pose auf einem Schemel sitzt, angestrahlt von den Scheinwerfern der Kamerateams und dicht umzingelt von den um ihn herum auf dem Boden hockenden Aktivisten. In seiner erhöhten Sitzposition sowie durch seine im

Stile des klassischen Chiaroscuro angestrahlte Figur erhält er die Aura eines Propheten, der von seinen ihm ergebenen Jüngern umgeben ist. Da sämtliche expressiv aufgeladenen Friedenssymbole hier fehlen, diente das Foto der konservativen *FAZ* dazu, die Friedensbewegung als eine kommunistisch unterwanderte und zugleich realitätsferne Glaubensgemeinschaft darzustellen, die in ihrer Praxisferne die notwendige militärische Sicherung der Bundesrepublik und ihrer Verbündeten gefährdete.[47]

Die beiden Fotos ein und desselben Ereignisses sind also mit divergierenden Botschaften und Strategien verbunden und demonstrieren anschaulich die Grenzen zwischen visueller Selbst- und Fremddarstellung der Bewegung.

## Fazit

Der Blick auf die visuellen Strategien massenmedialer Mobilisierung in der Friedensbewegung zeigt, dass diese unmittelbar an die Protestformen anschlossen, die sich seit der Studentenbewegung im alternativen Protestmilieu etabliert hatten. In ihrer Symbolik und ihren expressiven Protestritualen wies die Friedensbewegung vor allem mit der Umwelt- und Anti-Atomkraftbewegung ein gemeinsames visuelles Arsenal auf. In besonderer Weise aber überhöhte die Friedensbewegung in ihren Protestformen den menschlichen Körper als Symbol für habituelle Werte des Alternativmilieus (wie Individualität und Selbstbestimmung), ideell-pazifistische Werte der Friedensbewegung (wie Gewaltfreiheit) sowie übergreifende humanistische Werte des breiteren christlich geprägten Bürgertums (wie Altruismus und Nächstenliebe). Wichtiges Element waren hierbei die der christlichen Ikonografie entstammenden Bilder und Symbole, wie etwa die Friedenstaube oder das Schwerter zu Pflugscharen-Zeichen – aber auch die religiös kodierte performative Symbolik des gewaltfreien Protestes.

Die in der Medienöffentlichkeit erfolgreich durchgesetzte Verbindung unterschiedlicher Leitwerte und Symbolwelten dürfte entscheidend dazu beigetragen haben, dass die wesentlichen Ziele der Friedensbewegung schon damals milieu-übergreifend konsensfähig wurden.

*Literatur*

Die Ausbildung eines im alternativen Milieu verankerten Protesthabitus untersucht Hellmann ausführlich, wobei er im Anschluss an Schulzes

Studie zur Erlebnisgesellschaft das sogenannte »Selbstverwirklichungsmilieu« und seine habituellen Kodes als wesentliche Bezugspunkte aufzeigt. Für die Studentenbewegung am Ende der 1960er Jahre hat Fahlenbrach die habituell geprägten visuellen und massenmedialen Protestinszenierungen untersucht.

Das Wechselverhältnis zwischen Neuen Sozialen Bewegungen und den Massenmedien untersucht unter anderem Gitlin, der die Marginalisierung und Radikalisierung studentischer Proteste in der Darstellung US-amerikanischer Medien in den Vordergrund stellt; daneben Rucht, der in einem systematischen Modell vier unterschiedliche Arten der massenmedialen Mobilisierung durch soziale Bewegungen unterscheidet. In dem Sammelband von Fahlenbrach/Sivertsen/Werenskjold (i.V.) werden aktuelle Fallstudien zur Interaktion zwischen Protestbewegungen und Massenmedien unter besonderer Berücksichtigung des Framing-Ansatzes diskutiert.

Zur visuellen Strategie der Friedensbewegung siehe Ziemann, der den Fokus seiner Untersuchung auf ca. 600 Plakate legt, die von der deutschen Friedensbewegung von 1945 bis in die 1990er Jahre zu verschiedensten Anlässen veröffentlicht wurden. Klimke und Stapane (i.V.) beschreiben die mediale Strategie der Friedensbewegung und der Partei Die Grünen anhand zweier Beispiele, nämlich der *Künstler für den Frieden*-Veranstaltungen sowie der *Grünen Raupe*.

Fahlenbrach, Kathrin: Protestinszenierungen. Visuelle Kommunikation und kollektive Identitäten in Protestbewegungen. Wiesbaden 2002.

Dies./Sivertsen, Erling/Werenskjold, Rolf (Hg.): Media in Revolt. Protest Performances in the Media. New York, NY/Oxford (i.V.).

Gitlin, Todd: The Whole World is Watching. Mass Media in the Making and Unmaking of the Left. Berkeley, CA 1980.

Hellmann, Kai-Uwe: Systemtheorie und Neue Soziale Bewegungen. Identitätsprobleme in der Risikogesellschaft. Opladen 1996.

Klimke, Martin/Stapane, Laura: From Artists for Peace to the Green Caterpillar: Cultural Activism and Electoral Politics in 1980s West Germany. In: Conze, Eckart/Klimke, Martin/Varon, Jeremy (Hg.): Accidental Armageddons: The Nuclear Crisis and the Culture of the Cold War in the 1980s (i.V.).

Rucht, Dieter: The Quadruple ›A‹: Media Strategies of Protest Movements since the 1960s. In: van de Donk, Wim/Loader, Brian D./Nixon, Paul G./Rucht, Dieter (Hg.): Cyber Protest. New Media, Citizens and Social Movements. London/New York, NY 2004, S.29-57.

Schulze, Gerhard: Die Erlebnisgesellschaft. Kultursoziologie der Gegenwart. Frankfurt/Main 1992/1996 (6. Aufl.).

Ziemann, Benjamin: The Code of Protest. Images of Peace in the West German Peace Movement 1945-1990. In: Contemporary European History, 17 (2008).

*Anmerkungen*

[1] Die Angaben über Teilnehmerzahlen schwanken. Offiziellen Angaben des Bundesinnenministeriums zufolge nahmen bundesweit 500.000 Personen an den Kundgebungen der Friedenbewegung teil, die Veranstalter sprachen hingegen von 1,3 Millionen Anhängern.

[2] Plakat »Volksversammlung für den Frieden«, Württembergische Landesbibliothek Stuttgart, Dokumentationsstelle für unkonventionelle Literatur, Plakatsammlung, 1983 G, Friedensbewegung X, Mappe 1 (fortan DfuL); zum Programm der Veranstaltung in Bonn siehe Plakat »Aktionswoche vom 15.-22.10.83 in Bonn«, ebenda, Plakatsammlung, 1983 G, Friedensbewegung X, Mappe 1. Ebenda Plakatsammlung, 1983 G, Friedensbewegung X, Mappe 1.

[3] Tagesschau, 22.10.1983, URL: http://www.myvideo.de/watch/5333376/Tagesschau_22_10_83_P1_2.

[4] Tagesschau, 22.10.1983. Die Teilnehmerzahlen schwankten auch hier zwischen 190.000 (offiziell) und 300.000 (inoffiziell).

[5] Tagesschau, 22.10.1983. Für Fotomaterial zur Menschenkette von Stuttgart nach Neu-Ulm siehe auch, URL: http://www.udo-leuschner.de/nachruestung/831022.htm.

[6] Zum Framing der Protestformen der Friedensbewegung durch ein emphatisches, linksalternatives Politikverständnis siehe Tim Warneke: Aktionsformen und Politikverständnis der Friedensbewegung. Radikaler Humanismus und die Pathosformel des Menschlichen«. In: Sven Reichardt/Detlef Siegfried (Hg.): Das Alternative Milieu. Antibürgerlicher Lebensstil und linke Politik in der Bundesrepublik Deutschland und Europa 1968-1983. Göttingen 2010, S. 445-472.

[7] In Mutlangen fand vom 1.-3.9.1983 eine dreitägige Blockade des US-Militärstützpunktes bei Schwäbisch Gmünd statt.

[8] So initiierten Aktivisten u.a. am 15.10.1983 ein symbolisches Massensterben vor dem Hauptquartier der US-Streitkräfte in Heidelberg. Siehe Fotosammlung Udo Leuschner, URL: http://www.udo-leuschner.de/nachruestung/index.htm.

[9] Eine der größten und erfolgreichsten Veranstaltungen der »Künstler für den Frieden«-Reihe, die von den Organisatoren des Krefelder Appells ausgerichtet wurde, fand beispielsweise am 11.9.1982 im Bochumer Ruhrstadion mit ca. 200.000 Besuchern statt. Eine großangelegte PR-Kampagne hatte im Vorfeld Werbung für diese Veranstaltung gemacht, bei der mehr als 200 nationale wie internationale Künstler auftraten. Siehe Martin Klimke/Laura Stapane: From Artists for Peace to the Green Caterpillar: Cultural Activism and Electoral Politics in 1980s West Germany. In: Eckart Conze/Martin Klimke/Jeremy Varon (Hg.): Accidental Armageddon. The Nuclear Crisis and the Culture of the Cold War in the 1980s. (i.V.).

[10] Zum Thema »Kirchen« siehe den Beitrag von Jan Ole Wiechmann und Sebastian Kalden in diesem Band.

[11] Gerhard Schulze: Die Erlebnisgesellschaft. Kultursoziologie der Gegenwart. Frankfurt/Main 1992/1996 (6. Aufl.) sowie Kai-Uwe Hellmann: Systemtheorie und Neue Soziale Bewegungen. Identitätsprobleme in der Risikogesellschaft. Opladen 1996.

[12] Reichardt/Siegfried: Das Alternative Milieu.

[13] Hierzu ausführlich Hellmann: Systemtheorie; Roland Roth/Dieter Rucht (Hg.): Die sozialen Bewegungen in Deutschland seit 1945. Ein Handbuch. Frankfurt/Main 2008

[14] Zu Umgangsformen in der Studentenbewegung siehe Joachim Scharloth: 1968. Eine Kommunikationsgeschichte. Paderborn 2011; zu kontestativen Kleiderkodes Ende der 1960er Jahre siehe Kathrin Fahlenbrach: Protestinszenierungen. Visuelle Kommunikation und kollektive Identitäten in Protestbewegungen. Wiesbaden 2002, S. 199ff.; zu musikalischen Kodes im Umfeld der Studentenbewegung siehe Beate Kutschke (Hg.): Musikkulturen in der Revolte. Stuttgart 2008; zur Ausbildung des expressiven Protest-Habitus im Umfeld der Studentenbewegung ausführlich Fahlenbrach: Protestinszenierung.

[15] Plakat »Atomraketen verschrotten!«, DfIU, Plakatsammlung, 1983 G, Friedensbewegung X, Mappe 1.

[16] Mit Verweis auf jüdische Wurzeln zeigt Warneke aufschlussreich, dass der Begriff des »Menschen« in der Friedensbewegung romantisch besetzt ist und meist in moralischer Appellrhetorik eingesetzt wird. Warneke: Aktionsformen.

[17] Plakat »Pershing II – Cruise Missiles. Nein!«, DflU, Plakatsammlung, 1983 G, Friedensbewegung X, Mappe 1.

[18] Diesen Stil hat u.a. der in der alternativen Szene beliebte Zeichner Gerhard Seyfried geprägt, der auch für die Berliner Grünen Wahlplakate gestaltet hat. Siehe dazu auch Kathrin Fahlenbrach: Die Grünen. Neue Farbenlehre der Politik. In: Gerhard Paul (Hg.): Das Jahrundert der Bilder. Band II: 1949 bis heute. Bonn 2008, S. 474-481.

[19] Plakat »Noch ist es Zeit zur Umkehr: Stoppt den Rüstungswahnsinn. NEIN zu Pershing II und Cruise Missiles!«, DfuL, Plakatsammlung, E86 Friedensbewegung X, Mappe 2.

[20] Zur Nähe zwischen Friedensbewegung und Umweltbewegung siehe den Beitrag von Silke Mende und Birgit Metzger in diesem Band.

[21] Siehe dazu auch Abbildung 22 in Rainer Eckerts Beitrag in diesem Band.

[22] Siehe dazu auch den Beitrag von Sebastian Kalden und Jan Ole Wiechmann in diesem Band.

[23] Das Tragen der violettfarbenen Kirchentagstücher konnte aber auch Kontroversen auslösen. So geschehen am 22.10.1983 als 15 Mitglieder der Grünen-Fraktion innerhalb der Bannmeile als Gruppe festgenommen wurden und Otto Schily (Die Grünen) dieses Vorgehen der Ordnungskräfte daraufhin im Bundestag auf das Schärfste verurteilte. Siehe Protokoll der 36. Sitzung des Deutschen Bundestages vom 22.11.1983, S. 2510 sowie Bilddatenbank des Bundesarchivs: B 145 Bild-00047579.

[24] So wurde beispielsweise die Friedensdemonstration im Bonner Hofgarten am 22.10.1983 von einer Raketenattrappe begleitet. Zu finden im Bilderarchiv von AP Images: 8310221240.

[25] Der Pappmaché-»Schiessburger« war Teil einer Demonstration von Anti-Atomkraftgegnern auf dem Münsterplatz in Bonn am 4.4.1981. Zu finden im Bildarchiv von ullstein bild: 00775200.

[26] Siehe dazu auch Benjamin Ziemann: The Code of Protest. Images of Peace in the West German Peace Movement 1945-1990. In: Contemporary European History, 17 (2008), S. 248.

[27] Siehe dazu auch Ziemann: The Code of Protest, S. 250-252.

[28] Protokoll der 35. Sitzung des Deutschen Bundestages vom 21.11.1983, S. 2330.

[29] Das Plakat zeigte unterhalb des Schriftzugs das Symbol eines auf dem US-Militärflughafen in Hahn (Hunsrück) stationierten amerikanischen Luftgeschwaders (50th Tactical Fighter Wing): ein fledermausartiger Adler vor einer explodierenden Atombombe. Protokoll der 36. Sitzung des Deutschen Bundestages vom 22.11.1983, S. 2520.

[30] Zu nuklearen Untergangsszenarien siehe auch den Beitrag von Philipp Baur in diesem Band.

[31] Performativität verstehen wir hier im Sinne von Christoph Wulf: »Soziales Handeln wird als *performance*, Sprechen als *performatives Handeln* und *Performativität* als ein abgeleiteter, diese Zusammenhänge übergreifend thematisierender Begriff verstanden.« *Performances* sind dabei konkrete »Aufführungssituationen«, die ein spezifisches Publikum einbeziehen. In: Christoph Wulf: Zur Genese des Sozialen Mimesis, Performativität, Ritual. Bielefeld 2005, S. 12. Zur Körperpolitik siehe auch den Beitrag von Susanne Schregel in diesem Band.

[32] Bemüht sich »consensus mobilization« um inhaltliche Unterstützung des Protestes in Form von Argumentationen, geht es hier »(…) vorrangig darum, den Körper für den Protest zur Verfügung zu stellen. Action mobilization spielt sich überwiegend in der Öffentlichkeit ab, auf der Straße, vor den Kameras: Präsentation des Mobilisierungspotentials durch Anwesenheit.« Hellmann: Systemtheorie, S. 239.

[33] Zu Straßenprotest auch Bernd Jürgen Warneke (Hg.): Massenmedium Straße. Zur Kulturgeschichte der Demonstration. Frankfurt/Main 1991; Kathrin Fahlenbrach: Protest-Räume. Medien-Räume. Zur rituellen Topologie der Straße als Protest-Raum. In: Sandra Maria

Geschke (Hg.): Straße als kultureller Aktionsraum. Interdisziplinäre Betrachtungen des Straßenraums an der Schnittstelle zwischen Theorie und Praxis. Wiesbaden 2008, S. 98-111.

[34] Siehe dazu auch Gerhard Spörl: Wenn es »heiß« wird. Das Programm der Friedensbewegung. In: Die Zeit, 41, 7.10.1983.

[35] Tagesschau, 22.10.1983, URL: http://www.myvideo.de/watch/5333376/Tagesschau_22_10_83_P1_2.

[36] Plakat »Aktionswoche vom 15.-22.10.83 in Bonn«, inklusive Programm, DfuL, Plakatsammlung, 1983 G, Friedensbewegung X, Mappe 1.

[37] Spörl: Wenn es »heiß« wird.

[38] Zur Wechselwirkung von Protestbewegungen und Massenmedien u.a. Todd Gitlin: The Whole World is Watching. Mass Media in the Making and Unmaking of the Left. Berkeley 1980; Dieter Rucht: The Quadruple ›A‹: Media Strategies of Protest Movements since the 1960s. In: Wim van de Donk/Loader Brian D./Paul G. Nixon/Dieter Rucht (Hg.): Cyber Protest. New Media, Citizens and Social Movements. London/New York, NY 2004, S.29-57; Fahlenbrach: Protestinszenierung.

[39] Zum Thema »Polizei« siehe auch den Beitrag von Michael Sturm in diesem Band.

[40] So hatte beispielsweise Heinrich Böll zum Auftakt der Hauptkundgebung in Bonn den Demonstranten für ihre Gewaltlosigkeit gedankt.

[41] Der Spiegel, 43, 24.10.1983, S. 19. Zur Inszenierung von Pressefotos von Seiten der Friedensbewegung siehe auch Beitrag von Susanne Schregel in diesem Band. Bes. Abbildung 18.

[42] Zur Rolle der Polizei bei Demonstrationen siehe den Beitrag von Michael Sturm in diesem Band.

[43] Siehe dazu auch den Beitrag von Saskia Richter in diesem Band.

[44] Zur Symbolaktion in Mutlangen siehe ausführlich Fabio Crivellari: Blockade. Friedensbewegung zwischen Melancholie und Ironie. In: Gerhard Paul (Hg.): Das Jahrhundert der Bilder, Bd. 2: 1949 bis heute. Göttingen 2008, S. 482-489.

[45] Zum ideellen Naturbegriff im alternativen Milieu siehe auch den Beitrag von Silke Mende und Birgit Metzger in diesem Band.

[46] Crivellari: Blockade, S. 487.

[47] Ebenda. Zur Berichterstattung in den bundesdeutschen Printmedien generell siehe Regina Wick: »Eine Bewegung, über die nicht berichtet wird, findet nicht statt.« Das Bild der Friedensbewegung in bundesdeutschen und britischen Zeitungen. In Cordia Baumann/Sebastian Gehring/Nicolas Büchse (Hg.): Linksalternative Milieus und Soziale Bewegungen in den 1970er Jahren. Heidelberg 2011, S. 133-159.

# 14. Kirchen

Sebastian Kalden und Jan Ole Wiechmann

Die beiden christlichen Großkirchen bildeten einen der wichtigsten Resonanzräume für die friedens- und sicherheitspolitischen Debatten in der Bundesrepublik Deutschland um 1980. Bereits in den 1960er und 1970er Jahren waren sowohl Protestantismus als auch Katholizismus besonders von gesellschaftlichen Wandlungsprozessen herausgefordert. Individualisierung, Pluralisierung und Säkularisierung führten zu einer »Neuformierung des Religiösen«[1] und brachten alternative Sinn- und Orientierungsangebote hervor.

Jedoch kam den Kirchen zur Zeit der neuen Friedensbewegung noch immer eine hohe gesellschaftliche Bedeutung zu. Als integrale Institutionen, die zeitgenössisch noch mehr als 85 Prozent der Bevölkerung in sich vereinten, boten sie eine Plattform für den Austausch sicherheitspolitischer Positionen.[2] Diese bedeutende Aufgabe innerhalb der Gesellschaft übernahmen sie in Gemeinden, Diözesen, Landeskirchen und den überregionalen kirchenleitenden Gremien, aber auch in Verbänden, Initiativen und Akademien sowie auf Kirchentagen.

Die intensiven kirchlichen Diskussionen in der Nuklearkrise repräsentierten einen spezifischen Ausdruck gesamtgesellschaftlicher Entwicklungen. Paradigmatisch zeigt sich hier, dass man Kirchen- und Religionsgeschichte nicht von einer allgemeinen Politik- und Gesellschaftsgeschichte trennen kann, sondern dass diese in ihren Abhängigkeiten und Interdependenzen aufeinander zu beziehen sind. Gerade vor dem Hintergrund der engen Beziehung religiöser und politischer Identitäten dürfen Politik und Religion somit nicht als zwei gänzlich autonome Bereiche der Gesellschaft begriffen werden.[3] Wichtig für die Analyse der friedens- und sicherheitspolitischen Debatten in den Kirchen um 1980 ist deshalb die Einbeziehung des komplexen Wechselverhältnisses der Kirchen zum politischen, gesellschaftlichen und soziokulturellen Umfeld.

## Auseinandersetzungen um Frieden und Sicherheit in der Evangelischen Kirche

Im Ausklang der 1970er Jahre bildete die Kontroverse zwischen den Initiativen *Ohne Rüstung leben* und *Sicherung des Friedens* den Auftakt der neuen sicherheitspolitischen Debatte in der Evangelischen Kirche.

Der württembergische Zusammenschluss Ohne Rüstung leben trat schon im Jahr 1978 mit dem programmatischen Aufruf »An alle Christen« in die Öffentlichkeit. In diesem formulierte die Initiative eine pazifistische Selbstverpflichtung, die bewusst auf das Antimilitarismusprogramm des *Ökumenischen Rates der Kirchen* aus dem Jahr 1975 rekurrierte: »Ich bin bereit, ohne den Schutz militärischer Rüstung zu leben. Ich will in unserem Staat dafür eintreten, dass Frieden ohne Waffen politisch entwickelt wird.«[4] Gerade nach dem NATO-Doppelbeschluss von 1979 konnte Ohne Rüstung leben beachtliche Erfolge und öffentliche Aufmerksamkeit verbuchen. Bundesweit bildeten sich etwa 100 Regionalgruppen, und bis November 1983 unterschrieben 24.300 Menschen ihren Aufruf.[5]

Ein Ergebnis der intensiven Beschäftigung mit Ohne Rüstung leben im westdeutschen Protestantismus war die Gründung des Arbeitskreises Sicherung des Friedens. Diese Gruppe zum Teil prominenter evangelischer Christen publizierte im Juli 1980 eine Erklärung »An die evangelischen Christen!«, die explizit als Antwort auf das pazifistische Programm von Ohne Rüstung leben formuliert wurde. Für Sicherung des Friedens war notfalls der bewaffnete »Schutz des Lebens, der grundlegenden Menschenrechte und der Freiheit« geboten. Die Initiative wandte sich dagegen, biblische Aussagen als konkrete sicherheitspolitische Handlungsanweisungen zu begreifen; dem Staat wurde auch im nuklearen Zeitalter »das Amt der Machtverwaltung als eine Notverordnung Gottes« zugestanden.[6]

Beide Texte markierten das Spektrum, das die Friedensdiskussion in den evangelischen Kirchen während der 1980er Jahre bestimmte. Vor dem Hintergrund der gesellschaftlichen Auseinandersetzungen im Zuge des NATO-Doppelbeschlusses schlug sich der Disput zwischen Ohne Rüstung leben und Sicherung des Friedens deshalb in zahlreichen Medienberichten sowie bei Tagungen und in Publikationen nieder.

Eine wichtige Rolle für die christliche Friedensdiskussion und Friedensbewegung um 1980 spielten auch die *Festivals der Friedensdienste*, die ab 1974 im unterfränkischen Friesenhausen und dann ab 1978 in Beienrode (Niedersachsen) jährlich zu Pfingsten stattfanden. Nachdem die Veranstalter *Aktion Sühnezeichen/Friedensdienste* (ASF) und die *Aktionsgemeinschaft Dienst für den Frieden* (AGDF) schon im Laufe der 1970er Jahre die Weltrüstungssituation verstärkt in den thematischen Mittelpunkt gerückt hatten, stellten sie sich ab 1980 ganz bewusst der Mobilisierung für die aufkommende neue Friedensbewegung. Dazu wurde die Planung der ersten bundesweiten Friedenswoche unter dem Motto »Frieden schaffen ohne Waffen« konzeptionell in das Programm für die etwa 3.600 Teilnehmer des 7. Pfingstfestivals integriert. Die Veranstaltung fungierte auf diese Weise als Sammelpunkt und Multiplikator.

Beeinflusst wurde die Friedenswochenidee von niederländischen Konzepten des *Interkirchlichen Friedensrats* (IKV), der diese Aktionsform schon
in den 1970er Jahren zum Exportartikel in der Bundesrepublik machte.
Verstärkt ab Ende des Jahrzehnts entstanden so nach niederländischem
Vorbild verschiedene regionale und lokale Aktivitäten.[7]

Im gesamten Bundesgebiet fanden schließlich vom 16.-22. November
1980 etwa 350 Friedenswochen statt. Das große Echo im christlichen Bereich, bei Bürgerinitiativen, Parteien, Gewerkschaften, Frauengruppen,
Seniorenkreisen, Friedensdiensten, Abrüstungsinitiativen oder Dritte-
Welt-Gruppen sorgte dafür, dass sich die Initiative *Frieden schaffen ohne
Waffen* als ein wichtiger Bestandteil der neuen Friedensbewegung etablierte. Obwohl die bundesweiten Friedenswochen im Einzelnen einen dezentralen Charakter besaßen, übernahmen ASF und AGDF eine organisatorische Katalysatorfunktion und gaben wichtige Impulse für die inhaltliche
Entwicklung.[8]

Die besondere Rolle der Christen drückte sich auch in Zahlen aus: Im
Jahr 1981 liefen 93,3% der Friedenswochen unter Beteiligung kirchlicher
Gruppen ab. Bei rund einem Viertel engagierten sich ausschließlich christliche Veranstalter, die lediglich bei knapp sieben Prozent der gesamten
Aktionsbündnisse fehlten.[9] Dass 1981 mit 3.000-4.000 Friedenswochen etwa
zehnmal so viele stattfanden als im Vorjahr, hängt zum einen damit zusammen, dass sich 13 von 17
evangelischen Landeskir-
chen die Aktionsform zu Eigen machten. So eiferten
die westdeutschen Kirchenleitungen ihren Partnerkir-
chen in der DDR nach, wo
der *Bund der Evangelischen
Kirchen* seit 1980 Friedensdekaden veranstaltete.[10] Zum
anderen ist die Expansion
der Friedenswochenaktivitä-
ten in der Bundesrepublik

Abb. 30. Cover »Die neue
Friedenbewegung – Auf-
marsch gegen die Rüstung«,
15. Juni 1981.

mit dem Durchbruch der neuen Friedensbewegung zur Massenbewegung im Jahr 1981 verbunden. An diesem Prozess hatten die christlichen Organisationen wiederum selbst stark mitgewirkt.

## Kirchentag 1981 als Katalysator auf dem Weg zum »Nein ohne jedes Ja«

Die immensen Mobilisierungsleistungen der christlichen Friedensbewegung traten 1981 auf dem Evangelischen Kirchentag in Hamburg zu Tage. Diese Großveranstaltung machte die Renaissance der Themen Frieden und Sicherheit in der Evangelischen Kirche endgültig sichtbar. Zugleich zeigte sie paradigmatisch, dass die Kirchentage dieser Jahre nicht nur als Plattform rüstungskritischer Positionen dienten, sondern eine bedeutende »Knotenfunktion des Koordinations- und Kooperationsraumes« für die neue Friedensbewegung insgesamt entwickelten.[11]

Neben dem offiziellen Kirchentagsprogramm, das unter dem umstrittenen Motto »Fürchte Dich nicht!« zahlreiche öffentlichkeitswirksame Kontroversen zum Friedensthema evozierte, kam der großen Friedensdemonstration am 20. Juni 1981 eine besondere Bedeutung zu. Sie wurde mit ihren 70.000-100.000 Demonstranten zum ersten großen sichtbaren Ausrufezeichen der christlichen wie der gesamtgesellschaftlichen Friedensbewegung der 1980er Jahre. Insgesamt hatten sich über 180 Gruppen und Organisationen einem Aufruf angeschlossen, in dem der NATO-Doppelbeschluss abgelehnt und der »Widerstand gegen den atomaren Wahnsinn als Überlebensbedingung für die ganze Menschheit« propagiert wurde.[12]

Der Hamburger Kirchentag offenbarte zum einen die massenhafte Basis der folgenden Friedensdemonstrationen, er besaß zum anderen aber auch eine Scharnierfunktion für die weitere organisatorische und inhaltliche Entwicklung der neuen Friedensbewegung. So konnte der zwischen der ASF und dem IKV entwickelte Planungsprozess für eine Großdemonstration am 10. Oktober 1981 in Bonn entscheidend vorangetrieben werden. Ein Bündnis christlicher und nicht-christlicher Gruppen einigte sich auf einen entsprechenden Aufruf und übertrug der ASF und der AGDF die Verantwortung.[13] Die Vorbereitung und Durchführung der Bonner Demonstration durch diese christlichen Initiativen brachte zugleich Strukturen hervor, die die gesamtgesellschaftlichen Friedensproteste in der Bundesrepublik in den kommenden Jahren bestimmten. Die sogenannte »Frühstücksrunde« als Vorläufer des Koordinationsausschusses der Friedensbewegung ist dabei genauso zu nennen wie die Etablierung von Aktionskonferenzen im Anschluss an die Massenveranstaltung. Der

Hamburger Kirchentag wurde damit zu mehr als nur einem »Geburtshelfer der folgenden Großdemonstrationen«.[14]

Die gesellschaftlichen Spannungen hinsichtlich der Friedens- und Sicherheitspolitik erreichten auch die Ebene der evangelischen Kirchenleitung. An der Rüstungsproblematik entzündete sich vor allem in den Jahren 1981 und 1982 ein fundamentaler Richtungsstreit über die Verhältnisbestimmung von Glaube und Politik im Nuklearzeitalter.

Den Ausgangspunkt der Kontroverse bildeten die Aussagen der EKD-Denkschrift »Frieden wahren, fördern und erneuern«, die im Oktober 1981 veröffentlicht wurde. Brisant war insbesondere die Bezugnahme auf die »Heidelberger Thesen« des Jahres 1959, die eine Kommission der *Evangelischen Studiengemeinschaft* erarbeitet hatte und seitdem einen brüchigen Konsens in der Evangelischen Kirche darstellten. Obwohl die Denkschrift das Wettrüsten verurteilte und die Überwindung des Abschreckungssystem als dringlich erachtete, hielt sie fest, dass die Kirche »die Beteiligung an dem Versuch, einen Frieden in Freiheit durch Atomwaffen zu sichern, weiterhin als eine für Christen mögliche Handlungsweise anerkennen« müsse.[15] Die Ambivalenz dieser Aussagen konturierte die Position eines »Ja und Nein« im Rat der EKD, das schon seit den 1950er Jahren richtungweisend war; es handelte sich um ein Nein zum Einsatz von Kernwaffen bei einem noch geduldeten Ja zur nuklearen Abschreckung als politischer Kriegsverhinderungsstrategie.

Diesem »Ja und Nein« setzte im Juni 1982 eine Erklärung des Moderamens des Reformierten Bundes ein explizites »Nein ohne jedes Ja« zu Massenvernichtungsmitteln entgegen.[16] In aller Deutlichkeit erklärte das kirchenleitende Gremium der Reformierten diese Haltung zur Bekenntnisfrage, zum *status confessionis*, weil es hier »um das Bekennen oder Verleugnen des Evangeliums« gehe.[17] Das bedingungslose »Nein ohne jedes Ja« zielte deshalb auf die Verbindung christlicher Glaubensüberzeugungen mit konkreten sicherheitspolitischen Forderungen. Mit dieser bewussten Abgrenzung zu den Positionen der EKD-Denkschrift schien ein Bruch zwischen Lutheranern bzw. Unierten auf der einen und den Reformierten auf der anderen Seite möglich zu werden. Eine Kirchenspaltung wurde zwar verhindert, aber die Unüberwindbarkeit der grundlegenden Differenzen war augenscheinlich.

Das theologisch wie politisch begründete »Nein ohne Ja« wirkte tief in die neue Friedensbewegung hinein und prägte vor allem das Protestvokabular ihres christlichen Spektrums nachhaltig. Dies zeigte sich insbesondere auf dem Evangelischen Kirchentag im Juni 1983, wo die protestantische Friedensdebatte einen Höhepunkt erlebte.

Obwohl diverse Veranstaltungen zum Thema Frieden angeboten wurden, war es ohne Zweifel die Kampagne »Umkehr zum Leben – Die Zeit

Abb. 31. Teilnehmer des Deutschen Evangelischen Kirchentags im Juni 1983 in Hannover halten violette Tücher mit der Aufschrift »Umkehr zum Leben – Die Zeit ist da für ein Nein ohne jedes Ja zu Massenvernichtungswaffen« hoch.

ist da für ein Nein ohne jedes Ja zu Massenvernichtungswaffen«, der in der medialen Berichterstattung zum Kirchentag die größte Aufmerksamkeit zukam.[18] Das Motto der Friedenskampagne, das bewusst an die Erklärung des Reformierten Bundes anknüpfte, fand sich auf 90.000 violetten Halstüchern, die sich über den Kirchentag hinaus zu einem Symbol des gewaltfreien Friedensprotestes entwickelten. Diese Stoffstücke sorgten vor allem bei der großen Kundgebung der Kampagne am 11. Juni sowie beim Schlussgottesdienst dafür, dass die Vision eines vom Violett ergriffenen Kirchentages Wirklichkeit wurde.[19]

## Aufbrüche der Katholischen Kirche in der Nuklearkrise

Dass die katholischen Friedensdebatten der 1980er Jahre ebenfalls auf breiter Ebene stattfanden, ist bemerkenswert. Bei den Protesten gegen die Wiederaufrüstung und die Atombewaffnung der Bundeswehr in den 1950er Jahren hatten die protestantischen Auseinandersetzungen noch genauso dominiert wie in der Ostermarschbewegung der 1960er Jahre. Mit Beginn der Diskussion um den NATO-Doppelbeschluss entwickelte sich aber auch im katholischen Bereich eine intensive friedens- und sicherheitspolitische Kontroverse. Nach und nach generierte die Friedensbewegung ein Klima, in dem die vormals monolithischen Friedenspositionen einem größeren internen Pluralismus Platz machten.[20]

Zu Beginn der 1980er Jahre gab es jedoch noch Versuche, die brisante Debatte im Keim zu ersticken. So verabschiedete das *Zentralkomitee der deutschen Katholiken* (ZdK) im November 1981 eine Resolution, die einseitige Schuldzuweisungen an die Sowjetunion aussprach, die Tolerierung der Abschreckung bestätigte und als einziges leitendes Gremium beider Kirchen ausdrücklich den NATO-Doppelbeschluss befürwortete.[21] Vor dem Hintergrund der gesamtgesellschaftlichen Auseinandersetzungen erwiesen sich diese Antworten auf die Nuklearkrise aber auch unter den Katholiken als nicht mehr konsensfähig.

Das ZdK konnte deshalb nicht verhindern, dass unter anderem die katholischen Gruppierungen *Pax Christi*, der *Bund der Deutschen Katholischen Jugend* (BDKJ) oder die *Initiative Kirche von unten* (IKvu) dabei halfen, das sicherheitspolitische »Ende der Geschlossenheit« im westdeutschen Katholizismus zu offenbaren.[22] Pax Christi begann schon 1977, sich mit der Rüstungsproblematik zu beschäftigen, wobei sich die Einsetzung der Kommission »Abrüstung und Sicherheit« als besonders zukunftsweisend herausstellte. Im November 1980 verabschiedete die Delegiertenversammlung ihren Entwurf »Abrüstung und Sicherheit – Plattform der Pax Christi«, der als zentrales Dokument für die Diskussion um Frieden und Sicherheit nicht nur im katholischen Raum gelten kann.[23] Zum NATO-Doppelbeschluss gab es bei Pax Christi aber lange Zeit keine klare Position. Als im November 1981 jedoch erstmals die Forderung beschlussfähig wurde, »westlicherseits in keinem Fall neue atomare Mittelstreckenwaffen einzuführen«, war die katholische Initiative endgültig in der neuen Friedensbewegung angekommen.[24]

Auch der BDKJ katalysierte die Beschäftigung mit Friedens- und Sicherheitsfragen seit Ende der 1970er Jahre. Ähnlich der *Arbeitsgemeinschaft evangelischer Jugend* und den *Evangelischen Studentengemeinden* gab sich der Dachverband der katholischen Jugendarbeit 1980 für die folgenden Jahre das Schwerpunktthema »Frieden und Gerechtigkeit«. Die Ausgangslage wurde im Mai 1981 in »Startpositionen« beschrieben, die nicht zuletzt für eine neue Ausrichtung der Friedens- und Sicherheitspolitik appellierten und die Mitgliedsverbände des BDKJ aufforderten, friedenstheologische sowie entwicklungs- und abrüstungspolitische Fragestellungen anzugehen.[25] Der BDKJ beteiligte sich in vielfältiger Weise an den Diskussionen der neuen Friedensbewegung und setzte auch selbst Akzente. 1982 veranstaltete der BDKJ z.B. ein Friedenscamp auf dem Düsseldorfer Katholikentag, das das Erstarken der Gegner des NATO-Doppelbeschlusses im meinungspluralistischen Dachverband unterstrich. Schließlich forderte 1983 die Hauptversammlung des BDKJ den völligen Verzicht der Stationierung der amerikanischen Mittelstreckenraketen, womit sowohl für Pax Christi als auch für den BDKJ eine Positionsverschiebung im Zuge der Nuklearkrise zu konstatieren ist.

Demgegenüber sprach sich die reformkatholische IKvu schon seit ihrer Gründung im Jahr 1980 gegen den NATO-Doppelbeschluss aus und engagierte sich noch eindeutiger in der nicht-christlichen Friedensbewegung. Neben den Kernforderungen nach grundlegenden Veränderungen in den kirchlichen Strukturen wurde das Friedensthema in den frühen 1980er Jahren ein »zweites Standbein« der Reformbewegung.[26] Anlässlich des Katholikentages 1982 in Düsseldorf veranstaltete die IKvu zusammen mit der ASF und dem niederländischen IKV eine große Friedensdemonstration. Erstmals konnten katholische Christen in der medialen Wahrnehmung ein klares Zeichen gegen die geplante Stationierung der amerikanischen Mittelstreckenraketen und für ein atomwaffenfreies Europa setzen.[27] Die Teilnehmerzahl war zwar mit 40.000 Menschen relativ gering, aber insgesamt offenbarten im Jahr 1982 sowohl der offizielle Katholikentag als auch der »Katholikentag von unten« die fortschreitende Enttabuisierung von Friedens- und Sicherheitspolitik in der Katholischen Kirche.

Die Entwicklungen in der Gesamtgesellschaft sowie speziell im westdeutschen Katholizismus erhöhten den Druck auf die leitenden Kirchengremien, sich zum Friedensthema zu äußern. Insbesondere die deutschen Bischöfe waren zusätzlich herausgefordert durch die Aktivitäten ihrer Amtskollegen in anderen Staaten, vor allem in den USA und in der DDR. Im Herbst 1982 wurde der zweite Entwurf eines Hirtenbriefes der US-Bischofskonferenz »Die Herausforderung des Friedens« in der Bundesrepublik bekannt und intensiv rezipiert. Der endgültige Text, den die Bischöfe am 4. Mai 1983 auf ihrer Vollversammlung in Chicago verabschiedeten, entwickelte sich mit seinen weitreichenden Forderungen zum Abbau des Abschreckungssystems zu einem Schlüsseldokument für die Diskussion der Friedensfrage im katholischen Bereich.[28] Mit dem gemeinsamen Hirtenbrief vom 1. Januar 1983 legten inzwischen auch die katholischen Bischöfe in der DDR ihre politische Zurückhaltung ab und mischten sich vehement in die Politik des eigenen Staates ein.[29]

Im April 1983 erschien schließlich das Hirtenwort der *Deutschen Bischofskonferenz* unter dem Titel »Gerechtigkeit schafft Frieden«.[30] Zwar erfolgte keine Stellungnahme zum NATO-Doppelbeschluss, aber *Der Spiegel* kommentierte, »[s]o viel Progressives auf einmal« nicht gerade erwartet zu haben.[31] Vor allem die moralische Infragestellung der militärischen Abschreckung, die an strenge Kriterien geknüpft wurde, trug dazu bei, dass der Katholizismus auf kirchenleitender Ebene den »Diskussionsstand in den protestantischen Kirchen allmählich erreicht[e]«.[32] Dass die Erklärung der Bischöfe den Positionen von Pax Christi, dem BDKJ oder der IKvu in vielen Fragen näher stand als dem ZdK, offenbarte nicht zuletzt die gesellschaftlichen Bedingungen der friedens- und sicherheitspolitischen Diskussion in den Kirchen.

Wie auf protestantischer Seite, wo unter anderem Helmut Gollwitzer, Heinrich Albertz, Dorothee Sölle oder Erhard Eppler zu Aushängeschildern der Friedensbewegung wurden, gab es auch im Katholizismus einige Schlüsselfiguren, die die Glaubwürdigkeit und Massenkompatibilität des Protestes förderten. Die größte Resonanz erhielt in dieser Hinsicht Franz Alt, der als bekennender Katholik, Journalist und CDU-Mitglied eine besondere öffentliche Aufmerksamkeit hervorrief. Die immensen Verkaufszahlen seines Buches »Frieden ist möglich« im Jahr 1983 wiesen auf eine enorme Anschlussfähigkeit christlicher Friedensvorstellungen hin. Gerade bürgerliche Kreise fühlten sich von der Argumentation angesprochen und entwickelten ein Problembewusstsein für die Forderungen der Friedensbewegung.[33]

Franz Alts Bestseller trug den programmatischen Untertitel »Die Politik der Bergpredigt«. Mit beschwörenden, oft schlicht gehaltenen Worten wandte sich der Fernsehmoderator gegen die Trennung von Politik und Religion im Nuklearzeitalter. Der Denkfigur einer durch das Abschreckungssystems gewährten »Gnadenfrist« stellte Alt die unmittelbare Politikfähigkeit der biblischen Gebote Feindesliebe und Gewaltverzicht entgegen. Infolgedessen lehnte er die geplante NATO-Rüstung kategorisch ab und mahnte die politischen Entscheidungsträger eindringlich zum radikalen Umdenken: »Die Bergpredigt oder das Ende der Geschichte.«[34]

## Interkonfessionalität der christlichen Friedensdebatte – Organisations- und Aktionsformen

Der zögernde Aufbruch aus dem Kalten Krieg[35] in der Katholischen Kirche zeigte, dass die Gegensätze innerhalb der christlichen Friedensdiskussion nicht an Konfessionsgrenzen verliefen. Insgesamt gab es scharfe Differenzen in kirchlichen Gremien und Strukturen sowie in einzelnen Gemeinden und Gruppen vor Ort.

Zugleich entwickelte sich die christliche Friedensbewegung in besonderer Weise zwischen 1982 und 1984 zu einer interkonfessionellen Bewegung. Nicht nur wurde ein reger Gesprächsaustausch institutionalisiert, große Tagungen und Protestveranstaltungen gemeinsam organisiert oder Aufrufe zu den Friedenswochen überkonfessionell erarbeitet. Auch in der bundesweiten Organisationsstruktur kam es zu einer Zusammenarbeit, die sich in einem »Widerstandstag« im Rahmen der Aktionen der Friedensbewegung im Herbst 1983 oder in gemeinschaftlichem Handeln im *Koordinationsausschuss* niederschlug. Das Bewusstsein, dass angesichts der globalen Gefahr durch Nuklearwaffen die Überwindung konfessioneller und auch nationaler Grenzen geboten war, kennzeichnete in jenen Jahren deutlich die Aktivitäten der christlichen Friedensbewegung. Eine Interkonfessionalisierung ist ebenso auf der Ebene der Kirchenleitungen zu beobachten. Verstärkt entstanden zu Beginn der 1980er Jahre gemeinsame Stellungnahmen zur Friedensfrage.

Auch hinsichtlich der konkreten Umsetzung von Friedensarbeit existierten kaum konfessionelle Schranken. Vielmehr prägten charakteristische Aktionsformen die christliche Friedensbewegung in ihrer Gesamtheit. Dabei spiegelte schon die bundesweite Friedenswoche 1980 mit ihrer Bandbreite an »bunten« und »phantasievollen« Aktivitäten das christliche Potential für die Entwicklung neuer Protestformen in der Friedensbewegung. So gab es nicht nur Vorträge, Diskussionen, Ausstellungen, Informationsstände, Gottesdienste, Fackelzüge und Straßendemonstrationen, sondern auch Kulturveranstaltungen, Friedensfeste, Theater- und Filmvorführungen, alternative Stadtrundfahrten, Rollenspiele, Friedensstaffetten oder Kinderprogramme.[36] Fast durchgängig bekannte man sich dabei – oft in Anlehnung an Mahatma Gandhi oder Martin Luther King – zum Prinzip der Gewaltfreiheit als Folge religiöser und politischer Überzeugung. Eine als christlich verstandene Form zivilen Ungehorsams drückte sich nicht zuletzt in Schweige- und Fastenaktionen aus. Gesellschaftlicher Wertewandel, Entwürfe alternativen Lebens sowie die Verknüpfung von persönlichem Glauben und politischer Verantwortlichkeit offenbarten in der christlichen Friedensbewegung damit eine spezifische »Spiritualität des Widerstands« (Dorothee Sölle).

## Inhaltliche Schwerpunkte der kirchlichen Friedensdiskussionen

Der NATO-Doppelbeschluss bestimmte die kirchlichen Debatten um Sicherheitspolitik. Jedoch ging es dabei nicht nur um diese Einzelentscheidung, sondern mit ihr stand das gesamte System der nuklearen Abschreckung im Ost-West-Konflikt zur Disposition.

Auf der einen Seite verlängerten – mit mehr oder weniger großen Bedenken – Initiativen wie Sicherung des Friedens, der Rat der EKD, die

Deutsche Bischofskonferenz oder das ZdK die »Gnadenfrist« des Abschreckungssystems. Gebunden war dieses »Noch« zumeist an strenge Kriteri-
en, die im Wesentlichen auf die Verhinderung eines Krieges abzielten. In
der christlichen Friedensbewegung bildete sich auf der anderen Seite
spätestens 1983 der interkonfessionelle Konsens heraus, dass man ein
bedingungsloses Nein nicht nur zum NATO-Doppelbeschluss, sondern zu
Produktion, Stationierung und Anwendung von Kernwaffen überhaupt
aussprechen müsse. »Geist, Logik und Praxis der Abschreckung«[37] stellten
für die christlichen Friedensinitiativen eine größere Gefahr dar als der
konkrete Gegner jenseits des Eisernen Vorhangs. Die religiös begründete
Ablehnung von Feindbildern manifestierte sich politisch in Plädoyers
gegen Antikommunismus und Antiamerikanismus und stützte die kritische Perspektive auf den nuklearen Modus in den internationalen Beziehungen.

Zentrales Ziel der christlichen Friedensbewegung war eine fortgesetzte
Entspannung mit den Staaten in Osteuropa, die sich rüstungspolitisch in
einseitiger kalkulierter Abrüstung (*Gradualismus*), atomwaffenfreien Zonen, der Umrüstung auf eine defensive Verteidigung sowie in Schritten
zu einer gewaltfreien »Sozialen Verteidigung« ausdrücken sollte. Diese
Forderungen nach einer Überwindung des »Gleichgewichts des Schreckens« mündeten nur in Ausnahmefällen in neutralistischen Ideen für
ein wiedervereinigtes Deutschland.

Die christlichen Friedensgruppen forderten insgesamt eine grundsätzliche Umkehr im friedens- und sicherheitspolitischen Denken. Um Alternativen zu den bestehenden Strukturen anbieten zu können, griffen sie
vielfach Ansätze auf, die auf eine politikfähige Verbindung säkularer Vernunft und christlichen Glaubens zielten.[38] Besonders wirkmächtig war das
Konzept der »Sicherheitspartnerschaft« bzw. der »Gemeinsamen Sicherheit«, das zum Teil explizit auf Carl Friedrich von Weizsäckers Begriff der
»intelligenten Feindesliebe« rekurrierte. Wichtige konzeptionelle Impulse zur »Gemeinsamen Sicherheit« kamen von Egon Bahr und dem *Palme-
Bericht*.[39] Darüber hinaus wurden Ideen aus dem Raum der Ökumenischen
Bewegung sowie besonders der Evangelischen Kirchen der DDR intensiv
rezipiert. Gab es in vielen Fällen einen inhaltlichen Austausch friedensbewegter Akteure vom Westen in den Osten, so erfolgte der Transfer hier
in entgegengesetzter Richtung.[40]

Der Kerngedanke des Konzeptes »Gemeinsamer Sicherheit« lautete,
dass es Frieden und Sicherheit im nuklearen Zeitalter und in einer Welt
zunehmender globaler Interdependenzen nicht länger gegeneinander,
sondern nur noch miteinander geben könne. Für den Ost-West-Konflikt
bedeutete dies, dass Sicherheitspolitik immer auch die Bedürfnisse der

Gegenseite berücksichtigen musste und folglich nicht mehr auf militärischen Kategorien von Abgrenzung, Abwehr und Abschreckung basieren konnte.

In einer erweiterten Perspektive zielte »Gemeinsame Sicherheit« über die Rüstungsproblematik zwischen NATO und Warschauer Pakt hinaus auf die globale Sicherung menschlicher Lebensgrundlagen. Konsequent hoben die christlichen Friedensinitiativen deshalb die nicht-militärischen Aspekte von Frieden und Sicherheit hervor und betonten beharrlich die Probleme des Nord-Süd-Konfliktes und insbesondere der »Dritten Welt«. Dass sich diese Anliegen zur politischen Konkretisierung biblischer Friedensvorstellungen verstärkt in offiziellen kirchlichen Stellungnahmen niederschlugen, gehörte sicherlich zu den Erfolgen der christlichen Friedensbewegung. Sie sensibilisierte in den Kirchen für die politische Notwendigkeit eines umfassenden Friedens- und Sicherheitsverständnisses, wie es dem biblischen Begriff »Shalom« zugrunde lag.

## Christlicher Protest im Wandel

In der ökumenischen Bewegung nahm die Friedens- und Abrüstungsproblematik seit Mitte der 1970er wieder größeren Raum ein. Hatte schon die 5. Vollversammlung des Ökumenischen Rates der Kirchen in Nairobi 1975 wichtige Impulse für die internationale Friedensdiskussion beigesteuert, so bedeutete die folgende Vollversammlung in Vancouver im Sommer 1983 einen Durchbruch für deren transnationale und transkonfessionelle Institutionalisierung in der weltweiten Ökumene.

Dort bezog man sich zunächst auf die klare Aussage der Vollversammlung von Amsterdam 1948, die unmittelbar unter den Eindrücken des Zweiten Weltkriegs formuliert wurde: »Krieg darf nach Gottes Willen nicht sein«. Diese Forderung entwickelte die Vollversammlung 1983 konzeptionell weiter. Sie verwarf vorbehaltlos Einsatz, Produktion und Stationierung von Kernwaffen, die sie als Verbrechen gegen die Menschheit bezeichnete.[41] Die Ergebnisse von Vancouver stießen zwar weltweit auf ein geteiltes Echo, jedoch initiierten sie den »Konziliaren Prozess für Gerechtigkeit, Frieden und Bewahrung der Schöpfung«. In dessen Verlauf sollte die umfassende Agenda mit ihren friedenspolitischen, sozialethischen und ökologischen Aspekten zu einem Konzil des Friedens führen. Breitenwirksam wurde dieses Anliegen schließlich auf dem Evangelischen Kirchentag 1985 in Düsseldorf.[42] Damit erhielt die Friedens- und Abrüstungsthematik einen festen Platz in den Kirchen, verlor aber deutlich an Aufmerksamkeit. Die weitere Arbeit der christlichen Friedensbewegung

in der Bundesrepublik verband sich fortan nicht mehr mit öffentlichkeits-
wirksamen Massendemonstrationen, sondern mit einem stilleren, programmatischen Wirken auf kirchlichen Ebenen und im gesellschaftlichen
Umfeld. Letztlich wurde die frühere Minderheitenposition der Friedensbewegung innerhalb der Kirchen in der ersten Hälfte der 1980er Jahre
erkennbar zu einer Hauptströmung.[43]

*Literatur*

Einen guten Überblick über die christliche Friedensdiskussion in der Nuklearkrise bietet nach wie vor Zander. Während hier jedoch noch eine
klare Leitperspektive fehlt, haben sich in den letzten Jahren innovative
Analyseansätze entwickelt, die sich allmählich in einer wachsenden Zahl
von Publikationen widerspiegeln. Zu nennen sind hier etwa Gerster oder
Wiechmann. Weitere wichtige Beiträge zu den christlichen Friedensdebatten in der Bundesrepublik, in der DDR und in der Ökumenischen Bewegung liefert der von Stadtland herausgegebene Sammelband. In einer
erweiterten Perspektive stellt das Themenheft der Zeithistorischen Forschungen »Religion in der Bundesrepublik Deutschland« einen Beitrag
zur wissenschaftlichen Diskussion um die aktuelle religionsgeschichtliche
Konjunktur dar, wobei Lepp in ihrem Beitrag den Blick auf die Beziehung
zwischen den Kirchen und den neuen sozialen Bewegungen richtet.

Gerster, Daniel: Friedensdialoge im Kalten Krieg. Eine Geschichte der Katholiken
    in der Bundesrepublik, 1957-1983. Frankfurt/Main/New York, NY 2012.
Lepp, Claudia: Zwischen Konfrontation und Kooperation. Kirchen und soziale
    Bewegungen in der Bundesrepublik (1950-1983). In: Zeithistorische Forschun-
    gen/Studies in Contemporary History, Online-Ausgabe, 7 (2012), H. 3, URL:
    http://www.zeithistorische-forschungen.de/16126041-Lepp-3-2012.
Stadtland, Helke (Hg.): »Friede auf Erden«. Religiöse Semantiken und Konzepte
    des Friedens im 20. Jahrhundert. Essen 2009.
Wiechmann, Jan Ole: Der Streit um die Bergpredigt. Säkulare Vernunft und reli-
    giöser Glaube in der christlichen Friedensbewegung der Bundesrepublik
    Deutschland (1977-1984). In: Archiv für Sozialgeschichte, 51 (2011), S. 343-374.
Zander, Helmut: Die Christen und die Friedensbewegungen in beiden deutschen
    Staaten. Beiträge zu einem Vergleich für die Jahre 1978-1987. Berlin (West) 1989.

*Anmerkungen*

[1]  Säkularisierung und Neuformierung des Religiösen. Gesellschaft und Religion in der
    zweiten Hälfte des 20. Jahrhunderts. Archiv für Sozialgeschichte, 51 (2011).
[2]  Helmut Zander: Die Christen und die Friedensbewegungen in beiden deutschen Staaten.
    Beiträge zu einem Vergleich für die Jahre 1978–1987. Berlin (West) 1989, S. 37, der für 1980
    einen Anteil von 43,5% katholischen und 42,8% evangelischen Bundesbürgern benennt.

3  Uta Andrea Balbier: »Sag: Wie hast Du's mit der Religion?« Das Verhältnis von Religion und Politik als Gretchenfrage der Zeitgeschichte. In: H-Soz-u-Kult, 10.11.2009, URL: http://hsozkult.geschichte.hu-berlin.de/forum/2009-11-001.

4  Ohne Rüstung Leben: Der Aufruf »An alle Christen«, 1978. In: Dies. (Hg.): Ohne Rüstung leben. Gütersloh 1981, S. 20-22, hier S. 20.

5  Einen guten Einblick über die Entwicklungen von Ohne Rüstung leben vermitteln die »Informationen« der Initiative, die seit 1978 mehrfach im Jahr an ihre Unterstützer versendet wurden.

6  Sicherung des Friedens: An die evangelischen Christen! In: Eberhard Stammler (Hg.): Sicherung des Friedens. Eine christliche Verpflichtung. Stuttgart 1980, S. 12-18, hier S. 12f.

7  Leon Wecke/Ben Schennink: Die »neue« Friedensbewegung in den Niederlanden. In: Reiner Steinweg (Hg.): Die neue Friedensbewegung. Analysen aus der Friedensforschung, Band 16. Frankfurt/Main 1982, S. 284-309, hier S. 299f. Siehe dazu auch den Beitrag von Holger Nehring in diesem Band.

8  Vgl. die vielfach rezipierten Aktionshandbücher, so Aktion Sühnezeichen/Friedensdienste (fortan ASF) (Hg.): Frieden schaffen ohne Waffen. Aktionshandbuch 1. Berlin 1980.

9  Eva Michels: Auswertung der 2. bundesweiten Friedenswochen »Frieden schaffen ohne Waffen« 15.-21.11.1981, April 1982. Evangelisches Zentralarchiv Berlin (fortan EZA), Bestand 97/865, S. 4.

10  Anke Silomon: »Schwerter zu Pflugscharen« und die DDR. Die Friedensarbeit der evangelischen Kirchen in der DDR im Rahmen der Friedensdekaden 1980 bis 1982. Göttingen 1999.

11  Rüdiger Schmitt: Die Friedensbewegung in der Bundesrepublik. Ursachen und Bedingungen der Mobilisierung einer neuen sozialen Bewegung. Opladen 1990, S. 152.

12  Aufruf zur Friedensdemonstration am 20.6. aus Anlass des 19. Ev. Kirchentag. In: Ansätze, 4 (1981), S. 37f.

13  Volkmar Deile/Ulrich Frey: Wie es zur Demonstration vom 10.10.1981 in Bonn kam. In: ASF/Aktionsgemeinschaft Dienst für den Frieden (fortan AGDF) (Hg.): Bonn 10.10.1981. Friedensdemonstration für Abrüstung und Entspannung in Europa. Reden, Fotos.... Bornheim-Merten 1981, S. 13-20.

14  Volkmar Deile: Frieden. Zwischen Sintflut und Regenbogen. Ein herausragendes Thema bei Kirchentagen seit 1967. In: Rüdiger Runge/Ellen Ueberschär (Hg.): Fest des Glaubens. Forum der Welt. 60 Jahre Deutscher Evangelischer Kirchentag. Gütersloh 2009, S. 30-40, hier S. 34. Siehe dazu auch den Beitrag von Christoph Becker-Schaum in diesem Band.

15  Kirchenkanzlei der Evangelischen Kirche in Deutschland (Hg.): Frieden wahren, fördern und erneuern. Eine Denkschrift der Evangelischen Kirche in Deutschland. Gütersloh 1981, S. 58.

16  Moderamen des Reformierten Bundes: Das Bekenntnis zu Jesus Christus und die Friedensverantwortung der Kirche, 12.6.1982. In: Kirchliches Jahrbuch, 108/109 (1981/82), S. 103-105. Impulse für diese Erklärung kamen 1979 von einer Handreichung zu Kernwaffen der Niederländisch-Reformierten Kirche.

17  Ebenda, S. 103.

18  AGDF u.a.: Umkehr zum Leben. Aufruf zu einer Kampagne während des Kirchentages in Hannover im Juni 1983. In: epd-Dokumentation, 25 (1983), S. 31-33.

19  Ulrich Frey: Kirchentag als Friedensdemonstration. Einschätzung aus der Sicht der Friedensbewegung. In: Tilman Schmieder/Klaus Schuhmacher (Hg.): Jugend auf dem Kirchentag. Eine empirische Analyse von Andreas Feige, Ingrid Lukatis und Wolfgang Lukatis. Stuttgart 1984, S. 233-248, hier S. 241f.

20  Damals schon treffend Volkmar Deile: Versuch eines Jahresüberblicks 1982 über die Aktivitäten und Entwicklungen der Aktion Sühnezeichen/Friedensdienste, 3.2.1983, EZA 97/93.

21  Vollversammlung des Zentralkomitees der deutschen Katholiken: Zur aktuellen Friedensdiskussion, 14.11.1981. In: Herder-Korrespondenz, 35 (1981), S. 624-630.

22  Thomas Risse-Kappen: Das Ende der Geschlossenheit. Die Friedensdiskussion in der katholischen Kirche der Bundesrepublik. In: Hanne-Margret Birckenbach (Hg.): Friedensforschung, Kirche und kirchliche Friedensbewegungen. Frankfurt/Main 1983, S. 152-166.

[23] Pax Christi: Abrüstung und Sicherheit. Plattform der Pax Christi. Frankfurt/Main 1981.

[24] Resolution der Delegiertenversammlung der Pax Christi zur Stationierung von Mittelstreckenraketen in Europa, Rothenfels, 7.11.1981, Bischöfliches Diözesan-Archiv Aachen, Bestand Ala Pax Christi, Ordner 73.

[25] Bund der Deutschen Katholischen Jugend (BDKJ): »Frieden und Gerechtigkeit«. Schwerpunktthema von der Hauptversammlung des BDKJ 1981 in Altenberg beschlossen. Startpositionen. In: BDKJ-Informationsdienst, 10 (1981), S. 115-118.

[26] Pazifismus '81: »Selig sind die Friedfertigen«. In: Der Spiegel, 15.6.1981, S. 25.

[27] »Kehrt um – entrüstet Euch!« Aufruf zur Demonstration anlässlich des Katholikentages am 4.9.1982 in Düsseldorf. In: Blätter für deutsche und internationale Politik, 8 (1982), S. 1018f.

[28] United States Conference of Catholic Bishops: The Challenge of Peace. God's promise and our response. A Pastoral Letter on War and Peace by the National Conference of Catholic Bishops. Washington, DC 1983.

[29] Gemeinsamer Hirtenbrief der katholischen Bischöfe in der DDR zum Weltfriedenstag 1983, 1.1.1983. In: Pax Christi (Hg.): Herausforderung Frieden. Frankfurt/Main 1983, S. 177-183.

[30] Sekretariat der Deutschen Bischofskonferenz (Hg.): Deutsche Bischofskonferenz. Gerechtigkeit schafft Frieden, 18.4.1983. Bonn 1983.

[31] »So gelaufen«. In: Der Spiegel, 25.4.1983, S. 17.

[32] Risse-Kappen: Ende der Geschlossenheit (Anm. 22), 164f.

[33] Eckart Conze: Die Suche nach Sicherheit. Eine Geschichte der Bundesrepublik Deutschland von 1949 bis in die Gegenwart. München 2009, S. 541f., sowie Andreas Wirsching: Abschied vom Provisorium. Geschichte der Bundesrepublik Deutschland 1982-1990. München 2006, S. 92f.

[34] Franz Alt: Frieden ist möglich. Die Politik der Bergpredigt. München 1983, S. 105.

[35] Nach Lutz Lemhöfer: Zögernder Aufbruch aus dem Kalten Krieg. Die katholische Kirche und die bundesdeutsche »neue Friedensbewegung«. In: Reiner Steinweg (Hg.): Die neue Friedensbewegung. Analysen aus der Friedensforschung. Frankfurt/Main 1982, S. 245-257.

[36] U.a. Volkmar Deile: Die erste bundesweite Friedenswoche 1980. Ergebnisse und Perspektiven aus der Sicht der Initiatoren, 15.6.1981, EZA 97/863.

[37] Die Absage an »Geist, Logik und Praxis der Abschreckung« formulierte zunächst der Bund der Evangelischen Kirchen in der DDR und wurde dann von christlichen Gruppierungen in der Bundesrepublik vielfach aufgegriffen. Dazu u.a. Joachim Garstecki: Friedensbewegung und Politik. In: Christoph Klessmann/Hans Michelwitz/Günter Wichert (Hg.): Deutsche Vergangenheiten. Eine gemeinsame Herausforderung. Der schwierige Umgang mit der doppelten Nachkriegsgeschichte. Berlin 1999, S. 277-285, bes. S. 282f.

[38] Zum Folgenden ausführlich Jan Ole Wiechmann: Der Streit um die Bergpredigt. Säkulare Vernunft und religiöser Glaube in der christlichen Friedensbewegung der Bundesrepublik Deutschland (1977-1984). In: Archiv für Sozialgeschichte, 51 (2011), S. 343-374.

[39] Palme-Bericht: Bericht der Unabhängigen Kommission für Abrüstung und Sicherheit »Common Security«. Berlin 1982.

[40] Garstecki: Friedensbewegung (Anm. 37), S. 282.

[41] Walter Müller-Römheld (Hg.): Bericht aus Vancouver 1983. Offizieller Bericht der Sechsten Vollversammlung des Ökumenischen Rates der Kirchen, 24.7-10.8.1983 in Vancouver. Frankfurt/Main 1983, S. 165.

[42] Katharina Kunter: Erfüllte Hoffnungen und zerbrochene Träume. Evangelische Kirchen in Deutschland im Spannungsfeld von Demokratie und Sozialismus 1980-1993. Göttingen 2006, S. 106f.

[43] Schon treffend in Bezug auf den Protestantismus: Wolf-Dieter Hauschild: Evangelische Kirche in der Bundesrepublik Deutschland zwischen 1961 und 1979. In: Siegfried Hermle/Claudia Lepp/Harry Oelke (Hg.): Umbrüche. Der deutsche Protestantismus und die sozialen Bewegungen in den 1960er und 70er Jahren. Göttingen 2007, S. 51-90, hier S. 74.

# 15. Gewerkschaften und Friedensbewegung

DIETMAR SÜSS

Ende August 1983 trafen sich auf Einladung der »Gewerkschaftlichen Monatshefte« führende Gewerkschafter und Vertreter der Friedensbewegung zum Meinungsaustausch. Die kommenden Monate sollten, so sahen es die Planungen vor, zum »Friedensherbst« werden: Zahlreiche Einzelgewerkschaften, allen voran die *IG-Metall* und die gewerkschaftlichen Jugendverbände, mobilisierten für die »Weltfriedenswochen«. Noch vor der geplanten Großdemonstration am 19. Oktober sollte es zahlreiche Aktionen in den Betrieben geben. Als Höhepunkt galt die Aktion *5 vor 12*: für den 5. Oktober hatte der *Deutsche Gewerkschaftsbund* (DGB) seine Mitglieder zu einer fünfminütigen Mahnpause aufgerufen, um »gegen Atomraketen in West und Ost« und für »Frieden durch Abrüstung« zu demonstrieren.

Der DGB hatte in der friedenspolitischen Debatte bis dahin schon ein gutes Stück zurückgelegt. Seine Reaktion auf den NATO-Doppelbeschluss war zurückhaltend ausgefallen und in seinen Wahlempfehlungen für die Bundestagswahl 1980 hatte er das Thema nicht einmal erwähnt. Erstmals rang sich der DGB 1981 dazu durch, eine Entschließung seines Bundesjugendausschusses zu billigen, in der es hieß: »Sofortiger Beginn von Verhandlungen über Rüstungsbegrenzungen in Europa ohne Vorbedingungen und mit dem Ziel, keine weitere Stationierung atomarer Waffen in Ost und West zuzulassen«. [1]

Das Gespräch zwischen Gewerkschaften und Vertretern der Friedensbewegung fand indes keineswegs in einer Atmosphäre trauter Gemeinsamkeit statt. Im Gegenteil: Hermann Rappe, Vorsitzender der *IG-Chemie-Keramik-Papier*, ließ keine Gelegenheit aus, seine Gegenüber scharf zu attackieren und mit stolzer Brust an die traditionsreiche Geschichte der Gewerkschaften im Kampf für Frieden und Abrüstung zu erinnern. Mitten im Gespräch mit Jo Leinen, dem (sozialdemokratischen) Vorsitzenden des *Bundesverbandes Bürgerinitiativen Umweltschutz* und Volkmar Deile, dem Geschäftsführer der *Aktion Sühnezeichen/Friedensdienste* (ASF) in Berlin, platzte dem sozialdemokratischen Gewerkschafter der Kragen: »Das hätte gerade noch gefehlt, dass uns nach mehr als hundertjähriger Tradition die Kompetenz in der Friedenspolitik abhanden käme. Wir sind Manns genug, diese Kompetenz zu behaupten.« [2]

Warum dieser Ausbruch? Warum taten sich führende Gewerkschaftsfunktionäre noch 1983 so schwer im Umgang mit den Friedensaktivisten? [3]

Und welche Gründe gab es, weshalb die Gewerkschaften trotz anfänglichem Zögern schließlich doch ein Teil der Friedensbewegung werden sollten? Vier Antworten stehen im Mittelpunkt: erstens die unterschiedlichen Organisationskulturen und gesellschaftlichen Deutungsangebote von »alter« und neuer sozialer Bewegung, zweitens wachsende generationelle Konflikte innerhalb der Einzelgewerkschaften und des DGB, drittens unterschiedliche Positionen innerhalb der Gewerkschaften sowie viertens die Prägekraft, Reaktivierung und Transformation des Antikommunismus. Die Debatten um »Frieden« berührten den Kern des innergewerkschaftlichen Selbstverständnisses. Sie waren eng mit dem wirtschaftlichen und sozialen Strukturwandel der 1980er Jahre, dem Umgang mit neuen Formen des Protests und neuen politischen Akteuren verbunden. Zudem weist die Beziehungsgeschichte von Gewerkschaften und Friedensbewegung auch auf einen gesellschaftlichen Konflikt hin, der in der bisherigen Geschichte der Friedensbewegung nur selten eine Rolle spielte: der Arbeitsplatz als eine mikropolitische Arena der Interessenfindung.

## Gewerkschaften und Neue Soziale Bewegungen

Gewerkschaften verstanden sich von jeher, so hieß es beständig in gewerkschaftlichen Sonntagsreden, immer auch als Friedensbewegung – schon seit den frühen Protesten gegen die Wiederbewaffnung in den 1950er Jahren und in der Ostermarschbewegung.[4] Aber sie waren eben zunächst die Interessenvertretung der Arbeitnehmerinnen und Arbeitnehmer, deren Befürchtungen keineswegs nur von der Befürchtung um einen Nuklearkrieg herrührten, sondern weitaus stärker – jedenfalls in der Wahrnehmung führender Gewerkschafter zu Beginn der 1980er Jahre – von der Sorge um den Erhalt ihres Arbeitsplatzes bestimmt gewesen waren. Doch das ist nur ein Grund für die offenkundige Zurückhaltung zumindest der älteren, sozialdemokratisch sozialisierten Gewerkschafter. Ein weiterer dürfte in der Kluft zwischen alter und neuer sozialer Bewegung bestanden haben.

Von »Bewegung« hielten Gewerkschafter wie Hermann Rappe nicht viel. Was für ihn zählte, war »Organisation«, weil sich nur so »langfristig und erfolgversprechend auf Politik in einer parlamentarischen Demokratie einwirken« ließe.[5] Dahinter stand eine grundsätzliche Skepsis gegenüber der Art der Beschlussfindung, über die so andere Diskussionskultur und die internen Aushandlungs- und Formierungsprozesse der Friedensbewegung, die für manchen eher autoritär-patriarchalisch geprägten Gewerkschafter eine Zumutung bedeuteten. In dieser Hinsicht ging Organisation über alles, und die Vorstellung, dass es wie in den unterschiedlichen Gremien der Friedensbewegung überhaupt keine klaren Leitungsstrukturen mit Vorsitzenden, Sekretären und Bevollmächtigen gab, dürfte erheblich zur organisationskulturellen Distanz zwischen Gewerkschaftern und der dezentral-basisdemokratisch geprägten Friedensbewegung beigetragen haben.

Die Konfliktlinien waren frühzeitig – schon vor Beginn der Friedensbewegung – markiert und sie verliefen – trotz unterschiedlicher politischer und »kämpferischer« Prägungen – quer durch alle Gewerkschaften und den DGB insgesamt.[6] Der IG-Metall Chef Eugen Loderer beäugte beispielsweise die beginnende Anti-Atomkraft-Bewegung und die Vielzahl neuer Bürgerinitiativen mit deutlicher Distanz. Vor allem störte ihn ihr Anspruch, staatliche Entscheidungen mit dem Hinweis auf das Widerstandsrecht in Frage zu stellen und sich eine Legitimität anzumaßen, die keiner außerparlamentarischen Kraft zustehen sollte. Zudem schienen ihm diese Gruppen nicht nur politisch, sondern auch habituell suspekt. Mit den Umgangsformen und Kleiderordnungen der Grünen konnte Loderer jedenfalls nichts anfangen. Und er stand keineswegs alleine unter den (männlichen) Spitzenfunktionären des DGB, wenn er in seinen Erinnerungen festhielt: »Meine Meinung war, dass das Parlament keine Basisversammlung sei. Dort gelten feste Spielregeln und ein Parlament braucht auch Würde. Mit ausgefallener Kleidung und sonstigem Klamauk« war für Loderer deshalb keine Politik zu machen.[7] Es waren gerade diese sprachlich und symbolisch vermittelten Unterschiede, die das Gespräch anfangs so schwierig machten – und die keineswegs einseitig auf die Gewerkschaften beschränkt blieben. Denn auch in Teilen der Friedensbewegung galten Gewerkschafter anfangs mindestens als Fremdkörper, wenn nicht sogar als Bedrohung, jedenfalls nicht als erster Ansprechpartner der Bewegung. Dafür war die Befürchtung zu groß, vom Gewerkschaftsapparat »verschluckt« oder gar durch die gewerkschaftliche Nähe zur Sozialdemokratie »verstaatlicht« und der besonderen »Lebendigkeit, Kreativität und Offenheit«[8] der außerparlamentarischen Bewegung beraubt zu werden.

## Rüstungsproduktion und gewerkschaftliche »Friedensarbeit«

Die gewerkschaftlichen Debatten um »Frieden« und »Abrüstung« verweisen auf ein spezifisches Themenfeld der Friedensbewegung, das über den Protest gegen den NATO-Doppelbeschluss hinausführt: die Forderung nach Rüstungskonversion, die Umstellung der Produktion von militärischen auf zivile Güter und die Debatten um »alternative Produktion« und die Sicherung von Arbeitsplätzen. Schon 1971 hatte die *IG-Metall Jugend* die Forderung erhoben, dass sich der DGB für die »Ausarbeitung von Produktionsplänen« einsetzen solle, um die westdeutsche Rüstungsproduktion auf »zivile Erzeugnisse« umzustellen.[9] Seit Mitte/Ende der 1970er Jahre, mit dem Anstieg der Arbeitslosigkeit und wachsenden ökonomischen Schwierigkeiten, erhielt die Debatte neuen Schwung. 1976 hatten einige Betriebsratsvorsitzende aus Rüstungsbetrieben für eine Lockerung der Exportbeschränkungen für Wehrtechnik in Krisengebiete plädiert, um in schwierigen Zeiten Arbeitsplätze zu sichern. Hieran entzündeten sich intensive Debatten um die Bedeutung der Rüstungsindustrie für das »Modell Deutschland«.

Vor diesem Hintergrund entstand beim IG-Metall Vorstand ein »Gesprächskreis für Wehrtechnik und Arbeitsplätze«, an dem Betriebsräte der wichtigsten Rüstungsunternehmen beteiligt waren und der Anregungen dafür geben sollte, wie auf betrieblicher Ebene eine »aktive Friedenspolitik« der Gewerkschaften auch in ethisch »belasteten« Unternehmen aussehen konnte; Debatten, die sich nicht nur mit der ethischen Dimension »alternativer Arbeit« beschäftigten, sondern zudem mit der Frage, ob Konversion (die Umwandlung von Rüstungs- in zivile Produktion) auch zur Sicherung von Arbeitsplätzen beitragen könnte. Angesichts steigender Arbeitslosenzahlen bedeuteten die Initiativen zur Rüstungskonversion eine mögliche Antwort auf den industriellen Strukturwandel.

Es war vor allem die IG-Metall, die diese neue Debatte um »alternative Produktion« und die Kritik an den Rüstungsausgaben mit der Forderung nach »humaner« und »neuer« Arbeit verband. Schließlich, so lautete das Argument gewerkschaftsnaher Industrieforschung, schaffe die Rüstungsindustrie in Zeiten stotternder Konjunktur nicht etwa Arbeitsplätze, sondern ihre Produktionsmethoden würden angesichts der Rationalisierungspolitik gesicherte Beschäftigungsverhältnisse aufs Spiel setzen. Zudem hätten Rüstungsausgaben keineswegs positive arbeitsmarktpolitische Wirkungen. Die staatlichen Subventionen in militärische Forschung behinderten die Entwicklung eines »humanen« Fortschritts, weil die Ressourcen nicht in drängendere Probleme wie Umweltschutz, Ernährung oder die Energieversorgung investiert würden. Rüstung gefährde ein qualitatives Wachstum, beschleunige die Inflation und verhindere die Entwicklung innovativer Technologien.[10]

Das Thema erhielt 1979 erstmals Platz auf der Titelseite des »Gewerkschafter«, der Funktionärszeitschrift der IG-Metall;[11] dort konnten nicht nur Experten ihre Berechnungen zur Arbeitsplatzgestaltung präsentieren. Auch liefen die ersten Erfahrungsberichte aus den Rüstungsbetrieben (wie dem Luft- und Raumfahrtkonzern Messerschmidt-Bölkow-Blohm) ein, die über Vorschläge zur Umgestaltung »ihrer« Konzerne und den damit einhergehenden Schwierigkeiten bei der unmittelbaren Umsetzung im Betriebsalltag berichteten. In Großunternehmen wie dem Schiffbauer Blohm & Voss in Hamburg waren – gegen anfängliche Bedenken der Arbeitgeber – eigene *Arbeitskreise alternativer Fertigung* entstanden, um neue, zivile Produkte zu entwickeln und zugleich nach neuen Absatzmärkten Ausschau zu halten. In etwa einem Dutzend Unternehmen gab es solche betrieblichen Gruppen, die das Thema Konversion und »Friedenspolitik« auf ihren unmittelbaren Arbeitsalltag bezogen und beispielsweise durchrechneten, wie viele tatsächliche Kosten durch den Bau von Fregatten für die Türkei entstanden – und was diese, durch staatliche Quersubventionen finanzierten Aufträge hätten bewirken können, wenn stattdessen zivile Schiffe gebaut oder die Produktionsanlagen modernisiert worden wären.[12]

Die gewerkschaftseigene »Friedensforschung« der *Hans-Böckler-Stiftung* stellte die Mittel für die empirische Konversionsforschung zur Verfügung und generierte damit Expertenwissen, das in den betrieblichen und überbetrieblichen Auseinandersetzungen unverzichtbar war.[13] Es spricht einiges dafür, dass die seit den 1970er Jahren laufenden Debatten um Waffenexporte und Rüstungsproduktion bei einem Teil der Gewerkschafter den Boden für eine Annäherung an die Friedensbewegung bereiteten, weil dieses spezifische Erfahrungswissen die Debatten um »Arbeit« und »Abrüstung« miteinander verband.

Allerdings war die Forderung nach »alternativer Fertigung« nie unumstritten. Eines der Schlüsselerlebnisse dürfte in dieser Hinsicht der Protest Kieler Werftarbeiter im Jahr 1981 gewesen sein, die für den U-Boot-Export nach Chile demonstrierten und sich damit gegen die Gewerkschaftsleitung stellten.[14] Das Kieler Beispiel zeigte, dass »Konversion« in der Theorie überzeugend, in der Praxis jedoch umstritten war. Die Forderung nach einer Umstellung der Produktion berührte nicht nur den Kern unternehmerischer Kompetenzen, sondern schien angesichts der beginnenden Massenarbeitslosigkeit bei den Beschäftigten keineswegs auf ungeteilte Gegenliebe zu stoßen.[15]

In einem Gespräch mit führenden Vertretern der Friedensbewegung, darunter Petra Kelly und Gert Bastian, hatte 1982 die Vorsitzende des Kölner DGB-Frauenausschuss, Claudia Wörmann-Adam, noch warnend darauf hingewiesen, dass sich viele Beschäftigte anfänglich von der Forderung nach Konversion bedroht gefühlt hätten. Erst langsam beginne an der gewerkschaftlichen Basis die Diskussion über den Zusammenhang von Rüstungswettlauf und Sozialabbau.[16] Und mit Blick auf die Motive, sich überhaupt in der Friedensbewegung zu engagieren, fügte Gunnar Matthiesen vom *Komitee für Frieden, Abrüstung und Zusammenarbeit* (KO-FAZ) hinzu: »Über das Thema »Soziales« sei bisher kaum jemand zur Friedensbewegung dazu gestoßen; »Überlebensangst« – das sei der entscheidende Grund gewesen, sich dafür einzusetzen. Das war bis dahin nicht das Thema der Gewerkschaften, in deren Mittelpunkt die Tarifpolitik und der Ausbau sozialstaatlicher Leistungen stand.«[17]

## Protestformen und Annäherung an die Friedensbewegung

Die Schwierigkeiten zwischen alter und neuer sozialer Bewegung betrafen auch die Protestformen, die sich in der Friedensbewegung entwickelt hatten und das enge Aktionskorsett der Gewerkschaften sprengten. Kollektiver Protest fand als Streik oder Aufmarsch wie am 1. Mai, nicht aber als Menschenkette oder Blockade statt und fügte sich damit nur schwer in die Ausdrucksformen der Neuen Sozialen Bewegung ein. Gerade die Frage, welche Art von Protest gegen die Stationierung legitim und notwendig sei, gehörte mit zu den zentralen Streitpunkten innerhalb der Gewerkschaften, insbesondere die Debatte um einen – in der Bundesrepublik verbotenen – politischen Streik, gar einen Generalstreik gegen den NATO-Doppelbeschluss; eine Kontroverse, in der es nicht nur um eine »aktive Friedenspolitik«, sondern auch um das grundsätzliche Verhältnis von Staat und Gewerkschaften in den 1980er Jahren und die Frage nach parlamentarischer Mehrheitsmeinung und außerparlamentarischem Protest ging.

Vor allem in der IG-Metall und ihren Jugendorganisationen gab es Stimmen, die sich einen politischen Streik angesichts der apokalyptischen Bedrohung des Wettrüstens durchaus vorstellen konnten und durch die Stationierung neuer Raketen das demokratische Fundament der Bundesrepublik in Gefahr sahen. Die Gewerkschaftsspitze lehnte eine solche Forderung kategorisch ab und beendete die Diskussion im Juli 1983 mit einem Machtwort.[18] Mochte der politische Streik manche revolutionäre Phantasie beflügeln, so waren es doch andere Formen des kollektiven Protests, die ein Indikator für den Annäherungsprozess zwischen den unterschiedlichen Generationen sozialer Bewegung waren.

Die Unterschriftenaktion *Frieden durch Abrüstung*, die mit dem Antikriegstag am 1. September 1981 startete, setzte – unabhängig von ihrer unterschiedlichen politischen Zielrichtung – eine Protestform fort, die der *Krefelder Appell* vorgegeben hatte.[19] Mit der Kampagne 5 vor 12 im Jahr 1983 und der fünfminütigen Arbeitsniederlegung in den Betrieben und

Abb. 32. Plakat »Gebt dem Frieden eine Chance! Antikriegstag 1981, DGB-Jugend NRW«.

Verwaltungen als Mahnung an die Verhandlungsparteien in Genf, knüpfte der DGB dann an Protestformen an, die er bereits in Warnstreiks erprobt hatte; eine Aktion, die für die gewerkschaftlichen Vertrauensleute und Betriebsräte ein bekanntes Terrain war und bei der sie sich im Vorfeld der wohlwollenden Tolerierung durch die öffentlichen Arbeitgeber versichert hatten.[20] Ein besonders gefährlicher Protest war das nicht, selbst wenn es von Arbeitgeberseite den Versuch gegeben hatte, solche Initiativen mit dem Hinweis auf ihren »politischen Charakter« zu verhindern.[21] Wie sehr sich die Bewertung kollektiver Aktionsformen innerhalb nur weniger Jahre verändert hatte, zeigt der Konflikt um die Legitimität von Sitzblockaden vor Militäranlagen, die noch am Beginn der 1980er Jahre in führenden Gewerkschaftskreisen auf erhebliche Bedenken gestoßen waren. Mit den neuen Formen des zivilen Ungehorsams hatten die streikerfahrenen Gewerkschaftsfunktionäre kaum Erfahrung gemacht, und die Sympathien für »wilde Streiks« jenseits gewerkschaftsoffizieller Legitimation wie 1969 gab es nicht.

Die Skepsis gegenüber den gezielten Regelverletzungen war zwar Mitte der 1980er Jahre keineswegs gänzlich verschwunden, jedoch berichtete beispielsweise die IG-Metall Zeitung *metall* Anfang Januar 1984 über das Vorgehen der Polizei in Mutlangen mit einer gehörigen Portion Ärger: »Der Frieden ist hinüber. Die sogenannte Mutlanger weiche Linie der Polizei gehört der Vergangenheit an. […] Ernst Eisenmann, Bezirksleiter der IG Metall in Stuttgart, verurteilt die jüngsten Polizeiübergriffe ausdrücklich. In einer Rede rief er am 10. Dezember dazu auf, dass sich Ge werkschaften und Friedensbewegung nicht auseinanderreißen, sondern zusammenrücken sollten.«[22] Es waren vor allem jüngere Gewerkschaftsfunktionäre und Vertrauensleute, die die Gemeinsamkeit mit der Friedensbewegung beschworen, die Rechtmäßigkeit alternativer Aktionsformen verteidigten, »überzogene« staatliche Reaktionen brandmarkten und sich nun Seite an Seite mit den Aktivisten der Friedensbewegung sahen – und damit Form und Sprache des gewerkschaftlichen Protests veränderten. Das mochte auf den ersten Blick für die Gewerkschaftsführung ein wenig bedrohlich klingen. Doch dürfte die Herausforderung durch die Friedensbewegung weit weniger gravierend gewesen sein als die Bedrohung durch die Kontroversen um die »neue Linke« seit Anfang der 1970er Jahre, die das Selbstverständnis der Gewerkschaften grundsätzlich herausforderten.

Für die schrittweise Annäherung zwischen Gewerkschaften und Friedensbewegung dürften unterschiedliche Gründe eine Rolle gespielt haben: der protestkulturelle Lernprozess gehörte ebenso dazu wie die politischen Verschiebungen mit dem Beginn der Regierung Kohl. Nun konnte man wortgewaltig den »Rüstungswahnsinn« und »sozialen Kahlschlag« kritisieren – und musste nicht fürchten, damit die eigenen Genossen zu treffen. Das dürfte es so manchem Gewerkschafter erheblich leichter gemacht haben, die kulturellen und politischen Differenzen gegenüber der Friedensbewegung geringer zu gewichten und stärker die Gemeinsamkeiten zu betonen. Dazu gehörte nicht zuletzt, dass mit den Debatten in den eigenen gewerkschaftlichen Jugendorganisationen der Forderungskatalog der Friedensbewegung immer präsenter auf der Agenda der großen Gewerkschaftstagungen wurde – und sich damit auch die Deutungskontexte gewerkschaftlicher Politik zu verändern begannen: vom Fortschrittsoptimismus der 1970er Jahre war zunehmend weniger zu spüren, dafür ging es – neben der nuklearen Bedrohung – jetzt auch immer wieder um die »Zukunftslosigkeit« der Jugend, um die Angst vor der Rationalisierung, der Massenarbeitslosigkeit und die in dieser Form neuen sozialpolitischen Verteidigungs- und Rückzugsgefechte, die die Gewerkschaften nun gegen die Regierung Kohl führten.[23] Nukleare Bedrohung, die Angst vor dem Showdown der Supermächte und die Debatten um die »Krise des Sozialstaates« erlebten gerade jüngere Gewerkschafter als besonders bedrohlich und sorgten mit dafür, dass die Grenzen zwischen »neuer« und »alter« sozialer Bewegung durchlässiger wurden. Dementsprechend war die Annäherung an die Friedensbewegung aus Gewerkschaftssicht nicht nur, aber eben auch ein Generationskonflikt, der sich vor allem in den Jugendorganisationen niederschlug und sie aktivierte.

Wenngleich es aufgrund unterschiedlicher politischer Konfliktbereitschaft Sinn macht, zwischen verschiedenen Kulturen der Einzelgewerkschaften zu differenzieren, dominierte doch zumindest unter den führenden Gewerkschaftsfunktionären zu Beginn der 1980er Jahre gleichwohl noch das Gefühl, die »einzige« Repräsentantin sozialer Bewegung zu sein – und es war gerade dieses Selbstverständnis, das durch die Friedensmobilisierung gefährdet schien. So kündigte IG-Metall-Chef Loderer mit Blick auf den 1. September, den Anti-Kriegstag, eigene Aktionen der Gewerkschaft an, die sowohl an die antifaschistische Tradition der Organisation anknüpften, als auch die originäre Rolle der Gewerkschaften als institutionalisierte Friedensbewegung betonten. Das Verhältnis zwischen Friedensbewegung und Gewerkschaften war damit nicht nur eine organisationskulturelle Frage, sie berührte auch das Verhältnis zur (eigenen) Geschichte. In dieser Tradition zogen Gewerkschafter zunehmend die Verbindung zwischen der drohenden atomaren Apokalypse und den Schrecken des Zweiten Weltkrieges.[24]

Der von den Gewerkschaften initiierte Antikriegstag galt symbolisch als der »richtige« Tag, um die Erinnerung an den Krieg mit der Unterschriftenaktion »Frieden durch Abrüstung« zu verbinden. Diese Aktion versuchte, den innerhalb des DGB wegen der kommunistischen Beteiligung heftig umstrittenen Krefelder Appell durch eine offizielle, gewerkschaftseigene Friedensinitiative zu übertreffen.[25] Diese Kampagne hatte ihre Bedeutung weniger in der Zahl der Unterschriften als in dem Zwang, dass seit 1981/1982 die Gewerkschaften ihr Verhältnis zur Friedensbewegung klären mussten. Die Unterschriftenkampagne gehörte zu dieser schwierigen Suchbewegung nach einer eigenen Sprache und Protestform, die für viele Gewerkschafter auch deshalb noch ungewohnt war, weil es doch nicht wenige vor allem im Umfeld der *IG-Bergbau* und *IG-Chemie* gab, die die Politik von Bundeskanzler Helmut Schmidt mit großem Nachdruck unterstützten. Ein Bündnis mit einer Bewegung, die diesen Teil sozialdemokratischer Regierungspolitik kritisierte, konnte damit nur schwerlich geschlossen werden.

Noch schwerer wog die Frage einer möglichen Zusammenarbeit mit den »Kommunisten« – mit der DKP oder ihr nahe stehenden Organisationen. Das galt nicht nur als politische Dummheit, sondern als gewerkschaftlicher Sündenfall, spielten solche Kräfte doch dem »Osten« und seinen einseitigen Forderungen in die Hände. Das Hauptvorstandsmitglied der IG-Chemie-Papier-Keramik, Wolfgang Schultze, verurteilte deshalb entschieden all diejenigen, die ihre Unterschrift unter den Krefelder Appell gesetzt hatten. »Hier muss jeder aufpassen, dass er nicht gegen seinen Willen in ein Bündnis mit sehr eigenen Friedensfreuden gerät, die

Abb. 33. Plakat »Wir wollen leben! Keine neuen Atomraketen in Mitteleuropa. Friedenswanderung der IG-Metall und *Initiative Ludwigsburger Friedenstage* für Abrüstung in Ost und West«, 25.9.1983.

[…] sich ausschließlich oder hauptsächlich gegen die USA und NATO wenden, die Rüstungspolitik der Sowjets aber überhaupt nicht oder nur beiläufig erwähnen […].«[26] Diese Rede über die »politische Naivität« gehörte zum Begriffsarsenal der Unterscheidung zwischen den vermeintlichen »Realisten« in den Gewerkschaften und den bisweilen »naiven« Friedensaktivisten, von denen sich manche indes auch in den eigenen Reihen des DGB befänden.[27]

Von einer einheitlichen Position »der« Gewerkschaftsbewegung wird man nicht sprechen können, weil die jeweiligen Jugendvertretungen des DGB und allen voran die starke IG-Metall in ihrer Kritik an der Politik des NATO-Doppelbeschlusses und der Regierung Schmidt besonders weit gingen, während sich die IG-Chemie, Bergbau und andere, nicht zuletzt auch in der »Bündnisfrage«, von Teilen der Friedensbewegung distanzierten.

Die Entscheidung des DGB-Bundesvorstandes, der es seiner Jugendorganisation Anfang Juli verbot, an der Großkundgebung der Friedensbewegung im Bonner Hofgarten am 10. Oktober 1981 als Mitveranstalter teilzunehmen (aber die individuelle Teilnahme unberührt ließ), wird man nur vor dem Hintergrund dieser reaktualisierten antikommunistischen Schlachten aus der frühen Bundesrepublik verstehen können, die freilich im Kontext der Entspannungspolitik eine eigene Dynamik erhielten. Die Ablehnung der DKP gehörte dazu genauso wie die Versuche, auf deutsch-deutscher Ebene »offizielle« Gewerkschaftskontakte mit der DDR aufzubauen und auf diesem Weg die alte antikommunistische Emphase der fünfziger Jahre realpolitisch zu dosieren und den veränderten Bedingungen des doppelten Deutschlands anzupassen.

Sicher spielten bei der Entscheidung des DGB strategische Fragen eine Rolle, vor allem inwiefern sich die mächtigen Gewerkschaften in Bündnissen mit alternativen Netzwerken unter- oder einordnen sollten. Aber es ging doch auch um das Verhältnis zu der ja keineswegs übermächtigen Zahl westdeutscher Kommunisten, die innerhalb der Friedensbewegung nur eine Gruppe unter vielen war. Die DGB-Jugend war über Inhalt und Form der Entscheidung jedenfalls maßlos enttäuscht. Protest regte sich auch in zahlreichen IG-Metall Verwaltungsbezirken. Im IG-Metall Vorstand war es vor allem Georg Benz, der als geschäftsführendes Vorstandsmitglied für Jugend und Bildung verantwortlich war, und es sich als »Gewerkschaftssekretär und Sozialdemokrat« nicht nehmen lassen wollte, auf der Kundgebung zu sprechen. Benz hatte den Eindruck entstehen lassen, die IG-Metall unterstütze die Demonstration. Dies wurde vom IG-Metall Vorstand aufs Schärfste missbilligt – an seiner Entscheidung, die Rede als »Privatmann« zu halten, hielt er indes fest.

In diesen Auseinandersetzungen ging es sowohl um Fragen gewerkschaftlicher Disziplin, als auch um das Verhältnis zur Bündnisfrage mit den unterschiedlichen Strömungen der »alten« und »neuen« Linken, von denen allzu viele, wie mancher im IG-Metall Vorstand vermutete, in der gewerkschaftlichen Jugendbildung tätig waren und dort ihr »Unwesen« und ihre politische Agitation betrieben. Aus diesem Umfeld waren denn schon seit geraumer Zeit auch immer wieder Forderungen nach der Zulassung der KPD und radikal-antikapitalistische und prosowjetische Töne gekommen, die stärker auf Dialog denn auf Abgrenzung zu den unterschiedlichen linken Strömungen außerhalb der Sozialdemokratie setzten. Dass der DGB-Vorsitzende Heinz Oskar Vetter von einem lautstarken Teil der Zuhörer während seiner Rede zum Antikriegstag am 1. September 1979 ausgepfiffen wurde, als er erwähnte, der Hitler-Stalin Pakt sei eine Voraussetzung für den Ausbruch des Zweiten Weltkrieges, war nur eines von vielen Indizien für den Einflussgewinn der agilen DKP-nahen Gruppierungen.[28] Die Auseinandersetzung um die Geschichte des Nationalsozialismus und die Rolle kommunistischer sowie reformistischer Gewerkschaften im 20. Jahrhundert waren keine historischen Glasperlenspiele, sondern zentrale geschichtspolitische Schlachtfelder, in denen es darum ging, das linkssozialistische und kommunistische Erbe als legitimen Bestandteil der Gewerkschaftsgeschichte zu betonen und die »sozialdemokratische« Anpassungsbereitschaft an den Kapitalismus in Vergangenheit und Gegenwart zu kritisieren.[29]

Nur vor diesem Hintergrund wird verständlich, warum die im Kontext der Debatte über den NATO-Doppelbeschluss ausgebrochenen Kontroversen um Bündnisse und Kooperationen mit Kommunisten den Kern des gewerkschaftlichen Selbstverständnisses betrafen und keineswegs nur von politisch interessierten Kreisen von außen herangetragen wurden. Es ging dabei auch um das Verhältnis zur parlamentarischen Demokratie, um die Disziplin und die »Geschlossenheit« gewerkschaftlicher Organisationskultur nach innen, die historisch-politische Auseinandersetzung mit der DDR und den Kampf um ein neues antikapitalistisches Selbstverständnis der Gewerkschaften als Gegenmacht zum »System« – Positionen, die durchaus auf Widerhall stießen und wichtige Themen der politischen Schulungsarbeit waren.[30] Daher blieb die Auseinandersetzung um das Verhältnis zum »Osten« und zum Umgang mit Kommunisten bis Mitte der 1980er Jahre eine zentrale Konfliktlinie gewerkschaftlicher Debatten.

Dazu zählte – auf dem Feld gewerkschaftseigener Entspannungspolitik – insbesondere die Unterstützung polnischer Kolleginnen und Kollegen und allen voran der *Solidarność*. Denn im Windschatten der sozial-liberalen Entspannungsdiplomatie hatte der DGB schon seit längerer Zeit »stille Hilfe« für die bedrängten Gewerkschaftskollegen geleistet und sie beim Aufbau einer staatlich unabhängigen Organisation unterstützt – und schließlich nach dem 13. Dezember 1981, dem Tag der Verhängung des Kriegsrechts in Polen, mit verschiedenen Kampagnen gegen die Verhaftung zahlreicher Gewerkschaftsfunktionäre und die polnische Militärdiktatur protestiert.[31] Diese eigene Form gewerkschaftlicher Entspannungspolitik, in der es um die zentrale Forderung nach der Legitimität des Streik- und Koalitionsrechts ging, prägte die gewerkschaftlichen Friedensinitiativen vor allem in den Jahren um 1982/1983, die eben mit einem Auge auch immer nach Polen gingen. Die Forderung nach »Frieden und Abrüstung« konnte in diesem Sinne eben nicht »nur« die Kritik an der Nachrüstung bedeuten, sondern auch an den fehlenden Arbeitnehmerrechten.

Von den Solidaritätskampagnen mit der Solidarność las man in den Verlautbarungen der DKP wenig. Trotzdem suchten DKP-nahe Gewerkschafter in den Betrieben und Ortskartellen keineswegs den Konflikt um jeden Preis, sondern bemühten sich sehr darum, als »eigentliche« und zuverlässige Repräsentanten der Gewerkschaftspolitik zu agieren. Es war vor allem der Betrieb, der für die Gewerkschaften eine ihrer zentralen friedenspolitischen Arenen werden sollte. Zugleich waren dies die Orte, an denen die regional sehr unterschiedlich agilen, bisweilen aber doch recht lautstarken DKP-Betriebsorganisationen einige Entfaltungskraft entwickelten. In Großbetrieben wie bei BMW oder dem Rüstungsunternehmen Krauss-Maffei riefen die DKP-Betriebsgruppen zu den Großkundgebungen des DGB auf und warben auch für die Aktion »Es ist 5 vor 1«. Nicht »Spaltung«, sondern »Einheit« stand im Mittelpunkt der Strategie, und so schien es eben selbstverständlich, dass die DKP die Demonstrationsaufrufe des DGB mit Nachdruck unterstützte und dafür in ihren Reihen mobilisierte.[32]

## Fazit

Der Scheitelpunkt des gewerkschaftlichen Engagements in der Friedensbewegung war indes nach den zahlreichen Kampagnen des Jahres 1983 bald überschritten. Andere Fragen dominierten den Gewerkschaftsalltag, vor allem begann eine intensive Debatte über die vermeintliche »Krise der Gewerkschaften«, die nun, wie es Ralf Dahrendorf ausdrückte, zur »Verteidigungsorganisation absteigender sozialer Gruppen geworden« sei und den Anschluss an die drängenden Probleme der Gegenwart verpasst habe.[33] Den mühsamen Annäherungs- und Lernprozess an die dynamischen Neuen Sozialen Bewegungen, allen voran die Umweltbewegung, sollten die Gewerkschaften, wie führende Funktionäre forderten, nicht noch einmal (wie bei der Friedensbewegung) verpassen und ihre ökologische und ökonomische Kompetenz als kämpferische und lernende Organisation betonen.[34] Angesichts der steigenden Arbeitslosigkeit und der harten tarifpolitischen Auseinandersetzungen der 1980er Jahre verloren die Themen der Friedensbewegung doch erheblich an Bedeutung. Insgesamt wird man sagen können, dass die zuvor bestehende Kluft zwischen Teilen der Gewerkschaften und der Friedensbewegung in dem Moment kleiner geworden war, als das Thema »Überlebensangst« seit Beginn der 1980er Jahre auch als Sozialstaatsapokalypse umgedeutet werden konnte und damit das Engagement eben nicht mehr »nur« eines für den Frieden war, sondern zur Sicherung der eigenen, materiellen Existenz diente – und damit die Grenzen zwischen materiellen und post-materiellen Sicherheitsvorstellungen verschwammen.

*Literatur*

Umfangreiche zeithistorische Forschungen zum Verhältnis zwischen Gewerkschaften und Friedensbewegung fehlen bisher. Eine materialreiche und gelungene Einführung bietet Strutz, die den schwierigen organisationskulturellen Lernprozess analysiert. Die Biografie von Kempter über Eugen Loderer enthält wertvolle Informationen aus der Perspektive eines führenden sozialdemokratischen Gewerkschafters. Hilfreich ist dafür auch der Sammelband von Lauschke.

Strutz, Stefan: Der fremde Freund. IG-Metall und Friedensbewegung vom NATO-Doppelbeschluss bis zum Bosnienkrieg. Frankfurt/Main 1997.

Kempter, Klaus: Eugen Loderer und die IG Metall. Biografie eines Gewerkschafters. Filderstadt 2003.

Lauschke, Karl: Die Gewerkschaftselite der Nachkriegszeit. Prägung, Funktion, Leitbilder. Essen 2006.


## Anmerkungen

[1] Lorenz Knorr: Geschichte der Friedensbewegung in der Bundesrepublik. Köln 1984, S. 224f. Knud Andresen danke ich sehr für wertvolle Hinweise.

[2] Es geht um die Bündnisfrage. Ein Gespräch über das Verhältnis von Gewerkschaften und Friedensbewegung zwischen Volkmar Deile, Jo Leinen, Leonhard Mahlein und Hermann Rappe. In: Gewerkschaftliche Monatshefte, 9 (1983), S. 606-631, S. 619.

[3] Ähnliches galt auch für den DGB Vorsitzenden Ernst Breit; siehe Spiegel-Gespräch vom 24.10.1983: »Ein Generalstreik scheidet aus«.

[4] Knud Andresen: Zwischen Protest und Mitarbeit. Die widersprüchlichen Potentiale gewerkschaftlicher Friedenspolitik 1950-1955. In: Detlef Bald/Wolfram Wette (Hg.): Alternativen zur Wiederbewaffnung. Friedenskonzeptionen in Westdeutschland 1945-1955. Essen 2008, S. 53-70.

[5] Rappe: Es geht um die Bündnisfrage, S. 624.

[6] Einen Überblick gibt Wolfgang Schröder: Gewerkschaften als soziale Bewegung. Soziale Bewegung in den Gewerkschaften in den Siebzigerjahren. In: Archiv für Sozialgeschichte, 44 (2004), S. 243-267.

[7] Zit. nach Klaus Kempter: Eugen Loderer und die IG Metall. Biografie eines Gewerkschafters. Filderstadt 2003, S. 415.

[8] So argumentiert beispielsweise Luckas Beckman in einem Brief an die Mitglieder des Bonner Koordinisierungsausschusses der Friedensbewegung; zit. nach Stefan Strutz: Der fremde Freund. IG-Metall und Friedensbewegung vom NATO-Doppelbeschluss bis zum Bosnienkrieg. Frankfurt/Main 1997, S. 28f.

[9] IG-Metall Vorstand (Hg.): Protokoll des 10. ordentlichen Gewerkschaftstages der IG Metall Frankfurt 1971, Band II, S. 190; folgendes nach Strutz: Der fremde Freund, S. 34-43.

[10] Armin Wöhrle: Gewerkschaften und Friedensbewegung. In: Blätter für deutsche und internationale Politik, 26 (1981), S. 1447-1460, S. 1448ff.

[11] Mörderische Aufrüstung. In: Der Gewerkschafter, 9 (1979); Sicherheit durch alternative Produktion. Ebenda, S. 18-19.

[12] Konversion und alternative Produktion. In: Der Gewerkschafter, 1 (1984).

[13] U.a. Innovations- und Beratungsstelle der IG Metall in Hamburg (Hg.): Ins Bild gerückt. Alternative Produktion. Hamburg 1986; Jörg Huffschmied: Rüstungskonversion als Verbindung friedenspolitischer und sozialökonomischer Interessen. In: WSI-Mitteilungen, 36 (1983), S. 371-385.

[14] Strutz: Der fremde Freund, S. 37; folgendes nach ebenda.

[15] Ebenda, 43.

[16] Wo steht die Friedensbewegung? Erfahrungen, Probleme und nächste Aufgaben im Kampf gegen die atomare Bedrohung. Ein Rundtischgespräch zur Friedensbewegung mit Gert Bastian, Karl D. Bredthauer, Volkmar Deile, Ulrich Frey, Petra K. Kelly, Klaus Mannhardt, Gunnar Matthiessen, Eva Quistorp und Claudia Wörmann-Adam. In: Blätter für deutsche und internationale Politik, 27 (1982), S. 784-810, hier S. 789f.

[17] Ebenda.

[18] Bundespressestelle des DGB (Hg.): Informationsdienst ID 13 vom 7.7.1983, zit. nach Strutz: Fremde Freunde, S. 121; folgendes nach ebenda.

[19] Frieden durch Abrüstung! Friedensaufruf und Unterschriftenaktion des DGB zum Antikriegstag 1981. In: Blätter für deutsche und internationale Politik, 26 (1981), S. 1278-1280.

[20] Spiegel-Gespräch mit dem DGB-Vorsitzenden Ernst Breit, 24.10.1983: »Ein Generalstreik scheidet aus«.

[21] Zur Dokumentation der regionalen Aktivitäten vgl. Industriegewerkschaft Bergbau und Energie (Hg.): Dokumentation, Presseberichte, Fotos, Kurzberichte aus den Bezirken und Geschäftsstellen zu den Aktivitäten der IGBE und des DGB am 5.10.1983. 5 Mahn-Minuten für den Frieden. Bochum 1983.

[22] Polizei verläßt die weiche Linie. In: Metall, 6.1.1984, S. 6.

[23] Vgl. zur Gewerkschaftsjugend vor allem Knud Andresen: ›Gebremste Radikalisierung‹ Zur Entwicklung der Gewerkschaftsjugend von 1968 bis Mitte der 1970er Jahre. In: Mitteilungsblatt des Instituts für Soziale Bewegungen, Forschungen und Forschungsberichte, 43 (2010), S. 141-158.

[24] Mörderische Aufrüstung. In: Der Gewerkschafter, 9 (1979).

[25] Den Frieden muss man sich hohlen. In: Der Gewerkschafter, 9 (1981).

[26] Wolfgang Schultze: Alle sind aufgerufen. In: Gewerkschaftspost, 9 (1981), S. 4.

[27] Auf einem Auge blind. In: Gewerkschaftspost, 8 (1981), S. 4.

[28] Kempter: Eugen Loderer, S. 389.

[29] Ebenda, S. 392ff.

[30] Stefan Müller: Linkssozialistische Erneuerung in der IG Metall? Eine neue Konzeption von Arbeiterbildung in den 1960ern. In: Christoph Jünke (Hg.): Linkssozialismus in Deutschland. Jenseits von Sozialdemokratie und Kommunismus? Hamburg 2010, S. 153-170; besonders auch ders.: Heinz Dürrbeck (Gewerkschafter, Sozialist und Bildungsarbeiter. Heinz Dürrbeck (1912-2001). Essen 2010.

[31] Heinz O. Vetter: Solidarität mit Solidarność. In: Gewerkschaftliche Monatshefte, 1982, S. 2-9, hier S. 5.

[32] Die Zündung, 22.9.1981; Zeitschrift der DKP-Betriebsgruppe BMW, Archiv des Instituts für Zeitgeschichte, Bestand DKP Südbayern, ED 717-347.

[33] Ralf Dahrendorf: »Verhindern statt vorantreiben«. In: Die Zeit, 18.5.1984.

[34] Dieter Wunder: Die Gewerkschaften. Eine Kraft der Vergangenheit?. In: Gewerkschaftliche Monatshefte, 2 (1985), S. 65-73, hier S. 67.

# 16. Polizei und Friedensbewegung

Michael Sturm

Gegen Mittag schien die Polizei doch noch die Kontrolle über die Situation in der Krefelder Innenstadt zu verlieren. Bis dahin hatten die Einsatzkräfte das Geschehen im Griff gehabt, was angesichts der brisanten Ausgangslage nicht unbedingt zu erwarten gewesen war. An jenem 25. Juni 1983 gastierte der US-amerikanische Außenminister George Bush in der Stadt am Niederrhein, um einem Festakt anlässlich des 300. Jahrestages der Auswanderung Krefelder Familien nach Nordamerika beizuwohnen. Die Stimmung war aufgeheizt. Denn nicht nur Bundeskanzler Helmut Kohl war zum Empfang ins repräsentative Seidenweberhaus gekommen. Auch die Friedensbewegung, die an gleicher Stelle im November 1980 mit dem *Krefelder Appell* eines ihrer Schlüsseldokumente verabschiedet hatte, protestierte anlässlich der Bush-Visite gegen die geplante Stationierung amerikanischer Mittelstreckenraketen. Den Aufrufen waren mindestens 20.000, nach Angaben der Veranstalter sogar 40.000 Menschen gefolgt. Die Demonstration verlief ohne Zwischenfälle.

Gleichzeitig formierte sich ein weiterer Protestzug am Krefelder Hauptbahnhof, zu dem vor allem autonome und antiimperialistische Gruppen aufgerufen hatten. Etliche der rund 1.000 Teilnehmer waren vermummt, viele trugen zudem Helme und schwarze Lederjacken. Auch diese martialisch ausstaffierten, vorwiegend jungen Aktivisten begriffen sich als Teil der Friedensbewegung. Mit lediglich symbolischem Protest gegen den Bush-Besuch wollten sich die meisten von ihnen jedoch nicht zufrieden geben. Die Demonstration kam indessen nicht weit. Auf ihrem Weg in die Innenstadt wurde sie von Polizeikräften auseinander getrieben. Es gab Verletzte und eine Reihe von Festnahmen.

Aus Sicht der Polizei schien die Lage bereinigt. Doch dann – nach dem Ende des Festakts im Seidenweberhaus – ereignete sich ein folgenschwerer Zwischenfall. Die Fahrzeugkolonne von George Bush war von der Fahrtroute abgekommen und geriet in einen Pulk von Demonstranten, die unversehens die Limousine des US-Außenministers bedrängten. George Bush gab sich gelassen: »Es ist wie in Chicago. Wir werden bejubelt und mit Steinen beworfen, hier wie dort.«[1]

In der Bundesrepublik lösten die *Krefelder Krawalle*, bei denen insgesamt 138 Personen festgenommen und Dutzende verletzt worden waren, heftige Kontroversen um den Polizeieinsatz und dessen Konsequenzen aus.

Bundesinnenminister Friedrich Zimmermann (CSU) kritisierte das Einschreiten der Polizei in Krefeld als zu wenig konsequent. Zudem wiederholte er seine Absicht, das Demonstrationsstrafrecht zu verschärfen. Hiervon wiederum wollte der nordrhein-westfälische Innenminister Herbert Schnoor (SPD) nichts wissen. Er warnte davor, »Leute, die aus Gewissensnot auf die Straße gehen, automatisch mit Steinewerfern in einen Topf« zu werfen. Grundsätzlich sei das Versammlungsrecht als »Lebensnerv unserer Demokratie«[2] zu schützen.

Die Auseinandersetzungen um den Polizeieinsatz in Krefeld im Juni 1983 zeigen wie unter einem Brennglas einige der zentralen Konfliktlinien, die das Verhältnis zwischen Staatsmacht und Friedensbewegung während der 1980er Jahre prägten. So sah sich die Polizei mit einem äußerst heterogenen gesellschaftlichen und politischen Spektrum konfrontiert, das gegen die Nachrüstungspläne auf die Straße ging. In Krefeld und an anderen Orten demonstrierten unter dem Label der Friedensbewegung Angehörige von Parteien, Bürgerinitiativen und kirchlichen Gruppen ebenso wie Gewerkschaften, Frauengruppen, Berufsgruppeninitiativen oder Aktivisten der seit dem Beginn der 1980er Jahre entstehenden subkulturell geprägten autonomen Szenen.

Das Auftreten der Polizei avancierte in diesem Kontext zum »Politikum«.[3] An deren Umgang mit Protest knüpften sich nicht nur im Hinblick auf die Geschehnisse in Krefeld höchst unterschiedliche Ansprüche und Erwartungshaltungen. Auch innerhalb der Polizei entzündeten sich kontrovers geführte Debatten. Hierbei ging es nicht nur um die technokratischen Aspekte der Einsatzbewältigung, sondern um die gesellschaftliche Rolle der eigenen Institution, die zwar »keine Politik machen« könne, gleichwohl aber im Rahmen von Protestereignissen »politisch handeln« müsse.[4]

## Protest- und Aktionsformen der Friedensbewegung

Die Zahl der registrierten Demonstrationen und Kundgebungen nahm in den Jahren zwischen 1979 und 1983 explosionsartig zu. Hatte es im Zeitraum von 1975 bis 1978 im Jahresdurchschnitt rund 2.800 Protestereignisse gegeben, verdoppelte sich die Quote in der Folgezeit auf rund 5.600. Im Jahr 1983 erreichte die Entwicklung mit 9.237 Kundgebungen und Demonstrationen ihren Höhepunkt.[5]

Erwiesen sich zunächst die Aktivitäten der Anti-AKW- sowie der Hausbesetzerbewegung als besonders mobilisierungsfähig, riefen seit 1981 die Proteste der Friedensbewegung immer größere Resonanz hervor. Deren

politische, kulturelle und gesellschaftliche Vielschichtigkeit fand ihren
Ausdruck in einer breiten Palette der Aktionsformen, die aber auch zu
Spannungen zwischen den verschiedenen Strömungen führten. Typisie-
rend können demnach (Groß)demonstrationen und Kundgebungen,
direkte, militante bzw. gewalttätige Protestformen sowie Aktionen des
»Zivilen Ungehorsams« voneinander abgegrenzt werden. Freilich kam es
im realen Protestgeschehen zu vielfachen Überschneidungen. Zudem
fiel je nach Perspektive, die Definition, was unter »Gewalt«, »Gewaltfreiheit« oder »Zivilem Ungehorsam« zu verstehen war, recht unterschiedlich aus.

## Kundgebungen und Großdemonstrationen

Die Friedensbewegung mobilisierte zu den bis dahin größten Demonstrationen und Kundgebungen in der Geschichte der Bundesrepublik. So
nahmen an der Kundgebung »Gegen die atomare Bedrohung gemeinsam
vorgehen« im Bonner Hofgarten am 10. Oktober 1981 rund 300.000
Menschen teil. Am 10. Juni 1982 kamen anlässlich des in der Bundeshauptstadt stattfindenden NATO-Gipfels 400.000 Demonstranten zusammen. In West-Berlin demonstrierten am selben Tag mindestens 60.000
Menschen gegen den Besuch von US-Präsident Ronald Reagan in der
Stadt. Im Oktober des darauffolgenden Jahres protestierten rund 500.000
Menschen im Bonner Hofgarten, während sich zeitgleich mindestens
250.000 Personen an einer 108 Kilometer langen Menschenkette beteiligten, die vom European Command der US-Army in Stuttgart-Vahingen bis
zu den Wiley Barracks, einem amerikanischen Militärstützpunkt in Neu-
Ulm reichte. Diese und weitere Massenproteste, aber auch zahllose kleinere Kundgebungen, Mahnwachen, Schweigekreise und andere symbo-
lisch-expressive Aktionsformen, die im Herbst 1983 ihren Scheitelpunkt
erreichen sollten, verliefen überwiegend gewaltfrei.[6]

## Militanz und direkte Aktionen

Dennoch boten Großproteste auch den Rahmen für gewalttätige Aktionen, die meist vom autonomen Spektrum der Friedensbewegung ausgin-
gen und zu heftigen Konfrontationen mit der Polizei führten, die mit
robusten Gewalteinsätzen reagierte. Zu nennen sind hier etwa neben den
eingangs erwähnten Krefelder Krawallen die massiven Zusammenstöße,
zu denen es anlässlich der Besuche von US-Außenminister Alexander

Haig und US-Präsident Ronald Reagan in West-Berlin im September 1981 bzw. im Juni 1982 kam.

Aber auch öffentliche Rekrutengelöbnisse der Bundeswehr entwickelten sich bisweilen zu Schauplätzen gewalttätiger Proteste. So kam es im Zusammenhang mit einer Vereidigung von 1.200 Wehrpflichtigen am 6. Mai 1980 im Bremer Weserstadion zu Auseinandersetzungen zwischen einigen tausend Demonstranten und der Polizei. In deren Verlauf wurden 257 Beamte und 50 Protestierende verletzt, zudem gingen mehrere Bundeswehrfahrzeuge in Flammen auf. Die Proteste gegen das Rekrutengelöbnis in der Hansestadt, die von einem breiten Bündnis getragen worden waren, verdeutlichten schon früh die heterogene Zusammensetzung der sich formierenden Friedensbewegung, herrschte doch über die Bewertung der Geschehnisse unter den Demonstrationsteilnehmern keineswegs Einigkeit.

## »Ziviler Ungehorsam«

Die größte Herausforderung für die Polizei stellten jedoch die Aktionen des »Zivilen Ungehorsams« dar, die von verschiedenen Strömungen der Friedensbewegung zunehmend als legitime Protestformen gegen die scheinbar unabwendbare Stationierung von Massenvernichtungswaffen propagiert wurden. Als »Ziviler Ungehorsam« galt demnach die ethisch-normativ begründete, demonstrative und gewaltfreie »bewusste Überschreitung von Ge- und Verboten«, die ihren Ausdruck in der Blockade von Kasernen und Waffendepots ebenso finden konnte wie in den Versuchen, Bauplätze militärischer Anlagen zu besetzen oder in militärische Sperrgebiete einzudringen.[7]

Im August 1982 blockierten erstmals rund 700 Menschen ein Munitionslager der Bundeswehr in Groß-Engstingen in der Nähe von Tübingen. Im Raum Bremen und Oldenburg versuchten im gleichen Jahr Angehörige von Friedensinitiativen Munitions- und Raketenersatzteiltransporte vom Hafen Nordenham nach Süddeutschland zu behindern. Am 12. Dezember 1982 fand anlässlich des dritten Jahrestags des NATO-Doppelbeschlusses eine Sitzblockade mit 300 Teilnehmer und Teilnehmerinnen vor dem Europa-Hauptquartier der US-Streitkräfte in Stuttgart-Vahingen statt. Im folgenden Jahr bildeten, angesichts des sich immer deutlicher abzeichnenden Scheiterns der Genfer Abrüstungsverhandlungen und der für November 1983 angekündigten Stationierung der ersten Pershing II-Raketen, (Sitz)blockaden nunmehr einen zentralen Bestandteil des Aktionsrepertoires der Friedensbewegung.[8]

Abb. 34. Beamte des Bundesgrenzschutzes bewachen das Kasernentor der
US-amerikanischen Carl-Schurz-Kaserne in Bremerhaven (am 15. Oktober 1983).

Zum symbolhaften Ort des »Zivilen Ungehorsams« avancierte das amerikanische Raketendepot in Mutlangen. Vor dessen Toren formierte sich
zunächst zwischen dem 1. und 3. September 1983 eine so genannte Prominentenblockade, an der rund 150 bekannte Persönlichkeiten wie etwa
Heinrich Böll, Petra Kelly, Erhard Eppler oder Dieter Hildebrandt teilnahmen. Die öffentliche Aufmerksamkeit richtete sich dabei nicht zuletzt
auf die Reaktionen der Polizei, die jedoch in diesen Tagen nicht eingriff.
Bereits im Vorfeld der Aktion hatte der baden-württembergische Innenminister Roman Herzog (CDU) nach Absprache mit dem Bundesinnenministerium und der US-Armee erklärt, den Prominenten »nicht den
Gefallen tun« zu wollen, sie vor laufenden Kameras wegzutragen.[9]
 Bis ins Jahr 1987 kam es allerdings zu einer Reihe weiterer Blockaden,
an denen sich schätzungsweise insgesamt 10.000 Menschen, darunter
auch Richter, Geistliche, Politiker und andere Personen des öffentlichen
Lebens beteiligten. In der Regel räumte die Polizei die Zugänge zur Militärbasis, indem die Beamten die Friedensaktivisten von der Straße trugen.
In diesem Kontext wurden alleine in Mutlangen über die Jahre hinweg
rund 3.000 Protestierende in Gewahrsam genommen und wegen »Nötigung« (§ 240 StGB) angezeigt.[10] An anderen Protestschauplätzen schritten

Polizei und Justiz in ähnlicher Weise gegen Blockierende ein. Die Auseinandersetzungen um den angemessenen Umgang mit den Aktionsformen des »Zivilen Ungehorsams« verstärkten die seit dem Beginn der 1980er Jahre intensiver geführten polizeilichen Diskurse um die eigenen Leit- und Selbstbilder. So räumte etwa Helmut Gerbert, Inspekteur der Polizei des Landes Baden-Württemberg ein, dass »sowohl die äußerst schwierig zu differenzierende Protestbewegung als auch der Adressat des Protests« seiner Behörde »in besonderer Weise Probleme« bereiten würden, da diese »vor einer völlig neuen Situation« stünde.[11]

## »Verwerflich« oder legitim?
## Die Diskussionen um »Zivilen Ungehorsam«

Das Spannungsfeld, in dem sich die Polizei bewegte, war dabei nicht nur durch innerbehördliche Wahrnehmungen und Erfahrungen, sondern auch von divergierenden äußeren gesellschaftlichen, juristischen und politischen Ansprüchen geprägt. Die unterschiedlichen Diskussionsstränge wurden in den polizeilichen Fachzeitschriften aufmerksam verfolgt. Gleichzeitig nahmen Vertreter der Polizei wiederholt an öffentlich geführten Debatten teil.

Befürworter »Zivilen Ungehorsams« fanden sich in nahezu allen gesellschaftlichen Bereichen.[12] Dessen rechtliche und rechtspolitische Bewertung, die besonders für die Vorgehensweisen der Polizei von Bedeutung war, fiel gleichwohl höchst unterschiedlich aus. Aus einer grundlegenden Perspektive warnte etwa Helmut Simon, Richter am Bundesverfassungsgericht vor einer undifferenzierten Kriminalisierung »Zivilen Ungehorsams«. Er konstatierte, dass »wir im Blick auf Massenvernichtungsmittel in einer Übergangssituation leben, in der sich Ethik und geltendes Recht nicht mehr voll decken.«[13] Simon verwies darauf, dass das wesentliche Strukturprinzip der Demokratie, einmal getroffene Mehrheitsentscheidungen wieder ändern zu können, im Falle der Nachrüstung mit ihren potentiell »verheerenden« und »irreversiblen« Folgen außer Kraft gesetzt sei.

Die Staatsanwälte und Amtsrichter in Schwäbisch Gmünd (wo die Verfahren wegen der Mutlangen-Blockaden geführt wurden) und andernorts vertraten vielfach eine konträre Rechtsauffassung. In den juristischen Auseinandersetzungen um Aktionen des »Zivilen Ungehorsam« ging es demnach weniger um deren verfassungs- oder völkerrechtliche Legitimität. Umstritten war vielmehr, ob Sitzblockaden als »Nötigung« geahndet werden konnten. Als einschlägig galt hier der erste Absatz des § 240 StGB

(»Nötigung«), in dem es heißt: »Wer einen anderen rechtswidrig mit Gewalt oder durch Drohung mit einem empfindlichen Übel zu einer Handlung, Duldung oder Unterlassung nötigt, wird mit Freiheitsstrafe bis zu drei Jahren oder mit Geldstrafe […] bestraft.« Als »rechtswidrig« definiert der zweite Absatz des § 240 StGB »Nötigung« jedoch erst dann, wenn »die Anwendung der Gewalt oder die Androhung des Übels zu dem angestrebten Zweck als verwerflich anzusehen ist.« Ließ sich nun das Sitzen auf der Zufahrtsstraße zu einer Militäreinrichtung als »Gewalt« klassifizieren? Und konnten den Blockierern »verwerfliche« Motive unterstellt werden?

Diese Fragen wurden von den Gerichten unterschiedlich beantwortet. Während etwa Amtsgerichte in Erlangen, Nürnberg, Ulm, Stuttgart, Reutlingen, Frankfurt, Münster und Wuppertal die »Verwerflichkeit« von Sitzblockaden in Abrede stellten und entsprechend Beschuldigte wiederholt freisprachen, maßen die Richter in Schwäbisch Gmünd den Motiven der angeklagten Demonstranten nur untergeordnete Bedeutung bei. Sie sahen den Tatbestand der »Nötigung« als erfüllt an, galt ihnen allein schon deren Absicht, Fahrzeuglenker zum Halten zu zwingen, als verwerflich.[14]

## »Ziviler Ungehorsam« als Herausforderung für polizeiliche Einsatzstrategien

Die Polizei folgte im Wesentlichen dieser Rechtsauffassung. Mit Bezugnahme auf die Urteilspraxis einer Reihe von Obergerichten, die Sitzblockaden als »Nötigung« bewertet hatten, nannte beispielsweise Ralf Krüger, Leitender Kriminaldirektor aus Karlsruhe das Schlagwort »gewaltfreie Aktion« einen »semantischen Betrug« auf den »die vollziehende Gewalt und Rechtssprechung unseres Staates nicht hereinfallen« dürften.[15] Auch für seinen Kollegen Karl-Heinz Braun von der Höheren Landespolizeischule in Münster stand die Strafbarkeit von Sitzblockaden nach § 240 StGB außer Frage. Die Strafverfolgung leide jedoch häufig darunter, dass »geschädigte Dritte« nur selten Anzeige erstatten würden. Er regte daher an, anlässlich der polizeilichen Räumung von Sitzblockaden »Anzeigenaufnahmetrupps« einzusetzen, die noch während des Geschehens eine »Opfer- und Geschädigtenermittlung« vornehmen sollten.[16] Demnach war die rechtliche Bewertung von Sitzblockaden in der Perspektive der Polizei stark von eher technokratischen Aspekten geprägt, die auf eine Konsolidierung ihrer Handlungsspielräume und eine Professionalisierung möglicher Strafverfolgung abzielten. Gefordert wurden »keine komplizierten Filigrandiskussionen, sondern klare Rechtsverhältnisse«.[17]

Abb. 35. Blockade der US-amerikanischen Kaserne Andrews Barracks am 15. Oktober 1983 in Lichterfelde, West-Berlin. Der Berliner Bundestagsabgeordnete Dirk Schneider (Alternative Liste) wird von Polizeibeamten von der Fahrbahn getragen.

In der Einsatzpraxis gegenüber Aktionsformen des »Zivilen Ungehorsam« war die Polizei jedoch meist darauf bedacht, martialische Machtinszenierungen zu vermeiden. So kamen bei der Räumung von Blockaden vor Militäreinrichtungen nur in Ausnahmefällen Zwangsmittel wie Schlagstöcke und Wasserwerfer zur Anwendung. In Stuttgart-Vahingen ging die Polizei gegen Blockierer des US-Hauptquartiers European Command im Dezember 1982 mit einer Reiterstaffel vor. In Bitburg setzte die rheinland-pfälzische Bereitschaftspolizei Anfang September 1983 Wasserwerfer und Hunde ein, um eine Blockade vor einer amerikanischen Militärbasis aufzulösen.[18] In beiden Fällen riefen die Maßnahmen Kritik in der Öffentlichkeit hervor.[19] Die Polizei verlegte sich somit vor allem auf das Wegtragen der Demonstranten. Allerdings erforderte diese körperlich anstrengende Form des Einschreitens bestimmte »handwerkliche« Fähigkeiten. In der Aus- und Fortbildung der Beamten gewann daher die Entwicklung von Griff- und Tragetechniken an Bedeutung.

In der Praxis konnten Räumungseinsätze, die sich auf das Wegtragen der Demonstranten beschränkten unterschiedlich ausfallen. So schilderte Elisa Kauffeld ihre Wahrnehmungen des Polizeieinsatzes während einer Seniorenblockade in Mutlangen Anfang Mai 1986 folgendermaßen: »Die Polizisten zerrten, schubsten, traten die Blockierenden zur Seite. Vorher hatte ich gelernt, wir würden nach dreimaliger Aufforderung weggetragen. Diesmal war alles ganz anders […] Ich erhielt einen kräftigen, gezielten Fußtritt und flog zur Seite in eine Pfütze.«[20] Hanne Narr, die sich im Mai des darauffolgenden Jahres an der Seniorenblockade beteiligte, berichtete indessen davon, dass »DemonstrantInnen und Polizisten wie einmütig beisammen« standen: »Viele Gespräche finden statt, verstummen allenfalls, wenn ein ranghöherer Polizist sich nähert.«[21] Bemerkenswert ist, dass Polizeibeamte nur selten über ihre Wahrnehmungen während solcher oder ähnlicher Räumungsmaßnahmen berichteten. Zwar erschienen seit den 1980er Jahre zahlreiche Veröffentlichungen, in denen Polizisten ihren Dienstalltag und ihre Eindrücke von Demonstrationseinsätzen schilderten, diese Beiträge kreisten aber vor allem um deren Erfahrungen im Kontext gewalttätig verlaufender Konfrontationen. Allerdings wiesen etwa Vertreter der *Gewerkschaft der Polizei* (GdP) wiederholt auf die hohe psychische Belastung hin, der die Beamten bei der Räumung von Sitzblockaden ausgeliefert seien. So appellierte im Vorfeld des »heißen Herbstes« 1983 die GdP an Friedensinitiativen und Politiker, die Gefühle und Belastungen jener Beamten ernst zu nehmen, die Sitzblockierer von der Straße tragen müssten.[22]

Insgesamt ist festzustellen, dass sich der Zorn eines großen Teils der Protestakteure in erster Linie gegen die Justizbehörden richtete, bei denen Tausende von Ermittlungsverfahren wegen »Nötigung« anhängig waren. Medien und selbst Protagonisten des »Zivilen Ungehorsams« attestierten der Polizei hingegen, dass »im großen und ganzen […] die Praxis des Umgangs mit den politisch motivierten Regelverletzungen eher tolerant als rigide«[23] gewesen sei. Auffällig war, dass die auf politischer Ebene vehement ausgetragenen Konflikte um den angemessenen Umgang mit Protest für das unmittelbare polizeiliche Vorgehen gegenüber Sitzblockaden in den verschiedenen Bundesländern nur eine untergeordnete Rolle zu spielen schienen, ließen sich doch signifikant voneinander abweichende Einsatzstrategien kaum beobachten.

## »Frieden nach innen«?
## Polizeiliche Wahrnehmungen der Friedensbewegung

Indessen fiel die politische Bewertung der friedensbewegten Proteste in polizeilichen Diskursen unterschiedlich aus. Ein zentraler Akteur in den behördeninternen, aber auch in den öffentlich geführten Debatten war die GdP. Als Einzelgewerkschaft unter dem Dach des *Deutschen Gewerkschaftsbundes* (*DGB*), begriff sie sich als Teil des gewerkschaftlichen Flügels der Friedensbewegung und versuchte auch als solcher wahrgenommen zu werden. Dieser Anspruch spiegelte sich in eigenen friedenspolitischen Resolutionen oder in der Beteiligung an symbolischen Aktionen wie etwa dem vom DGB getragenen Aufruf am 5. Oktober 1983, aus Protest gegen die Stationierung von Nuklearwaffen für fünf Minuten die Arbeit niederzulegen. Gleichwohl führten die Positionierungen der GdP nicht selten zu Spannungen: sowohl mit Vertretern anderer Spektren der Friedensbewegung als auch innerhalb der Organisation selbst.

Einerseits forderte die GdP, wie etwa nach den Ausschreitungen rund um das Rekrutengelöbnis im Bremer Weserstadion eine schnelle und konsequente Bestrafung gewalttätiger Demonstranten sowie eine bessere Ausstattung der Beamten mit »polizeitypischen Einsatzmitteln« wie beispielsweise Reizstoffen und Wasserwerfern.[24] Andererseits lehnte der Bundesvorstand um Günter Schröder die vor allem von CDU/CSU seit dem Beginn der 1980er Jahre forcierten Pläne, das Versammlungsrecht zu verschärfen, entschieden ab, was wiederum zu Kontroversen etwa auf Delegiertenkongressen und in der Mitgliederzeitschrift der Organisation führte.[25]

Diese Haltung fand ihren exemplarischen Ausdruck in dem von der GdP anlässlich des 33. Jahrestags der Verkündung des Grundgesetzes am 23. Mai 1982 unter dem Motto »Frieden nach innen« veranstalteten Kongress in der Frankfurter Paulskirche, an dem neben Bundeskanzler Helmut Schmidt rund 700 Polizeibeamten teilnahmen und den die Gewerkschaft in den Aktionskontext der Friedensbewegung stellte.[26] Bemerkenswert war, dass die GdP in ihren Veröffentlichungen weitgehend auf polemische Äußerungen gegenüber Sitzblockierern verzichtete und in der *Deutschen Polizei* sogar Autoren zu Wort kommen ließ, die Protestformen des »Zivilen Ungehorsams« als legitim beurteilten.[27] Insgesamt dominierten in den Verlautbarungen der GdP zu den Protestaktionen der Friedensbewegung somit eher zurückhaltende Positionen, die eine stärkere Bürgerorientierung und Dialogbereitschaft der Polizei besonders im Demonstrationsgeschehen einforderten.

In dieser Sichtweise schien sich das bis dahin dominierende, am Leitgedanken des repräsentativen Parlamentarismus ausgerichtete, Staatsverständnis der Polizei zu relativeren. Seit dem Abflauen der Reformeuphorie am Beginn der 1970er Jahre war öffentlicher Protest in polizeilichen Diskursen vielfach als Infragestellung parlamentarischer Mehrheitsentscheidungen wahrgenommen worden.[28] Nun wurden allmählich, unter dem Eindruck der breit verankerten Aktionen der Friedensbewegung, die Ansprüche, politische und gesellschaftliche Verhältnisse auch außerhalb des staatlichen Institutionengefüges zu gestalten, als legitim anerkannt.

Allerdings stieß diese Haltung keineswegs auf einhellige Zustimmung innerhalb der Polizei. So beklagte etwa der Braunschweiger Polizeipräsident Detlef Dommaschk die »mangelnde Akzeptanz von auf dem dafür gesetzlich vorgesehenen Wege zustande gekommenen Mehrheitsentscheidungen«. Diese »Veränderungen der politischen Wirklichkeit und Rechtskultur« würden jedoch »in zunehmendem Maße den Erfolg polizeilicher Arbeit erschweren.« Für die geschilderten Entwicklungen machte er besonders »politisierende Pastoren« und eine »Führungsschwäche der Kirchenleitungen« verantwortlich, die zu einer »allgemeinen politischen Agitation gewisser Mandatsträger zu Themen wie der Polizei, der Bundeswehr, der Friedensfrage, der Kernkraft« geführt habe.[29] Diese Perspektive war weiterhin stark etatistisch geprägt. Gesellschaftlicher Protest galt demnach in erster Linie als Beeinträchtigung der staatlichen Ordnung, die durch scheinbar unhinterfragbare Verfahrens- und Entscheidungswege gekennzeichnet war. Darüber hinaus spiegelte sich im Unmut des Braunschweiger Polizeipräsidenten über das politische Engagement evangelischer Pastoren das innerhalb der Polizei offenkundig nach wie vor bestehende Idealbild einer weitgehend entpolitisierten Gesellschaft.

In den polizeilichen Diskursen um die Akteure und Proteste der Friedensbewegung offenbarten sich unterschiedliche Vorstellungen und Konzeptionen von »Polizei«. Während Detlef Dommaschk als idealtypischer Protagonist einer traditionell autoritären »Staatspolizei« gelten konnte, vertraten andere Stimmen Ansätze einer eher liberal ausgerichteten »Bürgerpolizei«.[30]

## »Kulturkampf« um die Innere Sicherheit

Die Auseinandersetzungen um den Status der Polizei waren aber auch Bestandteil der auf politischer Ebene geführten Kontroversen um die Innere Sicherheit der Bundesrepublik, die spätestens seit dem Regierungsantritt der schwarz-gelben Koalition im Oktober 1982 eine Zuspitzung erfuhren. Hatte im Kontext der Terrorismusbekämpfung ein weitgehend überparteilicher Konsens in Fragen der Inneren Sicherheit bestanden, brach die in diesem Politikfeld faktisch bestehende Große Koalition am Ende der 1970er Jahre auseinander.

Aus Sicht der Union sollte die (geistig-moralische) »Wende« ihren Ausdruck auch in einem restriktiveren Umgang mit vermeintlich oder tatsächlich gewalttätig verlaufenden Demonstrationen finden. Insofern hatte Bundesinnenminister Friedrich Zimmermann sein Amt im Jahr 1982 mit dem Vorhaben angetreten, die von der sozialliberalen Koalition vorgenommene Liberalisierung des Demonstrationsstrafrechts zumindest teilweise wieder rückgängig zu machen. Der Straftatbestand des »Landfriedensbruchs« (§125 StGB) sollte ausgeweitet, Vermummung und sogenannte Passivbewaffnung verboten werden. In den Verlautbarungen des Bundesinnenministeriums erschien das bestehende Versammlungsrecht vorwiegend als Einfallstor für gewalttätige Ausschreitungen. Zwar habe, wie Innenstaatssekretär Carl-Dieter Spranger (CSU) einräumte, die Quote der »unfriedlich verlaufenen« Demonstrationen im Jahr 1982 nur bei 4,3% gelegen, es wäre jedoch »kurzsichtig, die statistische Analyse zum ausschließlichen Maßstab zu nehmen«, zumal im Hinblick auf die geplanten Aktionen gegen die Umsetzung des NATO-Doppelbeschlusses die »von linksextremistischen Kräften gesteuerte Diskussion über das Ausmaß aus ihrer Sicht legitimer Gewaltanwendung […] Schlimmes befürchten ließe.«[31]

In den Auseinandersetzungen im Politikfeld der Inneren Sicherheit sowie um die Bewertung des intensiven Protestgeschehens in der Bundesrepublik repräsentierte besonders das SPD-regierte Nordrhein-Westfalen einen Gegenpol zu den Vorstößen der Union auf Bundes- und Länderebene. Herbert Schnoor, seit Juni 1980 Innenminister im bevölkerungsreichsten Bundesland, betonte die Bedeutung, die er dem Demonstrationsrecht im Rahmen politische Entscheidungsprozesse zubilligte. Zwar müssten gewalttätige Gruppen in ihre Schranken verwiesen werden, dabei sei jedoch darauf zu achten, dass »wir nicht durch ungeschickte oder überzogene Maßnahmen dazu beitragen, Teile der jungen Generation in ein Außenseiterdasein zu drängen.«[32] Sein Augenmerk richtete er daher auf die Handlungsmuster der Polizei und machte darauf aufmerksam, immer auch die politischen Folgen polizeilicher Einsätze zu reflektieren. Die Polizei habe sich daher nicht nur am Legalitätsprinzip, sondern auch am Grundsatz der Verhältnismäßigkeit zu orientieren, der durch die politischen Rahmenbedingungen mitgeprägt werde.

Mit dieser Haltung versuchte sich der nordrhein-westfälische Innenminister als Fürsprecher einer vergleichsweise liberalen Polizeipolitik zu profilieren. Die von der Union geforderte Verschärfung des Versammlungsrechts sowie die von Roman Herzog in Baden-Württemberg eingeführte »Vollstreckungskostenverordnung«, mit der beispielsweise Sitzblockierer für den Polizeieinsatz zur Kasse gebeten werden sollten, lehnte er ebenso ab, wie die vor allem von den Bundesländern Bayern und Baden-Württemberg betriebene Ausrüstung ihrer Polizeien mit chemischen Reizstoffen und Gummigeschossen, deren »Folgen für die Betroffenen unabsehbar« seien.[33] Diese von eher bürgerpolizeilichen Vorstellungen geprägte, »nordrhein-westfälische Linie« wurde von einer Reihe hochrangiger Polizeiführer gestützt und fand ihren Ausdruck in der Konzeption stärker kommunikativ ausgerichteter Deeskalationsstrategien.[34] Die »Politisierung der Sicherheitspolitik« seit dem Beginn der 1980er Jahre führte zu einer Spaltung der Bundesländer in SPD-regierte »A-Länder« und Unions-regierte »B-Länder«.[35] Die daran geknüpften unterschiedlichen Strategien im *protest policing*, die etwa im polizeilichen Einschreiten gegen Hausbesetzungen zu beobachten waren, kamen jedoch, wie bereits erwähnt, im Umgang mit den Protesten der Friedensbewegung kaum zum Tragen.

## Auf dem Weg zu einer bürgernahen Polizei?

Die Demonstrationen und Aktionen der Friedensbewegung trugen zu erkennbaren Veränderungen im protest policing seit den frühen 1980er Jahren bei. Darüber hinaus stießen sie intensive, innerhalb wie außerhalb der Polizeibehörden geführte, Diskussionen um »den Standort des Staates, der Staatsmacht, der staatlichen Gewalt«[36] in gesellschaftlichen Auseinandersetzungen an. Obgleich die jeweiligen Standpunkte vor dem Hintergrund der skizzierten »Politisierung der Sicherheitspolitik« in den Bundesländern durchaus unterschiedlich ausfielen, gab es eine Reihe übergreifender Faktoren, die den Verlauf der Diskussionen in bundesweiter Perspektive beeinflussten.

Erstens rückten das Selbstverständnis und die Handlungsmuster der Polizei stärker in den öffentlichen Fokus. Im Kontext der Neuen Sozialen Bewegungen waren seit dem Ende der 1970er Jahre zahlreiche Bürgerrechtsinitiativen entstanden, die sich kritisch mit dem »Apparat« auseinanderzusetzen begannen. In mehreren Städten konstituierten sich Gruppen, die unter dem Motto »Bürger beobachten die Polizei«, das Auftreten der Staatsmacht akribisch dokumentierten und gegebenenfalls skandalisierten.[37] Mit der an der FU Berlin unter Leitung von Wolf-Dieter Narr angesiedelten *AG Bürgerrechte* und ihrer seit 1978 erscheinenden Zeitschrift *Bürgerrechte & Polizei/CILIP* bestand ebenfalls ein sozialwissen-schaftlicher Forschungszusammenhang, der Teil einer polizeikritischen »Gegenöffentlichkeit« wurde, die auch in den etablierten Medien zunehmend Gehör fand.

Zweitens wurden in den öffentlichen Diskursen über die Polizei seit Mitte der 1980er Jahre auch Stimmen einzelner Polizisten vernehmbar, die namentlich oder anonym »Innenansichten« des Polizeialltags schilderten, behördeninterne Missstände anprangerten und für den »Aufbau einer neuen Polizei« plädierten.[38] Im Zentrum der Kritik stand dabei oftmals das polizeiliche Einschreiten gegen Demonstranten. In organisatorischer Hinsicht fand diese Entwicklung ihren Ausdruck in der Gründung der *Bundesarbeitsgemeinschaft kritischer Polizisten* im Januar 1987. Wenn auch die »Kritischen Polizisten« einen vergleichsweise kleinen Zusammenschluss von allenfalls einigen Dutzend Beamten darstellten, stießen die Verlautbarungen der Initiative in der Öffentlichkeit dennoch oder gerade deshalb auf große Resonanz.

Drittens entstanden, vermutlich erstmals in der Protestgeschichte der Bundesrepublik, an verschiedenen Orten Diskussionsgruppen, in denen sich Friedensaktivisten und Polizeibeamte über ihre jeweiligen Wahrnehmungen, Ressentiments, Ängste und Erwartungshaltungen austauschten. So kam es im Oktober 1982 zu den ersten »Stuttgarter Gesprächen« zwischen Vertretern der Polizei in Baden-Württemberg sowie Mitgliedern von Bürger- und Friedensinitiativen, Gewerkschaften und Kirchen, um »die Sorgen und ggf. auch […] ›Ängste‹ des »Gegenübers«[39] kennenzulernen. In Folge der dritten Gesprächsrunde im September 1983 entstand das *Stuttgarter Papier,* das als »Orientierungshilfe für künftige Auseinandersetzungen« in Baden-Württemberg dienen sollte und die Dialogbereitschaft auf beiden Seiten betonte. Zwar hatte dies weder verbindlichen Charakter noch konnte in den Vereinbarungen Einigkeit über die Legitimität des »Zivilen Ungehorsam« erzielt werden, dennoch spiegelten sich darin bürgerpolizeiliche Ansätze, die in einem Aushandlungsprozess mit Protestakteuren erarbeitet worden waren.

Viertens wurden die Diskussionen um polizeiliche Leitbilder und Einsatzstrategien maßgeblich durch den Brokdorf-Beschluss des Bundesverfassungsgerichts vom Mai 1985 geprägt. Das Verfassungsgericht hob den Grundrechtscharakter der Versammlungsfreiheit hervor und formulierte verschiedene »Gebote«, die von der Polizei bei Protestereignissen künftig zu berücksichtigen seien. Demnach müsse das polizeiliche Auftreten grundsätzlich demonstrationsfreundlich und »deeskalierend« sein. Einsatzleitung und Demonstrationsanmelder sollen sich kooperativ verhalten. Die Beteiligung von »Störern« an einer Versammlung könne nicht polizeiliches Einschreiten gegen alle Demonstrierenden rechtfertigen. Obwohl die Bundesregierung im Juli 1985 mit dem Verbot der Vermummung und der Passivbewaffnung das Versammlungsgesetz novellierte[40], avancierte der Brokdorf-Beschluss zur *Magna Charta* des Demonstrationsrechts. In der Entscheidung spiegelten sich die Eindrücke und Erfahrungen des Protestgeschehens der vorangegangenen Jahre. Der Brokdorf-Beschluss wurde innerhalb der Polizei breit rezipiert und verstärkte die Diskussionen um deren Selbstverständnis und polizeiliche Einsatzstrategien.[41] Der Umgang mit der Friedensbewegung führte somit unabhängig von den ausgetragenen Konflikten um die Innere Sicherheit während der 1980er Jahre zu einer größeren Offenheit für bürgerpolizeiliche Ansätze.

Darüber, ob mit dieser Entwicklung in Folge des regen Protestgeschehens jener Jahre das protest policing auf lange Sicht demonstrationsfreundlicher geworden ist, lässt sich freilich trefflich streiten. Die eingangs geschilderte Situation, in der sich George Bush in Krefeld unversehens mit aufgebrachten Demonstranten konfrontiert sah, brauchte mehr als zwei Jahrzehnte später sein Sohn jedenfalls nicht zu befürchten. Als US-Präsident George W. Bush im Februar 2005 im Rahmen seines Deutschlandbesuchs in Mainz Station machte, wurde seine Fahrzeugkolonne durch weitgehend menschenleere Straßen geleitet. Große Teile der Innenstadt waren präventiv abgesperrt worden. Die Friedensbewegung musste, anders als in Krefeld im Juni 1983, einige hundert Meter abseits des Geschehens protestieren.

*Literatur*

Die Rolle und die Einsatzpraktiken der Polizei im Zusammenhang mit den Protesten der Neuen Sozialen Bewegungen während der 1980er Jahre haben in der historischen Forschung bislang noch kaum Beachtung gefunden. Im Mittelpunkt des Interesses standen und stehen vielmehr die Entwicklungslinien einzelner Protestbewegungen. Die Polizei wird darin meist jedoch nur am Rande erwähnt.

Existieren zur Polizei der 1960er und frühen 1970er Jahre in der Bundesrepublik mittlerweile eine Reihe sozial- und kulturgeschichtliche ausgerichteter Studien, unter denen vor allem die Arbeiten von Weinhauer zu nennen sind, kann die bereits in den 1980er Jahren von Busch vorgelegte politikwissenschaftliche Untersuchung nach wie vor als Standardwerk gelten. Die gleiche Feststellung gilt für die umfangreiche Studie von Winter. Beide Bände befassen sich detailliert mit den Veränderungen polizeilicher Einsatzkonzepte, Strukturen und Selbstbilder, besonders auch unter dem Eindruck der Aktionsformen der Neuen Sozialen Bewegungen. Darüber sind einige Publikationen aus dem Spektrum der Friedensbewegung und aus meist kritischer Perspektive hilfreich, wie die von Gössner, die gleichzeitig jedoch als Quellentexte zu lesen sind.

Busch, Heiner/Funk, Albrecht/Kauß, Udo/Narr, Wolf-Dieter/Werkentin, Falco: Die Polizei in der Bundesrepublik. Frankfurt/Main/New York, NY 1985.

Gössner, Rolf/Herzog, Uwe: Der Apparat. Ermittlungen in Sachen Polizei. Köln 1982.

Weinhauer, Klaus: Schutzpolizei in der Bundesrepublik. Zwischen Bürgerkrieg und Innerer Sicherheit: Die turbulenten sechziger Jahre. Paderborn u.a. 2003.

Ders./Requate, Jörg/Haupt, Heinz-Gerhard (Hg.): Terrorismus in der Bundesrepublik. Medien, Staat und Subkulturen in den 1970er Jahren. Frankfurt/Main/New York, NY 2006.

Winter, Martin: Politikum Polizei. Macht und Funktion der Polizei in der Bundesrepublik Deutschland. Münster 1998.

## *Anmerkungen*

[1] Zitiert nach: Der Spiegel, 27, 4.7.1983, S. 32.

[2] Der Spiegel, 37, 12.9.1983, S. 24.

[3] Martin Winter: Politikum Polizei. Macht und Funktion der Polizei in der Bundesrepublik Deutschland. Münster 1998.

[4] Günter Freund: Bürgernähe im Konfliktfeld. In: Die Polizei, 72 (1981), S. 261-267, hier S. 267.

[5] Angaben nach: Thomas Balistier: Straßenprotest. Formen oppositioneller Politik in der Bundesrepublik. Münster 1996, S. 14f.

[6] Eine typologisierende Zusammenstellung der Protest- und Aktionsformen der Friedensbewegung findet sich bei Balistier: Straßenprotest, S. 33ff. Siehe dazu auch den Beitrag von Kathrin Fahlenbrach und Laura Stapane in diesem Band.

[7] Zur Definition des »Zivilen Ungehorsam« siehe Andreas Buro: Friedensbewegung. In: Roland Roth/Dieter Rucht (Hg.): Die sozialen Bewegungen in Deutschland seit 1945. Ein Handbuch, Frankfurt/Main/New York, NY 2008, S. 267-291, hier S. 281; ebenso: Horst Schüler-Springorum: Strafrechtliche Aspekte zivilen Ungehorsams. In: Peter Glotz (Hg.): Ziviler Ungehorsam im Rechtsstaat. Frankfurt/Main 1983, S. 76-98, hier S. 79.

[8] Jürgen Bruhn: »…dann, sage ich, brich das Gesetz«. Ziviler Ungehorsam. Von Gandhis Salzmarsch bis zum Generalstreik. Frankfurt/Main 1985, S. 141.

[9] Zitiert nach: Der Spiegel, 36, 5.9.1983, S. 117.

[10] Balistier: Straßenprotest, S. 72.

[11] Helmut Gerbert: Polizeiliche Maßnahmen zum Schutz militärischer Einrichtungen. In: Die Polizei, 74 (1983), S. 298-301, hier S. 299.

[12] Zur Breite der Diskussion: Martin Stöhr (Hg.): Ziviler Ungehorsam und rechtsstaatliche Demokratie (Schriften aus der Arbeit der Evangelischen Akademie Arnoldshain, Arnoldshainer Texte, Band 43). Frankfurt/Main 1986.

[13] Helmut Simon: Fragen der Verfassungspolitik. In: Glotz: Ziviler Ungehorsam, S. 99-107.

[14] Zur unterschiedlichen Urteilspraxis: Der Spiegel, 18, 30.4.1984, Der Spiegel, 12, 18.3.1985, Der Spiegel, 13, 25.3.1985.

[15] Ralf Krüger: Rechtsfragen zu polizeilichen Maßnahmen beim Schutz militärischer Anlagen. In: Die Polizei, 74 (1983), S. 315-320, hier S. 316.

[16] Karl-Heinz Braun: Blockaden und ähnliche demonstrative Aktionen als polizeilich zu bewältigende Einsatzlagen. In: Die Polizei, 76 (1985), S. 65-77, hier S. 67.

[17] Werner Hamacher: Zur Diskussion. Ist Sitzblockade Nötigung? In: Deutsche Polizei, 10 (1983), S. 27.

[18] Der Spiegel, 42, 17.10.1983, S. 37f.

[19] Siehe dazu auch den Beitrag von Kathrin Fahlenbrach und Laura Stapane in diesem Band.

[20] Elisa Kauffeld: Erfahrungen einer Seniorin. In: Komitee für Grundrechte und Demokratie (Hg.): Ziviler Ungehorsam. Traditionen, Konzepte, Erfahrungen, Perspektiven. Sensbachtal 1991, S. 117-164, hier S. 118-120.

[21] Hanne Narr: Muttertagsblockade. Mutlangen, 10.5.1987. In: Komitee für Grundrechte und Demokratie: Ziviler Ungehorsam, S. 109-116, hier S. 111.

[22] Deutsche Polizei, 10 (1983), S. 6.

[23] Theodor Ebert: Ziviler Ungehorsam. Von der APO zur Friedensbewegung. Waldkirch 1984, S. 254.

[24] Deutsche Polizei, 6 (1980), S. 2; Deutsche Polizei, 5 (1981), S. 3-5

[25] Deutsche Polizei, 9 (1983), S. 3f.

[26] Insbesondere die Rede Schröders. In: Deutsche Polizei, 7 (1982), S. 7.

[27] Erich Küchenhoff: Ziviler Ungehorsam als aktiver Verfassungsschutz. In: Deutsche Polizei, 9 (1983), S. 26-31.

[28] Winter: Politikum Polizei, S. 198f.

[29] Detlef Dommaschk: Polizei in der öffentlichen Meinung. Aus Sicht der Polizei. In: Die Polizei, 75 (1984), S. 37-43, hier S. 38 und S. 43.

[30] Siehe beispielsweise Siegfried Bleck: Staatsgewalt und Friedensbewegung. Problemfelder des Widerstands und des Zivilen Ungehorsams aus polizeilicher Sicht und Wertung. In: Die Polizei, 75 (1984), S. 77-82, hier S. 80.

[31] Carl-Dieter Spranger: »Friedensbewegung« und extremistische Aktionsplanung zum NATO-Doppelbeschluss. In: Die Polizei, 74 (1983), S. 302-306, hier S. 306.

[32] Herbert Schnoor: Politische Aspekte bei der Beurteilung polizeilicher Lagen. In: Die Polizei, 73 (1982), S. 65-68, hier S. 66.

[33] Der Spiegel, 52, 27.12.1982, S. 28-31; Der Spiegel, 5, 31.1.1983, S. 61; Der Spiegel, 37, 12.9.1983, S. 24.

[34] Dierk H. Schnitzler: Demonstrationseinsätze in Bonn. Die Entstehung der nordrhein-westfälischen Linie für den bürgernahen Polizeieinsatz bei polizeilichen Großlagen. In: Archiv für Polizeigeschichte, 37 (2002), S. 55-59.

[35] Winter: Politikum Polizei, S. 196.

[36] Schnoor: Politische Aspekte, S. 66.

[37] Rolf Gössner/Uwe Herzog: Der Apparat. Ermittlungen in Sachen Polizei. Köln 1982.

[38] Lothar Ferstl/Harald Hetzel: »Für mich ist das Alltag«. Innenansichten der Polizei. Bonn 1989; Manfred Such: Bürger statt Bullen. Streitschrift für eine andere Polizei. Essen 1988, S. 148.

[39] Alfred Stümper: »Stuttgarter Gespräche« Überlegungen zur Handhabung von Konflikten anlässlich von Umwelt- oder Friedensdemonstrationen. In: Die Polizei, 76 (1985), S. 345-347, hier S. 345.

[40] Manfred Ganschow: Die Novellierung des Straf- und Versammlungsrechts und ihre Auswirkungen auf die polizeiliche Praxis. In: Die Polizei, 76 (1985), S. 351-354.

[41] Winter: Politikum Polizei, S. 197.

# 17. »Männer bauen Raketen«

## Frauenfriedensbewegung und Geschlechterdimensionen

### Reinhild Kreis

Als im Frühjahr 1984, wenige Monate nach dem Beginn der Nachrüstung mit nuklearen Mittelstreckenraketen, Herbert Grönemeyers Album »Bochum« erschien, mochten viele in den Liedtexten Anliegen der Friedensbewegung wiederfinden. In »Amerika« forderte der Sänger die USA dazu auf, sich mit der Sowjetunion zu einigen, und auch das Lied »Männer« beschäftigte sich mit der hochaktuellen Rüstungsthematik. »Männer führen Kriege« und »Männer bauen Raketen« sang Grönemeyer und machte damit deutlich, dass die Verantwortung für Krieg, Rüstung und die Gefahren eines »nuklearen Holocaust« nicht nur bei Regierungen, sondern auch bei einem Geschlecht zu suchen war. Halb ironisch sprach der Sänger damit an, was für viele Frauen in der Friedensbewegung als Kernfrage galt: wie Gewalt und Geschlecht zusammen gedacht werden können.[1]

Dass Grönemeyer als Mann die Geschlechterdimensionen von Frieden und Krieg thematisierte, war eine Ausnahme. Meist waren es Frauen, die sich mit den Fragen von Männlichkeit und Weiblichkeit in ihrer gesellschaftsstrukturierenden Funktion befassten und diese Kategorien mit Analysen von Frieden und Krieg verbanden. In den Bundestagsdebatten, die sich mit den Raketenstationierungen beschäftigten, waren es ebenfalls weibliche Abgeordnete wie Antje Huber, Renate Schmidt (beide SPD), Petra Kelly oder Antje Vollmer (beide Die Grünen), die auf die besondere Situation und Betroffenheit von Frauen aufmerksam machen wollten, während männliche Abgeordnete diesen Aspekt nicht aufgriffen.[2] Die Definitionen von Männlichkeit, Weiblichkeit, Frieden, Krieg oder Gewalt differierten je nach dem Kontext, in dem die Frauen aktiv waren. Die Sensibilität für die Zusammenhänge zwischen diesen Kategorien bildete aber ein gemeinsames Merkmal von Frauen (wenn auch längst nicht aller Frauen) in der Friedensbewegung.

Indirekt und den zeitgenössischen Akteuren meist unbewusst waren Geschlechterdimensionen allgegenwärtig und lagen jeder Rhetorik von Rüstung, Krieg und Frieden während des »Zweiten Kalten Krieges« zugrunde.[3] Für die gesamte Friedensbewegung war eine »feministische Rhetorik« kennzeichnend, die als frauenspezifisch geltende Eigenschaften wie Sensibilität, ein Leben im Einklang mit der Natur, Gewaltfreiheit und Liebe betonte.[4] Dies entsprach dem Zeitgeist der 1970er und 1980er Jahre, in dem Emotionalität einen hohen gesellschaftlichen Stellenwert einnahm und sich auch Männer zu Gefühlen wie Angst bekennen konnten.[5] Eine konsequente Einbeziehung der Gender-Perspektive in die Untersuchung der verschiedenen Spektren, Handlungsfelder sowie der rhetorischen und bildlichen Strategien der Friedensbewegung steht jedoch noch aus.[6]

Im Hinblick auf das Handeln von Frauen unterschiedlicher Lager und politischer Überzeugungen im Kontext der westdeutschen Friedensbewegung liegt im Folgenden ein besonderer Schwerpunkt auf der *Frauenfriedensbewegung*, deren Aktivistinnen Geschlechterdimensionen als ein zentrales Thema mitdachten und -diskutierten. Mit diesem Ansatz unterschieden sie sich von anderen Gruppen der Friedensbewegung. Die Frauenfriedensbewegung war nicht deckungsgleich mit Frauen in der Friedensbewegung – so wie auch nicht alle Anhängerinnen der Frauenfriedensbewegung der Frauenbewegung angehörten –, sondern verstand sich als eigenständige Initiative.

Die Frauenfriedensbewegung war kein westdeutsches, sondern ein internationales sowie blockübergreifendes Phänomen. Auch in der DDR engagierten sich Frauen für den Frieden, allerdings unter gänzlich anderen Bedingungen. Sie arbeiteten in einem Staat, der zum einen Systemkritik und jeden Ansatz einer kritischen Öffentlichkeit unterdrückte und der zum anderen für sich in Anspruch nahm, die Gleichberechtigung der Frau bereits umgesetzt zu haben und damit Kritik an der Situation von Frauen als Systemkritik delegitimierte.

## Die Aktivistinnen: Frauenfriedensbewegung und Frauen in der Friedensbewegung

Frauen engagierten sich in allen Spektren der heterogenen Friedensbewegung, in der Sozialdemokraten, die Grünen, Christen, Kommunisten sowie eine Vielzahl unabhängiger Gruppen und Initiativen aufeinandertrafen.[7] Gleichzeitig entstand neben und in der Friedensbewegung eine dezidierte Frauenfriedensbewegung, die sich thematisch, organisatorisch und personell mit der Protestbewegung gegen die Nachrüstung überschnitt, aber auch über sie hinauswies. Die Frauenfriedensbewegung war dabei in sich ebenso heterogen wie die allgemeine Friedensbewegung. Karola Maltry identifiziert drei Strömungen: erstens Vertreterinnen der autonomen Feministinnen, zweitens Frauen, die nicht aus der Frauenbewegung kamen, und drittens Mitglieder der traditionellen Frauenbewegung.[8] Insbesondere innerhalb der beiden ersten Kategorien herrschten lockere Bündnisse vor, die nicht fest institutionalisiert waren.

Auch die Gründungsfiguren verschiedenster Initiativen und Bündnisse der Friedensbewegung waren weiblich. Beispiele sind Eva Quistorp (*Anstiftung der Frauen für den Frieden*) und Mechthild Jansen (*Frauen in der Bundeswehr? – Wir sagen NEIN!*), die beide dem *Koordinierungsausschuss* der Friedensbewegung angehörten, der bundesweit große Protestaktionen vorbereitete und organisierte, oder Barbara Hövener, die maßgeblichen Anteil an der Gründung der deutschen IPPNW-Sektion (*International Physicians for the Prevention of Nuclear War*) hatte, die sie zusammen mit anderen Ärzten und Ärztinnen ins Leben rief. In anderen Gruppen und Organisationen, etwa in der SPD, waren es ebenfalls häufig Frauen, die das friedenspolitische Engagement vorantrieben.[9] Dies gilt auch für die DDR, wo Frauen um Bärbel Bohley, Katja Havemann, Irina Kukutz und Ulrike Poppe *Frauen für den Frieden* initiierten und auch an der Gründung anderer Friedensgruppen maßgeblich beteiligt waren.[10] Weibliche Führungsfiguren wie Petra Kelly waren jedoch die Ausnahme des ansonsten männlich geprägten öffentlichen Gesichts der Friedensbewegung. In der öffentlichen Wahrnehmung blieben Frauen in beiden deutschen Teilstaaten meist im Schatten männlicher Protagonisten wie Gert Bastian, Rainer Eppelmann, Erhard Eppler, Robert Havemann oder Jo Leinen.

Die Auseinandersetzungen um den NATO-Doppelbeschluss und die Stationierung atomarer Waffen fielen in eine Zeit, in der sich Frauen verstärkt als Vertreterinnen ihres Geschlechts politisch engagierten, insbesondere in der Neuen Frauenbewegung und der Lesbenbewegung seit den 1970er Jahren. Zu nennen sind aber auch die Boykottaktionen von Frauen gegen südafrikanische Importwaren, die Solidarität im Kampf gegen die Apartheid demonstrieren sollten,[11] oder Aktionen in der Umwelt- und Anti-AKW-Bewegung.[12] In der DDR verlief der Prozess umgekehrt. Hier entstand eine alternative Frauenbewegung aus der Friedensbewegung heraus.[13]

Mit den Grünen begann sich in der Bundesrepublik zudem eine Partei zu etablieren, die Fragen von Geschlechtergerechtigkeit und Gleichberechtigung zu einem zentralen Thema machte und die etablierten Parteien damit mittelfristig unter Zugzwang setzte.[14] Auch die Regierungen auf Bundes- und Landesebene nahmen sich zunehmend der Gleichberechtigungsthematik an, und die UNO rief 1975 die Frauendekade aus, in deren Rahmen die ersten drei Weltfrauenkonferenzen abgehalten wurden.

Die Frauen, die sich in der Friedensbewegung engagierten, gehörten allen Generationen, Berufen und Konfessionen an, kamen aus städtischen und ländlichen Gebieten und standen für unterschiedliche politische

Orientierungen. Manche waren bereits zuvor politisch aktiv gewesen, viele wurden es zum ersten Mal. Dabei bildeten Frauen keine homogene Gruppe, sondern lagen mitunter weit auseinander, was die theoretischen Grundannahmen, Ziele und Methoden der Frauen-, Friedens- und Frauenfriedensbewegung anging.[15] Grob lassen sich zwei Gruppen unterscheiden: diejenigen, für die geschlechterspezifische Fragen im Mittelpunkt der Nachrüstungsdebatte standen, und diejenigen, die keine solche Verknüpfung herstellten.

In dieser Differenz lag die Herausbildung einer dezidierten Frauenfriedensbewegung begründet. Zwei Motive standen hinter der Gründung eigener Initiativen: Zum einen vermissten viele Frauen feministische Perspektiven und die Frage nach dem Verhältnis von Gewalt und Geschlecht in der geschlechterübergreifenden Friedensbewegung. Zum anderen empfanden es viele Frauen als schwierig, sich in gemischtgeschlechtlichen Gruppen Gehör zu verschaffen und bevorzugten daher Frauengruppen, in denen sie sich nicht gegen dominante Männer durchsetzen mussten.[16] Letzteres war auch für die Frauenfriedensgruppen in der DDR ein zentrales Motiv, nur weibliche Mitglieder zuzulassen. Die Formierung frauenspezifischer Initiativen rief aber auch Kritik hervor. Frauen liefen damit Gefahr, nicht ernstgenommen zu werden oder sich in einen »repressionsfreien Raum« zu flüchten statt wirkungsvoll zu agieren, lauteten die Befürchtungen.[17]

Die politische Verortung der Aktivistinnen im breiten Spektrum zwischen autonomer Frauenbewegung, Pazifismus und etablierten Parteien bestimmte Strategien und Kooperationsbereitschaften. Daher führte die Frage der Zusammenarbeit zwischen verschiedenen Strömungen der Frauenfriedensbewegung sowie mit den verschiedenen Gruppen der allgemeinen Friedensbewegung immer wieder zu Konflikten. Feministinnen beklagten, Frauen würden damit wieder einmal ihre eigenen Ziele unterordnen, in diesem Fall dem Friedensthema.[18] In der Friedensbewegung wiederum galten die reinen Frauenaktionen teilweise als kontraproduktiv, da eine unzerstörte Welt und Frieden die Voraussetzungen für alles andere seien.

## »Von der Kaserne zum Sexshop«
### Themen und Positionen in der Frauenfriedensbewegung

Ein Spezifikum der Frauenfriedensbewegung war die thematische Verknüpfung militärischer Gewalt mit Gewaltstrukturen im Alltag, insbesondere der Gewalt gegen Frauen. Exemplarisch seien Helke Sanders' Rede

»Liebe und Mittelstreckenraketen« sowie ein Aufruf Bielefelder Frauen genannt, die im Herbst 1983 eine »Frauenkette […] von Kaserne zu Sex-shop« organisierten, um so auf den »Zusammenhang von Sexismus und Militarismus« hinzuweisen.[19] Ging es um Geschlechterdimensionen, hieß es: »Kampf um Frieden muss für uns immer gleichzeitig ein Kampf gegen Männerherrschaft sein«, wie Kasseler Frauen auf der Demonstration anlässlich des Besuchs von US-Präsident Ronald Reagan am 10. Juni 1982 in Bonn verkündeten.[20]

Je nach ideologischer Grundhaltung maßen verschiedene Strömungen der Frauenfriedensbewegung diesen Zusammenhängen einen unterschiedlichen Stellenwert bei. So wiesen beispielsweise Frauen aus dem sozialdemokratischen oder gewerkschaftlichen Umfeld auch auf die Rolle des Kapitalismus bei der Entstehung von Ungleichheiten und Benachteiligungen hin. Umstritten blieben auch zentrale Schlagworte wie »Patriarchat«, »Sexismus« oder »Militarisierung«, die in vielen Texten und Äußerungen präsent waren, mit denen sich aber je nach politischer Grundhaltung unterschiedliche Gesellschaftsmodelle verbanden.

Einigkeit herrschte jedoch darüber, dass es nicht genügte, Aufrüstung und insbesondere die Stationierung nuklearer Waffen zu verhindern, um Frieden zu schaffen. Gewalt und Unterdrückung mussten auch im Alltag überwunden werden. Frauen seien von Kriegen und Aufrüstung besonders stark und in spezifischer Weise betroffen, waren sich Vertreterinnen aller Richtungen einig. Als zentraler Topos fungierten Verweise auf Vergewaltigungen – ein Thema, das auch in der Frauenbewegung seit den 1970er Jahren viel Aufmerksamkeit erfuhr.[21] Mehr Rüstung gehe zudem auf Kosten von Sozialleistungen, Arbeitsplätzen, Gleichstellungs- und Frauenfördermaßnahmen, so der Vorwurf, und von diesen Entwicklungen seien insbesondere Frauen betroffen.[22] Das »Patriarchat« galt als das Prinzip, das militärischer und alltäglicher Gewalt zugrundelag und das daher im Zentrum der Aktionen von Frauen stehen musste. Im Peace-Zeichen mit nach unten verlängertem und gekreuztem Längsstrich verschmolzen die Symbole für Frieden und Weiblichkeit auch bildlich.[23]

Den Ausgangspunkt für die Frauenfriedensbewegungen in West- und Ostdeutschland bildete jeweils die Frage eines weiblichen Wehrdienstes, die in der Bundesrepublik seit den späten 1970er Jahren diskutiert, in der DDR jedoch durch das Wehrdienstgesetz von 1982 für den Verteidigungsfall auch eingeführt wurde. Fragen von Militär, Emanzipation und Feminismus waren hier besonders eng miteinander verwoben. Während in der DDR kein öffentliches Gespräch über dieses Thema möglich war und die Frauen die Thematik somit nur unter schwierigen Bedingungen diskutieren konnten, debattierten Frauen in der Bundesrepublik unterschiedliche Standpunkte. Die einen kritisierten das »Gewaltmonopol der Männer« und hielten es für diskriminierend, Frauen den Zugang zur Bundeswehr zu verweigern. Diese Position vertraten vor allem Alice Schwarzer und die Zeitschrift *Emma*. Andere sahen darin einen Schritt in die Militarisierung der gesamten Bevölkerung und ein weiteres Mittel, Frauen zu disziplinieren. So argumentierten etwa Sibylle Plogstedt und die Zeitschrift *Courage* oder Initiativen wie *Frauen in die Bundeswehr? – Wir sagen NEIN!*[24]

Die Rhetorik in den feministischen Zeitschriften zeigt die Distanzierung von allen als »männlich« empfundenen und konnotierten Themen besonders deutlich. Hier war von »Männlichkeitswahn« die Rede, vom »Traum der Männer, ihre Kriegswaffen endlich anzuwenden«, und von »Friedens-Mackern«.[25] Die amerikanische Genderforscherin Carol Cohn entlarvte Mitte der 1980er Jahre in einem Selbstversuch *nukespeak* als die Sprache, in der Nuklearwaffen und nuklearer Krieg diskutiert wurden, und identifizierte sie als eine den Sachverhalt verharmlosende Männersprache voller sexueller Konnotationen, die es für Feministinnen zu dekonstruieren gelte, um ihr ein neues Sprechen entgegenzusetzen.[26]

Die Haltung Männern gegenüber war unterschiedlich und spiegelte sich in der Kooperationsbereitschaft. Insbesondere Gewerkschafterinnen, Sozialdemokratinnen oder weibliche Mitglieder der Grünen arbeiteten intensiv mit der allgemeinen Friedensbewegung in einem häufig männerdominierten Umfeld zusammen, da sie ihre Geschlechtszugehörigkeit nicht als zentralen Movens ansahen, wenn sie auch die besondere Betroffenheit von Frauen anerkannten. Auch einige wenige feministische Gruppen – etwa der Münchner *Förderkreis zum Aufbau der Feministischen Partei* – hatten Männer in ihren Reihen.[27] Diese nahmen an Aktionen wie dem Fasten im Münchner Dom teil, das unter dem Motto »Helft Müttern im Kampf gegen die Gewalt!« stand.[28] Vereinzelt bestanden Männer sogar darauf, den Aufruf »Frauen für den Frieden« zu unterschreiben.[29] Andere, vor allem aus der autonomen Frauenbewegung stammende Gruppen, lehnten die Zusammenarbeit mit Männern ab.

In der DDR stellte sich die Situation anders dar. Kooperationen bedeuteten unter den dort herrschenden repressiven Bedingungen auch potentielle Sicherheit. Daher kooperierten die Frauengruppen, auch wenn sie sehr auf die Wahrung ihrer Eigenständigkeit bedacht waren, mit anderen Friedens- und Oppositionsgruppen über Geschlechtergrenzen hinweg – häufig im Umfeld der evangelischen Kirche, die einen gewissen Schutzraum bot.

Von besonderer Bedeutung war die Frage, ob Frauen von Natur aus friedfertiger seien als Männer oder ob diese Friedfertigkeit als Produkt

Abb. 36. Demonstrierende Frauen und Kindern blockieren am 3. September 1983 die Straße zwischen dem US-amerikanischen Militärstützpunkt in Mutlangen und Schwäbisch Gmünd.

der Sozialisation anzusehen war. Insbesondere in den Zeitschriften *Emma* und *Courage* kritisierten Autorinnen das Tabu, das Verhältnis von Frauen und Gewalt zu thematisieren, das mit dem von Männern geschaffenen Mythos der von Natur aus friedfertigen Frau einherging. Sie forderten, das Verhältnis von Frauen zu Macht und Gewalt zu diskutieren.[30] Damit waren unterschiedliche Forderungen verbunden. Sprachen die einen Männern jedes Recht ab, über Krieg, Frieden oder Rüstung zu entscheiden, und wiesen es den Frauen zu, lehnten die anderen die Idee der Machtausübung eines Geschlechts oder einer gesellschaftlichen Gruppe grundsätzlich ab.[31]

Eng damit verbunden waren Verweise auf die Mutterrolle, Kinder und die Fähigkeit, Kinder zu gebären. Sie sollten Protesthandeln – insbesondere weibliches – moralisch legitimieren, appellierten an das Verantwortungsbewusstsein von Frauen, um sie zu Protestaktivitäten zu motivieren, und verwiesen in die Zukunft als eine zentrale Kategorie der Friedensbewegung.[32] Auch dieser Punkt war nicht unumstritten. Die *Emma* kritisierte die *Arbeitsgemeinschaft sozialdemokratischer Frauen* (AsF) und die *Friedensfrauen* 1981, sich über andere, nämlich über ihre Kinder und Männer zu definieren und fragte: »Hätten wir denn nicht auch für uns selbst und für andere Frauen zu fürchten [...]?«[33]

## »Frauen gegen Krieg, aber wie?« Aktionsformen und Protestaktionen

Die Aktionsformen der Friedensbewegung umfassten klassische Demonstrationen, Aufrufe und Unterschriftensammlungen und Blockadeaktionen – vornehmlich an US-Militärstützpunkten –, aber auch Menschenketten und Fahrraddemonstrationen, Fastenaktionen, Friedenscamps, Die-ins, Boykott- und Verweigerungsaufrufe.[34] An diesen Aktionen nahmen ganz überwiegend Männer und Frauen gemeinsam teil. Auf ein Geschlecht beschränkte Protestformen gab es nicht, wohl aber konkrete Aktionen und Veranstaltungen, die sich nur an Frauen richteten.[35] Geschlechterspezifisch waren allenfalls Aufrufe, in einen »Gebärstreik« zu treten, um so auf die Zusammenhänge zwischen Frieden und Gewalt gegen Frauen hinzuweisen und um sich den Anforderungen, künftige Soldaten zu gebären und großzuziehen, zu widersetzen. Diese Aufrufe stießen indes kaum auf Unterstützung.

Bei Frauenfriedenscamps wie in Reckershausen im Hunsrück, wo die Dichte militärischer Anlagen besonders hoch war, vermischten sich Frauenfriedens- und Frauenbewegung. 11 Jahre lang bestand in Reckershausen jeden Sommer das internationale Camp als eine »temporär real gewordene Utopie vom ›Frauenland‹«, die in weitere Frauen- und Lesbenprojekte ausstrahlte.[36] Ähnlich wie die Frauenfriedensmärsche, die teilweise durch mehrere Länder führten, sollten sie ein besseres Miteinander als Ziel der (Frauen)Friedensbewegung bereits vorwegnehmen und im Kleinen umsetzen.[37]

In der DDR verhinderten staatliche Verbote öffentliche Aktionen dieser Art. Unter dem Dach der evangelischen Kirche luden die Frauengruppen jedoch zu Gemeindetagen, Infoständen und politischen Nachtgebeten ein. Die Etablierung von Arbeitskreisen ermöglichte auch überregionale Treffen. Protestbriefe an ost- und westdeutsche Politiker, die Teilnahme an einer blockübergreifenden Fastenaktion und selbst eine Menschenkette in Ostberlin gehörten ebenfalls zum Repertoire der Frauen. Die Aktivistinnen riskierten, überwacht, verhört und sogar verhaftet zu werden. Unterstützt von den westeuropäischen Friedensbewegungen und den westdeutschen Friedensfrauen, richtete sich ein Teil der Aktivitäten der ostdeutschen Frauen für den Frieden daher auf die Freilassung der Gefangenen.[38]

Teilweise ähnelten sich die Protestaktionen in Ost- und Westdeutschland sehr. So standen am Beginn der Frauenfriedensbewegungen beider Länder Unterschriftensammlungen gegen die mögliche bzw. reale Verpflichtung von Frauen zum Wehrdienst. In der Bundesrepublik unterschrieben 1979 60.000 Frauen den Aufruf »Frauen in die Bundeswehr? – Wir sagen NEIN!«. Drei Jahre später unterzeichneten in der DDR bemerkenswerte 150 Frauen eine gemeinsame Eingabe an den Staatsratsvorsitzenden Erich Honecker, um eine öffentliche Diskussion des neuen Wehrdienstgesetzes zu fordern.[39] In beiden Staaten initiierten die Frauen für den Frieden Verweigerungsaktionen, bei denen Frauen auf Vordrucken und bei Demonstrationen gegenüber den zuständigen Behörden erklärten, nicht für Kriegsdienste irgendeiner Art bereitzustehen.[40]

Die Aktivitäten von Frauen in der westdeutschen Friedensbewegung spiegelten sich in einer Vielzahl von Veröffentlichungen, die zu Beginn der 1980er Jahre erschienen und sich mit der Friedensthematik in ihrer Geschlechterdimension befassten. Dies waren zum einen Schriften, die sich mit Frauen in Friedensbewegungen in historischer Perspektive beschäftigten, etwa Herrad Schenks »Frauen kommen ohne Waffen« oder die von Elisabeth Brändle-Zeile zusammengestellten Kurzbiographien »Seit 90 Jahren: Frauen für Frieden«.[41] Zum anderen entstanden Kompendien, in denen zentrale Texte der Frauenfriedensbewegung zusammengestellt wurden, beispielsweise »Frauen machen Frieden. Lesebuch für Großmütter, Mütter und Töchter« oder Eva Quistorps »Frauen für den Frieden«.[42] Mit der Erzählung »Kassandra« von Christa Wolf stammte ein wichtiger Referenztext für viele Anhängerinnen der Frauen-, Friedens- oder Frauenfriedensbewegung von einer DDR-Autorin. Diese Publikationen können als Instrumente der Selbstverständigung und der Identitätsbildung interpretiert werden, mit denen Frauen ihr Handeln und ihre Perspektive dokumentierten und reflektierten.

## Selbstverortung

Meist ordneten diese Publikationen die weiblichen Aktivitäten in der Friedensbewegung in eine historische Perspektive ein. Als zentraler Referenzpunkt fungierte Bertha von Suttner als Pazifistin, aber auch die Friedensaktivistinnen des Ersten Weltkrieges und der frühen Bundesrepublik sowie die »Mütter« der Neuen Frauenbewegung seit den 1970er Jahren kamen in zahlreichen Texten und Reden vor.[43] Einige Publikationen begannen zudem, sich kritisch mit der Rolle von Frauen auseinanderzusetzen, die als Mütter, Ehefrauen, Rüstungsarbeiterinnen, Parteigängerin-

Abb. 37. Plakat »Aufstehen!
Für den Frieden« (10. Juni
1982).

nen, Sanitäterinnen etc. in
Kriege involviert waren und
diese unterstützt hatten.
Diese historischen Reflexionen können als Beitrag zu
einer Frauen-Geschichts-
schreibung gesehen wer-
den, in der sich Frauen ihrer eigenen Geschichte
durch Selbsthistorisierung
bewusst wurden.[44]

Internationale Zusam-
menhänge bildeten einen
zweiten wichtigen Aspekt
der Selbstverortung. Die
west- wie auch die ostdeutschen Frauen waren sich ihrer Einbindung in
eine internationale (Frauen)Friedensbewegung stets bewusst. So knüpfte
der Aufruf »Anstiftung der Frauen für den Frieden« an das Vorbild däni-
scher *Frauen für den Frieden* an, die kurz zuvor einen ähnlichen Appell
veröffentlicht und damit eine Welle internationaler Nachfolgeaktionen
ausgelöst hatten.[45] Die insgesamt 500.000 Unterschriften aus verschiedenen Ländern wurden 1980 bei der Weltfrauenkonferenz der UNO über-
geben.

Internationale Vorbildfunktion hatten zudem die *Frauen von Greenham
Common*, die seit 1981 und bis ins Jahr 2000 den amerikanischen Militärstützpunkt nahe London mit einem dauerhaften Friedenscamp belager-
ten, um gegen die Stationierung nuklearer Raketen zu protestieren.[46]
Greenham Common wurde zu einem zentralen Symbol und vielbeschwo-
renen Referenzpunkt weiblichen Protests. Eine ähnliche Strahlkraft hatte
die *Women Pentagon Action* der Jahre 1980 und 1981: Etwa 2.000 bzw. 4.000
Frauen bildeten eine Menschenkette um das US-Verteidigungsministeri-
um in Arlington (Virginia), weinten und sangen. Sie wollten auf die kriegerische und lebensgefährliche Politik des Ministeriums aufmerksam
machen, dessen Etat zudem auf Kosten der Sozialpolitik ging.[47]

Die Kontakte zwischen den Initiativen der verschiedenen Länder waren – wie auch in der allgemeinen Friedensbewegung – eng, wurden durch internationale Veranstaltungen gepflegt und beruhten vielfach auf persönlichen Kontakten. Repräsentantinnen verschiedener Bündnisse besuchten Protestveranstaltungen in anderen Staaten, etwa die prominente Australierin Helen Caldicott, die maßgeblich an der Gründung der internationalen IPPNW beteiligt war, oder Petra Kelly. Zudem informierten Publikationsorgane wie die *Emma* und die *Courage* – diese sogar in einer eigenen Rubrik – regelmäßig und intensiv über internationale Friedensaktivitäten insbesondere von Frauen.

Ein besonderer Stellenwert kam der Beziehung zwischen den westdeutschen und ostdeutschen Frauen für den Frieden zu: Die Netzwerke zwischen den Friedensfrauen waren Teil der blockübergreifenden Verbindungen der Friedensbewegung, hier aber besonders intensiv ausgeprägt. In ihren Kontakten, die immer wieder in gemeinsame Aktionen mündeten, demonstrierten Friedens- und insbesondere die Frauenfriedensbewegung ihre Vision eines Friedens jenseits der Grenzen des Kalten Krieges.

Ein drittes Element der Selbstverortung von Frauen in der Friedensbewegung ist ihre Selbstbeschreibung als »Kämpferinnen«. Unabhängig davon, ob ihnen Frauen als von Natur aus friedfertiger als Männer galten oder nicht, betonten die Aktivistinnen ihre kämpferische Seite. »Ich bin eine Frau, und die Leute, an die ich mich jetzt wende, sind Frauen. Ich bin ein Kämpfer, und die Frauen, an die ich mich wende, sprechen von Kampf«, schrieb die Journalistin Peggy Parnass zu Beginn der 1980er Jahre.[48] Die Kampfrhetorik kann als Strategie gelten, auf den Ernst der Lage hinzuweisen und das Stereotyp der schwachen, harmoniebedürftigen Frau aufzubrechen. Dabei ging es jedoch nicht darum, zu Gewalt aufzurufen, ganz im Gegenteil. Vielmehr wollten die Frauen ihre eigene Aktivität, den eigenen Zorn zeigen und demonstrieren, dass sie bereit waren, sich für ihre Anliegen einzusetzen und dafür auch Nachteile – etwa Verhaftungen oder Spott – in Kauf zu nehmen.

## Ein vergessener Kampf?

Die Selbstverortungsstrategien der Frauenfriedensbewegung zielten darauf ab, Frauen in ihrem Einsatz für den Frieden und als Frauen sichtbar zu machen – nach außen, aber auch für sich selbst. Eine solche Politik der Sichtbarkeit zeigte sich auch in den zeitgenössischen Plakaten der allgemeinen Friedensbewegung, die häufig Frauen als Demonstrantinnen und Protestierende zeigten.[49] Zumindest in den bildlichen Darstellungen hatten die Frauen auch jenseits der Frauenfriedensbewegung ihren gleichberechtigten Platz neben den Männern eingenommen. Inwiefern sich Frauenbilder jedoch tatsächlich verändert haben, bleibt vorerst offen. So hat Karola Maltry zu bedenken gegeben, dass Frauen durch ihre Aktivitäten im Feld der Rüstungs- und Sicherheitspolitik zwar »weibliche Kompetenzen in einem männlichen Politikfeld« gezeigt, gleichzeitig durch ihr Engagement für eine friedliche Welt aber auch das Vorurteil der weiblichen Friedfertigkeit bestätigt hätten.[50]

Zeitgenössisch und retrospektiv beklagten viele Frauen, ihr Anteil an der Friedensbewegung bliebe unsichtbar, ihre Aktivitäten würden verschwiegen und vergessen. In der Tat gibt es bisher kaum geschichtswissenschaftliche Studien, die sich systematisch mit dem Sozialprofil und dem Handeln von Frauen in der Neuen Friedensbewegung auseinandersetzen. Dabei kann es nicht um eine Geschichte von Männern vs. Frauen gehen. Vielmehr gilt es, Geschlechterdimensionen sowie Männer- und Frauenbilder in der Rhetorik und Praxis der verschiedenen Segmente der Friedensbewegung, aber auch bei den Befürwortern und Befürworterinnen der Nachrüstung auszuloten und in die Kontexte von Neuen Sozialen Bewegungen, Kaltem Krieg und in die Geschlechtergeschichte der beiden deutschen Staaten einzuordnen.

*Literatur*

Einen Einstieg in das Potential geschlechtergeschichtlicher Ansätze in der Friedens- und Konfliktforschung bietet der Sammelband Davy/Hagemann/Kätzel. Während die systematische Untersuchung der Friedensbewegung in geschlechtergeschichtlicher Perspektive noch aussteht, hat Davis (2005 und 2009) mögliche Ansätze aufgezeigt, die auf weitere Spektren der Friedensbewegung sowie die Nachrüstungsbefürworter übertragen werden müssten. Bisherige Studien zur Frauenfriedensbewegung in Deutschland stammen von den Aktivistinnen selbst. Für die Bundesrepublik ist die Studie von Maltry zu nennen. Über die Frauenfriedensbewegung der DDR informiert die Mitbegründerin der Frauen für den Frieden Kukutz. Dem Beitrag sind in einem Anhang Dokumente beigefügt. Jüngere Publikationen stammen von Stern. Vielversprechend sind auch Ansätze, visuelle Strategien und Bildkommunikation zu untersuche, wie es Ziemann in einem zeitlichen Längsschnitt für die Jahre 1945-1990 getan hat.

Davis, Belinda: Europe is a Peaceful Women, America is a War-Mongering Man? The 1980s Peace Movement in NATO-Allied Europe: http://www.europa.clio-online.de/2009/Article=409.

Dies.: »Women's Strenth Against Crazy Male Power«. Gendered Language in the West German Peace Movement of the 1980s, in: Davy, Jennifer A./Hagemann, Karen/Kätzel, Ute (Hg.): Frieden, Gewalt, Geschlecht. Friedens- und Konfliktforschung als Geschlechterforschung. Essen 2005, S. 244-265.

Davy, Jennifer A./Hagemann, Karen/Kätzel, Ute (Hg.): Frieden, Gewalt, Geschlecht. Friedens- und Konfliktforschung als Geschlechterforschung. Essen 2005.

Kukutz, Irena: Die Bewegung »Frauen für den Frieden« als Teil der unabhängigen Friedensbewegung der DDR. In: Enquete-Kommission »Aufarbeitung von Geschichte und Folgen der SED-Diktatur in Deutschland«, Bd. VII/2. Baden-Baden 1995, S. 1285-1408.

Maltry, Karola: Die neue Frauenfriedensbewegung. Entstehung, Entwicklung, Bedeutung. Frankfurt/Main 1993.

Stern, Kathrin: Grenzen, Grenzverschiebungen, Grenzverschärfungen. Die Handlungsräume der Frauen für den Frieden/Ostberlin. In: Ariadne. Forum für Frauen- und Geschlechtergeschichte, 57 (2010), S. 48-53.

Ziemann, Benjamin: The Code of Protest. Images of Peace in the West German Peace Movements, 1945-1990. In: Contemporary European History, 17 (2008), H. 2, S. 237-261.

## Anmerkungen

[1] Album »4630 Bochum« von Herbert Grönemeyer, EMI, 1984. Es gehört zu den meistverkauften Alben in Deutschland.

[2] Die Nachrüstungsdebatte im Deutschen Bundestag. Protokoll einer historischen Entscheidung. Reinbek bei Hamburg, 1984.

[3] Belinda Davis: »Women's Strenth Against Crazy Male Power«. Gendered Language in the West German Peace Movement of the 1980s. In: Jennifer A. Davy/Karen Hagemann/Ute Kätzel (Hg.): Frieden, Gewalt, Geschlecht. Friedens- und Konfliktforschung als Geschlechterforschung. Essen 2005, S. 244-265; Belinda Davis: Europe is a Peaceful Women, America is a War-Mongering Man? The 1980s Peace Movement in NATO-Allied Europe, URL: http://www.europa.clio-online.de/2009/Article=409.

[4] Davis: Women's Strength, S. 245, 259.

[5] Frank Biess: Die Sensibilisierung des Subjekts: Angst und »Neue Subjektivität« in den 1970er Jahren. In: Werkstatt Geschichte, 49 (2008), S. 51-71.

[6] Das »Gendering« der Diskurse über Krieg und Frieden« zu untersuchen, ist eine zentrale Forderung Karen Hagemanns an die Friedens- und Konfliktforschung. Karen Hagemann: Krieg, Frieden und Gewalt. Friedens- und Konfliktforschung als Geschlechterforschung. Eine Einführung. In: Davy/Hagemann/Kätzel: Frieden, Gewalt, Geschlecht, S. 17-54, hier S. 47.

[7] Andreas Wirsching: Abschied vom Provisorium. Geschichte der Bundesrepublik Deutschland 1982-1990. München 2006, S. 87-93; Thomas Leif: Die strategische (Ohn-)Macht der Friedensbewegung. Kommunikations- und Entscheidungsstrukturen in den achtziger Jahren. Opladen 1990. Beide nennen Frauengruppen nicht gesondert, sondern ordnen sie in die anderen Spektren der Friedensbewegung ein.

8   Maltry spricht von vier Strömungen, da sie die Vertreterinnen der autonomen Frauenbe-
    wegung nochmals unterteilt. Karola Maltry: Die neue Frauenfriedensbewegung. Entste-
    hung, Entwicklung, Bedeutung. Frankfurt/Main 1993, S. 231-246.

9   Siehe den Beitrag von Jan Hansen in diesem Band.

10  Ehrhart Neubert: Geschichte der Opposition in der DDR 1949-1989. Bonn 2000, S. 335-498.

11  Zur Frauenbewegung siehe Kristina Schulz: Der lange Atem der Provokation. Die Frauen-
    bewegung in der Bundesrepublik und in Frankreich 1968-1976. Frankfurt/Main 2002. Zur
    Lesbenbewegung siehe Gabriele Dennert/Christine Leidinger/Franziska Rauchut (Hg.):
    In Bewegung bleiben. 100 Jahre Politik, Kultur und Geschichte von Lesben. Berlin 2007.
    Zur den Boykottaktionen siehe Angelika Schmidt-Biesalski (Hg.): Früchte aus Südafrika.
    Geschichte und Ergebnisse einer Frauen-Kampagne. Berlin 1993.

12  Asta Elbholz: »Ich hab' noch nie so geheult«. In: Courage, 5 (1980), H. 5, S. 4f. Siehe dazu
    auch den Beitrag von Silke Mende und Birgit Metzger in diesem Band.

13  Irena Kukutz: Die Bewegung Frauen für den Frieden als Teil der unabhängigen Friedens-
    bewegung der DDR. In: Enquete-Kommission »Aufarbeitung von Geschichte und Folgen
    der SED-Diktatur in Deutschland«, Bd. VII/2. Baden-Baden 1995, S. 1285-1408, hier
    S. 1333. Siehe dazu auch den Beitrag von Rainer Eckert in diesem Band.

14  Diese Politik verlief nicht immer reibungslos. Siehe etwa die Februar-Ausgabe der Coura-
    ge 1980 mit dem Titelthema »Grüne Frauen im Dilemma«.

15  Dazu exemplarisch Maltry: Die neue Frauenfriedensbewegung.

16  Ebenda: S. 229f.; Christiane Leidinger: 11 Jahre Widerstand. Frauenwiderstandscamps im
    Hunsrück von 1983-1993. In: Wissenschaft & Frieden, 28 (2010); Herrad Schenk: Frauen
    kommen ohne Waffen. Feminismus und Pazifismus. München 1983, S. 166.

17  Ebenda; Maltry: Die neue Frauenfriedensbewegung, S. 278.

18  Alice Schwarzer: Der Generalsekretär und die Friedensengel. In: Emma, 4 (1980), H. 5,
    S. 5-7.

19  Helke Sanders: Über Beziehungen zwischen Liebesverhältnissen und Mittelstreckenrake-
    ten«. Vortrag vom 17.2.1980. In: Courage, 5 (1980), H. 4, S. 16-29, bes. S. 29; Aktionen
    gegen den Krieg/Bielefeld. In: Courage, 8 (1983), H. 10, S. 16.

20  Frieden im Patriarchat ist Krieg für Frauen. In: Eva Quistorp (Hg.): Frauen für den Frieden.
    Analysen, Dokumente und Aktionen aus der Frauenfriedensbewegung. Frankfurt/Main
    1982, S. 98f.

21  So lautete das Titelthema der Courage vom Juni 1980 »Vergewaltigung«.

22  Siehe etwa Gisela Kessler: Gewerkschafterinnen in der Friedensbewegung. Interview mit
    der Zeitschrift Wir Frauen 1982. In: Quistorp: Frauen für den Frieden, S. 106-109; Renate
    Schmidt (SPD) in der Bundestagsdebatte am 22.11.1983. In: Die Nachrüstungsdebatte im
    Deutschen Bundestag, S. 209.

23  Siehe exemplarisch das Plakat »Frauen Widerstandscamp«, Reckershausen 1983, abrufbar
    über die URL: http://plakat.nadir.org/; Titelbild von Quistorp: Frauen für den Frieden.

24  Siehe exemplarisch das Emma-Forum »Frauen ins Militär?« mit Beiträgen von Alice
    Schwarzer und Sibylle Plogstedt. In: Emma, 3 (1979), H. 12, S. 18-22. Politik und Gesell-
    schaft waren in dieser Frage ebenfalls gespalten.

25  Eva Quistorp: Vorwort. In: Dies.: Frauen für den Frieden, S. 9f.; Theresa Wobbe: Planung
    des begrenzten Atomkriegs. In: Courage, 5 (1980), H. 12, S. 8-12, hier S. 11; Friedens-
    Macker. In: Courage, 8 (1983), H. 8, S. 63.

26  Carol Cohn: Slick 'Ems, Glick 'Ems, Christmas Trees, and Coolie Cutters: Nuclear Langua-
    ge and How We Learned to Pat the Bomb. In: Bulletin of the Atomic Scientists, 43 (1987),
    H. 5, S. 17-24.

27  Elisabeth Zellmer: Töchter der Revolte. Frauenbewegung und Feminismus in den 1970er
    Jahren in München. München 2011, S. 134.

28  Der Feminist, VII (1984), H. 1.

29  Heidemarie Langer: Brigitte Engert, Frauen Für Frieden. Erster Erfahrungsbericht einer
    Bewegung. Die Unterschriftenaktion. O.O., o.J. [1981], S. 33.

30 Siehe etwa Anna Dorothea Brockmann: Krieg und Frieden. In: Emma, 5 (1981), H. 9, S. 10-13; siehe auch die Leserbriefe in Courage, 6 (1981), H. 4, S. 58 und Courage, 6 (1981), H. 5, S. 59.

31 Petra Kelly: Anleitung zum Sturz des Internationalen Patriarchats. Rede auf dem Kongress »Feminismus und Ökologie«, 1986. In: Eva Quistorp/Barbara Bussfeld (Hg.): Scheherazade. Stimmen von Frauen gegen die Logik des Krieges. Hamburg 1992, S. 60-72, hier S. 63, 65; Leserbrief von K.W.. In: Courage, 6 (1981), H. 5, S. 59.

32 Zu nennen ist beispielsweise die 1983 gegründete Gruppe Frauen gegen Atomtod – Unsere Kinder sollen leben, siehe Anja Becker: Ein Leben lang gegen Atomkraft. Interview mit Renée Meyer zur Capellen. In: Ulrike Röhr (Hg.): Frauen aktiv gegen Atomenergie. Wenn aus Wut Visionen werden. 20 Jahre Tschernobyl. Norderstedt 2006, S. 53-60. Siehe exemplarisch für eine große Vielzahl an Texten den Aufruf »Anstiftung der Frauen zum Frieden«. In: Quistorp: Frauen für den Frieden, S. 20f.

33 Nachdenken statt nachrüsten! In: Emma, 4 (1980), H. 6, S. 7.

34 Siehe dazu auch den Beitrag von Kathrin Fahlenbrach und Laura Stapane in diesem Band.

35 Siehe exemplarisch die Ankündigungen und Aufrufe zu verschiedenen Aktionen in Courage, 8 (1983), H. 10, S. 16f.

36 Leidinger: 11 Jahre Widerstand; Sabine Zurmühl: Im Hunsrück-Camp. Todesbasis Hasselbach von Frauen besetzt. In: Courage, 8 (1983), H. 9, S. 8f.

37 Eva Quistorp: Frauen gehen meilenweit – für atomwaffenfreie Lande: Frauenfriedensmarsch, '81. In: Dies.: Frauen für den Frieden, S. 44-46.

38 Kukutz: Die Bewegung »Frauen für den Frieden«. Siehe dazu auch den Beitrag von Rainer Eckert in diesem Band.

39 Kukutz: Die Bewegung »Frauen für den Frieden«, S. 1295-1302.

40 Wir werden nicht bereit sein… Frauen verweigern den Kriegsdienst. In: Quistorp: Frauen für den Frieden, S. 90f.; Dorothea Brockmann: Verweigert die Hilfsdienste. In: Emma, 6 (1982), H. 2, S. 16f.; Kukutz: Die Bewegung »Frauen für den Frieden«, S. 1306f.

41 Schenk: Frauen kommen ohne Waffen; Elisabeth Brändle-Zeile: Seit 90 Jahren. Frauen für den Frieden. Stuttgart 1983.

42 Elisabeth Burmeister: Frauen machen Frieden. Lesebuch für Großmütter, Mütter und Töchter. Gelnhausen 1981; Quistorp: Frauen für den Frieden.

43 Leserbrief von B. K. in: Emma, 5 (1981), H. 4, S. 59f.; Quistorp: Vorwort. In: Dies.: Frauen für den Frieden, S. 9.

44 Claudia Opitz: Um-Ordnung der Geschlechter. Einführung in die Geschlechtergeschichte. Tübingen 2005, S. 25f., 49f.

45 Beide Aufrufe abgedruckt in: Quistorp: Frauen für den Frieden, S. 20f.

46 Alice Cook/Gwyn Kirk: Greenham Women Everywhere. Dreams, Ideas and Actions from the Women's Peace Movement. London 1984.

47 Women Pentagon Action. Frauenversammlung um das Pentagon. In: Quistorp: Frauen für den Frieden, S. 40-42.

48 Peggy Parnass: Unzucht mit Abhängigen. In: Quistorp: Frauen für den Frieden, S. 83-85, hier S. 83.

49 Benjamin Ziemann: The Code of Protest. Images of Peace in the West German Peace Movement, 1945-1990. In: Contemporary European History, 17 (2008), H. 2, S. 237-261, hier S. 249; Fabio Crivellari: Blockade. Friedensbewegung zwischen Melancholie und Ironie. In: Gerhard Paul (Hg.): Das Jahrhundert der Bilder, Bd. 2: 1949 bis heute. Göttingen 2008, S. 482-489. Siehe auch den Beitrag von Kathrin Fahlenbrach und Laura Stapane in diesem Band.

50 Maltry: Die neue Frauenfriedensbewegung, S. 272.

# 18. Zivilschutz

## Vorbereitungen auf den Ernstfall

CLAUDIA KEMPER

Der Einsatz von Atombomben über Hiroshima und Nagasaki stellte nicht nur eine völlig neue Qualität militärischer Auseinandersetzung dar, sondern hatte auch weitreichende Folgen für Überlegungen im Hinblick auf den präventiven Schutz der Bevölkerung im Konfliktfall. Dennoch konnte der Zivilschutz zu Zeiten des Kalten Krieges nur auf Erfahrungen aus den beiden Weltkriegen, insbesondere im Bereich ziviler Vorsorge und im Luftschutz, und auf die simulierten Szenarien der bis zu Beginn der 1970er Jahre oberirdisch durchgeführten Atombombentests zurückgreifen. Die Prinzipien des Luftschutzes flossen bald in ein komplexes Vorbereitungssystem ein, für das sich ab den 1960er Jahren der Begriff Zivilschutz etablierte. Die Experten waren sich darin einig, jenseits unterschiedlicher Einschätzungen über das Ausmaß, dass im Falle einer Atombombenexplosion schlagartig eine große Masse an Menschen von den Auswirkungen betroffen sein würde. Auch vor diesem Hintergrund wurden im Laufe der Zeit die Vorkehrungen, Vorsorge und Schutzeinrichtungen, die im Falle eines Atomschlages greifen sollten, mit denen für technische oder Naturkatastrophen kombiniert.

Die im Zivilschutz integrierten Vorbereitungen für den *V-Fall* erlebten parallel zu den Krisen und angespannten Phasen im Kalten Krieg ihre Konjunkturen.[1] Vor allem europäische Länder diskutierten über die Möglichkeiten und Grenzen von Zivilschutzpolitik, womit sich auch eindrucksvoll die zwiespältige Signatur dieser Epoche abzeichnet. Zum einen bildete das Ringen um technische Gewissheiten und um die Beherrschbarkeit eines Atomschlages einen kommunikativen Rahmen, in dem immer auch Fragen des Fortschritts im Mittelpunkt standen. Zum anderen verdeutlichte die Rückwärtsgewandtheit aller Vorkehrungen des Zivilschutzes, wie sehr die Atompolitik auf Erfahrungen und Annahmen eines konventionellen Kriegsbildes beruhte. Schon Zeitgenossen bemerkten eine Kluft zwischen den fortschrittsoptimistischen Verheißungen der zivilen Atomnutzung und den traditionell orientierten Vorkehrungen zum Schutz vor ihrer militärischen Variante, in Form von Bunkerbau, Evakuierungsplänen und Selbstschutz. Zwar konnten die Erfahrungen aus Hiroshima im medizinischen Bereich nutzbar gemacht werden, aber schon bald gehörte die Atombombe von 1945 zum veralteten Arsenal der Supermächte und es lagerten vielfach höhere Vernichtungspotenziale in den Bombensilos. Insgesamt – und damit musste sich der Zivilschutz immer auseinandersetzen – konnte man nur auf Planspiele und Katastrophenszenarien herkömmlicher Provenienz zurückgreifen. So waren die Prognosen für einen drohenden Nuklearkrieg völlig ungewiss; seine Ausmaße galten zunehmend als unvorstellbar, *unthinkable* und *unpredictable*.[2]

## Zivilschutz im Atomzeitalter

Zivilschutz im Kalten Krieg – so unterschiedlich ausgeprägt er auch war – umfasste in den meisten Ländern vier Aspekte: Erstens sollten durch Pläne für Evakuierungen, Wasserversorgung oder die Aufrechterhaltung von Infrastrukturen alle betroffenen Institutionen, Behörden und Einrichtungen auf den atomaren Verteidigungsfall vorbereitet sein. Zweitens rückte neben dem Bau von öffentlichen Schutzräumen der individuelle Selbstschutz in den Mittelpunkt des Zivilschutzes, für den die Bevölkerung aufgeklärt, motiviert und geschult werden musste. Dazu gehörte das akute Verhalten im Falle eines Bombenalarms genauso wie die heimische Vorbereitung auf einen längeren Aufenthalt im abgedichteten Keller oder im besten Fall im eigenen Luftschutzbunker. Drittens bemühte sich Zivilschutzpolitik immer auch, die Sinnhaftigkeit ihrer Vorkehrungen zu vermitteln. Damit die Vorbereitungen greifen konnten, musste in Ost wie West im gleichen Maße die dahinter stehende Atomwaffenpolitik plausibel und als notwendig erklärt werden. Folgerichtig verband sich mit den Zivilschutzmaßnahmen die Überzeugung, dass ein atomarer Konflikt für mindestens eine der beiden Seiten zu gewinnen und in Teilen zu überleben sei. Daraus leitete sich die Argumentation offizieller Zivilschutz- und Regierungsvertreter ab, der Ausbau des Zivilschutzes erhöhe die Überlebens- und somit Verteidigungsfähigkeit des Landes.

Deshalb unterfütterten schließlich viertens Aufklärungsrhetorik und Propaganda des Zivilschutzes das ideologische Selbstbild der jeweiligen Seite und die jeweiligen Feindbilder.[3] Die Propaganda eines wirksamen Zivilschutzes vermittelte der Bevölkerung zugleich das jeweils geltende Sicherheitsparadigma, nach dem man innerhalb des technisch, wissenschaftlich und politisch überlegenen Systems lebe. Jedoch befanden sich Zivilschutzkonzepte und -aufklärung hierbei in einem Dilemma, konnte doch der Eindruck entstehen, ein Atomkrieg sei führbarer, als er es wirklich war.[4] Auf der einen Seite bemühten sie sich um Konkretisierung von zumeist diffusen Ängsten in Hinblick auf die atomare Bedrohungslage, um die Motivation zum Selbstschutz zu erhöhen. Auf der anderen Seite mussten bei der expliziten Nennung von Gefahren detailreiche Schadensszenarien vermieden werden, um die eigene Atompolitik nicht zu diskreditieren.[5] Insgesamt akzentuierte die Zivilschutz-Rhetorik die technische Machbarkeit der Vorkehrungen und folgte in ihrer frühen Phase dem technokratischen Duktus der Zeit. Parallel zur Détente-Politik und einer allgemeinen Entspannung der Bedrohungssituation Ende der 1960er und Anfang der 1970er Jahre schwächte sich das Bemühen um den Zivilschutzausbau zwar etwas ab. Aber das sollte sich ab Mitte der 1970er Jahre ändern.

Blickt man auf einzelne Akteure im Ost-West-Konflikt – die USA, die Sowjetunion, Großbritannien, Skandinavien, West- und Ostdeutschland –, stellten die 1950er und 60er Jahre die Aufbau- und Professionalisierungsphase dar; vor allem der Korea-Krieg und die Kuba-Krise von 1962 trieben den Ausbau voran. In den USA wurden konkrete Sicherungsmaßnahmen wie der private Schutzraumbau zwar nur wenig erfolgreich propagiert, aber das Leben mit der Bombe prägte die öffentliche und Alltagskultur sondergleichen.[6] Großbritannien pflegte seit den Bombenangriffen des Zweiten Weltkrieges eine angesehene Zivilschutz-Helfer-Kultur und setzte unter Premierministerin Thatcher verstärkt auf kommunale Zuständigkeiten und Notfallpläne.[7] Die beiden neutralen Länder Schweden und die Schweiz entwickelten im Vergleich zu den NATO- und Warschauer Pakt-Staaten auf technischem und organisatorischem Gebiet die wohl weitestgehenden und für andere Länder vorbildhaften Zivilschutzstrukturen.[8]

In der DDR war der Zivilschutz, in deutlicher Anlehnung an die Sowjetunion, integraler Bestandteil der Landesverteidigung. Seit 1958 ein erstes Gesetz über den Luftschutz erlassen worden war, baute die DDR-Führung alle Bereiche des Zivilschutzes in gewohnt hierarchischer Weise aus. Zum 1. Juni 1976 wurden alle paramilitärischen und zivilen Organisationen der Zivilverteidigung aus dem Bereich des Ministeriums des Innern gelöst und unter die Befehlsgewalt des Ministers für Nationale Verteidigung gestellt. Das propagierte Ziel, die Zivilverteidigung zu einem strategischen Pfeiler der Landesverteidigung auszubauen, konnte jedoch finanziell und materiell zu keinem Zeitpunkt erreicht werden. Umso nachhaltiger setzte man auf die Schulung und Disziplinierung der Bevölkerung, so dass Idee und Praxis der Zivilverteidigung bis in alle Lebensbereiche der DDR-Bürger reichten.[9]

Die Orientierung an sowjetische Vorgaben schloss auch das Dogma von der Führbarkeit eines Atomkonfliktes ein. Demnach galten Atomwaffen als »erheblich verbesserte konventionelle Waffen« und waren Teil einer

Militärstrategie, die auf einem konventionellen Kriegsbild beruhte.[10] Die DDR-Führung folgte den sowjetischen Atomplanungen »bedingungslos«[11] und bereitete das Land wegen seiner militärstrategischen Lage innerhalb des Warschauer Paktes unbeirrt »auf die mögliche bewaffnete Auseinandersetzung wie auf einen außerordentlichen Zustand nicht nur des Staates und seines Militärs, sondern der ganzen Gesellschaft vor – ganz im Sinne des Konzeptes vom totalen Krieg«.[12]

Die DDR-Zivilverteidigung konzentrierte sich nicht nur auf den »Schutz vor gegnerischen Massenvernichtungsmitteln«,[13] sondern fungierte zugleich als Sozialkontrolle der Bevölkerung. So gehörte neben fast einer halben Million haupt- und ehrenamtlicher Mitarbeiter auch die »Sozialistische Wehrerziehung« zum Alltag der DDR-Bürger, mit der ab Ende der 1970er Jahre die Militarisierung der Gesellschaft noch einmal forciert wurde. Mit dem 1978 eingeführten Wehrunterricht, in dem Jugendliche nicht nur Erste-Hilfe-Maßnahmen, sondern auch den Umgang mit Waffen lernten, machte sich aber zunehmend Unmut in der Bevölkerung über die unzeitgemäßen Maßnahmen bemerkbar. Während einige Eltern beklagten, ihren Kindern würden nicht drastisch genug die Folgen einer Atombombenexplosion klar gemacht und es ließe sich aus »Plaste und Strumpfhosen« kaum eine ausreichende Schutzmaske gegen chemische oder atomare Waffen bauen, griffen kirchliche Vertreter und Friedensaktivisten über die Kritik am Wehrunterricht die mangelnde »Friedensfähigkeit des Regimes« an.[14]

Zur Mitte der achtziger Jahre ließ in der DDR die strikte Orientierung am sowjetischen Militär- und Verteidigungssystem nach; deutlichstes Zeichen hierfür war der Beschluss von 1984, ausgelöst durch ökonomische Zwänge und wachsenden Widerstand in der Bevölkerung, die Zivilverteidigung in eine Katastrophenschutzorganisation zu überführen. Schließlich untergrub die Reaktorkatastrophe von Tschernobyl 1986 endgültig den uneingeschränkten Glauben an die Führbarkeit eines Atomkriegs. Nichtsdestotrotz funktionierte bis zum Ende der DDR das Schulungs- und Maßnahmesystem der Zivilverteidigung, um zum einen notwendigen Bündnisverpflichtungen nachzukommen und zum anderen das nachlassende Bedrohungsgefühl in der Bevölkerung aufrechtzuerhalten.[15]

In Westdeutschland hatte sich ab 1955 der Zivilschutz, zunächst noch unter der Bezeichnung Luftschutz, im Rahmen der Westbindung und des NATO-Eintritts der Bundesrepublik etabliert. Von Beginn integrierte die Bundesregierung auch wissenschaftliche Expertise zur Wirkweise von Atombomben, wie etwa durch die schon 1950 gebildete »Kommission zum Schutz der Zivilbevölkerung gegen atomare, biologische und chemische Angriffe«.[16] 1958 wurde die vormalige *Bundesanstalt für zivilen Luftschutz* in das

*Bundesamt für zivilen Bevölkerungsschutz* (BzB) überführt. Das in diesem Zusammenhang verabschiedete »Erste Gesetz über Maßnahmen zum Schutz der Zivilbevölkerung«[17] legte die Aufgabenbereiche jedoch unter bemerkenswerter Auslassung atomarer Terminologie fest: »Der zivile Luftschutz hat die Aufgabe, Leben und Gesundheit der Bevölkerung, ihre Wohnungen, Arbeitsstätten und die für die Befriedigung ihrer Lebensbedürfnisse wichtigen Einrichtungen und Güter, insbesondere auch das Kulturgut, gegen die Gefahren von Luftangriffen zu schützen und die im Zusammenhang mit Luftangriffen auftretenden Notstände zu beseitigen oder zu mildern. Die Selbsthilfe der Bevölkerung wird durch behördliche Maßnahmen ergänzt.«

Dementsprechend unterschied man zwischen den Teilgebieten Selbstschutz, Warnung der Bevölkerung, Schutzbau, Aufenthaltsregelung, Katastrophenschutz sowie Maßnahmen zum Schutz der Gesundheit und von Kulturgut.[18] Problematisch war die verfassungsrechtliche Grundlage, denn nach Art. 73 des Grundgesetztes lag der Zivilschutz im Zuständigkeitsbereich des Bundes, während der Katastrophenschutz in Friedenszeiten von den Bundesländern zu organisieren war. Für eine effektive Implementierung der Zivilschutzmaßnahmen war deshalb eine enge Zusammenarbeit und Koordination unterschiedlicher privater und öffentlicher Hilfseinrichtungen, wie etwa den Feuerwehren, dem *Deutschen Roten Kreuz* oder dem *THW*, auf Bundes- und Landesebene notwendig.

## Die Intensivierung des Zivilschutzes in den 1980er Jahren

Angesichts der internationalen politischen und militärischen Entwicklung intensivierte sich ab Ende der 1970er Jahre in Ost wie West die Auseinandersetzung mit den Folgen eines Atomschlages im Rahmen des Zivilschutzes. Das *Bundesamt für Zivilschutz* (BfZ), seit 1974 Nachfolger des BzB und dem Bundesinnenministerium unterstellt, nahm zwischen Öffentlichkeit und Wissenschaft eine wichtige Vermittlungsfunktion ein.[19] Ab 1975 gab das BfZ unter anderem eine Schriftenreihe mit Beiträgen aus der Zivilschutzforschung heraus, deren Themen die bis Ende der 1980er Jahre als vordringlich erachteten wissenschaftlich-technischen Forschungsbereiche in Anbetracht der Bedrohungslage widerspiegelten: Strahlenschädigung und Strahlenempfindlichkeit, Kombinationsschäden, die nach nuklearen Explosionen auftreten, Wirkung der Neutronenwaffe, Ergebnisse aus Bunkerbelegungsversuchen, Auswirkungen von Flächenbränden, gruppendynamische und individuelle Folgen nach nuklearen Explosionen, Katastrophenmedizin und Wirkungen von chemischen und biologischen Waffen.[20]

Mit der sich verschlechternden internationalen Lage rückte die kontinuierliche Arbeit und Forschung des Bundesamtes für Zivilschutz auch wieder in den politischen Mittelpunkt. Da nach dem NATO-Doppelbeschluss nicht nur die Zivilschutzvorkehrungen forciert wurden, sondern gleichzeitig der Widerstand gegen jegliche Ausweitung der NATO-Militärstrategie ungleich stärker und differenzierter als zuvor auftrat, verlief auch die Zivilschutzdebatte kontroverser als zuvor. In dieser Debatte zu Beginn der 1980er Jahre ging es nicht mehr allein um die Frage, ob die Bundesrepublik zur NATO-Militärstrategie beitragen könne und dürfe. Vielmehr ging es darum, inwieweit der Zivilschutz über die Schutzfunktion hinaus auch präventiv die Verteidigungsfähigkeit des Landes unterstütze. Mehr noch debattierte man über die generelle Wirksamkeit ziviler Schutzmaßnahmen im Falle eines Atomschlages. Die Grundsatzdebatte um den Zivilschutz ließ sich jedoch keineswegs schematisch auf Argumente optimistischer Befürworter und pessimistischer Gegner reduzieren.

Für Europa und insbesondere Deutschland prognostizierte 1980 einer der bekanntesten Friedens- und Konfliktforscher, Carl Friedrich von Weizsäcker, »Kriegshandlungen auf allen Eskalationsniveaus […], von konventionellen über die taktischen Atomwaffen bis zu Mittelstrecken- und Interkontinentalraketen«.[21] Anders als Teile der Friedensbewegung setzte sich Weizsäcker seit seiner Teilnahme an der Göttinger Erklärung von 1957 jedoch für einen pragmatischen Umgang mit der Atombombe ein und vor diesem Hintergrund für einen Ausbau des Zivilschutzes »als eine nüchterne Vorsichtsmaßregel mit begrenzter Erfolgsaussicht«. Psychologischen Argumenten, wonach etwa die Aktivitäten des Zivilschutzes lediglich das Gefahrenbewusstsein der Bevölkerung betäuben würden, trat Weizsäcker deutlich entgegen. Nach seiner Ansicht entsprang der Widerstand gegen den Zivilschutz »der Angst, der realen Kriegsgefahr ins Auge zu sehen«. Vielmehr gebe es »zwischen der erhofften Bewahrung des Friedens und der befürchteten totalen Zerstörung […] ein weites Feld möglicher Ereignisse, in denen rechtzeitig vorbereitete Maßnahmen sowohl unmittelbar Menschenleben wie die dann fürs Weiterleben erforderliche Gesundheit schützen können«.[22] Andere Wissenschaftler griffen solch differenzierende Sichtweise wiederum auf, um zu unterstreichen, wie sehr die Zivilschutzdebatte Politik und Bevölkerung davon ablenke, sich den tatsächlichen Folgen einer Atombombenexplosion zu stellen.[23]

Die Kontroverse berührte den ethischen Kern des atomaren Zivilschutzes. Während Zivilschutzbefürworter den Ausbau des Zivilschutzes als einen grundlegenden Schutz der Bevölkerung und somit ihre Teilnahme als einen humanitären Beitrag bewerteten, sahen seine Gegner darin einen inneren Zwang der Balance der Abschreckung zwischen den Super-mächten und somit einen Teil der Kriegsvorbereitungen.

Die Situation nahm durchaus Züge einer Glaubensauseinandersetzung an, da die Beiträge über Vorstellbarkeit und Beherrschbarkeit der Folgen eines Atomkriegs auf unterschiedlichen Prognosen beruhten, aus denen politische Forderungen abgeleitet wurden.[24] Aus Regierungssicht lag die Herausforderung für die Installierung eines lückenlosen Zivilschutzkon-zepts darin, die Bevölkerung nicht nur über die getroffenen Vorkehrun-gen vorab zu informieren, sondern sie auch praktisch und handlungsori-entiert vorzubereiten. Umso mehr bemühte sich die Zivilschutzaufklärung der Bundesregierung zu Beginn der 1980er Jahre um einen betont sach-lichen Ton, ganz nach Vorgabe des Bundesinnenministers, Kernstück der Aufklärungsarbeit des Zivilschutzes sei »ehrliche und nüchterne Informa-tion der Bevölkerung«.[25] Die Bundesregierung machte keinen Hehl dar-aus, dass ein absoluter Schutz gegen Atombombenexplosionen nicht mög-lich sei, jedoch ließe sich das Risiko für den Einzelnen durch Vorkehrungen und Training erheblich verringern.[26] Der *Bundesverband für den Selbstschutz* (BVS) übernahm eine Scharnierfunktion zwischen Po-litik und Bevölkerung, um diese von den nationalen Verteidigungsprämis-sen zu überzeugen. Anders als in der DDR beruhten alle Übungen und Vorkehrungen auf Freiwilligkeit und waren deshalb je nach örtlichem Gefahrenbewusstsein mehr oder weniger erfolgreich. Auf kommunaler Ebene bot der BVS Aufklärungsunterricht und Information über private Schutzmöglichkeiten an. Jedoch waren die Resonanz und Gefahrenbe-wusstsein regional sehr unterschiedlich ausgeprägt. Während der BVS bis 1986 im Bundesland Baden-Württemberg 3.214 Selbstschutz-Berater aus-gebildet hatte, gab es im Stadtstaat Hamburg keinen einzigen.[27]

## (Über-)Leben nach dem Atomschlag

In der Diskussion um die Überlebensmöglichkeiten nach einer durch-schnittlichen Atombombenexplosion (dies meinte eine 1-Megatonnen-Bombe – die Bombe auf Hiroshima hatte eine Sprengkraft von lediglich 12.500 Tonnen) gingen Zivilschutz-Befürworter von einer mindestens rudimentär funktionierenden Umwelt aus. Gegner sagten hingegen vor-aus, im 10-Kilometer-Vernichtungsradius einer solchen Explosion würde jede überlebensnotwendige Struktur zerstört sein. Vor diesem Hinter-grund gab es weit auseinanderliegende Einschätzungen, ob und wie Ver-wundete akut versorgt werden könnten; ähnlich unterschiedlich schätzte man mittel- und langfristigen Folgen ein.

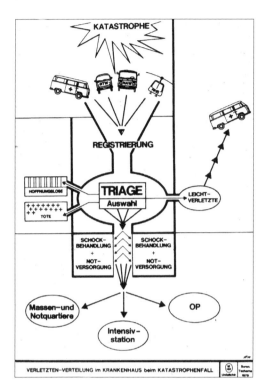

Abb. 38. Triage-System. Verletzten-Verteilung im Krankenhaus beim Katastrophenfall (Ulmer Ärzteinitiative).

Der medizinischen Priorisierung, bekannt unter dem Begriff *Triage* (Auslese), kam für die Zivilschutzplanungen eine zentrale Funktion zu. Das in der Sanitäts- und Notfallmedizin seit dem Ersten Weltkrieg bekannte System unterteilt Verletzte gemäß dem Grad der notwendigen Versorgung und ihrer Überlebenschancen. Um das Triage-System für den Fall einer Atombombenexplosion zu konzeptionieren, mussten die Planer davon ausgehen, dass erstens genügend Ärzte zur Verfügung stehen würden und zweitens die zu behandelnden Verletzungen den bekannten Mustern aus konventionellen Kriegen entsprechen würden oder antizipiert werden könnten. Ein Standardisierungsübereinkommen der NATO legte die Prinzipien der Triage zur effizienten Versorgung von militärischen und zivilen Verwundeten im Atomkrieg fest. Es kategorisierte von T1 (sofortige Behandlung), T2 (verzögerte Behandlung), über T3 (minimale Behandlung) bis zu T4 (Wartebehandlung). Schwerstverletzte in der Gruppe T4 sollten demnach eine »Wartebehandlung« erhalten, so dass die Verletzten mit den besseren Überlebensaussichten in T1 und T2 Vorrang hatten.[28]

Zu den von konventionellen Bombenexplosionen bekannten Verletzungen durch Druck und Hitze kamen weitere erhebliche Verletzungsmuster, wie die Erfahrungsberichte aus Japan lehrten. Erstens sei mit überproportional vielen Augenverletzungen zu rechnen, verursacht durch mechanische Einwirkungen, Verbrennungen oder Netzhautveränderungen durch langwellige Strahlen bis hin zu Blutungen. Die zweite bekannteste Verletzungsart waren Strahlenschäden, deren Ausmaß vom Abstand zum Explosionsherd oder *fall-out* abhängig ist. Da der Körper jedwede Strahlung aus seinem Umfeld aufnimmt, die dann alle biologischen Abläufe im Körper beeinträchtigt, lassen sich Strahlenschäden kaum verhindern.[29] Übelkeit, Erbrechen, Durchfall, Blutungen und Haarausfall gehören zu den Symptomen einer akuten, nicht heilbaren Strahlenkrankheit. Langfristig löst die radioaktive Kontamination der Zellen, vor allem des Knochenmarks, Krebs aus. Zu Beginn der 1980er Jahre gab es in der Bundesrepublik sechs medizinische Zentren, die auf Knochenmarktransplantation spezialisiert waren. Eine Ausweitung der Ressourcen für die komplizierte Operation war von staatlicher Seite nicht vorgesehen. Die Folgeabschätzung pro und contra ging über die akute Reichweite der Explosion und ihre Hitze- und Druckwelle hinaus auf zwei weitere Punkte ein, die eine Atombombenexplosion wesentlich von der einer konventionellen Bombe oder eines Flächenbombardements unterschied. Erstens lagern sich die bei der Explosion freigesetzten radioaktiven Spaltprodukte an Staubpartikel an, die bei einer bodennahen Explosion aufgewirbelt werden. Diese kontaminierte Staubwolke reicht mehrere Kilometer in die Atmosphäre und bewegt sich je nach Windrichtung. Nach einem fall-out dieser Wolke kommt es auch noch Jahre nach der Explosion zum Absinken der radioaktiven Teilchen aus den höheren Luftschichten. Für diese Folge einer Atombombenexplosion müssten zum Schutz der Bevölkerung ganze Landstriche vor oder unmittelbar nach der Explosion evakuiert werden. Anders als in den weitläufigen Gebieten der USA oder der Sowjetunion konnte der bundesdeutsche Zivilschutz zu Beginn der 1980er Jahre kaum auf Massenevakuierungspläne setzen.

Als wirksamste Maßnahme empfahlen Zivilschutzbehörden grundsätzlich den Bau privater Bunker. Um die Motivation zur Eigeninitiative im Schutzraumbau zu steigern schätzte Bundesinnenminister Baum 1980, dass »staatliche Maßnahmen und die Bereitschaft der Bürger, für Krisensituationen selbst Vorsorge zu treffen, zusammenkommen« müssten.[30] Obwohl in Broschüren, Lehrgängen und Richtlinien in der Regel von einem 14-tägigen Aufenthalt in einem Bunker ausgegangen wurde, testete man die Tauglichkeit der Bunkerkonzepte, indem lediglich drei Tage lang beispielsweise 30 Männer in einem typischen 32qm-Bunker verbrachten.[31] In der DDR fand 1981 ein letzter Test dieser Art statt, bei dem Unterbringung und Verpflegung zwar reibungslos verliefen, der jedoch sanitäre und »vor allem psychologische Probleme sowie die nur höchst unbefriedigend zu beantwortende Frage auf[warf], wie es nach dem überlebten Kernwaffenschlag denn weitergehen solle«.[32] Wenngleich solche Tests technisch meist erfolgreich verliefen, kritisierten die Gegner des gesamten Bunkerkonzepts, wie bei allen Komponenten des Zivilschutzes würde außer Acht gelassen, dass die mittelfristige Versorgungsanlage von

Abb. 39. Zivilschutzübung:
Belegung eines Schutzraums
mit Frauen und Kindern, ca.
1975/1980.

einer noch funktionsfähigen Außenwelt abhängig sei. Für das Überleben nach den 14 Tagen im Bunker müssten zudem ein betriebsbereites Warnsystem und ein Mindestmaß an sauberer Luft vorhanden sein. In einem abgedichteten Kellerraum könne zudem lediglich die Phase des akuten fallouts überbrückt werden, danach würde durch die ungefilterte Ventilation kontaminierte Außenluft nach innen transportiert.

Für die Bevölkerung in den Städten sollten laut Plänen der Zivilschutzbehörden die Schutzbunkerbauten aus der Zeit des Zweiten Weltkrieges ausgebaut, saniert und verstärkt werden. Die Betonklötze galten jedoch als Relikte des konventionellen Krieges und konnten wenig Vertrauen wecken. Außerdem reichten die »Symbole naiver Sicherheitsillusionen«[33] offenkundig nicht aus, um auch nur einem Bruchteil der Bevölkerung genügend Platz zu bieten. Innerhalb der Zivilschutzdebatte gerieten die Bunker dementsprechend zu einem emotional aufgeladenen Streitobjekt. Während Stadtverwaltungen, in deren Zuständigkeitsbereich die Bauten fielen, diese reaktivieren wollten, kritisierten Vertreter der Friedensbewegung, auf diese Weise würde zur Verharmlosung der atomaren Bedrohung beigetragen.

Einer der Gründe für die propagierte Selbstversorgung im Falle einer Atombombenexplosion war die vermutete Folge des *elektromagnetischen Impulses* (EMP). Der nukleare EMP entsteht nach einer Atombombenexplosion einige 100 Kilometer oberhalb der Erdatmosphäre und setzt auf der Erdoberfläche alle elektrischen Schaltkreise außer Kraft, so dass nicht nur Licht- und Wasserversorgung, sondern auch Telefon, Radio oder andere Kommunikationstechnologien nicht mehr funktionieren. An diesem Punkt setzte wiederum die Zivilschutzkritik ein, denn Notfallpläne oder das Triage-System gingen von der Annahme aus, dass nach einer

Atombombenexplosion mindestens eine rudimentär funktionsfähige technische Infrastruktur übrig bleibe. Da aber jeder elektrische Betrieb durch den EMP für eine nicht kalkulierbare Zeit außer Kraft gesetzt sei, könne selbst davon nicht ausgegangen werden.

Ein weiterer Punkt, der von Zivilschutzbehörden kaum thematisiert und in der Friedensbewegung umso deutlicher angesprochen wurde, betraf die längerfristigen Folgen einer Atombombenexplosion. Der vom amerikanische Biologen Paul Ehrlich und dem Astrophysiker Carl Sagan herausgebrachte Sammelband »Die nukleare Nacht«[34] fasste die Ergebnisse verschiedener Untersuchungsprojekte zusammen, die auf einer wissenschaftlichen Konferenz unter der Teilnahme von über 30 überwiegend amerikanischen Institutionen und in Kooperation mit der sowjetischen Akademie der Wissenschaften, 1983 präsentiert worden waren. Die Veröffentlichung unterstrich, keine endgültigen Aussagen treffen zu können. Jedoch sei davon auszugehen, dass »ein Atomkrieg, in dem nur ein Bruchteil der amerikanischen und sowjetischen Kernwaffen gezündet würde, das Klima der gesamten nördlichen Hemisphäre verändern könnte, wobei sich der gegenwärtige, dem Wechsel der Jahreszeiten unterworfene Zustand in eine lange, finstere, eisige Nacht verwandeln würde«.[35] Ehrlich und Sagan stießen eine vielbeachtete Diskussion in Wissenschaft und Öffentlichkeit über den sogenannten »nuklearen Winter« an. Da sie keine endgültige apokalyptische Eiszeit prognostizierten, erschien ihre Voraussage, dass einige Monate nach den Detonationen Ruß und Staub aus der Atmosphäre wieder verschwinden würden und anschließend ein »neues, bösartiges Sonnenlicht die Erde« erreiche, »und die meisten Tiere auf der Erde erblinden lassen würde«, durchaus glaubwürdig. Gleichwohl gab es eine Reihe skeptischer Physiker und Biologen, wodurch, nicht unähnlich heutigen Klimadebatten, ein breites Kommunikationsfeld entstand, in dem sich wiederum Zivilschutz-Experten und Gegner orientieren mussten.[36]

## Militarisierung der Medizin?

Quer zu den technisch orientierten Auseinandersetzungen lässt sich in der Zivilschutzdebatte auch eine bürgerrechtliche Dimension erkennen. In der Grundlagenforschung zum Selbstschutz spielte neben technischen und medizinischen Themen auch die »Psychobiologie«, also das »Verhalten in Belastungssituationen« eine wichtige Rolle, bei der man auf bisherige Katastrophenerfahrungen aufbaute.[37] Wenn Katastrophen-Experten bis zu diesem Zeitpunkt mit der akuten Versorgung von einigen hundert

Menschen Erfahrungen gesammelt hatten, musste man nun von zehn- bis hunderttausend Verletzten auf kleinstem Raum ausgehen. Dies machte Notfallpläne und die präventive Koordinierung ziviler Institutionen notwendig. Die Bundesregierung plante in diesem Zusammenhang die systematische Erweiterung der Zivilschutzkapazitäten durch die Lagerung von Medikamenten oder Einrichtung von Hilfskrankenhäusern mit verbindlichen Notfallplänen. Im November 1981 erließ Rheinland-Pfalz als erstes Bundesland in seinem Brand- und Katastrophenschutzgesetz eine Verpflichtung für Ärzte, an Fortbildungskursen für Katastrophenmedizin teilzunehmen. Das Bundesgesundheitsministerium bereitete mit einem »Gesundheitssicherstellungsgesetz« die Melde- und Dienstpflicht für Ärzte, Krankenhaus-Einsatzpläne für den »Verteidigungsfall« und verpflichtende katastrophenmedizinische Fortbildung für Ärzte vor.[38] Die Begriffswahl war nicht unbedeutend, denn von offizieller Seite wurde die Zivilschutzvorsorge als Teil der Katastrophenmedizin betrachtet, während Gegner den ausgeweiteten Planungen vorwarfen, Zivilärzte zwangsweise in die Militärmedizin einzubinden.[39]

Kritische Ärzte sahen in dem Vorgang den Versuch, fachliche Grenzen zwischen Notfall-, Katastrophen- und Kriegsmedizin aufzuweichen, um das Gesundheitswesen zu militarisieren.[40] Die daraus resultierende Diskussion über die Definition zentraler Begriffe war keineswegs akademisch angelegt, denn sie betraf Richtlinien oder Ausbildungsnormen und ging schließlich über die Grenzen von Fachdisziplinen hinaus. Friedensaktivisten bestanden auf eine strikte Trennung der Folgen von Natur- und Technikkatastrophen auf der einen Seite von gezielt oder durch Versehen herbeigeführten Atombombenexplosionen auf der anderen Seite. Bei Zivilschutzexperten ließ sich hingegen die Tendenz erkennen, beide Ereignisse unter dem Katastrophenbegriff zu subsumieren.

Während von offizieller Seite versucht wurde, die Behandlung ziviler wie militärischer atomarer Auswirkungen institutionell zu verflechten, band sie auch inhaltlich unterschiedliche »Ernstfälle« unter dem Begriff »Katastrophen« zusammen. Indem das unvorstellbare Ereignis einer Atombombenexplosion normalisiert werden sollte, wurde es zugleich ähnlich einer Naturkatastrophe als unerwartetes, demnach unbeeinflussbares Ereignis definiert. Die Friedensbewegung lehnte solche Angleichungen ab und wehrte sich dagegen, einer Normalisierung des Lebens mit der Bombe weiter Vorschub zu leisten.

# Fazit

In der Zivilschutzdebatte ging es offenkundig um mehr, als um reine Technikabwägung. Das Ringen um die zivilisatorische Fähigkeit, den Folgen einer Großtechnologie Einhalt zu gebieten, fasziniert aus heutiger Sicht umso mehr. Die Vorbereitungen auf den Ernstfall lassen sich genauso wenig als Chimäre überforderter Politiker erklären, wie die Reaktionen in der Friedensbewegung als Hysterie. Und die Empfehlungen von Zivilschutzexperten etwa zur Einrichtung luftdichter Kellerräume war genauso wenig Produkt eines beschränkten Denkens, wie nach 1990 der Abbau von 20.000 bzw. 30.000 Atomsprengköpfen in den USA und der UdSSR bzw. GUS, angesichts verbleibender 10.000 Stück, deren Zerstörungskraft nach wie vor die Erde unbewohnbar machen könnte.[41] Befürworter wie Gegner des Zivilschutzes setzten sich zu Beginn der 1980er Jahre und in der angespannten Situation des Zweiten Kalten Krieges innerhalb ihrer jeweiligen Wahrnehmungen und Lebenswelten mit einer realen Gefahr auseinander. Der Atomschlag galt als Ultima Ratio im Kalten Krieg, insofern drückte sich im Streit um seine antizipierten Konsequenzen auch die politische Kultur und Mentalität der Zeit aus.

## Literatur

Eine detaillierte Darstellung der ostdeutschen Zivilschutzorganisation, wenngleich zu einseitig und unkritisch, findet sich bei Beiersdorf/Welkisch. Davis liefert eine transnationale Studie (USA, GB, Kanada) zum performativen Charakter des Zivilschutzes und seinen unterschiedlichen Formen seit 1945 bis in die Gegenwart nach 9/11. Eine kritische Auseinandersetzung mit Plänen, Strategien und Programmen des US-amerikanischen Zivilschutzes bis hin zu den Protesten gegen ihn findet sich bei Garrison. Der Politologe Wolfram Geiger nimmt die institutionelle und organisatorische Entwicklung des Bevölkerungs- und Katastrophenschutzes in den Blick. Heitmann bietet eine organisations- und kulturgeschichtlich orientierte Dissertation zu Aufbau, Funktion und Wirkung der Zivilverteidigung in der DDR. Über die zentralen Objekte der Zivilschutz-Diskussion informiert Rose. Oakes entschlüsselt den Zivilschutz als zentrales Vehikel der US-amerikanischen Propaganda im Kalten Krieg.

Beiersdorf, Holger/Welkisch, Jörg: Luftschutz, Zivilverteidigung und Zivilschutz in der DDR. Schkeuditz 2008.
Davis, Tracy C.: Stages of Emergency. Cold War Nuclear Civil Defense. Durham, NC 2007.

Garrison, Dee: Bracing for Armageddon. Why Civil Defense Never Worked. New York, NY 2006.

Geier, Wolfram: Zwischen Kriegsszenarien und friedenszeitlicher Katastrophenabwehr. Zur Entwicklung der zivilen Verteidigung in der Bundesrepublik Deutschland unter besonderer Berücksichtigung des Zivilschutzes und seiner Reformen vor und nach Beendigung des Kalten Krieges. Marburg 2003.

Heitmann, Clemens: Schützen und Helfen? Luftschutz und Zivilverteidigung in der DDR 1955 bis 1989/90, (Militärgeschichte der DDR, 12.). Berlin 2006

Oakes, Guy: The Imaginary War: Civil Defense and American Cold War Culture. New York, NY u.a. 1994.

Rose, Kenneth D.: Apokalypse im Garten. Amerikanische Atomschutzbunker und Kalter Krieg. In: Marszolek, Inge/Buggeln, Marc (Hg.): Bunker. Kriegsort, Zuflucht, Erinnerungsraum. Frankfurt/Main 2008, S. 171-189.

## Anmerkungen

[1] Einen Überblick bietet Bernd Lemke: Zivile Kriegsvorbereitungen in unterschiedlichen Staats- und Gesellschaftssystemen. Der Luftschutz im 20. Jahrhundert. Ein Überblick. In: Ders. (Hg.): Luft- und Zivilschutz in Deutschland im 20. Jahrhundert, (Potsdamer Schriften zur Militärgeschichte, 5). Potsdam 2007, S. 67-88.

[2] Vom Vordenker der atomaren Abschreckung Herman Kahn: Thinking about the Unthinkable in the 1980s. New York, NY 1984. Eine historische Einordnung von Claus Pias: »One Man Think Tank«. Herman Kahn, oder wie man das Undenkbare denkt. In: Zeitschrift für Ideengeschichte, 3 (2009), S. 5-16.

[3] Marie Cronqvist: Survival in the Welfare Cocoon. The Culture of Civil Defense in Cold War Sweden. In: Annette Vowinckel/Marcus Payk/Thomas M. Lindenberger (Hg.): Cold War Cultures. Perspectives on Societies in the East and the West, erscheint New York, NY 2012; zu den USA: Dee Garrison: Bracing for Armageddon. Why Civil Defense Never Worked. New York, NY 2006.

[4] Jochen Molitor: Mit der Bombe überleben. Die Zivilschutzliteratur der Bundesrepublik 1960-1964. Köln 2011.

[5] Christian Th. Müller: Im Bann der Bombe. Überlegungen zu Luftschutz und Zivilverteidigung in der DDR. In: Bernd Greiner/Christian Th. Müller/Dierk Walter (Hg.): Angst im Kalten Krieg. Hamburg 2009, S. 94-122, S. 96.

[6] Guy Oakes: The imaginary war: Civil Defense and American Cold War Culture. New York, NY u.a. 1994. Die Bandbreite reichte von der in den 1950er und 60er Jahren berühmten Fernseh-Schildkröte Bert, die den Zivilschutz-Slogan »Duck and Cover« prägte, bis hin zu Handbüchern wie Ronald Cruit: Survive the Coming Nuclear War. How To Do It. New York, NY 1982.

[7] Protect and Survive. Prepared for the Home Office by the Central Office of Information 1976 (Reprinted London 1980).

[8] Zur Geschichte des Schweizer Zivilschutz, URL: http://www.stadt-zuerich.ch/zivilschutzmuseum. Zur schwedischen Zivilschutzpolitik Marie Cronqvist: Die Sicherheit der Angst. Welfare versus warfare im schwedischen Zivilschutz. In: Greiner/Müller/Walter (Hg.): Angst, S. 149-170.

[9] Eine detaillierte Organisationsbeschreibung in der »Festschrift« von Holger Beiersdorf/ Jörg Welkisch: Luftschutz, Zivilverteidigung und Zivilschutz in der DDR. Schkeuditz 2008.

[10] Clemens Heitmann: Schützen und Helfen? Luftschutz und Zivilverteidigung in der DDR 1955 bis 1989/90. Berlin 2006, S. 39. Auch Wolfgang Jahn: Der Luftschutz und die Zivilverteidigung (1955-1990). In: Torsten Diedrich (Hg.): Im Dienste der Partei. Handbuch der bewaffneten Organe der DDR. Berlin 1998, S. 551-576.

[11] Heitmann: Schützen und Helfen S. 49

[12] Ebenda.

[13] Ebenda. S. 89.

[14] Müller: Im Bann der Bombe, S. 114. Auch Thomas Klein: »Frieden und Gerechtigkeit!«. Die Politisierung der Unabhängigen Friedensbewegung in Ost-Berlin während der 80er Jahre. Köln 2007, S. 83. Siehe auch den Beitrag von Rainer Eckert in diesem Band.

[15] Heitmann: Schützen und Helfen, S. 385.

[16] Die Verwaltung lag in Händen der Notgemeinschaft der Deutschen Wissenschaft, der heutigen Deutschen Forschungsgemeinschaft. Die ab 1961 bezeichnete Schutzkommission beim Bundesministerium des Innern berät noch heute die Bundesregierung ehrenamtlich in medizinischen, wissenschaftlich-technischen oder sozialwissenschaftlichen Fragen des Zivilschutzes. URL: http://www.schutzkommission.de/.

[17] Axel Schildt: Die Atombombe und der Wiederaufbau. Luftschutz, Stadtplanungskonzepte und Wohnungsbau 1950-1956. In: 1999. Zeitschrift für Sozialgeschichte des 20. und 21. Jahrhunderts, 2 (1987), S. 52-67.

[18] Bundesamt für Bevölkerungsschutz und Katastrophenhilfe (Hg.): 50 Jahre Zivil- und Bevölkerungsschutz in Deutschland. Bonn 2008.

[19] Das Bundesamt wurde Ende 2000 aufgelöst und seine Aufgaben in einer neuen Abteilung des Bundesverwaltungsamtes (Bezeichnung Zentralstelle für Zivilschutz) überführt. Nachdem organisatorische Mängel im Katastrophenschutz deutlich wurden, richtete die Bundesregierung 2004 erneut ein Bundesamt ein, diesmal mit dem Zusatz für Bevölkerungsschutz und Katastrophenhilfe.

[20] Eine Liste der Schriftenreihe »Zivilschutz-Forschung (Alte Reihe)«, URL: http://www.bbk. bund.de/cln_007/nn_398730/DE/05__Publikationen/05__Fachpublikationen/01__ Zivilschutz__Forschung/Zivilschutz__Forschung__node.html__ nnn=true#doc398770bodyText4.

[21] Carl Friedrich von Weizsäcker: Falls es doch Krieg gibt … Ein Plädoyer für mehr Bevölkerungsschutz. Von Carl Friedrich von Weizsäcker. In: Die Zeit, 16.5.1980.

[22] Ebenda.

[23] Carl Nedelmann (Hg.): Zur Psychoanalyse der nuklearen Drohung. Vorträge einer Tagung der Deutschen Gesellschaft für Psychotherapie, Psychosomatik und Tiefenpsychologie. Göttingen 1985. Susanne Schregel: Konjunktur der Angst. »Politik der Subjektivität« und »neue Friedensbewegung«, 1979-1983. In: Greiner/Müller/Walter: Angst, S. 495-520.

[24] Auch Heinrich Hartmann/Jakob Vogel (Hg.): Zukunftswissen. Prognosen in Wirtschaft, Politik und Gesellschaft seit 1900. Frankfurt/Main 2010.

[25] Rudolf Baum: Zivilverteidigung als Schwerpunkt liberaler Sicherheitspolitik. Ansprache des Bundesministers des Inneren auf dem Sicherheitspolitischen Kongreß der Freien Demokratischen Partei am 28.4.1979 in Münster, zitiert nach Johannes Kurt Klein: Realität Krise. Elemente der psychologischen Lage in Krisenzeiten der Bundesrepublik Deutschland, (Zivilschutz, 13.). Bonn/Bad Godesberg 1979.

[26] Siehe z.B. Bundesverband für den Selbstschutz (Hg.): Selbstschutz. Ihr Beitrag zum Zivilschutz. Köln 1984, S. 7.

[27] Volker Grünewald/Georg Thiel: Zivilschutz. Daten und Fakten; hg. v. Bundesamt für Zivilschutz. Bonn 1990, S. 17.

[28] NATO STANAG 2879: Principles of Medical Policy in the Management of a Mass Casualty Situation, u.a. kommentiert in Fleet Medicine Pocket Reference 1999, hg. vom Surface Warfare Medicine Institute. San Diego, CA 1999. Vgl. auch: Hartmut Hanauske-Abel/ Gustav Obermayr: Zivilisten haben keine Chance. In: Die Zeit, 18.9.1981.

[29] Ulmer Ärzteinitiative (Hg.): Tausend Grad Celsius. Das Ulm-Szenario für einen Atomkrieg. Darmstadt 1983, S. 42.

[30] Kein Platz im Bunker. Die Bayern haben nicht die geringste Chance. In: Die Zeit, 16.5.1980.

[31] Konradin Kreuzer: Zivilschutz in einem Atomkrieg. In: Die Überlebenden werden die Toten beneiden. Ärzte warnen vor dem Atomkrieg. Materialien des Hamburger »Medizi-

nischen Kongresses zur Verhinderung des Atomkrieges« vom 19./20.9.1981. Köln 1982, S. 63-75, hier S. 65.

32 Müller: Im Bann der Bombe, S. 110.

33 Malte Thießen: »Schandfleck«, Schutzraum oder Mahnmal? Zur »Nachgeschichte« Hamburger Bunker seit 1945, URL: http://www.unter-hamburg.de/nachnutzung_hamburger_bun.405.0.html.

34 Paul R. Ehrlich/Carl Sagan (Hg.): Die nukleare Nacht. Die langfristigen klimatischen und biologischen Auswirkungen von Atomkriegen. Köln 1985

35 Ebenda, S. 31.

36 Auch Lawrence Badash: A Nuclear Winter's Tale. Science and Politics in the 1980s. Cambridge, MA 2009.

37 Bundesamt für Zivilschutz (Hg.): Zivilschutz-Forschung. Forschungen für den Zivil- und Katastrophenschutz 1975-1985. Bonn 1986.

38 »Notfalls mit Ohrfeigen behandeln«. In: Der Spiegel, 49, 1.12.1980.

39 Der Konflikt führte u.a. zur Gründung einer deutschen Sektion der International Physicians for the Prevention of Nuclear War (IPPNW).

40 In einem Lehrbuch aus dem Jahr 1980 wurden unter der Überschrift Katastrophenmedizin die Auswirkungen von nuklearen, biologischen und chemischen Waffen neben AKW-Störfällen und Autokarambolagen aufgeführt. Ernst Rebentisch: Katastrophenmedizin. Eine Aufgabe besonderer Art. In: Medizinische Klinik, 75 (1980) 19, S. 672-677. Eine Gegenposition von Kurt Sroka: Katastrophenmedizin. Flankenschutz für die Aufrüstung. In: psychosozial, 6 (1983) 3, S. 57-74.

41 Zur Problematik atomarer Waffen nach Ende des Ost-West-Konflikts Götz Neuneck: Atomares Wettrüsten der Großmächte. Kein abgeschlossenes Kapitel. In: Forschungsstelle für Zeitgeschichte in Hamburg/Institut für Friedensforschung und Sicherheitspolitik/Carl-Friedrich von Weizsäcker-Zentrum für Naturwissenschaft und Friedensforschung (Hg.): Kampf dem Atomtod! Die Protestbewegung 1957/58 in zeithistorischer und gegenwärtiger Perspektive. München/Hamburg 2009, S. 91-119.

# 19. Nukleare Untergangsszenarien in Kunst und Kultur

PHILIPP BAUR

»Sind sie nicht wunderbar, diese Amerikaner? Sie schicken uns die Pershing und ›The Day After‹, die Bombe und gleichzeitig die Gebrauchsanweisung.«[1] Für den *ZEIT*-Journalisten Ulrich Greiner offenbarte sich eine gewisse Ironie der Geschichte, als zeitgleich zur Nachrüstung der NATO-Streitkräfte Anfang Dezember 1983 ein amerikanischer Fernsehfilm in die deutschen Kinos kam, der den möglichen Ernstfall auf die Leinwand brachte. In »The Day After« (USA, 1983) kommt es zum nuklearen Schlagabtausch der Supermächte USA und Sowjetunion. Das atomare Inferno bricht aus heiterem Himmel über die Einwohner der kleinen Universitätsstadt Lawrence im US-Bundesstaat Kansas herein und lässt – zumindest im Rahmen der Fiktion – das Worst-Case-Szenario des Kalten Krieges wahr werden.

Nachdem der Film in den USA am 20. November 1983 zur besten Sendezeit auf dem Sender ABC gezeigt worden war, reagierte die amerikanische Öffentlichkeit geschockt. Die Ausstrahlung wurde zum nationalen Ereignis – fast 100 Millionen US-Bürger, etwa die Hälfte der erwachsenen Amerikanern, sollen den Film gesehen haben.[2] Auch US-Präsident Ronald Reagan zeigte sich nach einer exklusiven Vorschau im Weißen Haus beeindruckt. Am 10. Oktober notierte er in sein Tagebuch: »It [The Day After] is powerfully done – all $7 mil. worth. It's very effective & left me greatly depressed.«[3] Ob Bundeskanzler Helmut Kohl »The Day After« ebenfalls vorgeführt bekam, ist nicht überliefert. Am Tag vor der entscheidenden Bundestagsdebatte am 21. und 22. November 1983 wurde der Film jedoch vor Bundestagsabgeordneten in Bonn gezeigt und befeuerte so das politische Geplänkel. Am Abstimmungsverhalten der Parlamentarier änderten aber weder »The Day After« noch die hitzig geführten Reden tags darauf etwas. Die Bundestagsmehrheit votierte am 22. November für die atomare Nachrüstung, woraufhin am 26. November erste Pershing II-Mittelstreckenraketen auf deutschem Boden stationiert wurden.

In den folgenden Wochen sahen gut 3 Millionen Bundesbürger »The Day After« und der Film stieß in der Öffentlichkeit wie in den Medien auf ein breites, wenn auch in der Wertung geteiltes Echo.[4] Er markierte den Höhepunkt kultureller Manifestationen, die sich Anfang der 1980er Jahre quer durch alle Medien mit der nuklearen Blockkonfrontation beschäftigten. Im Grunde war dies kein Novum – auch die vorangegangenen Krisen- und Entspannungsphasen des Kalten Krieges waren von einer nahezu synchronen Wellenbewegung kultureller Auseinandersetzungen begleitet worden.[5] Einen ersten Höhepunkt erlebte diese in den späten 1940er Jahren, als der Atompilz in einer verharmlosenden *atomic culture* zum positiv besetzten Symbol amerikanischer Stärke avancierte. Spätestens seit der Kuba-Krise von 1962 äußerte sich die Populärkultur dezidiert kritisch. Stanley Kubricks »Dr. Seltsam oder wie ich lernte die Bombe zu lieben« (USA, 1964) steht paradigmatisch für diesen Wandel und porträtierte die Logik der *Mutual Assured Destruction* (MAD) als Wahnsinn und selbstmörderischen Automatismus.[6]

In der Phase weltpolitischer Entspannung der späten 1960er und frühen 1970er Jahre ging die Zahl der kulturellen Auseinandersetzungen zurück, bis sich die Blockkonfrontation Ende der 1970er Jahre im Zuge der Debatte um die Neutronenbombe und den NATO-Doppelbeschluss wieder signifikant verschärfte und Musiker, Schriftsteller und Filmemacher erneut auf den Plan rief. Bezeichnenderweise nahm sich nun auch in der Bundesrepublik die Populärkultur intensiv des Themas an. Zwar war schon die *Kampf dem Atomtod-Bewegung* Ende der 1950er Jahre von Schriftstellern und Intellektuellen wortgewaltig unterstützt worden.[7] Erst die Nachrüstungsdebatte der 1980er Jahre löste jedoch eine kulturelle Reaktion auf voller medialer Breite aus – von Schlager- und Popmusik über New Wave und Punk-Rock, von Kino- und Fernsehfilmen, Jugend- und Erwachsenenliteratur, bis hin zu Comics und den ersten Videospielen. Diese kulturelle Manifestationen können als Seismographen gelesen werden, die Bedrohungsszenarien des Kalten Krieges detailliert analysierten und vorherrschende Ängste wie auch Hoffnungen reflektierten. In vielen Fällen positionierten sich Künstler bewusst als Mahner und verstanden ihre Werke als Korrektiv zur weltpolitischen Lage und als Medium der Aufklärung.[8]

## Der Tag danach – Nuklearer Weltuntergang im Film

Populärkulturelle Imaginationen von Katastrophen in Science-Fiction-Filmen, so kritisierte Susan Sontag 1965, bewirken zweierlei: sie lenken von den wahren Gefahren der Welt ab und lullen mit einem Happy Ending ein – oder sie tragen dazu bei, reale Bedrohungen zu normalisieren und die Menschen daran zu gewöhnen. In beiden Fällen wirken sie daher eher verharmlosend als aufschreckend.[9] Nukleare Weltuntergangsszenarien der 1980er Jahre grenzten sich von dieser Perspektive deutlich ab.

Nur in wenigen Fällen tritt die Katastrophe nicht ein, wie etwa im Film »War Games« (USA, 1983). Hier setzt ein jugendlicher Hacker aus Versehen den Automatismus der computerisierten Kriegsführung in Gang. Der Countdown zum Abschuss der Atomraketen kann aber im letzten Moment noch gestoppt werden.[10] Auch in »Octopussy« (GB, 1983) gelingt es James Bond, den Plan eines abtrünnigen sowjetischen Generals zu durchkreuzen und die Welt vor einem Atomkrieg – provoziert durch einen Atombombenanschlag auf eine US-Militärbasis in Westdeutschland – zu bewahren.

In der überwiegenden Mehrzahl von nuklearen Katastrophenfilmen der Zeit ist die Rettung der Menschheit jedoch nicht vorgesehen. Sie arbeiteten mit dem Motiv des Tages *nach* einem Atomschlag und widersprachen von vornherein möglichen Vorwürfen der Verharmlosung, wie etwa der Regisseur Nicholas Meyer im Epilog zu seinem Film »The Day After«: »Der Verlauf der Katastrophe, deren Zeuge wir geworden sind, ist vermutlich nur ein kleiner Teil der Zerstörung, die ein wirklicher, vollständiger Atomschlag gegen die Vereinigten Staaten anrichten würde. Es ist zu hoffen, dass die Bilder dieses Films die Nationen der Erde, ihre Menschen und Führer dazu anregen, einen Weg zu finden, diesen Schicksalstag abzuwenden.«[11] Der Verweis auf die Tatsache, dass »The Day After« eher unter- als übertrieben habe, ist ebenso genretypisch wie der Aufruf, alles daran zu setzen, die Situation des Films nicht Realität werden zu lassen.

Meyers Werk kontrastiert den Tag vor und nach einem Atomschlag auf die USA. Mit Anspruch auf größtmöglichen Realismus reflektiert er populäre Szenarien eines Atomkriegs und erteilt jeder Hoffnung auf Überleben eine klare Absage: Zivilschutzmaßnahmen versagen. Wer nicht bereits durch die eigentliche Explosion ums Leben kam, zeigt bald die Symptome der Strahlenkrankheit: Haarausfall, Hautschäden, Übelkeit. Die Atombombenexplosion und ihr blendender Lichtblitz gehen einher mit einem elektromagnetischen Impuls, der elektronische Geräte und Fahrzeuge lahm legt. Gleichzeitig verdunkelt sich durch den aufgewirbelten Staub die Atmosphäre, das Klima kühlt ab, ein nuklearer Winter beginnt.[12] Dieser Anspruch auf Glaubwürdigkeit und Authentizität spiegelt sich auch in der Tatsache, dass Teile des Films aus Dokumentarmaterial u.a. des US-Verteidigungsministeriums entnommen wurden, in dem tatsächliche Raketenabschüsse gefilmt oder die Reaktion des amerikanischen Militärs auf den Ernstfall nachgestellt wurde.[13]

Der Rückgriff auf Original-Filmmaterial findet sich auch in weiteren Beispielen der Zeit. Ähnliche Aufmerksamkeit wie »The Day After« fand der Dokumentarfilm »Atomic Café« (USA, 1982). Die Collage aus amerikanischen Propagandafilmen, atomverherrlichenden Schlagern und unkritischen Medienberichten der 1940er und 1950er Jahre legt den Nuklearoptimismus der Nachkriegszeit offen. Die Epoche der frühen *atomic culture* wurde somit zum Referenzpunkt und zur Projektionsfläche für die Auseinandersetzung mit der neuen nuklearen Bedrohung der 1980er Jahre. »Atomic Café« könnte nicht zeitgemäßer sein, schrieb ein Rezensent 1982 in der *New York Times* und diagnostizierte eine Kontinuität der Verharmlosung bis in die Gegenwart.[14]

In dem BBC Doku-Drama »Threads« (GB, 1984) kommt es zum Atomschlag auf die nordenglische Stadt Sheffield. Ähnlich wie »The Day After« folgt der Film dem Schicksal einiger überlebender Menschen und führt detailliert vor Augen, wie gesellschaftliche Strukturen zusammenbrechen und Großbritannien in ein vorindustrielles Zeitalter zurückgeworfen wird. Inhaltlich und stilistisch beruft sich »Threads« auf eine frühere BBC-Produktion, »The War Games« von 1965, in der Peter Watkins über die Auswirkungen eines Atomkriegs auf britischen Boden spekuliert hatte. Erst 1985 wurde er in voller Länge im britischen Fernsehen ausgestrahlt – in den 1960er Jahren war er als zu schockierend eingestuft und nur in einigen Kinos gezeigt worden. Beide Filme charakterisieren staatliche Zivilschutzpläne wie *Protect and Survive* als unglaubhafte und unrealistische Propaganda.

Zum gleichen Schluss kommt auch Raymond Briggs Comic »When the Wind Blows« (GB, 1982, dt. »Strahlende Zeiten«), in dem die *Protect and Survive*-Broschüre direkt rezipiert und in Frage gestellt wurde. Der Comic sprach jenen aus der Seele, die wie die britische *Campaign for Nuclear Disarmament* (CND) die bestehenden Zivilschutzpläne als Farce betrachteten und mit der Gegenbroschüre *Protest and Survive* zum Widerstand aufriefen.[15] Bezeichnend für »When the Wind Blows« war die multimediale Weiterverarbeitung der Comic-Vorlage. Auf eine Hörspiel-Fassung folgte 1986 eine gleichnamige Verfilmung mit prominenter musikalischer Unterstützung durch David Bowie, Roger Waters (Pink Floyd) und die Gruppe Genesis.

Alle vier Filme wurden auch in Deutschland intensiv diskutiert und auf Veranstaltungen der Friedensbewegung gezeigt. Ein 1983 vom *Jugendfilmclub Köln* und dem Verein für *Friedenspädagogik Tübingen* herausgegebenes »Medienhandbuch Friedensarbeit« empfahl ihren Einsatz zum Protest gegen die Nachrüstung.[16] Hohe Wellen schlug auch eine Dokumentation des amerikanischen Fernsehsenders CBS von 1981, die sich mit der hessischen Kleinstadt Hattenbach in der Nähe von Fulda als Schauplatz eines Dritten Weltkrieges beschäftigte. Obwohl der Film im deutschen Fernsehen nicht zu sehen war, gelangten Aktivisten der Friedensbewegung *Osthessen* an Kopien und setzten ihn als Aufklärungsmaterial ein.[17] Sowohl der kommerzielle Erfolg von Filmen wie »The Day After« als auch die Verbreitung des »Hattenbach-Films« verdeutlichen, wie Filme die nukleare Bedrohung nicht nur reflektierten, sondern selbst zu einem Medienereignis wurden und als schlagkräftige Argumente gegen die Nachrüstung ins Felde geführt wurden.

## Kriegsschauplatz Europa – Nuklearer Weltuntergang in der Literatur

Im Zuge der Verschärfung der Blockkonfrontation ab Ende der 1970er Jahre begannen auch Schriftsteller, sich in die öffentliche Debatte einzumischen. Dies geschah unter anderem in Form des *Appells der Schriftsteller Europas* für Frieden und Abrüstung, der im August 1981 von Mitgliedern der west- wie auch ostdeutschen Schriftstellerverbände initiiert wurde und europaweit 4.000 Unterzeichner fand.[18] Auch nahmen beispielsweise Günter Grass, Heinrich Böll, Bernt Engelmann, Walter Jens und Rolf Hochhuth am 1. September 1983 an der Blockade des US-Stützpunktes in Mutlangen teil und unterstützen die Demonstranten damit in mehrfacher Hinsicht: Die Schriftsteller wirkten im gleichen Maße als Integrationsfiguren der Friedensbewegung wie auch als Feindbilder der Nachrüstungsbefürworter. Darüberhinaus versprach die Prominentenblockade die sichere Aufmerksamkeit der Medien, wodurch der lokale Protest auch die bundesrepublikanische Öffentlichkeit erreichte.[19]

   Gleichzeitig kamen Anfang der 1980er Jahre eine Reihe von Publikationen auf den Buchmarkt, in denen Atomkriegsszenarien zu Ende gedacht wurden. Einerseits handelte es sich dabei um Sachbücher, die sich bei aller Empirie auch fiktiver Gedankenspiele bedienten, um das Unvorstellbare vorstellbar zu machen. Andererseits erschienen Romane, die auf einen hohen Grad an Realismus und Glaubwürdigkeit bedacht waren. Der Übergang zwischen gesicherten Fakten und literarischer Fiktion war in beiden Fällen fließend. Bereits 1978 hatte sich etwa der ehemalige NATO-General und Oberbefehlshaber der Britischen Rheinarmee Sir John Hackett mit »Der Dritte Weltkrieg – Hauptschauplatz Deutschland« zu Wort gemeldet. Weltweit erschienen über 3 Millionen Ausgaben von Hacketts Buch. Die deutsche Übersetzung von 1980 verkaufte sich 60.000 mal. In allen militärischen Details denkt Hackett darin die Konsequenzen der *flexible response*-Strategie weiter und kommt zu dem Schluss, dass die NATO nur ungenügend auf eine sowjetische Invasion Deutschlands vorbereitet sei. Wer einen Atomkrieg verhindern wolle, so Hacketts Schlussfolgerung, müsse die NATO-Partner in Europa aufrüsten.[20]

Als klaren Aufruf zur Abrüstung verstand sich hingegen ein weiterer millionenfach verkaufter Publikumserfolg der Zeit – »Das Schicksal der Erde« des amerikanischen Journalisten Jonathan Schell. 1982 hielt sich das Buch in Deutschland wochenlang auf Platz 1 der *Spiegel*-Bestsellerliste. Schells Studie war das Ergebnis seiner fünfjährigen Recherche über die Folgen eines möglichen Atomkriegs und stützte sich auf unzählige wissenschaftliche Prognosen, etwa der vom amerikanischen Kongress in Auftrag gegebenen Expertise »The Effects of Nuclear War« (1979) oder den Forschungen japanischer Wissenschaftler über die ökologischen Langzeitfolgen von Radioaktivität. Detailliert beschreibt Schell, welche Konsequenzen eine Atombombenexplosion über New York hätte. Gleichzeitig beließ er es nicht beim Ausmalen von Untergangsszenarien, sondern zeigte konkrete Alternativen auf. Die Menschheit stehe an einem Scheidepunkt der Geschichte – nur der Weg der Abrüstung verspreche eine Überlebenschance.[21]

Mit weitaus mehr literarischer Freiheit spekulierte Anton-Andreas Guha in »Ende: Tagebuch aus dem 3. Weltkrieg« (1982) über einen Atomkrieg in Europa.[22] Guha war seit 1967 Redakteur der *Frankfurter Rundschau* und spezialisiert auf die Themen Südamerika und Sicherheitspolitik. Im Zuge der Diskussion um die Neutronenbombe Ende der 1970er Jahre entwickelte er sich zu einem der publizistisch aktivsten Abrüstungsbefürworter. Auf »Die Neutronenbombe oder die Perversion menschlichen Denkens« von 1977 folgten 1980 »Der Tod in der Grauzone«.[23] Während es sich bei beiden Büchern um journalistisch recherchierte Sachbücher zu Rüstungsfragen handelt, wandte sich Guha mit »Ende« dem Genre des Romans zu. Er verteidigte diesen Schritt mit dem Argument, dass das Unvorstellbare »sinnlich erfahrbar« gemacht werden müsse, um den Determinismus der atomaren Rüstung kommunizierbar und verständlich zu machen. Gleichzeitig betonte er, dass es sich bei dem Buch nicht um reine Phantasie, sondern um realistische, aus militärischen Quellen schöpfende Szenarien der NATO-Strategie handele.[24]

Ebenfalls das Format eines Tagebuches wählte Matthias Horx, Anfang der 1980er Jahre Redakteur bei der Frankfurter Sponti-Zeitschrift *Pflasterstrand*, in seinem Roman »Es geht voran« (1982). In einem dystopisch verfremdeten Deutschland hat nur eine kleine Anzahl von Menschen in Bunkern überlebt und fristet eine von Hunger, Krankheit und Strahlenschäden geplagte Existenz. Im Gegensatz zu Guhas dokumentarischem Realismus inszeniert Horx den Weltuntergang als dunkle Satire. Die Welt mag zwar das Potential haben, sich gegenseitig zu zerstören, ganz ausrotten lässt sich die Menschheit aber doch nicht.[25] Ähnlich ironisch verfährt Horx in seinem zweiten Ernstfall-Roman. In »Glückliche Reise« (1983)

erholt sich die Welt von einem Atomkrieg, beginnt aber schon bald mit einem neuen Wettrüsten. Dies veranlasst die Hauptfigur Jonathan, eine übrig gebliebene Atombombe zu zünden, um eine erneute Aufrüstung präventiv zu stoppen.[26] Kreisförmige Geschichtsbilder werden zum bestimmenden Stilmittel und stellen in Frage, inwieweit Fortschritt und Rationalität letztlich die Oberhand behalten können.

Zu den wohl bekanntesten Beispielen deutschsprachiger Ernstfall-Imaginationen zählt Gudrun Pausewangs Jugendbuch »Die letzten Kinder von Schewenborn« (1983). Im Zentrum der Handlung stehen Kinder, die der Erwachsenengeneration vorwerfen, die Eskalation des Kalten Krieges nicht verhindert zu haben: »Sie hätten wissen müssen, was da heraufbeschoren wurde, denn sie hatten erfahren, was Krieg ist – wenn *ihr* Krieg auch ein fast harmloser im Vergleich zu unserem Bombentag gewesen ist.«[27] Szenerie und Metaphorik des Romans beziehen sich explizit auf die deutschen Erfahrungen des Zweiten Weltkriegs, um vor einem dritten zu warnen. Durch die drastisch-realistische Darstellung sollten die Leser aufgerüttelt und zum Handeln animiert werden. Aus diesem Grund sah sich Pausewang immer wieder dem Vorwurf ausgesetzt, lediglich Angst und Panik zu erzeugen. »Ich will keine Angst verbreiten«, verteidigte sie sich noch 2003 in einem Interview, »Ich will nur warnen.«[28]

In der Tat lassen »Die letzten Kinder von Schewenborn« kaum Raum für Optimismus. Das Buch endet mit der Geburt eines Kindes, normalerweise eine starke Metapher für einen Neuanfang und Hoffnung.

Abb. 40. Cover »Die letzten Kinder von Schewenborn«, Gudrun Pausewang, 1983.

Das Baby ist jedoch in Folge des radioaktiven Niederschlags stark behindert und nicht lebensfähig. Streng genommen kann der Roman deshalb auch nicht als apokalyptisch klassifiziert werden. In ihrem ursprünglichen, biblischen Wortsinn bedeutet Apokalypse »Enthüllung« oder »Offenbarung« und kündigt nicht nur das Ende der Welt, sondern gleichzeitig den Beginn eines neuen, göttlichen Zeitalters an. Eine solche Erlösung ist den Protagonisten in Pausewangs Roman nicht vergönnt – mit dem Dritten Weltkrieg beginnt das tatsächliche Ende der Menschheit.[29]

Gleichzeitig kann das Buch durchaus dialektisch gelesen werden. Zwar erteilt es der Möglichkeit auf Überleben eine klare Absage, die Utopie einer besseren Welt ist aber stets impliziert. Pausewang selbst appelliert an ihre Leser, sich in der Realität für Frieden einzusetzen. »Schewenborn ist kein erfundener Ort,« schreibt sie im Nachwort der Ausgabe von 1984. Ihr eigener Wohnort Schlitz in der Nähe von Fulda habe die Vorlage geliefert. In der Umgebung war es den Einwohnern gelungen, einen Truppenübungsplatz der US-Armee zu verhindern und einen kleinen Beitrag im Kampf gegen das Wettrüsten zu leisten.[30] Pausewangs Roman verdeutlicht exemplarisch drei Charakteristika der Nuklearkrise: Erstens die enge Verbindung von Populärkultur und politischem Protest. Zweitens die Bedeutung lokalen Protests gegen eine globale Bedrohung, wie sie auch in der Populärkultur reflektiert wird.[31] Drittens die positive Konnotation von Angst – sie wurde von den Abrüstungsbefürwortern nicht als lähmendes, sondern aktivierendes Gefühl verstanden. »Mut zur Angst« avancierte so zum programmatischen Schlagwort der Friedensbewegung.[32]

## Nuklearer Weltuntergang und der Wunsch nach Frieden in der Musik

Ende Mai 1983 kam es im Beisein der Zeitschrift *Bravo* zum Versuch, den öffentlich ausgetragenen Streit zweier Stars der deutschen Musikszene zu versöhnen: Udo Lindenberg und Peter Maffay. Zur Debatte stand nichts weniger als ihre künstlerische Glaubwürdigkeit und die politische Überzeugung in Friedensfragen. Udo Lindenberg hatte sich bereits in den Jahren zuvor als lautstarker Abrüstungsbefürworter positioniert. 1981 nahm er zusammen mit dem zehn-jährigen Pascal Kravetz, Sohn des Pianisten seines »Panikorchesters«, das Lied »Wozu sind Kriege da?« auf. Im gleichen Jahr zählte er zu den Gründungsmitgliedern der Initiative *Künstler für den Frieden*, die sich gegen die Nachrüstung aussprach. Zu den Unterstützern gehörten neben Lindenberg Künstler wie Marius Müller-Westernhagen, Ulla Meinecke, Achim Reichel, die niederländische Band bots,

Abb. 41. Plakat »Künstler für den Frieden«, Großveranstaltung zur Unterstützung des Krefelder Appells, 1982.

die dänische Sängerin Gitte Hænning, der amerikanische Jazz-Musiker Bill Ramsey sowie politische Liedermacher wie Franz Josef Degenhardt, Hannes Wader und Konstantin Wecker. In ihrem Selbstverständnis sahen sie ihr ihr Engagement als ein grenzüberschreitendes und kollektives Plädoyer für Frieden und gegen Aufrüstung. Gleichzeitig zeigten sie sich überzeugt, dass man gerade über Kunst als friedliches Protestmedium und über die Berichterstattung in den Medien breite Schichten der Bevölkerung erreichen und aufrütteln könne.[33]

Peter Maffay hatte sich bis dato von dezidiert politischen Aussagen ferngehalten, was Udo Lindenberg veranlasste, ihn als »Westentaschen-Rocker« zu titulieren, der sich mit seinen »Pseudoliedern« vor einer klaren politischen Haltung drücke. Maffay erwiderte darauf, dass er durchaus die gleichen Ängste und ein Gefühl der Machtlosigkeit verspüre.[34] 1982 hatte er in seinem Lied »Eiszeit« versucht, diese apokalyptische Grundstimmung in Worte zu fassen: »Wenn die Meere untergehen und die Erde bricht // Dann hat kein Sprengkopf mehr irgendwo ein letztes Ziel // Bleibt dies nur Utopie? – Rotes Telefon wenn du versagst.«[35] Erst 1983, kurz vor dem Gespräch in der *Bravo*, erklärte er sich schließlich bereit, bei einer Veranstaltung von Künstler für den Frieden auf der Berliner Waldbühne mitzuwirken und somit auch politisch Stellung zu beziehen.

Im Kern mag es bei der Auseinandersetzung der beiden Musiker mehr um persönliche Ressentiments und Rivalität als um Protest und Frieden gegangen sein. Ihr Konflikt macht dennoch deutlich, wie die Nachrüstungsdebatte unter Musikern zum unausweichlichen Thema wurde und

Jugendzeitschriften wie *Bravo* zur Diskussionsplattform in Nachrüstungs-
fragen wurden. Bezeichnend ist weiterhin, dass das Thema vom gesamten
Spektrum der Pop-Musik aufgegriffen wurde: von kommerziell orientierten Musikern, die auf einen fahrenden Zug des Zeitgeistes aufgesprungen
waren bis hin zu Künstlern, die sich klar als gesellschaftskritische Stimme
des Protests verstanden.[36]

Vor diesem Hintergrund erschließt sich der Erfolg von Nicoles »Ein
bißchen Frieden«, mit dem sie am 24. April 1982 den *Grand Prix de la
Chanson* im englischen Harrogate gewann. Das Lied wurde zu einem internationalen Erfolg, in 7 weitere Sprachen übersetzt und verkaufte sich
weltweit über 5 Millionen mal. Bezeichnenderweise distanzierte sich Nicole aber von jeder politischen Bezugnahme auf den Kalten Krieg. Etwa
drei Wochen nach dem Erfolg in England erklärte sie in einem Interview
mit der *Bravo*: »Mein Lied handelt nicht vom politischen, sondern vom
persönlichen Frieden.« Auf die Frage, ob sie sich vorstellen könnte, an
einer Friedensdemonstration teilzunehmen, entgegnete sie: »Nein, weil
mich die große Politik nicht interessiert. Mir imponieren zwar diese Jugendlichen, die da mitmachen, aber ich glaube nicht, daß sie in der Welt
etwas verändern können.«[37] Das Beispiel Nicole verdeutlicht, wie mit dem
Wunsch nach Frieden ein virulentes Thema der Zeit von der Musikindus-
trie aufgegriffen und für den Massenkonsum kompatibel gemacht wurde.
Musik und Text waren ihr von den Musikproduzenten Ralph Siegel und
Bernd Meinunger auf den Leib geschrieben worden – der anvisierte Erfolg blieb nicht aus.[38]

Jenseits des Schlager-Genres reflektierten eine Reihe erfolgreicher Pop-
Songs nukleare Untergangsszenarien. 1981 meldete sich die von Frank
Farian produzierte Disco-Formation Boney M. mit »We Kill the World
(Don't Kill the World)« zu Wort und beklagte neben der atomaren Bedrohung und der Friedlosigkeit der Menschheit auch die Zerstörung der
Umwelt.[39] Stilprägend ist der Dialog zwischen Erwachsenen- und Kinder-
stimmen: Die Diagnose »We Kill the World«, gesungen von Front-Frau
Marcia Barret, wurde vom Aufruf »Don't Kill the World« eines Kinderchors
beantwortet und versuchte so, dem Wunsch nach einer besseren Welt
emotionalen Nachdruck zu verleihen. Eine ähnliche Opferperspektive
evozierte die Band Alphaville in »Forever Young« (1984). Der Text setzt
mit dem skeptischen Blick tanzender Jugendlicher in den Himmel ein:
»Heaven can wait we're only watching the skies // Hoping for the best
but expecting the worst // Are you going to drop the bomb or not?«.[40]
Angesichts der Tatsache, dass die Welt jeden Moment enden könnte,
schienen Träume von der ewigen Jugend obsolet geworden zu sein. Dieser
desillusionierten Erkenntnis setzte Alphaville Musik als Korrektiv entge-

gen. Noch einen Schritt weiter ging die Italo-Disco-Gruppe Righeira. In »Vamos a la Playa« (1983) benutzte sie Ironie als Ausweg aus dem Fatalismus der atomaren Bedrohung. Nur wer genau hinhört versteht, dass das Lied nicht zu einer ausgelassenen Strandparty einlädt, sondern zu einem Totentanz. Nachdem die Städte radioaktiv verstrahlt wurden, bietet sich der Strand als einziger Zufluchtsort für die Menschen an.

Auch Nenas Lied »99 Luftballons« (1983), das wohl bekannteste und international erfolgreichste Beispiel, liegt das Szenario eines nuklearen Untergangs zu Grunde. Dieser wird durch ein Missverständnis – eben jenen »99 Luftballons« – eingeläutet, auf die kriegslustige Politiker mit Düsenfliegern reagieren und so einen Atomkrieg provozieren. Die Band habe damit weniger ein politisches Statement abgeben als vielmehr auf eine paranoide Grundstimmung in der Gesellschaft hinweisen wollen, erklärte Carlo Karges, Gitarrist und Texter des Liedes, in einem Interview: »Die Angst voreinander bringt uns dazu, grausamer miteinander umzugehen, als es nötig wäre. Denn wer zuerst zuschlägt, hat die besseren Karten. Das ist gefährlich.«[41] Der kommerzielle Erfolg des Debütalbums Nena erklärt sich dabei durch die eingängige Melodie, eine professionelle Produktion und Vermarktung, und das frische Image der Sängerin Nena. Das ernste Thema von 99 Luftballons geriet dabei eher in den Hintergrund und wurde auch nicht zum bestimmenden Aspekt von Nenas künstlerischem Schaffens.

Dagegen äußerte sich eine Reihe von Musikern explizit kritisch gegenüber der Nachrüstung und sahen sich in ihrem Selbstverständnis als Unterstützer der Friedensbewegung. Das bereits 1979 komponierte »Das weiche Wasser« der niederländischen Band bots plädierte beispielsweise für ein friedliches Miteinander: »Europa hatte zweimal Krieg // der dritte wird der letzte sein // gib bloß nicht auf, gib nicht klein bei // das weiche Wasser bricht den Stein«.[42] Das Lied avancierte zu einem Hit der Friedensbewegung und wurde unter anderem am 11. September 1982 auf dem Festival der Künstler für den Frieden in Bochum vorgetragen. Hier trat auch der Aktionskünstler Joseph Beuys auf und lieferte mit dem Lied »Sonne statt Reagan« einen der griffigsten Slogans der Protestbewegungen.[43] Gemessen an den Besucherzahlen war die Veranstaltung ein Erfolg, auch wenn das erhoffte Presseecho überwiegend kritisch bis negativ ausfiel. »Können Schlager Raketen schlagen?« fragte beispielsweise das Magazin *Stern* skeptisch.[44]

Die Bandbreite nuklearer Katastrophenszenarien zeigt, dass Kunst und Kultur die Konfliktfelder der Nuklearkrise detailliert spiegelten und in vielen Fällen Sprachrohrfunktion hatten. Die Popularität fiktiver Weltuntergangsszenarien verdeutlicht, dass sie nicht nur ein Krisensymptom der Zeit waren, sondern zum Teil der gesellschaftlichen Verarbeitung wurden. Dies soll nicht darüber hinwegtäuschen, dass Katastrophen ein willkommenes Thema der Unterhaltungskultur darstellten und gerade im Bereich der Pop-Musik eine Marktorientierung nicht von der Hand zu weisen ist. Eine eindeutige Trennung zwischen Konsum und Protest ist daher schwierig auszumachen. Das Verhältnis von Pop und Politik in einer sich Anfang der 1980er Jahre wandelnden Mediengesellschaft bleibt weitestgehend unerforscht.

*Literatur*

Einen ersten Einstieg in die Thematik bieten die beiden Überblicksartikel von Gassert, Krökel und Stölken-Fitschen (1995b). Die Kulturgeschichte des atomaren Zeitalters hat bisher hauptsächlich in den USA große Aufmerksamkeit gefunden. Einen guten Einblick verschaffen Shapiro und Zeman/Admundson. Detailstudien zu Deutschland haben sich bisher vor allem mit der frühen Nachkriegszeit beschäftigt, u.a. Kurscheid und Stölken-Fitschen (1995a). Einen größeren Bogen spannt Krah aus Sicht der Literaturwissenschaft. Stokes untersucht das deutsch-deutsche Engagement von Schriftstellern in den 1980er Jahre. Schregel analysiert fiktive Atomkriegsszenarien. Klimke/Conze/Varon (i.V.) bietet durch eine Reihe von Fallstudien einen Gesamtüberblick über die Rolle der Nuklearkrise in der Kulturgeschichte der 1970/80er Jahre.

Gassert, Philipp: Popularität der Apokalypse. Zur Nuklearangst seit 1945. In: Aus Politik und Zeitgeschichte, 46 (2011), S. 48-54.

Klimke, Martin/Conze, Eckart/Varon, Jeremy (Hg.): Accidental Armageddons. The Nuclear Crisis and the Culture of the Cold War in the 1980s (i.V.).

Krökel, Ulrich: »Bombe und Kultur«. Künstlerische Reflexionen über die Atombombe von Hiroshima bis Černobyl. In: Salewski, Michael (Hg.): Das nukleare Jahrhundert. Eine Zwischenbilanz. Stuttgart 1998, S. 188-216.

Krah, Hans: Weltuntergangsszenarien und Zukunftsentwürfe. Narrationen vom Ende in Literatur und Film 1945-1990. Kiel 2004.

Kurscheid, Raimund: Kampf dem Atomtod. Schriftsteller im Kampf gegen eine deutsche Atombewaffnung. Köln 1981.

Shapiro, Jerome: Atomic Bomb Cinema. The Apocalyptic Imagination on Film. London 2002.

Stölken-Fitschen, Ilona: Atombombe und Geistesgeschichte. Eine Studie der fünfziger Jahre aus deutscher Sicht. Baden-Baden 1995.

Dies.: Bombe und Kultur. In: Salewski, Michael (Hg.): Das Zeitalter der Bombe. Die Geschichte der atomaren Bedrohung von Hiroshima bis heute. München 1995, S. 258-281.

Stokes, Anne Marie: A Chink in the Wall. German Writers and Literature in the INF-Debate of the Eighties. Bern 1995.

Zeman, Scott C./Admundson, Michael A. (Hg.): Atomic Culture. How We Learned to Stop Worrying and Love the Bomb. Boulder, CO 2004.

*Anmerkungen*

[1] Ulrich Greiner: Apokalypse Now. Über den amerikanischen Film »The Day After« und neuere apokalyptische Romane. In: Die Zeit, 2.12.1983.

[2] Jerome F. Shapiro: Atomic Bomb Cinema. The Apocalyptic Imagination on Film. New York, NY 2001, S. 186-191.

[3] Ronald Reagan: The Reagan Diaries. hg. von Douglas Brinkley. New York, NY 2007, S. 186.

[4] Gemeinschaftswerk der Evangelischen Publizistik e.V. (Hg.): The Atomic Cinema. Fiktion und Wirklichkeit nuklearer Bedrohung. Arnoldshainer Filmgespräche, Band 1. Frankfurt/Main 1984, S. 113; Rezensionen in den Medien: Velska von Roques: Ich will tot sein, wenn das passiert. In: Der Spiegel, 48, 28.11.1983; Thomas Kielinger: Der Tag danach. Eine Film-Idee wird zum Spektakel des Schreckens. In: Die Welt, 22.11.1983; Sabina Lietzmann: Die inszenierte Katastrophe. In: Frankfurter Allgemeine Zeitung (FAZ), 24.11.1983.

[5] Zu den Phasen siehe: Ulrich Krökel: »Bombe und Kultur«. Künstlerische Reflexionen über die Atombombe von Hiroshima bis Černobyl. In: Michael Salewski (Hg.): Das nukleare Jahrhundert. Eine Zwischenbilanz. Stuttgart 1998, S. 188-216; Scott C. Zeman/Michael A. Admundson (Hg.): Atomic Culture: How We Learned to Stop Worrying and Love the Bomb. Boulder, CO 2004; Philipp Gassert: Popularität der Apokalypse. Zur Nuklearangst seit 1945. In: Aus Politik und Zeitgeschichte (fortan APuZ), 46 (2011), S. 48-54.

[6] Paul Boyer: By the Bombs Early Light. American Thought and Culture at the Dawn of the Atomic Age. Chapel Hill, NC 1985; Ilona Stölken-Fitschen: Atombombe und Geistesgeschichte. Eine Studie der fünfziger Jahre aus deutscher Sicht. Baden-Baden 1995; Gerhard Paul: Mushroom Clouds. Bilder des atomaren Holocausts. In: Ders. (Hg.): Das Jahrhundert der Bilder, Band 1. 1900 bis 1949. Göttingen 2009, S. 722-729.

[7] Raimund Kurscheid: Kampf dem Atomtod. Schriftsteller im Kampf gegen eine deutsche Atombewaffnung. Köln 1981.

[8] Zu den medientheoretischen Überlegungen: Christoph Jacke: Popmusik als Seismograph. Über den Nutzen wissenschaftlicher Beobachtung von Pop. In: Ders./Eva Kimminich/Siegfried J. Schmidt (Hg.): Kulturschutt. Über das Recycling von Theorien und Kulturen. Bielefeld 2006, S. 114-123.

[9] Susan Sontag: The Imagination of Disaster. In: Commentary, Oktober (1965).

[10] Zur Verarbeitung in Videospielen wie »Missile Command« oder »B-1 Nuclear Bomber« (beide 1980) siehe: Stefan Höltgen: Spielen (in) der atomaren Situation. Atomkriegsszenarien im 8- und 16-bit Computerspiel. In: Rolf Inderst/Peter Just/Michael Hochgeschwender (Hg.): Contact, Conflict, Combat. Zur Tradition des Konfliktes in Digitalen Spielen. Boizenburg 2011, S. 73-92.

[11] The Day After: Reg. Nicholas Meyer, ABC 1983, DVD. Euro Video 2007.

[12] Zum Phänomen »nuclear winter« siehe den Beitrag von Claudia Kemper in diesem Band.

[13] Shapiro: Atomic Bomb, S. 186-192.

[14] Vincent Canby: The Atomic Café. Documentary on Views about Atom Bomb. In: New York Times, 17.3.1982.

[15] Lawrence Wittner: Confronting the Bomb. A Short History of the World Nuclear Disarmament Movement. Stanford, CA 2009, S. 118.

[16] Jugendfilmclub Köln e.V. und Verein für Friedenspädagogik Tübingen (Hg.): Medienhandbuch Friedensarbeit. Filme, Videos, Dias. Köln 1983.

[17] Peter Krahulec: Der Hattenbach-Film. Dokument der Bedrohung. Instrument der Friedensbewegung. In: Friedensinitiative Osthessen (Hg.): Fulda Gap, S. 98-101. Siehe auch: Susanne Schregel: Der Atomkrieg vor der Wohnungstür. Eine Politikgeschichte der neuen Friedensbewegung in der Bundesrepublik, 1970-1985. Frankfurt/Main/New York, NY 2011, S. 164-177.

[18] Anne Marie Stokes: A Chink in the Wall. German Writers and Literature in the INF-Debate of the Eighties. Bern 1995, S. 39-41; Appell der Schriftsteller Euopas. In: Ingrid Krüger (Hg.): Mut zur Angst. Schriftsteller für den Frieden. Darmstadt 1982, S. 20.

[19] Fabio Crivellari: Blockade. Friedensbewegung zwischen Melancholie und Ironie. In: Gerhard Paul (Hg.): Das Jahrhundert der Bilder, Band 2. Göttingen 2008, S. 482-489.

[20] John Hackett: Der Dritte Weltkrieg. Hauptschauplatz Deutschland. München 1978. Siehe auch: Andy Hahnemann: Keiner kommt davon. Der Dritte Weltkrieg in der deutschen Literatur der 50er Jahre. In: Erhard Schütz und Wolfgang Hardtwig (Hg.): Keiner kommt davon. Zeitgeschichte in der Literatur nach 1945. Göttingen 2008, S. 151-165.

[21] Jonathan Schell: Das Schicksal der Erde. Gefahren und Folgen eines Atomkriegs. München 1982, S. 254-261.

[22] Anton-Andreas Guha: Ende. Tagebuch aus dem 3. Weltkrieg. Königstein 1983.

[23] Ders.: Die Neutronenbombe oder die Perversion menschlichen Denkens. Frankfurt/Main 1977; ders.: Tod in der Grauzone. Ist Europa noch zu verteidigen. Frankfurt/Main 1980.

[24] Regine Herrmann: Das menschliche Denken überfordert. Anton Andreas Guhas Buch »Ende« im Mittelpunkt einer Diskussion. In: Frankfurter Rundschau, 21.10.1983. Auch: Hans Krah: Weltuntergangsszenarien und Zukunftsentwürfe. Narrationen vom Ende in Literatur und Film 1945-1990. Kiel 2004, S. 314-321.

[25] Matthias Horx: Es geht voran. Ein Ernstfall-Roman. Berlin 1982; zur Rezeption: Heitere Apokalypse. In: Der Spiegel, 18, 3.5.1982.

[26] Matthias Horx: Glückliche Reise. Roman zwischen den Zeiten. Berlin 1983.

[27] Gudrun Pausewang: Die letzten Kinder von Schewenborn. Ravensburg 1983, S. 186.

[28] Susanne Gaschke: Erziehungsmaßnahme. Die Lehrerin der Angst. In: Die Zeit, 31.12.2003.

[29] Arthur Herman: Propheten des Niedergangs. Der Endzeitmythos im westlichen Denken. Berlin 1998.

[30] Den Erfolg des Protests verarbeitete Pausewang in einem weiteren Roman: Etwas lässt sich doch bewirken (1984). In Reaktion auf die Reaktor-Katastrophe von Tschernobyl beschrieb sie in »Die Wolke« (1987) die möglichen Folgen eines Reaktor-Unfalls in Deutschland.

[31] Schregel: Atomkrieg, S. 137-184.

[32] Ingrid Krüger: Mut zur Angst. Schriftsteller für den Frieden. Darmstadt 1982; Susanne Schregel: Konjunktur der Angst. »Politik der Subjektivität« und neue Friedensbewegung, 1979-1983. In: Bernd Greiner, Christian Müller und Dierk Walter (Hg.): Angst im Kalten Krieg. Hamburg 2009, S. 495-520.

[33] Martin Klimke und Laura Stapane: From Artists for Peace to the Green Caterpillar: Cultural Activism and Electoral Politics in 1980s West Germany. In: Eckart Conze/Martin Klimke/Jeremy Varon (Hg.): Accidental Armageddons: The Nuclear Crisis and the Culture of the Cold War in the 1980s (i.V.).

[34] Maffay wies Udo vor die Tür! In: Bravo, 2.6.1983.

[35] Peter Maffay: Live `82, Sony Music 1993.

[36] Zum Forschungsfeld Pop und Politik: Sebastian Peters: Ein Lied mehr zur Lage der Nation. Politische Inhalte in deutschsprachigen Popsongs. Berlin 2010; Dietrich Helms: Pop Star Wars. In: APuZ, 11 (2005), Musik und Gesellschaft, S. 28-34.

[37] Nicole: Politik interessiert mich nicht. In: Die Bravo, 19.5.1982.

[38] Benjamin Ziemann: »A Quantum of Solace? European Peace Movements during the Cold War and their Elective Affinities«. In: Archiv für Sozialgeschichte, 49 (2009), 351-389; Philipp Gassert: Die Vermarktung des Zeitgeistes: Nicoles Ein bißchen Frieden (1982) als akustisches und visuelles Dokument. In: Zeithistorische Forschungen/Studies in Contemporary History, Online-Ausgabe, 9 (2012), URL: http://www.zeithistorische-forschungen. de/16126041-Gassert-1-2012.

[39] Martin Klimke: »Pop for Peace? Nuclear and Environmental Discourse in 1980s Popular Music« (i.V.).

[40] Alphaville: Forever Young, Warner Atlantic 1984.

[41] 99 Luftballons und das Chaos der Gefühle. In: Der Spiegel, 26.3.1984.

[42] Bots: Entrüstung, EMI Electrola 1981.

[43] Joseph Beuys: Sonne Statt Reagan. Pop statt Böller. In: Fluter, 21.9.2007.

[44] Können Schlager Raketen schlagen? In: Stern, 9.9.1982.

# 20. Ein Sieg der Rüstungskontrolle?

## Die 1980er Jahre und das internationale politische System

FLORIAN PRESSLER

»Disarmament Triumphant«[1] – mit diesen Worten umschreibt Lawrence Wittner die Periode der nuklearen Abrüstung zwischen 1985 und 1992, deren Erfolge er auf die beharrlichen Anstrengungen der europäischen und US-amerikanischen Protestbewegungen gegen Nuklearwaffen zurückführt. Nach seiner Lesart war es der Widerstand von unten, der die Regierungen in Washington und Moskau zu den weitreichenden Schritten trieb, die diese Jahre geprägt haben: Das Gipfeltreffen zwischen US-Präsident Ronald Reagan und dem sowjetischen Generalsekretär Michail Gorbatschow vom 11.-12. Oktober 1986 in Reykjavík, die Unterzeichnung des INF-Vertrags (*Intermediate-range Nuclear Forces*) am 8. Dezember 1987, in dem sich die Supermächte auf die vollständige Abschaffung ihrer europäischen Mittelstreckenraketen verpflichteten, sowie der START-Vertrag (*Strategic Arms Reduction Treaty*) vom 31. Juli 1991, der eine Verringerung des strategischen Atomwaffenpotentials vorsah.

Die Bedeutung der Protestbewegungen, denen es gelang, Druck auf die Reagan-Administration und die Regierungen der europäischen NATO-Partner auszuüben, ist unbestritten, kann jedoch allein die Abrüstungserfolge der späten 1980er Jahre nicht erklären. Die konkreten Abrüstungsschritte der zweiten Hälfte der 1980er Jahre wurden erst im Kontext einer veränderten sowjetischen Haltung möglich: Die *neue Politik* Michail Gorbatschows zielte – weitgehend unabhängig von Protesten – auf ein Ende der Ost-West-Konfrontation, um Freiräume für innere Reformen in der UdSSR zu schaffen. Das Abklingen der Stellvertreterkriege in Mittelamerika, Afrika und Afghanistan erleichterte eine Annäherung zwischen den Supermächten. Die wirtschaftlichen Probleme in der Sowjetunion sowie die steigende Staatsverschuldung in den USA ließen die Kosten des Rüstungswettlaufs immer stärker ins Bewusstsein der politischen Eliten treten. Mit dem Zusammenbruch des Ostblocks und dem Ende des Kalten Krieges verschwand schließlich das Bedrohungsszenario, mit dem nukleare Rüstung im Westen gerechtfertigt worden war. Mit anderen Worten: Der Rüstungswettlauf wurde nicht nur durch die verschiedenen Protestbewegungen, sondern auch durch Veränderungen im internationalen politischen System ausgebremst. Letztendlich wirkten beide Elemente zusammen, um Abrüstung möglich zu machen.

## Die Phase der Konfrontation

Dabei standen zur Mitte des Jahrzehnts noch alle Zeichen auf Konfrontation. Für Ronald Reagan war die Sowjetunion noch 1983 ein »Reich des Bösen« mit dem ein friedlicher Ausgleich grundsätzlich nicht möglich war.[2] Von einer tiefen antikommunistischen Überzeugung und missionarischem Eifer getrieben, versuchte Reagan die UdSSR nicht nur einzudämmen, sondern aktiv zurückzudrängen.[3] Zwar scheute er vor einer direkten Auseinandersetzung mit der Sowjetunion zurück, doch in der Peripherie der beiden Blöcke finanzierte er Stellvertreterkriege, um Regime, die unter sowjetischem Einfluss standen, zu Fall zu bringen. In Afghanistan unterstütze er antikommunistische Mujaheddin gegen die moskautreue Regierung in Kabul. In Mittelamerika finanzierte er den Kampf der Contra-Rebellen gegen das linksgerichtete Sandinista-Regime in Nicaragua und stärkte rechtsgerichteten Regierungen in El Salvador und Guatemala gegen marxistische Guerillas den Rücken. Auf der kleinen Karibikinsel Grenada intervenierten die USA 1983 sogar direkt, um einen weiteren Linksruck zu verhindern.

Auch in den Verhandlungen über nukleare Rüstungsbegrenzung herrschte Eiszeit. Zahlreiche Posten in der neuen US-Administration wurden durch Mitglieder des *Committee on the Present Danger* besetzt – einer Lobbygruppe gegen die Rüstungskontrollabkommen der Präsidentschaft Jimmy Carters.[4] Den bereits 1979 von Jimmy Carter und Leonid Breschnew unterzeichneten SALT II-Vertrag (*Strategic Arms Limitation Treaty*) bezeichnete Reagan als »hundsmiserabel« und lehnte seine Ratifizierung ab.[5] Stattdessen regte er Verhandlungen über einen Vertrag an, der nicht nur Obergrenzen für atomare Langstreckenwaffen festschreiben, sondern zu einem tatsächlichen Abbau dieser Waffen führen sollte (START), aber vor allem die Sowjetunion dazu verpflichtet hätte, ihre zahlenmäßig überlegenen Nuklearstreitkräfte abzurüsten, und daher kaum Aussicht auf Erfolg hatte. Auch die von Reagan 1981 vorgeschlagene Null-Lösung für nukleare Mittelstreckenwaffen – d.h. der Verzicht auf die Nachrüstung als Gegenleistung für den Abzug aller sowjetischen Mittelstreckenraketen aus Europa – war eher eine PR-Finte als eine ernst gemeinte Abrüstungsinitiative. Der Vorschlag wurde im Wissen unterbreitet, dass er für die Sowjetunion nicht akzeptabel sein würde und zielte auf einen propagandistischen Erfolg bei Zurückweisung durch Moskau ab.[6] Schließlich hätte die Sowjetunion bereits existierende Raketen verschrotten müssen und als Gegenleistung lediglich das Versprechen erhalten, dass die USA keine neuen Raketen stationieren würden. Verhandlungen über die Eliminierung von Mittelstreckenraketen in Europa und die Begrenzung oder Abrüstung von Interkontinentalraketen blieben entsprechend erfolglos. Moskau brach die START- und INF-Verhandlungen ab, als der Deutsche Bundestag am 22. November 1983 beschloss, mit der Stationierung der amerikanischen Mittelstreckenraketen zu beginnen.[7] Während Abrüstungsbemühungen im Sande verliefen, nahm die nukleare Rüstung Fahrt auf. Unter Ronald Reagan wurden nicht nur die europäischen Mittelstreckenraketen stationiert, sondern auch die Entwicklung der Neutronenbombe und des strategischen B1-Bombers wieder aufgenommen sowie eine neue Generation von landgestützten Interkontinentalraketen (*MX-Missiles*) und *Trident*-Unterseebooten mit nuklearer Bewaffnung in Dienst gestellt. 1985 war der Etat des Pentagon annähernd doppelt so hoch wie 1980.[8]

Auch während dieser Phase der Konfrontation gab es kleine Schritte in Richtung nuklearer Entspannung. So versicherte die Sowjetregierung im Juni 1982, dass sie niemals einen Erstschlag mit Nuklearwaffen ausführen werde; im August 1983 verkündete der Kreml einen einseitigen Teststopp für Anti-Satelliten-Waffen; und obwohl die USA den SALT II-Vertrag niemals ratifizierten, hielten sie sich doch de facto weitgehend an die darin vereinbarten Grenzen für nukleare Trägersysteme. Allerdings blieben diese Gesten im allgemeinen Klima der Konfrontation, das während der ersten Hälfte der 1980er Jahre herrschte, ohne nachhaltige Wirkung.

## Gorbatschow und der Beginn der Annäherung

Ein wirkliches Umdenken in der Frage der Nuklearrüstung begann sich erst 1985 abzuzeichnen als die transnationale Protestbewegung gegen Nuklearrüstung ihren Höhepunkt bereits überschritten hatte. Der Anstoß zum Umdenken kam aus einem Land, das von Protesten weitgehend verschont und unbeeindruckt geblieben war: der Sowjetunion.

Während der ersten Hälfte der 1980er Jahre hatte eine Reihe greiser Männer die Geschicke der Sowjetunion bestimmt. Nach Leonid Breschnews Tod im November 1982 gelangten Juri Andropow (gestorben im Februar 1984) und Konstantin Tschernenko (gestorben im März 1985) an die Spitze der KPdSU. Dass auf diese Gerontokraten der damals nur 54-jährige Michail Gorbatschow folgte, darf als schicksalhafter Wendepunkt in der Geschichte des Kalten Krieges gewertet werden.[9]

Gorbatschows Reformprogramm wird häufig mit den beiden Begriffen *Glasnost* (eine Politik der Transparenz und Offenheit) und *Perestroika* (ein Überbegriff für die wirtschaftliche und politische Umstrukturierung der UdSSR) umrissen. Weit weniger bekannt ist der Begriff des *Neuen Denkens*, der die außenpolitische Komponente der sowjetischen Reformpolitik beschreibt.[10] Gorbatschow verstand, dass nur eine Entspannung im Verhältnis der Supermächte geeignet war, den Freiraum zu schaffen, um sein wirtschaftliches und innenpolitisches Programm umzusetzen. Finanzielle Belastungen durch Rüstung und globale Machtprojektion mussten reduziert werden, wenn die UdSSR ihre innere Versteinerung überwinden und wirtschaftlich wieder auf die Beine kommen sollte. Rüstungskontrollabkommen waren dabei ein notwendiger Schritt, da das sowjetische Militär einseitige nukleare Abrüstung kaum akzeptiert hätte.

Daher stellte Gorbatschow die Weichen unverzüglich auf nukleare Entspannung. Bereits am 7. April 1985 erklärte er in einem Interview mit der *Prawda* einen Stopp der Stationierung neuer SS 20-Raketen in Europa bis November desselben Jahres und ein endgültiges Ende der Stationierung neuer Raketen, wenn auch die USA keine weiteren Pershing II und Marschflugkörper aufstellen würden. Im Juli folgte ein einseitiges sowjetisches Moratorium für Nukleartests. In Washington wurden diese Schritte zunächst als taktische Manöver gewertet, die dazu dienten, die mutmaßliche sowjetische nukleare Überlegenheit aufrechtzuerhalten.

## Ronald Reagans Angebot zum Dialog

Doch auch auf amerikanischer Seite klang das Säbelrasseln Mitte der 1980er Jahre ab. In einer Rede zum amerikanisch-sowjetischen Verhältnis am 16. Januar 1984 schlug Reagan vergleichsweise versöhnliche Töne an und machte Angebote zum Dialog. Er erklärte, dass die Politik der USA gegenüber der Sowjetunion nicht auf Abschreckung reduziert werden dürfe und fuhr fort: »Wir müssen und werden einen Dialog mit der Sowjetunion beginnen – ein Dialog so ernsthaft und konstruktiv wie irgend möglich – um den Frieden in den Konfliktregionen dieser Welt zu fördern, die Waffenbestände zu reduzieren und um eine Beziehung aufzubauen, die konstruktive Zusammenarbeit ermöglicht. […] Wie bereits gesagt, träume ich davon, den Tag zu erleben, an dem Atomwaffen von dieser Erde verbannt werden.«[11]

Der freundliche Tonfall Reagans überraschte. Seine konzilianten Worte mochten der bevorstehenden amerikanischen Präsidentschaftswahl geschuldet sein. Der Präsident fürchtete, als der unversöhnliche Kommunistenhasser und Militarist wahrgenommen zu werden, als den ihn die Protestbewegungen darstellten, während sich sein Konkurrent Walter Mondale für die *Nuclear Freeze*-Bewegung einsetzte.[12] Daher war Reagan daran gelegen, sich als gemäßigter und auf Ausgleich bedachter Kandidat zu präsentieren. Doch auch Ereignisse wie die zehntägige Kommandostabsübung der NATO *Able Archer 83* ab 2. November 1983, die einen Atomkrieg simulierte und dabei möglicherweise eine tatsächliche Kriegsgefahr heraufbeschwor, sofern die Sowjetgeneräle reale Vorbereitungen für einen Erstschlag des Westens unter dem Deckmantel einer Übung zu erkennen glaubten, oder die Tragödie des Korean Airlines Fluges 007 mit 269 Personen an Bord, der am 1. September 1983 versehentlich von seiner Strecke abgekommen war und von der sowjetischen Luftverteidigung irrtümlich für ein Spionageflugzeug gehalten und abgeschossen wurde, trugen wohl zu Reagans Kehrtwende bei.[13]

## Genf 1985
### Gipfeltreffen zwischen Reagan und Gorbatschow

Im Zusammenhang mit der Wahl Gorbatschows zum Generalsekretär der KPdSU Anfang 1985 gewann Reagans Angebot zum Dialog nachhaltige Wirkung. Während in den frühen 1980er Jahren wechselseitiges Misstrauen und die zahlreichen Todesfälle in der sowjetischen Führung ein direktes Zusammentreffen auf Spitzenebene verhindert hatten, wurden nun Vorbereitungen für ein Gipfeltreffen in die Wege geleitet. Bei diesem Treffen zwischen Gorbatschow und Reagan, das schließlich vom 19.-21. November 1985 in Genf stattfand, stand Rüstungskontrolle ganz oben auf der Agenda. Gorbatschow hoffte, den ruinösen Rüstungswettlauf beenden zu können, in den er sein Land verwickelt sah. Doch auch der amerikanische Präsident war mit einem genuinen Interesse an Rüstungsbegrenzung angereist. Im Juli 1985 hatte der amerikanische Kongress auf den Druck öffentlicher Proteste reagiert und Reagans MX Missile Programm auf 50 Raketen zusammengestrichen – ursprünglich waren 200 geplant gewesen. Hierdurch drohte sich das Übergewicht der Sowjetunion bei »schweren« Interkontinentalraketen weiter zu verschärfen. Rüstungsbegrenzung erschien nun auch aus Reagans Sicht attraktiv. Darüber hinaus hatte die Umsetzung des NATO-Doppelbeschlusses zu erheblichen Spannungen innerhalb des atlantischen Bündnisses geführt, da europäische Regierungen der ablehnenden Haltung ihrer Bevölkerung Tribut zollten und wenig Enthusiasmus an den Tag legten, wenn es darum ging, den Beschluss umzusetzen. So weigerte sich die belgische Regierung, die

Abb. 42. Der US-amerikanische Präsident Ronald Reagan und der sowjetische
Generalsekretär der KPdSU Michail Gorbatschow während ihres Gipfeltreffens
vom 19.-20. November 1985 im schweizerischen Genf .

ursprünglich vereinbarte Anzahl von Marschflugkörpern zu stationieren,
da sie dafür im Brüsseler Parlament keine Mehrheit fand.[14] Allein um das
NATO-Bündnis zu stabilisieren, musste Reagan daran gelegen sein, die
Problematik der europäischen Mittelstreckenraketen im Gespräch mit
Gorbatschow zu entschärfen.

Dass der Gipfel letztendlich trotzdem scheiterte lag an Reagans anderem großen Rüstungsprojekt: der strategischen Raketenabwehr *SDI (Strategic Defense Initiative)*.[15] Vieles deutet darauf hin, dass Reagan die mit
diesem Projekt im Endeffekt propagierte Abschaffung aller Atomraketen
nicht nur rhetorisch vertrat, sondern in zunehmendem Maße tatsächlich
für eine gute Idee hielt.[16] Allerdings forderte Reagan, dass zunächst die
UdSSR erste Abrüstungsschritte unternehmen müsse und eine vollständige Abrüstung erschien ihm erst denkbar, nachdem die USA durch eine
Raketenabwehr vor Überraschungsangriffen sicher seien. Zwar hatte eine
durch den Präsidenten eingesetzte Kommission schon 1983 festgestellt,
dass ein derartiges Abwehrsystem technisch und finanziell kaum umsetz-
bar sei, aber Reagan hielt gegen alle Widerstände eisern daran fest.[17] Den
Kreml beunruhigte diese Unnachgiebigkeit zusehends, denn das an und
für sich defensive System hätte die USA in die Lage versetzt, einen nukle-

aren Erstschlag zu führen und den Vergeltungsschlag der Sowjetunion abzufangen.[18] Damit verstieß SDI nach russischer Auffassung klar gegen das Abkommen zur Begrenzung von Raketenabwehrsystemen aus dem Jahr 1971 (*Anti Ballistic Missile Treaty*, ABM), welches eine derartige Zweitschlagskapazität gerade sichern sollte, um einen Erstschlag selbstmörderisch und damit undenkbar zu machen. Da ein eigener sowjetischer Raketenschild genauso wenig finanzierbar schien wie eine Aufstockung des sowjetischen Raketenarsenals um SDI zu kompensieren, war die Einstellung des amerikanischen Raketenabwehrprogramms für Gorbatschow primäres Verhandlungsziel und Vorbedingung für jegliche Verständigung.[19] Substanzielle Ergebnisse waren so nicht zu erreichen und beide Staatschefs reisten mit leeren Händen aus Genf ab. Trotzdem gilt dieses Treffen heute als der Anfang vom Ende des Kalten Krieges, schuf es doch bei Reagan wie Gorbatschow ein (prekäres) Vertrauen, dass die andere Seite es ernst meinte und eine Verständigung grundsätzlich möglich sei. Beide Staatschefs erklärten gemeinsam, dass »ein Nuklearkrieg nicht gewonnen werden kann und niemals geführt werden darf«[20] und vereinbarten weitere Zusammenkünfte.

## Reykjavík 1986
## Ein zweiter Anlauf

Nur zwei Monate nach Genf überraschte Gorbatschow die Welt mit dem Vorschlag, Atomwaffen bis zum Jahr 2000 in drei Schritten vollständig abzuschaffen. Obwohl Reagan Gorbatschows Vorstoß – ungeachtet seiner meist skeptischen Berater – begrüßte, folgte auf die Anregung zunächst eine Phase des Stillstands ehe Gorbatschow Ende 1986 erneut die Initiative ergriff und ein weiteres Gipfeltreffen in der isländischen Hauptstadt Reykjavík vorschlug. Es war Gorbatschows Wille zur Verständigung und die wirtschaftliche Zwangslage, in der sich die Sowjetunion befand, die den Kreml zu diesen Schritten trieb. Der Druck der westlichen Protestbewegungen reichte dagegen nicht aus, auch Reagan zu einem wirklichen Entgegenkommen zu zwingen.

Dies spiegelte sich erneut in der Rollenverteilung in Reykjavík, wo die beiden Staatschefs vom 11.-12. Oktober 1986 im Gästehaus der isländischen Regierung zusammentrafen.[21] Gorbatschow war mit weitreichenden Konzessionen im Gepäck angereist. Schon am ersten Verhandlungstag ließ er seine Bedenken gegen eine Null-Lösung bei europäischen Mittelstreckenraketen fallen und akzeptierte die amerikanische Forderung, französische und britische Atomraketen von einer solchen Regelung auszunehmen. Der Schritt war beachtlich, bedeutete er doch, dass die Sowjetunion durch französische und britische Atomwaffen bedroht blieb, aber – wie die USA – ihre eigenen in Europa stationierten Raketen preisgeben und verschrotten musste. Auch eine Halbierung der strategischen Atomwaffen der USA und der UdSSR konnte sich Gorbatschow vorstellen. Als Gegenleistung verlangte er von den Amerikanern, sich für zehn Jahre an den ABM-Vertrag zu binden und SDI lediglich im Labor zu erforschen. Reagan lehnte jedoch jeglichen Kompromiss in Bezug auf SDI ab. Sein Angebot, ein funktionsfähiges Abwehrsystem mit der Sowjetunion zu teilen, kommentierte Gorbatschow mit der lakonischen Bemerkung, dass die USA bisher noch nicht einmal gewillt gewesen sein, Technologie für Ölbohrungen mit der UdSSR zu teilen. Obwohl Reagan und Gorbatschow einem Durchbruch in Reykjavík näher kamen als jemals zuvor, scheiterten ihre Verhandlungen letztlich an dem Vorbehalt einer Lösung bei SDI. So trennten sich die beiden Staatschefs erneut ergebnislos.

## Entspannung der Konflikte in der Dritten Welt

Abseits der amerikanisch-sowjetischen Gipfeldiplomatie kam gegen Ende 1986 Bewegung in die Konflikte in Afghanistan und Mittelamerika, was die Entspannungspolitik der späten 1980er Jahre nachhaltig beeinflussen sollte.[22]

Gorbatschow war nach seiner Amtsübernahme grundsätzlich zu der Einschätzung gekommen, dass die russische Intervention in Afghanistan eine »blutende Wunde« sei, die geschlossen werden müsse. Nach einigem Lavieren erklärte er schließlich im November 1986, dass die sowjetische Intervention nicht von Dauer sei und dass er ein unabhängiges und neutrales Afghanistan wünsche.[23] Auch wenn es noch anderthalb Jahre dauerte, bis die Rote Armee tatsächlich den Rückzug antrat, war damit die entscheidende Weichenstellung erfolgt. Für Reagan stellte die Bereitschaft zum Abzug einen Lackmustest für die Glaubwürdigkeit der *Neuen Politik* dar.[24] Dass Gorbatschow diesen Test bestand, machte die Erfolge der Rüstungskontrollverhandlungen in den darauf folgenden Jahren erst möglich.

Etwa zur gleichen Zeit bereiteten auch der amerikanischen Regierung ihre Stellvertreterkriege Unannehmlichkeiten. In Mittelamerika kämpften antikommunistische Contra-Rebellen, die von Lagern in Honduras aus operierten, gegen die Regierung Nicaraguas, die von Seiten Kubas Unterstützung erhielt. In den Nachbarländern El Salvador und Guatemala herrschten ebenfalls Bürgerkriege, die – so mutmaßte man in Washington – von Kuba angefacht worden waren. Seit 1982 hatte der US-Kongress

die Militärhilfe an die Contra-Rebellen in Honduras immer weiter eingeschränkt und schließlich jede militärische Unterstützung für die Gueril-
latruppe untersagt. Die Reagan-Administration setzte über Umwege
gleichwohl ihre Waffenlieferungen an die Rebellen fort. Das notwendige
Geld beschafften Mitarbeiter des Nationalen Sicherheitsrats durch illega-
le Waffenverkäufe an den Iran. Als diese Mauschelei im November 1986
aufflog, geriet die Regierung unter erheblichen Druck.[25] Auch wenn Reagan selbst keine Mitwisserschaft nachgewiesen werden konnte, wurde das
Ansehen des Präsidenten durch den Skandal schwer beschädigt. Genau
wie Gorbatschow in Afghanistan, war Reagan in Mittelamerika in eine
Sackgasse geraten. Seine Administration erschien erneut als Club kriegs-
treiberischer Kommunistenhasser, die noch nicht einmal vor Gesetzesbrü-
chen zurückschreckten.

## Der INF-Vertrag

Reagan musste also viel dran gelegen sein, in den Rüstungskontrollverhandlungen mit der UdSSR zu einem Durchbruch zu gelangen. Nur so
konnte er sich der Öffentlichkeit als Friedens-Präsident präsentieren und
das Iran-Contra Desaster wettmachen. Der Sieg der Demokratischen Partei in den Zwischenwahlen 1986, der die Demokraten zu Mehrheiten in
beiden Häusern des Kongresses führte, ließ einen außenpolitischen Erfolg umso notwendiger erscheinen. Allerdings war es nicht Reagan, sondern erneut Gorbatschow, der über seinen Schatten sprang und die letzte
Hürde für ein Abkommen aus dem Weg räumte. Am 28. Februar 1987
erklärte er sich bereit, die Frage der europäischen Mittelstreckenraketen
getrennt von der SDI-Problematik zu verhandeln. Die von Matthew Evangelista und Lawrence Wittner geäußerte These, der Generalsekretär der
KPdSU sei hier der Argumentation russischer und westlicher Rüstungs-
gegner gefolgt, dass SDI im Falle einer Null-Lösung bei Mittelstreckenwaffen ohnehin nicht gebaut werden würde, kann nicht vollständig überzeugen.[26] Während die Mittelstreckenraketen vornehmlich die europäische
Sicherheitsstruktur betrafen, sollte SDI die USA gegen Interkontinentalraketen schützen – und bei diesen war keine schnelle Lösung in Sicht.
Auch wenn der US-Kongress die Gelder für SDI tatsächlich zusam-
menstrich – Gorbatschow konnte zu diesem Zeitpunkt nicht davon ausgehen, dass sein Nachgeben die USA dazu veranlassen würde, von SDI ab-
zurücken. Die Gründe dafür, dass er den riskanten Schritt dennoch
unternahm, liegen in den wirtschaftlichen und innenpolitischen Schwierigkeiten der UdSSR.

Letztendlich war Gorbatschow Reagan enorm weit entgegengekommen und dieser nutzte die Gelegenheit, mit dem INF-Vertrag ein Abkommen zu schließen, das alle zentralen Forderungen der USA beinhaltete: Die Vereinigten Staaten behielten bei SDI freie Hand, die europäischen Mittelstreckenraketen wurden demontiert –wobei die französischen und britischen Nuklearwaffen von dieser Null-Lösung ausgenommen blieben – und die sowjetischen Mittelstreckenraketen östlich des Urals wurden auf 100 Stück reduziert. Trotz Widerständen in der eigenen Partei unterschrieb der Präsident den INF-Vertrag zusammen mit Gorbatschow bei einer Zeremonie in Washington im Dezember 1987. Der US-Senat ratifizierte das Abkommen am 27. Mai 1988. In den folgenden Jahren wurden die abgezogenen Mittelstreckenraketen in Anwesenheit von Inspektoren des jeweils anderen Landes zerstört.

Der INF-Vertrag war der entscheidende Durchbruch in den Rüstungskontrollgesprächen der 1980er Jahre. Mit ihm wurde das Ende des Kalten Krieges an und für sich eingeleitet. In den Monaten und Jahren nach der Unterzeichnung änderten sich die Beziehungen der Supermächte dramatisch und nachhaltig. Im Mai 1988 begannen die sowjetischen Truppen endgültig aus Afghanistan abzuziehen. In Mittelamerika setzte ein Friedensprozess ein, der zu einem Ende der Bürgerkriege in der Region führte. In Europa begannen Entwicklungen, die letztendlich den Fall der Berliner Mauer und die Auflösung des Ostblocks zur Folge hatten. Dabei soll keineswegs behauptet werden, der INF-Vertrag müsse als Ursache dieser dramatischen Veränderungen verstanden werden. Vielmehr war er ebenso wie die angesprochenen Entwicklungen die Folge von allgemeinen Verschiebungen im internationalen politischen System, die durch Gorbatschows innenpolitische Reformbemühungen ausgelöst worden waren und die dank einer westlichen Öffentlichkeit, die Entspannung und Abrüstung forderte, und einem nachdenklich gewordenen Ronald Reagan auf fruchtbaren Boden fielen.

## Das SNF-Abkommen und die START-Verhandlungen

So bedeutend der Durchbruch bei europäischen Mittelstreckenraketen auch war, betraf er doch nur eine Waffengattung. Zwar war das Wettrüsten auch bei Kurzstreckenraketen (*Short-range Nuclear Forces*, SNF) und Interkontinentalraketen weitgehend eingeschlafen, doch beide Seiten besaßen noch erhebliche Arsenale, die in den späten 1980er Jahren ebenfalls zum Gegenstand von Abrüstungsdebatten wurden. Mit George Bush senior stand den USA allerdings ab 1989 ein Präsident vor, der den Abrüstungsenthusiasmus der späten Reagan-Jahre nur bedingt teilte und in Gorbatschow zunächst weniger einen Freund als nach wie vor einen strategischen Gegner sah. Insbesondere im Bereich der Kurstreckenraketen hatte die neue amerikanische Administration kein Interesse an weiteren Rüstungskontrollabkommen. Sie befürchtete, ein Vertrag über die Abrüstung europäischer Kurzstreckenraketen und taktischer Nuklearwaffen wäre lediglich ein erster Schritt zu einem vollständig atomwaffenfreien Europa, in dem die Überlegenheit der UdSSR bei konventionellen Streitkräften voll zur Geltung kommen würde. Politische Brisanz entwickelte das Problem der Kurzstreckenraketen im Zusammenhang mit den in Deutschland stationierten und in die Jahre gekommenen *Lance*-Raketen, die durch ein moderneres Waffensystem ersetzt werden sollten. Als diese Modernisierung gegen Ende der 1980er Jahre anstand, mehrten sich die Widerstände. Insbesondere die deutsche Regierung widersetzte sich einer Politik, die der betroffenen Bevölkerung nicht zu vermitteln war, die Regierungskoalition vor Zerreißproben gestellt hätte und geeignet erschien, das allgemeine Klima der Entspannung zwischen Ost und West zu gefährden. Der Sinn einer Modernisierung war zudem fraglich, da die Sowjetunion im April 1989 auch für diese Waffengattung Verhandlungen anbot und im darauffolgenden Monat einen einseitigen Abzug von 500 SNF-Waffensystemen aus Osteuropa ankündigte. Während Bushs Antwort auf die sowjetische Offerte im Mai 1989 noch zurückhaltend ausfiel und er eine Einigung bei konventionellen Streitkräften zur Vorbedingung eines SNF-Abkommens machte, sah die Situation ein Jahr später schon deutlich anders aus. In Anbetracht der Ereignisse in Osteuropa und einer Weigerung der deutschen Bundesregierung, eine Stationierung neuer Kurzstreckenraketen zuzulassen, erklärte der amerikanische Präsident am 3. Mai 1990 seinen Verzicht auf die Modernisierung. Im September 1991 verkündete er schließlich den vollständigen Abzug dieser Waffen aus Europa.

Auch die START-Verhandlungen, die von Reagan Anfang der 1980er Jahre aus taktischen Gründen angeregt worden waren, fanden in den frühen 1990er Jahren ihren Abschluss und führten erstmals zu einer Reduzierung des strategischen Atomwaffenpotentials auf jeweils 1.600 Trägersysteme und 6.000 Sprengköpfe. Auch hier gaben Verschiebungen im internationalen politischen System letztendlich den Ausschlag. Gorbatschows inneres Reformprogramm war längst aus dem Ruder gelaufen und der Zerfall des sowjetischen Riesenreiches begann sich bereits am Horizont abzuzeichnen. Als Bush und Gorbatschow ihre Unterschrift unter diesen historischen Vertrag setzten, stand aus amerikanischer Sicht schon nicht mehr die Bedrohung durch den Kreml im Vordergrund, sondern die Angst vor einer unkontrollierbaren Verbreitung der Sprengköpfe aus der Konkursmasse der UdSSR.[27] Erneut war es eine dramatische Verschiebung internationaler Konstellationen, die Abrüstung möglich machte.

## Wie Abrüstung möglich wurde

Die Friedensbewegung hat zweifelsfrei zu den Abrüstungsschritten der 1980er Jahre beigetragen. Sowohl in den USA als auch in den europäischen NATO-Staaten übte sie Druck auf Regierungen aus, den Dialog mit der UdSSR wieder ernsthaft aufzunehmen. Sie bereitete damit den Boden für die Erfolge der Entspannungspolitik der späten 1980er Jahre und zwang westliche Politiker dazu, auf die Offerten des Ostens einzugehen. Die wirklich entscheidenden Schritte in Richtung Rüstungskontrolle wurden aber nicht von westlichen Regierungen gegangen, sondern von einer neuen Kremlführung unter Michail Gorbatschow. Die Wiederaufnahme von Gipfelgesprächen, der Verzicht auf die Einbeziehung französischer und britischer Mittelstreckenraketen in die INF-Verhandlungen, die Entkoppelung der SDI-Problematik von der INF-Frage: In all diesen Fällen war es Gorbatschow, der die Initiative ergriff und weitreichende Zugeständnisse machte. Wittners These, dass er sich dabei beeinflussen ließ, erscheint wenig glaubwürdig. Auch wenn Gorbatschow Argumente von westlichen Rüstungsgegnern und einer embryonalen russischen Friedensbewegung aufgriff, um seine Entscheidungen zusätzlich zu legitimieren, so waren seine Schritte doch zuvorderst von innenpolitischen Zielvorstellungen und durch die schwierige wirtschaftliche Lage der Sowjetunion bestimmt. Er musste den Rüstungswettlauf beenden, um Freiraum für Reformen zu gewinnen.

Trifft damit die von ehemaligen Mitgliedern der Reagan-Administration geäußerte These zu, ihr Präsident habe die UdSSR bewusst zu Tode gerüstet?[28] Hier müssen doch zumindest Zweifel angemeldet werden. Sicherlich geriet die UdSSR durch die amerikanischen Rüstungsinitiativen der frühen 1980er Jahre wirtschaftlich unter Druck. Beweise dafür, dass man in Washington eine bewusste Strategie verfolgte, um den Kreml durch ein Wettrüsten wirtschaftlich zu ruinieren, gibt es aber nicht. Die amerikanischen Rüstungsbemühungen während Reagans erster Amtszeit waren eher vom Willen geleitet, einem verunsicherten und von Selbstzweifeln geplagten Amerika wieder Stärke zu verleihen und die Ausdehnung des sowjetischen Einflussbereiches zu stoppen.[29] Die Tatsache, dass Reagan sich in seiner zweiten Amtszeit auf Rüstungsbegrenzung und Abrüstung einließ, widerspricht dieser These ebenfalls, denn durch den INF-Vertrag wurde der wirtschaftliche Druck auf die Sowjetunion reduziert.

Als George Bush senior sich im Wahlkampf 1992 damit brüstete, den Kalten Krieg beendet zu haben, verglich sein Kontrahent Bill Clinton ihn prompt mit dem sprichwörtlichen Hahn, der sich den Sonnenaufgang als Verdienst anrechnet.[30] Das Bild ließe sich auch denen vorhalten, die Ronald Reagan eine raffinierte militär-ökonomische Strategie unterstellen oder die die Abrüstungserfolge der 1980er Jahre für die Friedensbewegung vereinnahmen möchten.

*Literatur*

Wittner setzt sich am ausführlichsten mit dem Einfluss der Friedensbewegungen auf die Abrüstungsverhandlungen, die das Ende des Kalten Krieges einleiteten, auseinander und argumentiert, dass die Proteste der transnationalen Friedensbewegung die Regierungen in Ost und West zur Rüstungskontrolle zwangen. Evangelista bläst in ein ähnliches Horn, betont allerdings stärker die zunehmende Ausstrahlung der Ideen der Friedensbewegung als den direkten politischen Druck durch Proteste. Der revisionistischen Sichtweise von Wittner und Evangelista steht eine Reihe von Autoren gegenüber, die die Abrüstungserfolge der späten 1980er Jahre nicht für sich allein, sondern im Zusammenhang mit dem Ende des Kalten Krieges betrachtet und Akteure auf Regierungsebene in den Mittelpunkt stellt, sei es Gorbatschow (Brown) oder Reagan (Lettow; Fischer). Einen kurzen aber informativen Überblick über Rüstungskontrolle aus deutscher Perspektive bietet der langjährige Diplomat und ehemalige Abrüstungsbeauftragte der Bundesregierung Holik.

Brown, Archie: »The Gorbachev Revolution and the End of the Cold War«. In: Leffler, Melvyn/Westad, Odd Arne (Hg.): The Cambridge History of the Cold War, Vol. III: Endings. New York, NY 2010, S. 244-266.
Evangelista, Matthew: Unarmed Forces. The Transnational Movement to End the Cold War. Ithaca, NY/London 1999.
Fischer, Beth: The Reagan Reversal. Foreign Policy and the End of the Cold War. Columbia, MO/London 1997.
Holik, Josef: Die Rüstungskontrolle. Rückblick auf eine kurze Ära. Berlin 2008.
Lettow, Paul: Ronald Reagan and His Quest to Abolish Nuclear Weapons. New York, NY 2005.
Wittner, Lawrence S.: Toward Nuclear Abolition: A History of the World Nuclear Disarmament Movement, 1971 to the Present. Stanford, CA 2003.

## Anmerkungen

[1] Lawrence S. Wittner: Confronting the Bomb. A Short History of the World Nuclear Disarmament Movement. Stanford, CA 2009, S. 177-204. Bei dem Buch handelt es sich um eine gekürzte und für einen populärwissenschaftlichen Markt aufbereitete Version von Wittners wissenschaftlicher Trilogie »The Struggle Against the Bomb«, von der für unseren Zusammenhang vor allem der dritte Band von Bedeutung ist: Toward Nuclear Abolition. A History of the World Nuclear Disarmament Movement, 1971 to the Present. Stanford, CA 2003.

[2] Ronald Reagan: Remarks at the Annual Convention of the National Association of Evangelicals in Orlando, Florida, 8.3.1983, URL: http://www.reagan.utexas.edu/archives/speeches/1983/30883b.htm (Übersetzung F.P.).

[3] Odd Arne Westad: The Global Cold War: Third World Interventions and the Making of Our Times. Cambridge 2005, S. 338ff. Siehe auch Bernd Stöver: Der Kalte Krieg. Geschichte eines radikalen Zeitalters. München 2007, S. 416f.

[4] John Lewis Gaddis: The Reagan Administration and Soviet-American Relations. In: David Kyvig (Hg.): Reagan and the World. New York, NY 1990, S. 17-38, S. 20.

[5] Lou Cannon: President Reagan. The Role of a Lifetime. New York, NY 2000, S. 670.

[6] Gaddis: Reagan Administration, S. 21.

[7] Stefan Bierling: Geschichte der amerikanischen Außenpolitik: Von 1917 bis zur Gegenwart. München 2004, S. 180; Wittner: Toward Nuclear Abolition, S. 302.

[8] John Lewis Gaddis: Der Kalte Krieg. Eine Neue Geschichte. München 2007, S. 279.

[9] Archie Brown: Gorbachev and the End of the Cold War. In: Richard Herrmann/Richard Lebow (Hg.): Ending the Cold War. Interpretations, Causation, and the Study of International Relations. New York, NY 2004, S. 31-57.

[10] Michail Gorbatschow: Perestroika. Die zweite russische Revolution. Eine neue Politik für Europa und die Welt. München 1987. Siehe auch Archie Brown: The Gorbachev Revolution and the End of the Cold War. In: Melvyn Leffler/Odd Arne Westad (Hg.): The Cambridge History of the Cold War, Vol. III: Endings. New York, NY 2010, S. 244-266, S. 245ff.

[11] Ronald Reagan: Address to the Nation and Other Countries on United States-Soviet Relations, 16.1.1984, URL: http://www.reagan.utexas.edu/archives/speeches/1984/11684a.htm (Übersetzung F.P.).

[12] Klaus Schwabe: Weltmacht und Weltordnung. Amerikanische Außenpolitik von 1998 bis zur Gegenwart. Eine Jahrhundertgeschichte. Paderborn 2006, S. 407.

[13] Beth Fischer: The Reagan Reversal: Foreign Policy and the End of the Cold War. Columbia/London 1997, S. 112ff. u. 122ff. Zu Able Archer siehe Arnav Machanda: When Truth is Stranger than Fiction. The Able Archer Incident. In: Cold War History, 9 (2009), S. 111-133; Vojtech Mastny: »Able Archer«. An der Schwelle zum Atomkrieg? In: Bernd Greiner/Christian Th. Müller/Dierk Walter (Hg.): Krisen im Kalten Krieg, Hamburg 2008, S. 505-522 sowie die in der Forschungsabteilung der CIA entstandene und 2007 auf der Website der Behörde veröffentlichte Studie von Benjamin B. Fischer: A Cold War Conundrum. The 1983 Soviet War Scare, URL: https://www.cia.gov/library/center-for-the-study-of-intelligence/csi-publications/books-and-monographs/a-cold-war-conundrum/source.htm.

[14] Vincent Dujardin: From Helsinki to the Missiles Question: A Minor Role for Small Countries? The Case of Belgium (1973-1985). In: Leopoldo Nuti (Hg.): The Crisis of Détente in Europe: From Helsinki to Gorbachev, 1975-1985. London/New York, NY 2009, S. 72-85, S. 79f.

[15] Einen guten Überblick über die SDI Problematik bietet John Prados: The Strategic Defense Initiative: Between Strategy, Diplomacy and US Intelligence Estimates. In: ebenda, S. 86-98.

[16] Paul Lettow: Ronald Reagan and His Quest to Abolish Nuclear Weapons. New York, NY 2005, der Reagans atomaren Abolitionismus sogar für eine durchgängige Überzeugung und das von ihm eingeleitete Wettrüsten lediglich für einen taktischer Zug hält, um die Sowjetunion zu Verhandlungen zu zwingen.

[17] Thomas Stamm-Kuhlmann: Rüstungsparität und Rüstungskontrolle zwischen Kuba-Krise und Perestroika. In: Ders./Reinhard Wolf (Hg.): Raketenrüstung und internationale Sicherheit von 1942 bis heute. Stuttgart 2004, S. 111-126, S. 123.

[18] Archie Brown: Seven Years that Changed the World: Perestroika in Perspective. Oxford/New York, NY 2007, S. 69.

[19] Josef Holik: Die Rüstungskontrolle. Rückblick auf eine kurze Ära. Berlin 2008, S. 77. Siehe auch Matthew Evangelista: Turning Points in Arms Control. In: Herrmann/Lebow: Ending S. 83-106, S. 98f.

[20] Joint Soviet-United States Statement on the Summit Meeting in Geneva, 21.11.1985, URL: http://www.reagan.utexas.edu/archives/speeches/1985/112185a.htm (Übersetzung F.P.).

[21] James Mann: The Rebellion of Ronald Reagan. A History of the End of the Cold War. New York 2009, S. 45f. Siehe auch Wittner: Toward Nuclear Abolition, S. 393ff. und Holik: Rüstungskontrolle, S. 57ff.

[22] Richard Herrmann: Regional Conflicts as Turning Points: The Soviet and American Withdrawals from Afghanistan, Angola, and Nicaragua. In: Herrmann/Lebow: Ending, S. 60-82.

[23] Conrad Schetter: Kleine Geschichte Afghanistans. München 2007, S. 113.

[24] Herrmann: Regional Conflicts, S. 60f.

[25] John Coatsworth: The Cold War in Central America, 1975-1991. In: Leffler/Westad, S. 201-221, S. 212ff.

[26] Evangelista: Turning Points, S. 83-106, S. 100; Wittner: Toward Nuclear Abolition, S. 396ff.

[27] Christoph Bluth: The Collapse of Soviet Military Power. Dartmouth/Aldershot 1995, S. 159.

[28] Caspar Weinberger: Fighting for Peace, New York, NY 1990; Richard Pipes: Misinterpreting the Cold War: The Hardliners Had it Right. In: Foreign Affairs, 74/1 (1995), S. 154-160. Siehe auch Martin Malia: The Soviet Tragedy: A History of Socialism in Russia, 1917-1991. New York, NY 1994, S. 414-15.

[29] Marilena Gala: From INF to SDI: How Helsinki Reshaped the Transatlantic Dimension of European Security. In: Nuti: The Crisis, S. 111-136, S. 115.

[30] Michael Beschloss/Strobe Talbott: At the Highest Levels. The Inside Story of the End of the Cold War. Boston, MA 1993, S. 468.

# Dank

Der vorliegende Band hätte ohne die ideelle und finanzielle Unterstützung verschiedener Institutionen nicht realisiert werden können. Das Deutsche Historische Institut (DHI) in Washington, D.C. war bei der Beschaffung der Bildrechte behilflich und hat gemeinsam mit dem Heidelberg Center for American Studies (HCA) einen Autorenworkshop ausgerichtet, der das Entstehen des Bandes wesentlich vorangebracht hat. Wir danken den Direktoren beider Institutionen, Herrn Prof. Dr. Hartmut Berghoff und Herrn Prof. Dr. Dr. h.c. Detlef Junker, für ihre Unterstützung nicht nur bei der Realisierung dieses Bandes sondern auch bei der Erarbeitung eines digitalen Archivs zur Nuklearkrise der 1980er Jahre (www.nuclearcrisis.org). Beide Institutionen haben gemeinsam mit dem Lehrstuhl für die Geschichte des europäischen-transatlantischen Kulturraums an der Universität Augsburg und dem Archiv Grünes Gedächtnis (AGG) in Berlin die Drucklegung des Buches sichergestellt. Unser besonderer Dank gilt darüber hinaus dem Schurman-Verein zur Förderung der Amerikastudien an der Universität Heidelberg und dessen Vorsitzenden Rolf Kentner. Der Verein hat durch die Finanzierung einer befristeten Stelle am HCA eine zügige Koordination und Redaktion des Bandes ermöglicht. Beim Schöningh Verlag sei Herrn Dr. Christoph Selzer und Herrn Dr. Diethard Sawicki für die routinierte und zuvorkommende Betreuung des Bandes gedankt.

# Abkürzungsverzeichnis

| | |
|---|---|
| AAPD | Akten zur Auswärtigen Politik der Bundesrepublik Deutschland |
| ABM Treaty | Anti-Ballistic Missile Treaty |
| ACDP | Archiv für Christlich-Demokratische Politik |
| AdG | Archiv der Gegenwart |
| ADL | Archiv des Liberalismus |
| AdsD | Archiv der sozialen Demokratie |
| AFK | Arbeitsgemeinschaft für Friedens- und Konfliktforschung |
| AfS | Archiv für Sozialgeschichte |
| AGDF | Aktionsgemeinschaft Dienst für den Frieden |
| AGG | Archiv Grünes Gedächtnis |
| AKH | Aktionskreis Halle |
| AKW | Atomkraftwerk |
| AP | Associated Press |
| APuZ | Aus Politik und Zeitgeschichte |
| ASF | Aktion Sühnezeichen/Friedensdienste |
| AsF | Arbeitsgemeinschaft sozialdemokratischer Frauen |
| BAF | Bundeskongress Autonomer Friedensinitiativen |
| BArch | Bundesarchiv |
| BBU | Bundesverband Bürgerinitiativen Umweltschutz |
| BDKJ | Bund der Deutschen Katholischen Jugend |
| BEK | Bund der Evangelischen Kirchen in der DDR |
| BfZ | Bundesamt für Zivilschutz |
| BRD | Bundesrepublik Deutschland |
| BT-Protokolle | Bundestagsprotokolle |
| BUF | Bundeskonferenz Unabhängiger Friedensgruppen |
| BUKO | Bundeskongress Entwicklungspolitischer Aktionsgruppen |
| BVS | Bundesverband für den Selbstschutz |
| BzB | Bundesamt für zivilen Bevölkerungsschutz |
| CDU | Christlich Demokratische Union Deutschlands |
| CFK | Christliche Friedenskonferenz |
| CM | Cruise Missiles |
| CND | Campaign for Nuclear Disarmament |
| ČSSR | Tschechoslowakische Sozialistische Republik |
| CSU | Christlich-Soziale Union in Bayern e.V. |
| DDR | Deutsche Demokratische Republik |
| DFG-VK | Deutsche Friedensgesellschaft-Vereinigte Kriegsdienstgegner |
| DfuL | Dokumentationsstelle für unkonventionelle Literatur |
| DGB | Deutscher Gewerkschaftsbund |
| DKP | Deutsche Kommunistische Partei |
| dpa | Deutsche Presse-Agentur |
| DS | Demokratische Sozialisten |
| EKD | Evangelische Kirche in Deutschland |
| EMP | Elektromagnetischer Impuls |
| END | European Nuclear Disarmament |
| epd | Evangelischer Pressedienst |

| | |
|---|---|
| ERW | Enhanced Radiation Weapon (Neutronenbombe) |
| ESG | Evangelische Studentengemeinde |
| EZA | Evangelisches Zentralarchiv |
| FAZ | Frankfurter Allgemeine Zeitung |
| FBS | Forward Based Systems |
| FDJ | Freie Deutsche Jugend |
| FDP | Freie Demokratische Partei |
| FFBIZ | Frauenforschungs-, -bildungs- und -informationszentrum e.V. |
| FÖGA | Föderation Gewaltfreier Aktionsgruppen |
| GB | Großbritannien |
| GdP | Gewerkschaft der Polizei |
| GLCM | Ground-launched Cruise Missiles |
| HLG | High Level Group |
| IDK | Internationale der Kriegsdienstgegner |
| IISS | International Institute for Strategic Studies |
| IKV | Interkerkelijk Vredesberaad (Interkirchlicher Friedensrat) |
| IKvu | Initiative Kirche von unten |
| INF | Intermediate-Range Nuclear Forces |
| IPPNW | International Physicians for the Prevention of Nuclear War (Internationale Ärzte für die Verhütung des Atomkrieges) |
| JEF | Junge Europäische Föderalisten |
| KA | Koordinierungsausschuss |
| KOFAZ | Komitee für Frieden, Abrüstung und Zusammenarbeit |
| KOR | Komitee zur Verteidigung der Arbeiter |
| KPdSU | Kommunistische Partei der Sowjetunion |
| KSZE | Konferenz über Sicherheit und Zusammenarbeit in Europa |
| LD | Liberale Demokraten |
| LTDP | Long-Term Defence Program |
| MAD | Mutual Assured Destruction |
| MaRV | Maneuverable Re-Entry Vehicle |
| MBFR | Mutual and Balanced Force Reductions |
| MfS | Ministerium für Staatssicherheit |
| MIRV | Multiple Independently Targetable Re-entry Vehicles |
| MRCA | Multi Role Combat Aircraft |
| N&N-Staaten | Neutrale und nichtpaktgebundene Staaten |
| NATO | North Atlantic Treaty Organization |
| NRW | Nordrhein-Westfalen |
| NS | Nationalsozialismus |
| NVA | Nationale Volksarmee |
| ORL | Ohne Rüstung leben |
| PGH | Produktionsgenossenschaft des Handwerks |
| PVAP | Polnische Vereinigte Arbeiterpartei |
| RAF | Rote Armee Fraktion |
| RMA | Revolution in Military Affairs |
| SALT | Strategic Arms Limitation Talks |
| SAPMO | Stiftung Archiv der Parteien und Massenorganisationen der DDR im Bundesarchiv |
| SDAJ | Sozialistische Deutsche Arbeiterjugend |
| SDI | Strategic Defense Initiative |

| | |
|---|---|
| SED | Sozialistische Einheitspartei Deutschlands |
| SJD | Sozialistische Jugend Deutschlands – Die Falken |
| SNF | Short-range Nuclear Forces |
| SPD | Sozialdemokratische Partei Deutschlands |
| START | Strategic Arms Reduction Talks |
| taz | Die Tageszeitung |
| THW | Bundesanstalt Technisches Hilfswerk |
| TNF | Theater Nuclear Forces |
| UdSSR | Union der Sozialistischen Sowjetrepubliken (Sowjetunion) |
| UNO | United Nations Organization (Vereinte Nationen) |
| USA | United States of America |
| VDS | Vereinigte Deutsche Studentenschaften |
| VfZ | Vierteljahrshefte für Zeitgeschichte |
| WVO | Warschauer Vertragsorganisation (Warschauer Pakt) |
| ZdK | Zentralkomitee der deutschen Katholiken |
| ZK | Zentralkomitee |

# Abbildungsverzeichnis

bei der der Kinderwagen zur »Atomwaffenfreien Zone« erklärt wurde (ullstein bild/Rieth).

## RICHTER

Abb. 20.     Petra Kelly (Die Grünen) bei einer Blockade der Zufahrt zum Raketendepot des US-amerikanischen Militärstützpunkts in Mutlangen am 1. September 1983. Die Politikerin trägt einen Stahlhelm, an den sie Blumen geheftet hat (ullstein bild/Krewitt).

Abb. 21.     Plattencover »Sonne statt Reagan« der gleichnamigen Single von Joseph Beuys, 1982 (EMI Music).

## ECKERT

Abb. 22.     Der Wittenberger Friedenskreis ruft am 24. September 1983 im Rahmen eines Kirchentages zu einem Abend der Begegnung auf dem Lutherhof auf. Rund 2.000 vorwiegend junge Leute versammeln sich auf dem ehemaligen Klostergelände, um nach Einbruch der Dunkelheit dicht gedrängt zu verfolgen, wie ein Schmied von der Produktionsgenossenschaft des Handwerks (PGH) Stahlbau ein Schwert zu einer Pflugschar umschmiedet (epd-bild/Bernd Bohm).

Abb. 23.     Die DDR-Bürgerrechtlerin Bärbel Bohley hält ein Transparent mit der Aufschrift »Wir hungern nach Abrüstung. Fasten für das Leben« bei der Aktion Fasten für den Frieden in der Ost-Berliner Erlöserkirche im August 1983 (Roland Jahn/Gustav-Havemann-Gesellschaft e.V., Berlin).

## NEHRING

Abb. 24.     Erich Honecker empfängt Fraktions- und Vorstandsmitglieder der Grünen am 31. Oktober 1983 in Ost-Berlin. Die Delegation, bestehend aus (von links) Antje Vollmer, Gustine Johannsen, Lukas Beckmann, Dirk Schneider, Otto Schily, Petra Kelly und Gert Bastian, überreicht dem Vorsitzenden der Sozialistischen Einheitspartei Deutschlands (SED) einen Friedensvertrag und das Foto einer Schwerter-zu-Pflugscharen-Skulptur (ullstein bild/Mehner).

Abb. 25.     Die DDR-Bürgerrechtler Roland Jahn (rechts) und Peter Rösch (Mitte) halten vor dem US-amerikanischen Militärstützpunkt in Mutlangen am 2. September 1983 ein Schwerter-zu-Pflugscharen Banner in die Kameras. Als Mitglieder der Jenaer Friedensbewegung waren sie aus der DDR ausgewiesen worden (ullstein bild/Rieth).

## FAHLENBRACH UND STAPANE

Abb. 26.     Plakate »Atomraketen verschrotten«, 13.6.1983 (a), »Pershing II – Cruise Missles – Nein!«, 15.-22.10.1983 (b), »Noch ist es Zeit zur Umkehr: Stoppt den Rüstungswahn«, 20.10.1984 (c) (Netzwerk Friedenskooperative / Württembergische Landesbibliothek Stuttgart).

# Die Autorinnen und Autoren

**Oliver Bange**
Dr. Oliver Bange ist Historiker am Militärgeschichtlichen Forschungsamt in Potsdam und Privatdozent an der Universität Mannheim. Er koordinierte das Projekt »CSCE and the Transformation of Europe« gefördert von der Volkswagenstiftung. 1997 promovierte er an der London School of Economics und habilitierte sich 2004 an der Universität Mannheim. Er ist der Autor von The EEC Crisis of 1963: Kennedy, Macmillan, de Gaulle and Adenauer in Conflict (2000) sowie Mitherausgeber von Helsinki 1975 and the Transformation of Europe (2008). Seine derzeitigen Forschungsschwerpunkte sind der Warschauer Pakt und eine interdependente Ost-West-Geschichte der Sicherheits- und Militärpolitik der 1970er und 1980er Jahre.

**Philipp Baur**
Philipp Baur, M.A., studierte von 2003 bis 2009 Neuere und Neueste Geschichte, Anglistik und Germanistik an der Universität Augsburg. 2005/06 Fremdsprachenassistent (PAD) in Norwich, England; 2008 DAAD-Stipendiat an der University of Georgia, Athens/USA. Magisterarbeit zum Thema »Vom Opfer zum Partner: Nachkriegsdeutschland in der Presse- und Öffentlichkeitsarbeit von CARE, 1945-1963«. Seit 2010 Dissertationsprojekt über Populärkultur und nukleare Bedrohung der 1980er Jahre an der Universität Augsburg.

**Christoph Becker-Schaum**
Dr. Christoph Becker-Schaum ist Leiter des Archivs Grünes Gedächtnis der Heinrich-Böll-Stiftung und Lehrbeauftragter am Otto-Suhr-Institut für Politische Wissenschaft der Freien Universität Berlin. Veröffentlichungen u.a. Arnold Herrmann Ludwig Heeren. Ein Beitrag zur Geschichte der Geschichtswissenschaft zwischen Aufklärung und Historismus (1993); Von der Protestbewegung zur demokratischen Alternative. Die Grünen Hessen 1979-2004, in: Helmut Berding und Klaus Eiler (Hg.): Hessen. 60 Jahre Demokratie. Beiträge zum Landesjubiläum (2006), S. 151-187.

**Rainer Eckert**
Dr. Rainer Eckert ist Direktor des Zeitgeschichtlichen Forums Leipzig der Stiftung Haus der Geschichte der Bundesrepublik Deutschland und außerplanmäßiger Professor am Kulturwissenschaftlichen Institut der Uni-

versität Leipzig. 2008 Verleihung der Sächsischen Verfassungsmedaille für Verdienste um die freiheitlich demokratische Entwicklung im Freistaat Sachsen durch den Landtagspräsidenten; 2009 Auszeichnung mit dem Bundesverdienstkreuz am Bande des Verdienstordens der Bundesrepublik Deutschland. Zahlreiche Veröffentlichungen zur deutschen Zeitgeschichte und Geschichtspolitik.

### Kathrin Fahlenbrach

Dr. Kathrin Fahlenbrach ist Professorin für Medien- und Kommunikationswissenschaft an der Universität Hamburg. Ihre Forschungsschwerpunkte liegen u.a. im Bereich Medien und Protest sowie Emotionen und Wahrnehmung in Unterhaltungsmedien. 2002 erschien ihr Buch Protestinszenierungen. Kollektive Identitäten und visuelle Kommunikation in Protestbewegungen, 2010 das Buch Audiovisuelle Metaphern. Zur Körper- und Affektästhetik in Film und Fernsehen. Mit Martin Klimke und Joachim Scharloth ist sie Herausgeberin der internationalen Buchreihe Protest, Culture, and Society bei Berghahn Books (New York/Oxford, seit 2008).

### Philipp Gassert

Dr. Philipp Gassert ist Professor für die Geschichte des europäisch-transatlantischen Kulturraumes an der Universität Augsburg. Er war u.a. Mitinitiator und von 2003 bis 2005 Geschäftsführer des Heidelberg Center for American Studies und 2008/09 Stellvertretender Direktor des Deutschen Historischen Instituts in Washington. Zudem ist er neben Martin Klimke und Wilfried Mausbauch einer der Gründungsdirektoren des Forschungsprojektes »The Nuclear Crisis: Cold War Cultures and the Politics of Peace and Security, 1975-1990« (www.nuclearcrisis.org). Forschungen und Publikationen zur internationalen Geschichte des 20. Jahrhunderts, zur deutschen und europäischen Zeitgeschichte seit 1933 und zur nordamerikanischen Geschichte, u.a. Kurt Georg Kiesinger, 1904-1988. Kanzler zwischen den Zeiten (2006), Kleine Geschichte der USA (gemeinsam mit Mark Häberlein und Michael Wala, 2007 u. 2008) sowie Zweiter Kalter Krieg und Friedensbewegung. Der NATO-Doppelbeschluss in deutschdeutscher und internationaler Perspektive (hrsg. gemeinsam mit Tim Geiger und Hermann Wentker, 2011).

### Tim Geiger

Dr. Tim Geiger studierte 1992-1998 Neuere/Neueste Geschichte, Wissenschaftliche Politik und Öffentliches Recht an den Universitäten in Freiburg i. Br., Basel und Edinburgh. 1998/99 Mitarbeiter des ZDF, wurde er

2005 mit seiner Arbeit »Atlantiker gegen Gaullisten. Außenpolitischer Konflikt und innerparteilicher Machtkampf in der CDU/CSU« promoviert, die 2009 mit dem deutsch-französischen Parlamentspreis ausgezeichnet wurde. Seit 2005 ist er wissenschaftlicher Mitarbeiter des Instituts für Zeitgeschichte München-Berlin in dessen Abteilung im Auswärtigen Amt (Edition »Akten zur Auswärtigen Politik der Bundesrepublik Deutschland«) sowie Lehrbeauftragter an der Martin-Luther-Universität Halle-Wittenberg (2008-2010) bzw. der Humboldt-Universität zu Berlin (seit 2012).

**Anja Hanisch**
Dr. Anja Hanisch war von 2008 bis 2010 wissenschaftliche Mitarbeiterin am Institut für Zeitgeschichte München-Berlin. 2011 wurde sie mit ihrer Arbeit »Die DDR im KSZE-Prozess 1972-1985. Zwischen Ostabhängigkeit, Westabgrenzung und Ausreisebewegung« an der Universität Leipzig promoviert. Zuvor studierte sie Neuere und Neueste Geschichte in Bamberg und in den USA. 2012 absolvierte sie Aufenthalte am Zentrum für Internationale Friedenseinsätze, Berlin und dem Büro der Vereinten Nationen, Genf.

**Jan Hansen**
Jan Hansen, M.A., Doktorand am Lehrstuhl für die Geschichte Westeuropas und der transatlantischen Beziehungen der Humboldt-Universität zu Berlin (Projekt: »Die Auseinandersetzungen um den NATO-Doppelbeschluss in der SPD«). Studium der Neueren/Neuesten Geschichte und Philosophie. Stipendiat der Friedrich-Ebert-Stiftung (2010-2013) und des Deutschen Historischen Instituts in Washington, D.C. (2011).

**Sebastian Kalden**
Sebastian Kalden, M.A., hat Neuere Geschichte, Kirchengeschichte sowie Friedens- und Konfliktforschung an der Philipps-Universität Marburg studiert, an der er über transnationale Beziehungen in der christlichen Friedensbewegung in Westeuropa nach dem NATO-Doppelbeschluss promoviert. Seit 2011 ist er Referent für das Themenfeld »Bürger und Gesellschaft« in der Berliner Repräsentanz der Herbert Quandt-Stiftung.

**Claudia Kemper**
Dr. Claudia Kemper, wissenschaftliche Mitarbeiterin der Forschungsstelle für Zeitgeschichte in Hamburg (FZH), arbeitet aktuell an einem Projekt über die Internationalen Ärzte zur Verhütung des Atomkrieges (IPPNW). Veröffentlichung u.a. Psychologische Abrüstung. Psychotherapeuten in

der westdeutschen Friedensbewegung der frühen 1980er Jahre, in: Maik Tändler und Uffa Jensen (Hg.): Das Selbst zwischen Anpassung und Befreiung. Psychowissen und Politik im 20. Jahrhundert (2012), S. 168-185; Als die Entrüstung begann. Bürgerprotest, atomwaffenfreie Zonen und große Politik in Hamburg in den 1980er Jahren, in: Forschungsstelle für Zeitgeschichte in Hamburg (Hg.): 19 Tage Hamburg. Ereignisse und Entwicklungen der Stadtgeschichte seit den fünfziger Jahren (erscheint 2012); Das Gewissen 1919 bis 1925. Kommunikation und Vernetzung der Jungkonservativen (2011).

### Martin Klimke

Dr. Martin Klimke ist Associate Professor of History an der New York University Abu Dhabi und assoziierter Wissenschaftler am Heidelberg Center for American Studies (HCA) und dem Zentrum für Geschichte des europäisch-transatlantischen Kulturraumes an der Universität Augsburg. Zudem ist er neben Philipp Gassert und Wilfried Mausbauch einer der Gründungsdirektoren des Forschungsprojektes »The Nuclear Crisis: Cold War Cultures and the Politics of Peace and Security, 1975-1990« (www.nuclearcrisis.org). Zu seinen bisherigen Veröffentlichungen zählen u.a. The Other Alliance: Global Protest and Student Unrest in West Germany and the U.S. in the Global Sixties (2010 u. 2011), 1968 in Europe: A History of Protest and Activism, 1956-77 (2008) sowie A Breath of Freedom: The Civil Rights Struggle, African-American GIs, and Germany (gemeinsam mit Maria Höhn, 2010).

### Reinhild Kreis

Dr. Reinhild Kreis ist wissenschaftliche Mitarbeiterin am Lehrstuhl für Neuere und Neueste Geschichte an der Universität Augsburg. Zu ihren Forschungsschwerpunkten zählen die deutsche Geschichte des 20. Jahrhunderts, transnationale Geschichte, die Geschichte des Kalten Krieges und Protestgeschichte. Jüngst erschienen ist Orte für Amerika. Deutsch-Amerikanische Institute und Amerikahäuser in der Bundesrepublik seit den 1960er Jahren (2012).

### Wilfried Mausbach

Dr. Wilfried Mausbach wurde 1994 mit einer Arbeit über das wirtschaftspolitische Deutschlandkonzept der USA nach dem Zweiten Weltkrieg an der Universität zu Köln promoviert. Seit Oktober 2005 ist er Wissenschaftlicher Geschäftsführer des Heidelberg Center for American Studies (HCA). Zudem ist er neben Philipp Gassert und Martin Klimke einer der Gründungsdirektoren des Forschungsprojektes »The Nuclear Crisis: Cold

War Cultures and the Politics of Peace and Security, 1975-1990« (www. nuclearcrisis.org). Seine Forschungsinteressen liegen in der transnationalen Geschichte mit einem Schwerpunkt auf den sozialen Bewegungen in der Bundesrepublik und den USA sowie der Geschichte der deutsch-amerikanischen Beziehungen seit 1945. Zu seinen jüngsten Veröffentlichungen zählen ein Beitrag zur Relevanz des Vietnamkonflikts für die Rote Armee Fraktion (RAF) sowie ein Vergleich der europäischen Reaktionen auf die amerikanischen Kriege in Vietnam und im Irak, der 2007 in englischer Sprache in einem New Yorker Publikumsverlag erschien.

**Silke Mende**
Dr. Silke Mende ist Akademische Rätin auf Zeit am Seminar für Zeitgeschichte der Universität Tübingen. Ihre Dissertation behandelt die Formierungsgeschichte der Grünen vor dem Hintergrund der politischen und gesellschaftlichen Transformationsprozesse in der Bundesrepublik der 1970er Jahre und frühen 1980er Jahre. Zurzeit arbeitet sie an einem Projekt zur Geschichte der Francophonie und der sich wandelnden Idee einer französischen Moderne im späten 19. und frühen 20. Jahrhundert. Wichtigste Publikation: »Nicht rechts, nicht links, sondern vorn«. Eine Geschichte der Gründungsgrünen (2011).

**Birgit Metzger**
Birgit Metzger, M.A., Studium der historisch orientierten Kulturwissenschaften in Saarbrücken und Québec. Anschließend wissenschaftliche Mitarbeiterin im interdisziplinären DFG Projekt »Und ewig sterben die Wälder« am Institut für Forstökonomie und am Historischen Seminar der Universität Freiburg. Titel der Dissertation: »Das Waldsterben als Politikum in der Bundesrepublik 1978-1986« (Abschluss Februar 2012).

**Holger Nehring**
Dr. Holger Nehring ist Reader in Contemporary History an der Universität Sheffield, Großbritannien, wo er zusammen mit Mike Foley und Benjamin Ziemann das Centre for Peace History leitet. Er ist der Autor zahlreicher Publikationen zur Geschichte der britischen und westdeutschen Friedensbewegungen nach 1945 in vergleichender Perspektive. Von ihm erscheint 2012 Politics of Security. The British and West Germany Protests against Nuclear Weapons and the Early Cold War (Oxford University Press).

**Florian Pressler**
Dr. Florian Pressler promovierte sich 2009 an der Universität Heidelberg mit einer Arbeit über die Außenwirtschaftspolitik der Reagan-Administration gegenüber den Staaten des Karibischen Beckens im Kontext des »Zweiten Kalten Krieges«. Seit 2010 ist er wissenschaftlicher Mitarbeiter am Lehrstuhl für die Geschichte des europäisch-transatlantischen Kulturraums der Universität Augsburg. Neben der Außen- und Sicherheitspolitik der Reagan-Ära beschäftigt er sich schwerpunktmäßig mit amerikanischer Wirtschaftsgeschichte und der Geschichte der Karibik. Folgende Veröffentlichungen erscheinen in Kürze: From Reaganomics of Development to Free Trade. The Caribbean Basin Initiative (CBI), 1981-2005 (2012) sowie Die erste Weltwirtschaftskrise. Eine kleine Geschichte der Großen Depression (2013).

**Saskia Richter**
Dr. Saskia Richter ist Dozentin an der Stiftung Universität Hildesheim. Sie hat 2009 an der Georg-August-Universität und an der Freien Universität Berlin mit einer Biografie über die Friedenspolitikerin Petra Kelly promoviert und beschäftigt sich mit Gründung und Führungsstrukturen der Grünen. Veröffentlichungen u.a. Die Aktivistin. Das Leben der Petra Kelly (2010).

**Susanne Schregel**
Dr. Susanne Schregel promovierte 2010 an der TU Darmstadt mit einer Arbeit zur Geschichte der Friedensbewegung. Sie ist zurzeit Research Fellow am IKKM Weimar. Veröffentlichungen u.a. Der Atomkrieg vor der Wohnungstür – Eine Politikgeschichte der neuen Friedensbewegung in der Bundesrepublik, 1970–1985 (2011); Konjunktur der Angst. »Politik der Subjektivität« und »neue Friedensbewegung«, in: Bernd Greiner, Christian Th. Müller und Dierk Walter (Hg.): Angst im Kalten Krieg (2009), S. 495–520; Andere Räume, andere Städte, und die Transformation der Gesellschaft. Hausbesetzungen und Atomwaffenfreie Zonen als alternative Raumpraktiken (gemeinsam mit Sebastian Haumann), in: Hanno Balz und Jan-Henrik Friedrichs (Hg.): »All we ever wanted...". Eine Kulturgeschichte europäischer Protestbewegungen der 1980er Jahre (2012), S. 53–72.

**Laura Stapane**
Laura Stapane, M.A., ist Kunst- und Medienwissenschaftlerin. Nach Auslandsaufenthalten in Italien und den USA, arbeitet sie seit 2010 als wissenschaftliche Mitarbeiterin und Projektkoordinatorin am Heidelberg

Center for American Studies (HCA) der Universität Heidelberg, wo sie für die Koordinierung des Forschungs-, Digitalisierungs- und Ausstellungsprojekts »The Civil Rights Struggle, African American GIs, and Germany« (www.aacvr-germany.org) sowie für das Forschungsprojekt »The Nuclear Crisis – Cold War Cultures and the Politics of Peace and Security, 1975-1990« (www.nuclearcrisis.org) zuständig ist.

**Michael Sturm**
Michael Sturm, M.A., Studium der Geschichte, Politikwissenschaft und Germanistik an der Universität Göttingen; Wissenschaftlich-pädagogischer Mitarbeiter im Geschichtsort Villa ten Hompel, Münster/Westfalen. Veröffentlichungen zur Polizei- und Protestgeschichte sowie zum Rechtsextremismus in der Bundesrepublik; u.a. »Dagegen!« Und dann...?! Rechtsextreme Straßenpolitik und zivilgesellschaftliche Gegenstrategien in NRW, (hrsg. gemeinsam mit Heiko Klare, 2011); Polizei, Gewalt und Staat im 20. Jahrhundert (hrsg. gemeinsam mit Alf Lüdtke und Herbert Reinke, 2011); Die 1970er Jahre als schwarzes Jahrzehnt. Politisierung und Mobilisierung zwischen christlicher Demokratie und extremer Rechter, (hrsg. gemeinsam mit Massimiliano Livi und Daniel Schmidt, 2010).

**Dietmar Süss**
Dr. Dietmar Süß, Dilthey-Fellow der Volkswagen Stiftung, ist Privatdozent für Neuere und Neueste Geschichte an der Friedrich-Schiller-Universität Jena. Zu seinen Forschungsschwerpunkten gehören die Geschichte der Arbeit, der sozialen Bewegungen und der Gewalt. Zuletzt: Tod aus der Luft. Luftkrieg und Kriegsgesellschaft in Deutschland und England (2011).

**Hermann Wentker**
Dr. Hermann Wentker ist Leiter der Abteilung Berlin des Instituts für Zeitgeschichte München-Berlin und außerplanmäßiger Professor für Neuere und Neueste Geschichte an der Universität Leipzig. Zu seinen Forschungsinteressen zählen die Geschichte der internationalen Beziehungen im 19. und 20. Jahrhundert und die Geschichte der DDR. Zu seinen wichtigsten Veröffentlichungen gehören: Zerstörung der Großmacht Rußland? Die britischen Kriegsziele im Krimkrieg (1993), Justiz in der SBZ/DDR 1945-1953. Transformation und Rolle ihrer zentralen Institutionen (2001), Außenpolitik in engen Grenzen. Die DDR im internationalen System 1949-1989 (2007), Zweiter Kalter Krieg und Friedensbewegung. Der NATO-Doppelbeschluss in deutsch-deutscher und internationaler Perspektive (hrsg. gemeinsam mit Philipp Gassert und Tim Geiger, 2011).

**Jan Ole Wiechmann**

Jan Ole Wiechmann, M.A., studierte Geschichte, Evangelische Theologie und Germanistik in Marburg (gymnasiales Lehramt). Er ist seit 2008 Doktorand am Marburger Lehrstuhl für Neueste Geschichte und war u.a. 2008 und 2009 Mitarbeiter im Rahmen der Unabhängigen Historikerkommission zur Geschichte des Auswärtigen Amtes. Sein Dissertationsprojekt, das vom Evangelischen Studienwerk Villigst gefördert wird, trägt den Arbeitstitel »Umkehr zum Leben. Konzepte von Sicherheit in der christlichen Friedensbewegung der Bundesrepublik Deutschland (1977-1984)«.

**Marianne Zepp**

Dr. Marianne Zepp studierte in Mainz Geschichte, Soziologie und Literaturwissenschaften. Ihre Promotion legte sie 2006 an der TU Berlin ab. Sie ist Zeithistorikerin und war bis 2011 als Referentin für Zeitgeschichte und Demokratie-Entwicklung der Heinrich Böll Stiftung in Berlin tätig. Zurzeit arbeitet sie als Programmdirektorin für das deutsch-israelische Dialogprogramm der Stiftung in Tel Aviv. Veröffentlichungen u.a. Redefining Germany. Reeducation, Staatsbürgerschaft und Frauenpolitik im US-amerikanisch besetzten Nachkriegsdeutschland (2007); Weiblichkeit als politisches Argument. Frieden und Demokratie im Übergang zu einer deutschen Nachkriegsgesellschaft, in: Jost Dülffer und Gottfried Niedhart (Hg.): Frieden durch Demokratie. Genese, Wirkung und Kritik eines Deutungsmusters (2011), S.187-205.

# Index